教育部人文社会科学重点研究基地重大项目成果

亚太区域经济合作发展报告

2018

孟 夏 主编

南开大学出版社

天　津

图书在版编目(CIP)数据

亚太区域经济合作发展报告. 2018 / 孟夏主编. —
天津：南开大学出版社，2020.10
ISBN 978-7-310-05964-5

Ⅰ.①亚… Ⅱ.①孟… Ⅲ.①区域经济合作－经济发
展－研究报告－亚太地区－2018 Ⅳ.①F114.46

中国版本图书馆 CIP 数据核字(2020)第 180981 号

亚太区域经济合作发展报告 2018
YATAI QUYU JINGJI HEZUO FAZHAN BAOGAO 2018

南开大学出版社出版发行
出版人：陈　敬
地址：天津市南开区卫津路 94 号　　邮政编码：300071
营销部电话：(022)23508339　营销部传真：(022)23508542
http://www.nkup.com.cn

天津泰宇印务有限公司印刷　全国各地新华书店经销
2020 年 10 月第 1 版　　2020 年 10 月第 1 次印刷
260×185 毫米　16 开本　22.25 印张　2 插页　442 千字
定价：72.00 元

如遇图书印装质量问题,请与本社营销部联系调换,电话：(022)23508339

《亚太区域经济合作发展报告2018》编委会成员

内容简介

  《亚太区域经济合作发展报告》为年度研究报告，是首批入选"教育部哲学社会科学发展报告资助项目"的研究报告。该报告由南开大学 APEC 研究中心组织撰写，汇集了国内该领域研究专家的真知灼见，是目前我国研究亚太区域经济合作问题的标志性学术成果，同时也为我国相关政府部门参与亚太区域经济一体化的决策提供了有益参考。

  《亚太区域经济合作发展报告 2018》包括专题报告、全球及亚太地区政治经济形势分析、"后 2020"时代 APEC 合作新愿景、亚太区域经济一体化的深化与发展以及资料选编 5 个专栏，对亚太地区重要经济体的经济形势、APEC 总体进程与发展趋势、"后茂物目标"时代 APEC 合作前景与重点问题、亚太地区经济一体化的深化发展以及我国的战略对策等问题进行了深入分析。

目　录

开放的中国与亚太区域经济合作

孟　夏　黄陈刘　李　彧[*]

摘　要： APEC（亚太经济合作组织）是中国参加的第一个区域经济合作组织，在拓展和深化中国与亚太地区各成员的经济、政治关系方面发挥了重要作用。我国始终高度重视和积极参与亚太区域经济合作，与 APEC 成员间的贸易投资规模持续扩大，经济一体化程度不断加深。中国经济的改革开放和高速发展对亚太地区的繁荣稳定发挥了重要作用。

关键词： APEC；亚太区域经济一体化；贸易增长

改革开放 40 年来，中国经济飞速发展，与全球经济关系日益紧密，其中亚太地区具有代表性。多年来，中国与亚太地区各成员的贸易投资规模持续扩大，经济一体化程度不断加深。中国在自身发展的同时，也对亚太区域发展与繁荣做出了积极贡献。

一、中国与亚太地区的贸易发展

（一）贸易增长与区域市场结构

1. 货物贸易增长

亚太地区是中国对外贸易增长最快的区域。20 世纪 90 年代以来，中国与 APEC 成员的货物贸易始终保持着快速增长。

统计数据显示，在出口方面，中国对 APEC 成员的货物出口额从 1984 年的 165.5 亿美元增加到 2017 年的 13919.4 亿美元，33 年间增长了 83 倍。1984—2017 年，中国对 APEC 成员货物出口年均增长率为 14.4%。根据环比增长率指标，中国对 APEC 成员的货物出口在 1987 年、1994 年、2003 年、2004 年和 2010 年的出口增长率均高于 30%，并且在除 1993

---

* 孟夏，教育部人文社会科学重点研究基地南开大学 APEC 研究中心教授，博士生导师；黄陈刘、李彧，南开大学国际经济研究所博士生。本文为南开大学国别和区域研究中心建设专项项目（63182013）研究成果。文中出现的数据采取四舍五入保留到小数点后面一位（表中保留到小数点后两位）。

年、1998 年、2009 年、2015 年和 2016 年以外的年份保持环比上涨。2017 年，中国对 APEC 成员的货物出口额为 13919.4 亿美元，比上年增长了 7.3%（见表 1）。[①]

在进口方面，中国自 APEC 成员的货物进口从 1984 年的 181.6 亿美元增加到 2017 年的 9467.7 亿美元，增长了 51 倍。1984—2017 年，进口年均增长率为 13.8%。根据环比增长率指标，中国自 APEC 成员的货物进口在 1985 年、1992 年、2000 年、2003 年、2004 年、2010 年的增长率均高于 30%，并且在除 1990 年、1998 年、2009 年、2015 年和 2016 年以外的年份，进口额保持环比上涨。2017 年，中国自 APEC 成员的货物进口额达到 9467.7 亿美元，环比上涨 16.1%，高于自 APEC 以外地区 0.4 个百分点。[②]

表 1　1984—2017 年中国与 APEC 成员货物贸易规模变化　　　单位：亿美元，%

年份	中国与 APEC 成员				中国与 APEC 以外地区			
	出口	增长率	进口	增长率	出口	增长率	进口	增长率
1984	165.5	—	181.6	—	83.2	—	80.2	—
1985	176.8	6.8	270.9	49.1	79.5	-4.4	127.1	58.5
1990	469.3	19.8	351.0	-8.1	151.6	13.5	182.4	-12.8
1995	1114.5	21.4	841.2	15.3	373.3	27.7	479.6	12.4
2000	1777.9	27.6	1362.8	31.1	714.1	28.5	816.4	32.3
2005	5061.8	25.6	3635.9	15.1	2557.7	34.4	2412.0	16.7
2010	9363.6	30.1	7207.5	38.0	6414.1	33.1	5683.9	43.2
2011	11283.6	20.5	8750.4	21.4	7700.3	20.1	7457.4	31.2
2012	12700.1	12.6	8884.0	1.5	7787.7	1.1	7868.6	5.5
2013	13957.4	9.9	9225.1	3.8	8132.7	4.4	8699.4	10.6
2014	14470.4	3.7	9317.1	1.0	8952.5	10.1	8826.5	1.5
2015	14038.2	-3.0	8434.2	-9.5	8696.4	-2.9	6927.8	-21.5
2016	12973.0	-7.6	8151.7	-3.3	8003.4	-8.0	7727.5	11.5
2017	13919.4	7.3	9467.7	16.1	8715.8	8.9	8942.1	15.7

资料来源：1984—2016 年数据来自 WITS 数据库，wits.worldbank.org/。2017 年数据来自中国海关统计，www.customs.gov.cn/。
注：①表中报告国均为中国。②考虑 APEC 于 1989 年 11 月正式成立，且有成员陆续加入，为了保证统计口径一致，在计算时按照 2017 年的 APEC 的成员构成进行统计。

2. 亚太区域市场格局

与 APEC 各成员之间的进出口贸易在我国的货物贸易中占据重要地位。从贸易发展的趋势来看，中国与 APEC 各成员的货物贸易额占我国货物贸易总额的比例虽然在 1984—2017 年出现小幅度下滑，但一直保持在 55% 以上。[③] 2017 年，中国与 APEC 各成员的货物出口占我国货物出口总额的 61.5%；自 APEC 各成员的货物进口占我国货物进口总额的比重为

---

① 1984—2016 年数据来自 WITS 数据库，wits.worldbank.org/。2017 年数据来自中国海关统计，www.customs.gov.cn/。
② 1984—2016 年数据来自 WITS 数据库，wits.worldbank.org/。2017 年数据来自中国海关统计，www.customs.gov.cn/。
③ 1984—2016 年数据来自 WITS 数据库，wits.worldbank.org/。2017 年数据来自中国海关统计，www.customs.gov.cn/。

51.4%（见表 2）。

从市场分布来看，中国与 APEC 各成员的货物进出口额均大幅度增加，但贸易占比变化情况存在差异。值得注意的是，在出口方面，中国对中国香港地区以及日本的出口额占我国货物出口总额的比重大幅度下降，分别从 1992 年的 44.2%和 13.8%降低到 2017 年的 12.3%和 6.1%；中国对美国的出口占比大幅度上升，从 10.1%增加到 19.0%。在进口方面，中国从中国香港地区以及日本的进口额占我国货物进口总额的比例大幅度下降，分别从 1992 年的 25.5%和 17.0%降低到 2017 年的 0.4%和 9.0%；中国从韩国进口的占比大幅度上升，从 3.3%增加到 9.64%。其他成员的贸易占比也有所变化，只是变化幅度相对较小[①]。

表 2　中国与 APEC 成员货物贸易情况（2017 年）　　　单位：亿美元，%

经济体成员	出口额	出口占比	进口额	进口占比
澳大利亚	414.40	1.83	948.22	5.15
文莱	6.48	0.03	3.52	0.02
加拿大	313.81	1.39	203.71	1.11
智利	144.13	0.64	209.82	1.14
中国香港特区	2793.47	12.34	73.16	0.40
印度尼西亚	347.64	1.54	285.52	1.55
日本	1373.24	6.07	1656.53	9.00
韩国	1027.51	4.54	1775.08	9.64
墨西哥	359.00	1.59	117.74	0.64
马来西亚	417.25	1.84	543.02	2.95
新西兰	51.00	0.23	93.77	0.51
秘鲁	69.58	0.31	131.95	0.72
菲律宾	320.44	1.42	192.31	1.04
巴布亚新几内亚	7.74	0.03	20.62	0.11
俄罗斯联邦	428.97	1.90	411.97	2.24
新加坡	450.20	1.99	342.23	1.86
泰国	387.06	1.71	415.80	2.26
美国	4297.55	18.99	1539.43	8.36
越南	709.94	3.14	503.31	2.73
APEC 整体	13919.40	61.49	9467.71	51.43

资料来源：中国海关统计，www.customs.gov.cn。

中国前十大贸易伙伴中，APEC 成员逐渐增多。在出口方面，1984 年，中国前十大货物贸易伙伴中，仅有日本、美国、东盟为 APEC 成员，位列前 3 位，其贸易出口总额为 94.2 亿美元，占中国前十位贸易出口总额的 64.9%。2016 年，除欧盟和印度外，其余 8 个贸易伙伴均来自 APEC，其中美国位列第 1 位；东盟、日本、韩国分别位列第 3 位至第 5 位；

---

① 1984—2016 年数据来自 WITS 数据库，wits.worldbank.org/。2017 年数据来自中国海关统计，www.customs.gov.cn/。

中国台湾地区、俄罗斯、澳大利亚、墨西哥位列第 7 位至第 10 位。其贸易出口总额为 10118.7
亿美元,占中国前十位贸易出口的 71.8%。[①]

在进口方面,1984 年,中国前十大货物贸易伙伴中,日本、美国、加拿大、澳大利亚、
东盟为 APEC 成员,其中日本、美国位列前 2 位;加拿大、澳大利亚、东盟分别位列第 4
位至第 6 位。其贸易进口总额为 99.0 亿美元,占中国前十位贸易进口总额的 74.3%。2016
年,除欧盟、巴西和瑞士外,其余 7 个贸易伙伴均来自 APEC,其中东盟、韩国、日本、
中国台湾地区、美国、澳大利亚分别位列第 2 位至第 7 位;俄罗斯位列第 10 位。其贸易进
口总额为 8780.8 亿美元,占中国前十位贸易进口总额的 74.9%(见表 3)。[②]

表 3　2016 年中国前十大货物贸易伙伴　　　　　　　单位:亿美元,%

出口 目的地	出口额	出口 占比	排名	进口 来源地	进口额	进口 占比	排名
美国	3856.78	18.39	1	欧盟	2081.43	13.11	1
欧盟	3393.23	16.18	2	东盟	1963.07	12.36	2
东盟	2560.01	12.20	3	韩国	1589.75	10.01	3
日本	1292.68	6.16	4	日本	1456.71	9.17	4
韩国	937.07	4.47	5	中国台湾地区	1388.47	8.47	5
印度	583.98	2.78	6	美国	1351.20	8.51	6
中国台湾地区	402.41	1.92	7	澳大利亚	708.95	4.46	7
俄罗斯	373.40	1.78	8	巴西	458.55	2.89	8
澳大利亚	372.82	1.78	9	瑞士	399.45	2.52	9
墨西哥	323.57	1.54	10	俄罗斯	322.60	2.03	10

资料来源:WITS 数据库,wits.worldbank.org/。中国台湾数据来自 2017 年《中国统计年鉴》。

注:考虑中国内地与中国香港地区的贸易主要是转口贸易,因此未将中国香港地区纳入统计范围。

(二)中国与亚太经济体的产业内贸易关系:以机电产品为例

随着开放进程的持续深入,中国贸易自由化程度不断提高,市场环境日趋完善,极大
地推进了我国与亚太地区各经济体之间的贸易增长。在我国的货物贸易构成中,机电产品
始终占据主要地位,而亚太市场的重要性,特别是我国在市场开放后与区域内主要经济体
之间机电产品产业内贸易是非常显著的。

1. 关税减让与贸易自由化

(1)总体关税水平

近年来,我国货物进口关税大幅度下降。按照简单平均关税计算,我国货物进口关税
从 1992 年的 39.71%下降到 2016 年的 7.88%,降幅高达 31.83%。具体到不同种类的进口产

[①] APEC 于 1989 年 11 月正式成立,且有成员陆续加入,为了保证口径一致,在计算时按照 2017 年的 APEC 的成员构成
进行统计。中国台湾数据来自 2017 年《中国统计年鉴》;其他成员数据来自 WITS 数据库,wits.worldbank.org/。

[②] 中国台湾地区数据来自 2017 年《中国统计年鉴》;其他成员数据来自 WITS 数据库,wits.worldbank.org/。

品，关税下降幅度最大的前三类产品为 SITC 第 1 类（饮料及烟类）、SITC 第 6 类（按原料分类的制成品）和 SITC 第 0 类（食品及活动物），分别下降 101.43%、36.91% 和 36.02%。进口关税下降幅度最小的三类产品为 SITC 第 9 类（未分类其他商品）、SITC 第 3 类（矿物燃料、润滑油及有关原料）和 SITC 第 2 类[非食用原料（燃料除外）]，降幅分别为 -0.88%、15.9% 和 20.23%（见表 4）[①]。

表 4　1992—2016 年中国各类货物产品进口关税　　　　　　　　单位：%

年份	SITC0	SITC1	SITC2	SITC3	SITC4	SITC5	SITC6	SITC7	SITC8	SITC9
1992	48.24	117.43	24.05	20.39	33.34	28.90	44.54	32.44	56.98	0.00
1996	38.75	66.41	11.38	8.12	46.80	15.60	22.20	18.08	31.85	0.00
2000	26.21	59.77	9.12	7.53	37.27	12.30	16.43	15.04	20.14	0.00
2005	14.37	18.49	5.11	5.82	13.34	7.47	9.17	7.90	12.17	0.00
2010	13.50	15.14	3.97	4.14	10.80	6.07	7.82	7.07	10.48	0.00
2011	13.23	15.90	3.76	3.91	10.75	6.03	7.72	7.65	10.40	0.00
2012	15.82	17.59	5.18	5.59	12.52	7.31	9.32	7.51	12.75	0.00
2013	16.01	17.53	5.28	5.58	12.74	7.30	9.32	7.48	12.75	0.00
2014	12.34	15.51	3.43	3.72	10.84	5.82	7.59	6.57	10.23	0.00
2015	12.09	15.98	3.38	3.91	10.74	5.82	7.53	6.55	10.52	0.00
2016	12.22	16.00	3.82	4.49	10.66	5.97	7.63	6.26	10.61	0.88

资料来源：WITS 数据库，wits.worldbank.org/。

注：WITS 数据库能提供的中国关税数据最早为 1992 年。

（2）机电产品关税

在整体关税水平逐渐降低的同时，作为我国第一类进口商品的机电产品，关税水平从 1992 年的 32.44% 下降到 2016 年的 6.26%，降幅为 26.18%。

具体到不同种类的机电产品，关税降幅最大的三类产品为 SITC 第 78 章[陆军车辆（包括气垫式）]、SITC 第 76 章（电信及声音的录制及重放装置设备）和 SITC 第 77 章（电力机械、器具及其电气零件），分别下降 61.57%、40.56% 和 31.10%。进口关税降幅最小的三类产品为 SITC 第 79 章（其他运输设备）、SITC 第 71 章（动力机械及设备）和 SITC 第 72 章（特种工业专用机械），降幅分别为 6.65%、15.41% 和 15.42%（见表 5）。

表 5　中国机电产品进口关税（1992—2016 年）　　　　　　　　单位：%

年份	第 71 章	第 72 章	第 73 章	第 74 章	第 75 章	第 76 章	第 77 章	第 78 章	第 79 章
1992	22.39	21.28	26.26	31.07	29.30	47.26	36.54	73.21	10.05
1996	14.75	14.48	15.21	17.16	18.41	30.03	18.44	38.16	7.22

---

① WITS 数据库，wits.worldbank.org/.

续表

年份	第 71 章	第 72 章	第 73 章	第 74 章	第 75 章	第 76 章	第 77 章	第 78 章	第 79 章
2000	12.94	12.66	13.88	14.27	14.37	19.83	14.56	33.05	4.90
2005	8.48	7.13	9.46	7.95	2.19	10.37	6.84	15.52	4.17
2010	7.59	5.91	8.20	6.31	1.62	20.19	5.37	12.41	3.74
2011	7.49	5.97	8.11	6.19	1.53	31.57	5.35	12.14	3.83
2012	8.44	6.87	9.27	7.85	2.04	8.77	6.51	13.29	4.10
2013	8.44	6.87	9.25	7.84	2.11	8.66	6.45	13.12	3.99
2014	6.76	5.70	7.98	6.02	1.39	16.99	5.12	11.29	3.59
2015	6.69	5.63	7.75	5.89	1.32	18.10	5.08	11.63	3.62
2016	6.98	5.86	7.87	6.43	1.51	6.70	5.44	11.64	3.40

资料来源：WITS 数据库，wits.worldbank.org/。

注：WITS 数据库能提供的中国关税数据最早为 1992 年。

除降低关税以外，我国还逐步完善了机电产品进出口管理体制，清理了多项机电产品进出口贸易法规、规章和文件，构建与多边贸易体制规则一致的政策管理体制，极大促进了与亚太地区传统市场和新兴伙伴机电产品的贸易增长。

2. 机电产品贸易规模与结构

（1）机电产品贸易规模

近 30 年来，我国与 APEC 成员的货物贸易快速增长，其中机电产品作为第一大类贸易商品，在货物贸易中占有重要地位。

数据显示，1984 年，我国与 APEC 成员机电产品贸易额为 61.72 亿美元；2016 年，贸易额达到 9822.65 亿美元，占我国与 APEC 成员货物贸易总额的 59.8%。1984—2106 年间，我国对 APEC 成员机电产品出口贸易年均增长 23.2%，进口额年均增长 13.8%。贸易差额方面，我国对 APEC 成员的机电产品贸易额在 2000 年以后贸易顺差明显增加。从 2000 年的 16.02 亿美元增加到 2016 年的 3078.31 亿美元（见表 6）。

表 6　中国与 APEC 成员机电产品贸易情况　　　　　　　　　单位：亿美元，%

年份	出口额	出口占比	进口额	进口占比	进出口总额	进出口占比
1984	8.03	56.24	53.73	75.76	61.72	72.45
1990	91.75	84.69	136.00	63.22	227.64	70.38
1995	232.99	74.32	309.71	58.56	541.95	64.33
2000	576.97	69.97	560.95	63.94	1137.85	66.86
2005	2368.33	67.20	1665.30	66.40	4033.63	66.87
2010	4800.57	61.43	2976.21	63.89	7776.78	62.35
2011	5589.92	61.89	3315.55	62.09	8905.47	61.97
2012	6287.01	65.08	3298.86	61.20	9585.88	63.69
2013	6988.29	67.21	3482.26	59.73	10 470.54	64.52

续表

年份	出口额	出口占比	进口额	进口占比	进出口总额	进出口占比
2014	7019.24	65.50	3575.53	58.84	10 594.78	63.09
2015	7009.10	66.16	3510.48	61.96	10 519.57	64.70
2016	6450.48	65.56	3372.17	51.24	9822.65	59.82

资料来源：WITS 数据库，wits.worldbank.org/。

注：由于 WITS 数据库不提供中国台湾的贸易数据，为了保证统计口径一致，表中的 APEC 成员不包括中国台湾。

（2）机电产品贸易结构

从产品结构来看，中国对 APEC 成员出口排名前 3 位的机电产品为 SITC[①]第 76 类、第 77 类和第 75 类商品，2016 年出口额为 1949.57 亿美元、1847.81 亿美元和 1230.9 亿美元，占中国对 APEC 成员机电产品出口总额的 30.2%、28.7%和 19.1%。从市场分布来看，中国对 APEC 成员的机电产品出口主要集中于中国香港地区、美国、日本和韩国，市场占比分别为 30.4%、29.3%、8.9%和 7.1%。其中中国内地与中国香港地区的机电产品贸易以转口贸易为主。中国对美国出口的主要产品为第 75 类、第 76 类商品，合计占中国对美国机电产品出口总额的 56.9%；对韩国和日本出口的主要产品为第 76 类、第 77 类商品，合计占中国对其机电产品出口总额的 73.0%和 57.1%（见表 7 和表 8）。

表 7   2016 年中国向 APEC 成员出口的主要机电产品   单位：亿美元

成员	第 74 类	第 75 类	第 76 类	第 77 类	第 78 类	其他
澳大利亚	21.11	27.83	32.78	31.62	9.27	13.59
文莱	0.42	0.01	0.32	0.22	0.10	0.27
加拿大	12.79	12.63	26.62	21.02	10.75	12.56
智利	4.13	3.87	10.63	9.93	5.60	3.60
中国香港地区	33.84	365.83	698.50	753.76	17.62	91.20
印度尼西亚	25.87	11.72	26.03	23.51	8.81	27.94
日本	59.42	96.43	157.73	170.90	40.54	50.64
韩国	29.99	50.03	168.70	164.76	15.53	27.64
墨西哥	21.14	35.08	49.35	28.33	18.89	14.64
马来西亚	20.01	13.56	24.96	51.44	9.16	19.02
新西兰	2.02	2.37	3.52	3.24	1.74	1.73
秘鲁	2.25	2.31	6.91	3.54	4.92	2.36
菲律宾	9.75	8.26	17.21	23.45	13.22	11.16
巴布亚新几内亚	0.30	0.04	0.49	0.46	0.19	0.39

① 按照国际贸易标准分类（Standard International Trade Classification，SITC），一般将 SITC 第 7 部门（机械及运输设备）界定为机电产品。第 7 部门包含第 71 类（动力机械及设备）、第 72 类（特种工业专用机械）、第 73 类（金工机械）、第 74 类（通用工业机械设备及零件）、第 75 类（办公用机械及自动数据处理设备）、第 76 类（电信及声音的录制及重放装置设备）、第 77 类（电力机械、器具及其电气零件）、第 78 类 [陆路车辆（包括气垫式）]、第 79 类（其他运输设备），共 9 个子类。

续表

成员	第 74 类	第 75 类	第 76 类	第 77 类	第 78 类	其他
俄罗斯	37.96	15.41	29.61	23.02	12.43	32.25
新加坡	16.08	47.66	31.10	77.67	3.88	55.60
泰国	27.04	17.56	42.68	32.27	12.87	26.25
美国	160.44	510.35	564.78	371.43	147.18	133.87
越南	23.93	9.92	57.66	57.24	16.56	39.73
APEC 成员	508.49	1230.90	1949.57	1847.81	349.27	564.44

资料来源：WITS 数据库，wits.worldbank.org/。

注：由于 WITS 数据库不提供中国台湾地区的贸易数据，为了和前文统计口径一致，表中的 APEC 成员不包括中国台湾地区。

表 8　2016 年中国向 APEC 成员出口的主要机电产品占比　　单位：%

成员	第 74 类	第 75 类	第 76 类	第 77 类	第 78 类	其他
澳大利亚	15.50	20.43	24.06	23.22	6.81	9.98
文莱	31.17	0.67	23.91	16.57	7.18	20.49
加拿大	13.27	13.11	27.62	21.81	11.16	13.03
智利	10.93	10.26	28.16	26.28	14.84	9.53
中国香港地区	1.73	18.66	35.62	38.44	0.90	4.65
印度尼西亚	20.88	9.46	21.02	18.98	7.11	22.56
日本	10.32	16.75	27.40	29.69	7.04	8.80
韩国	6.57	10.96	36.94	36.08	3.40	6.05
墨西哥	12.63	20.96	29.47	16.92	11.28	8.74
马来西亚	14.49	9.82	18.07	37.23	6.63	13.77
新西兰	13.84	16.18	24.04	22.16	11.92	11.86
秘鲁	10.09	10.36	31.01	15.89	22.08	10.59
菲律宾	11.74	9.95	20.72	28.23	15.92	13.44
巴布亚新几内亚	16.30	1.98	26.46	24.44	10.04	20.78
俄罗斯	25.19	10.23	19.65	15.28	8.25	21.40
新加坡	6.93	20.55	13.40	33.48	1.67	23.97
泰国	17.04	11.07	26.90	20.34	8.11	16.54
美国	8.50	27.03	29.91	19.67	7.80	7.09
越南	11.67	4.84	28.12	27.92	8.08	19.38
APEC 成员	7.88	19.08	30.22	28.65	5.41	8.75

资料来源：WITS 数据库，wits.worldbank.org/。

注：由于 WITS 数据库不提供中国台湾地区的贸易数据，为了和前文统计口径一致，表中的 APEC 成员不包含中国台湾地区。

从产品结构来看，中国自 APEC 成员进口排名前 3 位的机电产品为 SITC 第 77 类、第 78 类和第 76 类商品，2016 年进口额为 1759.7 亿美元、354.1 亿美元和 295.4 亿美元，占中国自 APEC 成员机电产品进口总额的 52.2%、10.5% 和 8.8%。从市场分布来看，中国自 APEC 成员的机电产品进口主要集中于韩国、日本、美国、马来西亚，市场占比分别为 27.7%、24.4%、17.4% 和 10.4%；其余成员的市场占比均低于 5%。其中中国自日本和美国进口的主要产品为第 77 类、第 78 类商品，合计占中国自其机电产品进口总额的 58.1% 和 49.6%；自马来西亚和韩国进口的主要产品均为第 77 类商品，分别占中国自其机电产品进口总额的 86.8% 和 67.2%（见表 9 和表 10）。

表 9　2016 年中国自 APEC 成员进口的主要机电产品　　　单位：亿美元

成员	第 72 类	第 75 类	第 76 类	第 77 类	第 78 类	其他
澳大利亚	0.83	0.11	0.78	0.59	0.36	1.41
加拿大	1.15	0.33	1.53	6.89	5.27	10.29
中国香港地区	3.16	0.59	2.79	4.21	0.03	1.14
印度尼西亚	0.09	1.86	1.12	10.56	1.87	1.30
日本	106.37	34.90	57.83	339.38	138.43	146.19
韩国	47.64	46.10	101.16	627.06	44.71	66.84
墨西哥	0.24	1.97	5.21	35.39	12.47	4.78
马来西亚	2.80	23.70	14.10	304.36	2.02	3.54
新西兰	0.09	0.00	0.03	0.32	0.01	0.38
菲律宾	0.05	36.78	7.24	85.48	0.57	2.20
俄罗斯	0.48	0.01	0.04	1.02	0.02	5.34
新加坡	15.12	12.90	2.91	69.92	0.08	9.90
泰国	0.67	58.50	24.28	59.68	7.40	13.72
美国	41.37	10.25	11.62	151.98	139.21	233.29
越南	1.50	8.44	64.73	62.83	1.68	4.57
APEC 成员	221.60	236.43	295.38	1759.73	354.12	504.90

资料来源：WITS 数据库，wits.worldbank.org/。

注：①考虑到中国与文莱、智利、秘鲁、巴布亚新几内亚的机电产品进口总额均低于 0.1 亿美元，贸易占比过低，因此未列入表中。

②由于 WITS 数据库不提供中国台湾地区的贸易数据，为了和前文统计口径一致，表中的 APEC 成员不包含中国台湾地区。

表 10　2016 年中国自 APEC 成员进口的主要机电产品占比　　　单位：%

成员	第 72 类	第 75 类	第 76 类	第 77 类	第 78 类	其他
澳大利亚	20.42	2.68	19.23	14.37	8.84	34.46
加拿大	4.53	1.29	6.02	27.07	20.70	40.39
中国香港地区	26.49	4.91	23.40	35.36	0.24	9.60
印度尼西亚	0.56	11.09	6.67	62.79	11.13	7.76
日本	12.92	4.24	7.03	41.23	16.82	17.76
韩国	5.10	4.94	10.84	67.17	4.79	7.16
墨西哥	0.41	3.28	8.68	58.92	20.76	7.95

成员	第72类	第75类	第76类	第77类	第78类	其他
马来西亚	0.80	6.76	4.02	86.83	0.58	1.01
新西兰	10.90	0.53	4.08	38.23	1.02	45.25
菲律宾	0.04	27.79	5.47	64.60	0.43	1.66
俄罗斯	6.91	0.07	0.58	14.77	0.32	77.34
新加坡	13.64	11.64	2.62	63.09	0.07	8.93
泰国	0.41	35.62	14.78	36.34	4.50	8.35
美国	7.04	1.74	1.98	25.86	23.69	39.69
越南	1.04	5.87	45.03	43.71	1.17	3.18
APEC成员	6.57	7.01	8.76	52.18	10.50	14.97

资料来源：WITS 数据库，wits.worldbank.org/。

注：①考虑到中国与文莱、智利、秘鲁、巴布亚新几内亚的机电产品进口总额均低于 0.1 亿美元，贸易占比过低，因此未列入表中。

②由于 WITS 数据库不提供中国台湾地区的贸易数据，为了和前文统计口径一致，表中的 APEC 成员不包括中国台湾地区。

3. 区域内机电产品贸易关系与产业内贸易水平

为了进一步考察中国与 APEC 成员的产业内相互依赖关系，这里采用贸易结合度指数和产业内贸易指数，分别探讨对外贸易中占比最大的机电产品的相互依存度和产业内贸易水平。

（1）贸易结合度分析

贸易结合度指数（Trade Integration Index，TII）由布朗（A.J.Brown，1947）首次提出，指一国对某贸易伙伴国的出口占该国出口总额的比重与该贸易伙伴国进口总额占世界进口总额的比重之比，指标值越大，则两国贸易联系越紧密。后经过小岛清等（1958）对该指标进行改进和完善，并明确其统计学和经济学上的意义，以此衡量两国贸易的相互依存度。

计算公式为：

$$TII_{ab} = \frac{(X_{ab} / X_a)}{(M_b / M_w)}$$

其中，a，b，w 表示 a，b 两国以及世界市场。TII_{ab} 表示 a，b 两国的机电产品贸易结合度指数，数值越大，两国贸易结合越紧密。X_{ab} 表示 a 国对 b 国的机电产品出口额，X_a 表示 a 国对世界所有国家的机电产品出口总额，M_b 表示 b 国的机电产品进口总额，M_w 表示世界的机电产品进口总额。M_b / M_w 表示 b 国的进口总额占世界进口总额的比例，用来衡量 b 国的进口能力。当 $TII_{ab} > 1$ 时，表示两国贸易联系紧密，数值越大，联系越紧密；当 $TII_{ab} < 1$ 时，则表明两国的贸易联系松散，数值越小，则两国联系越疏远。

表 11 显示了用中国出口衡量的中国与主要 APEC 成员在机电产品上的贸易结合度指数。从整体上看，除了与菲律宾、新加坡、泰国的贸易结合度指数出现下滑外，中国与其他主要 APEC 成员的贸易结合度指数由 1984 年的小于 1，上升到 2016 年的大于 1。这说

明，中国与大部分 APEC 成员在机电产品上的贸易关系越来越紧密，APEC 成员对于从中国进口机电产品具有显著偏好。

从各经济体来看，1984 年，中国与新加坡、菲律宾和泰国贸易联系紧密，$TII > 1$；与其他主要 APEC 成员贸易联系松散，$TII < 1$。到了 2016 年，除了加拿大与中国的贸易联系依旧松散外，其余主要 APEC 成员均与中国建立了紧密的贸易关系。其中中国与印度尼西亚的贸易关系发展最为迅速，贸易结合度指数上升 1.59；其次是与日本和美国，贸易结合度指数分别上升 1.49 和 0.94。

表 11　用中国出口衡量的与主要 APEC 成员的贸易结合度指数

成员	1984 年	2016 年
澳大利亚	0.18	1.07
加拿大	0.05	0.33
印度尼西亚	0.13	1.72
日本	0.45	1.94
马来西亚	0.72	1.10
新西兰	0.10	0.61
菲律宾	1.85	1.19
新加坡	4.22	1.00
泰国	1.66	1.28
美国	0.24	1.18

资料来源：根据 WITS 数据库数据计算得到，wits.worldbank.org/。

表 12 显示了用中国进口衡量的中国与主要 APEC 成员在机电产品上的贸易结合度指数。从整体上看，1984—2016 年，除与日本和澳大利亚的贸易指数出现下滑外，中国与其他主要 APEC 成员的贸易结合度指数均呈现不同程度的上升。这表明，中国与大部分 APEC 成员在机电产品进口贸易上的往来更为频繁，合作关系更为密切。

从各经济体来看，1984 年，除与日本的贸易联系紧密外，中国与其他主要 APEC 成员贸易联系松散，$TII < 1$。到了 2016 年，中国与日本、马来西亚、菲律宾、泰国、美国贸易联系紧密，$TII > 1$；与其他主要 APEC 成员贸易联系相对较为松散。其中中国与马来西亚和菲律宾的贸易关系发展最快，贸易结合度指数分别增加了 3.45 和 2.67。

表 12　用中国进口衡量的与主要 APEC 成员的贸易结合度指数

成员	1984 年	2016 年
澳大利亚	0.93	0.29
加拿大	0.04	0.20
印度尼西亚	0.04	0.67
日本	2.26	1.73

续表

成员	1984 年	2016 年
马来西亚	0.03	3.48
新西兰	0.37	0.40
菲律宾	0.29	2.96
新加坡	0.33	0.53
泰国	0.22	1.38
美国	0.93	1.25

资料来源：根据 WITS 数据库数据计算得到，wits.worldbank.org/。

（2）产业内贸易分析

G-L 产业内贸易指数（Index of Intra-industry Trade，IIT）由格鲁贝尔（Grubel）和劳埃德（Lloyd）在 1975 年首次提出，是测算产业内贸易水平的核心指标。该指数衡量了某一产业出口的绝对数量在多大程度上被同类商品的进口所抵消，可准确地反映产业内贸易水平的变动。计算公式为：

$$GL_i = 1 - \frac{\sum |X_i - M_i|}{\sum (X_i + M_i)}$$

其中，X_i 为 i 类产业的出口额，M_i 为 i 类产业的进口额。GL_i 为 G-L 产业内贸易指数，其取值介于 0 和 1 之间，$GL_i > 0.5$ 且 GL_i 越接近 1，表明两国第 i 类产业更趋向产业内贸易。$GL_i < 0.5$ 且 GL_i 越接近 0，表示两国第 i 类产业更趋向产业间贸易。特别是，当 $X_i = M_i$ 时，$GL_i = 1$，则所有的贸易都是产业内贸易；当 $X_i = 0$ 或 $M_i = 0$，则所有的贸易均为产业间贸易。

根据中国与 APEC 成员在 SITC 三分位上的双边贸易数据，可计算得到相应的产业内贸易指数（见表 13）。从纵向来看，日本、韩国、APEC 中的东盟成员与中国在机电产品上的产业内贸易水平较高，特别是在第 71 章、第 74～76 章的 GL 指数大多在 0.5 以上。其次是美国、墨西哥和加拿大与中国在机电产品的部分章节以产业内贸易为主。其中美国在第 72～73 章、墨西哥在第 78 章、加拿大在第 79 章与中国的产业内贸易水平高，GL 指数大于 0.5。澳大利亚、新西兰、俄罗斯与中国的机电产品贸易则更趋向于产业间贸易。从横向来看，中国与 APEC 成员在第 71 章、第 74～76 章的产业内贸易比重较大，特别是与日本、韩国、东盟的机电产品贸易，相互间关系紧密。

表 13　中国与 APEC 成员的产业内贸易指数（2016 年）

成员	第 71 章	第 72 章	第 73 章	第 74 章	第 75 章	第 76 章	第 77 章	第 78 章	第 79 章
澳大利亚	0.301	0.255	0.257	0.046	0.008	0.046	0.037	0.075	0.115
加拿大	0.490	0.347	0.414	0.360	0.049	0.109	0.232	0.201	0.530
日本	0.667	0.303	0.325	0.705	0.508	0.534	0.502	0.329	0.478
韩国	0.699	0.288	0.410	0.780	0.620	0.747	0.361	0.396	0.323

续表

成员	第71章	第72章	第73章	第74章	第75章	第76章	第77章	第78章	第79章
墨西哥	0.419	0.095	0.123	0.172	0.107	0.190	0.393	0.539	0.312
新西兰	0.202	0.215	0.295	0.124	0.004	0.019	0.150	0.010	0.069
俄罗斯	0.114	0.066	0.024	0.066	0.001	0.003	0.086	0.004	0.052
美国	0.430	0.544	0.850	0.453	0.039	0.040	0.312	0.221	0.157
APEC中东盟成员	0.291	0.440	0.265	0.340	0.856	0.723	0.445	0.272	0.013

资料来源：根据 WITS 数据库数据计算得到，wits.worldbank.org/。

注：由于秘鲁、巴布亚新几内亚、智利的贸易数据存在较为严重缺失且与中国的双边贸易规模较小；中国内地与中国香港地区的贸易主要是转口贸易；WITS 数据库不提供中国台湾地区的贸易数据，因此在研究时将这些成员忽略不计。

二、中国与亚太地区的投资发展

积极利用外资是中国几十年对外开放基本国策的重要内容，我国不断完善外商投资管理体制，保持外资政策的稳定、透明、可预期，吸收外国投资保持着稳定和增长，已连续多年居发展中国家首位。同时，对外直接投资范围扩大，增势强劲。

亚太地区，特别是 APEC 成员始终是我国利用外商直接投资的主要来源。2016 年，来自 APEC 成员的外商直接投资额约为 1008.26 亿美元，占中国利用外资总额的 80.02%（见表 14）。尽管有些年份外资流量有所波动，但是总体上，APEC 成员对中国的投资在中国的 FDI 中一直占据主导地位。商务部统计数据显示，2017 年 1—12 月，全国新设立外商投资企业 35652 家，同比增长 27.8%；实际使用外资金额 1310.4 亿美元，同比增长 4%。同期，以实际投入外资金额计算的前 10 位国家/地区中，APEC 成员有 6 个，分别为中国香港地区、新加坡、中国台湾地区、韩国、日本和美国，金额依次为 989.2 亿美元、48.3 亿美元、47.3 亿美元、36.9 亿美元、32.7 亿美元和 31.3 亿美元；合计投资额占前 10 位经济体对华实际投资额的 95.1%。[①]

表 14　中国实际利用 APEC 成员外商直接投资统计　　　　单位：万美元

成员	2001年	2005年	2010年	2013年	2016年
文莱	10	16039	30956	13319	6567
中国香港	1671730	1794879	6056677	7339667	8146508
印度尼西亚	15964	8676	7684	12623	6399
日本	434842	652977	408372	705817	309585
马来西亚	26298	36139	29433	28053	22113
菲律宾	20939	18890	13806	6726	7760

---

① 商务部. 2017 年 1—12 月全国吸收外商直接投资快讯[EB/OL]. http://www.mofcom.gov.cn/article/tongjiziliao/v/.

续表

成员	2001 年	2005 年	2010 年	2013 年	2016 年
新加坡	214355	220432	542820	722872	604668
韩国	215178	516834	269217	305421	475112
泰国	19421	9590	5134	48305	5615
越南	148	127	203	0	0
中国台北	297994	215171	247574	208771	196280
俄罗斯	2976	8199	3497	2208	7343
智利	133	636	146	2094	300
墨西哥	182	710	1525	1580	74
秘鲁	27	338	2	0	1
加拿大	44130	45413	63485	53610	26240
美国	443322	306123	301734	281987	238601
澳大利亚	33560	40093	32501	32967	26264
新西兰	4818	12991	14229	6795	3182
巴布亚新几内亚	20	20	0	0	0
APEC 整体	3446047	3904277	8028995	9772815	10082612
占中国 FDI 流入	73.51	64.72	75.94	83.11	80.02

资料来源：根据国家统计局《中国统计年鉴》数据计算得出。

近年来，我国对外直接投资快速增长，APEC 成员也是重要的目的地。商务部《中国对外直接投资统计公报》数据显示，2016 年，我国对外直接投资达 1961.5 亿美元，增长 34.7%，居全球第 2 位。截至 2016 年末，对外投资存量累计为 13573.9 亿美元，比上年末的 10979 亿美元上升了 23.6%。[1]同期，我国对 APEC 整体对外直接投资额为 1514.7 亿美元，占中国对外直接投资流量比重为 77.2%（见表 15）。在我国对外直接投资的前 20 位目的地中，APEC 成员有 12 个，分别为中国香港地区、美国、澳大利亚、新加坡、加拿大、马来西亚、印度尼西亚、俄罗斯联邦、越南、韩国、泰国和新西兰。2016 年，我国对这些经济体的投资额依次为 1142.3 亿美元、169.8 亿美元、41.9 亿美元、31.7 亿美元、28.7 亿美元、18.3 亿美元、14.6 亿美元、12.9 亿美元、12.8 亿美元、11.5 亿美元、11.2 亿美元和 9.1 亿美元，合计 1504.8 亿美元，占当年对外直接投资总额的 76.7%。APEC 成员中，美国近年来稳居中国企业对外投资并购十大目的地榜首，投资流量快速增长。投资行业也涉及制造业、金融业、租赁和商务服务业、采矿业等，逐步向多元化方向发展。

---

① 商务部. 中国对外投资合作发展报告 2017[EB/OL]. http://www.mofcom.gov.cn/article/gzyb/.

表 15   中国对 APEC 成员直接投资统计   单位：万美元，%

成员	2007 年	2010 年	2013 年	2014 年	2015 年	2016 年
文莱	118	1653	852	-328	392	14210
中国香港地区	1373235	3850521	6282378	7086730	8978978	11423259
印度尼西亚	9909	20131	156338	127198	145057	146088
日本	3903	33799	43405	39445	24042	34401
韩国	5667	-72168	26875	54887	132455	114837
马来西亚	-3282	16354	61638	52134	48891	182996
菲律宾	450	24409	5440	22495	-2759	3221
新加坡	39773	111850	203267	281363	1045248	317186
中国台北	-5	1735	17667	18370	26712	1175
泰国	7641	69987	75519	83946	40724	112169
越南	11088	30513	48050	33289	56017	127904
俄罗斯	47761	56772	102225	63356	296086	129307
墨西哥	1716	2673	4973	14057	-628	21148
加拿大	103257	114229	100865	90384	156283	287150
美国	19573	130829	387343	759613	802867	1698081
澳大利亚	53159	170170	345798	404911	340131	418688
新西兰	-160	6375	19040	25002	34809	90585
巴布亚新几内亚	19681	533	4302	3037	4177	-4368
智利	383	3371	1179	1629	685	21696
秘鲁	671	13903	11460	4507	-17776	6737
APEC 整体	1694538	4587639	7898614	9166025	12112391	15146470
占对外直接投资流量比重	63.93	66.67	73.24	74.45	83.15	77.22

资料来源：商务部《中国对外直接投资统计公报》相关年份。

三、中国与亚太区域经济一体化的深化发展

改革开放促进了我国与亚太地区各经济体贸易投资的快速增长，并且更广泛、深度地参与区域经济合作。多年来，我国积极参与 APEC 发展进程，推动构建亚太自由贸易区，促进了亚太区域经济一体化的深入发展。

APEC 是我国参加的第一个区域经济合作组织。自 1991 年加入以来，作为亚太地区最大的发展中经济体，我国始终高度重视和积极参与 APEC 合作，为实现茂物目标，促进亚太地区的繁荣稳定发挥了重要作用。一方面，在贸易投资自由化、便利化方面，中国积极落实单边行动计划和集体行动计划，推动市场开放。其中，自 1996 年起，我国多次采取单

边行动降低关税，简单平均关税水平由 1996 年的 23.0% 下降至 2001 年的 15.3%。2001 年中国加入世界贸易组织后，平均关税水平继续大幅度下降。到 2016 年，货物进口简单平均关税已降至 7.88%。①在非关税措施领域，我国不断完善相关法规和程序，提高政策透明度，仅实施关税配额、进出口限制及许可、贸易救济等少数与 WTO 规则相符的措施，且数量不断减少。为推进投资自由化，我国改革利用外资和对外投资管理体制，有序放宽投资准入。经过 6 次修订，我国目前实施的《外商投资产业指导目录》限制类条目减少至 38 条，且在制造业、金融、债券市场等领域都进一步扩大开放。在自由贸易实验区中，持续深化的以负面清单为核心的外商投资准入管理措施更发挥了积极的示范作用。在贸易投资便利化领域，我国如期完成了两个阶段的"APEC 贸易便利化行动计划"，在海关程序、标准一致化、商务人员流动、电子商务等优先领域取得了积极进展。以通关便利化为例，目前我国已经实现了区域通关一体化在全国 42 个海关的全覆盖，同时依托电子口岸公共平台，加快国际贸易单一窗口建设，持续优化通关流程，降低交易成本。②另一方面，我国始终重视和积极参与 APEC 经济技术合作，在人力资源开发、可持续增长、加强经济基础设施建设、结构改革、中小企业、人类安全、区域经济一体化等方面开展了众多项目合作。2006—2013 年，我国主持的与通过可持续增长确保生活质量有关的项目 45 项，与区域经济一体化有关的项目 36 项，与人类安全有关的项目 21 项，与迎接社会领域全球化有关的项目 13 项，相关结构改革有 3 项。此外，在利用宽带网络发展促进绿色增长、APEC 成员之间的语言培训合作等方面，我国也主持了相关项目，为促进地区的繁荣发展做出了积极贡献。

随着亚太地区经济的深度融合以及区域经济一体化带来的新挑战，APEC 需要通过不断加深各成员合作，为地区经济发展构建更加开放的制度框架，确定"后茂物目标"时代的亚太区域经济一体化发展方向。近 30 年来，全球和地区经济形势不断发展变化，区域自由贸易协定层出不穷，APEC 面临进一步促进经济融合和扩大贸易，推动各经济体创新增长与实现可持续发展的挑战。为推动一体化的深化发展，我国发挥建设性作用，推动启动亚太自贸区（FTAAP）进程，引领未来的亚太区域经济合作新方向。

2014 年，中国作为东道主再次主办 APEC 会议。在我国的积极推动下，2014 年 5 月召开的 APEC 贸易部长会议决定，在 APEC 贸易投资委员会建立加强区域经济一体化和推进亚太自贸区"主席之友"工作组，启动亚太自贸区进程，全面系统推进合作；同意制定《APEC 推动实现亚太自贸区路线图》，为推进亚太自贸区进程提供支持和指引。2014 年 11 月，APEC 第二十二次领导人非正式会议批准了这一路线图，同意在尽快完成现有可能路径的同时，采取行动，推动 FTAAP 取得切实进展。根据领导人的指示，FTAAP 不仅仅是狭义范畴的自由化，它将是全面的、高质量的，并且涵盖下一代贸易投资议题。2015 年，

---

① WITS 数据库，wits.worldbank.org/.

② WTO. Trade Policy Review Report By China. WT/TPR/G/342, 15 June 2016.

APEC 启动了实现亚太自贸区有关问题的联合战略研究，旨在分析亚太自贸区潜在的经济影响和社会效益，盘点区域已生效的自贸协定，分析实现亚太自贸区的各个可能路径，评估"面条碗"效应的影响，找出贸易投资壁垒，明确经济体在实现亚太自贸区过程中可能遇到的困难，并基于研究结果提出相关建议。2016 年 11 月，APEC 领导人批准了已完成的《亚太自贸区联合战略研究报告》，发表了《亚太自贸区利马宣言》，通过了 FTAAP 集体战略研究的政策建议。在 APEC 框架外，亚太地区各经济体将通过 TPP（跨太平洋伙伴关系协定）、RCEP（区域全面经济伙伴关系）等可能的路径，建立 FTAAP，以实现高水平的贸易投资自由化。2017 年 5 月，在 APEC 第 23 届贸易部长会议上，我国提交了《中国关于 APEC"后 2020"贸易投资合作愿景的非文件》，明确提出将构建全面、高水平的 FTAAP 作为"后 2020"时代 APEC 合作愿景的核心，以建立开放、包容、广泛受益的亚太地区贸易投资体制，推动地区经济发展，创造就业，提高工商企业和消费者的福利水平。

事实上，APEC 自成立伊始就致力于改善地区贸易与投资环境，近 30 年来，在关税、非关税壁垒、服务贸易、投资、贸易便利化等方面均取得了相应进展，为亚太地区成为世界上最具活力和开放性的经济区域奠定了基础。尽管取得了一定效果，但整体而言，各成员都有进一步改进的空间。2011 年，APEC 对 5 个发达成员和 8 个自愿参加的发展中成员实现茂物目标的进展情况进行了评估，结果凸显了在贸易投资领域依然存在的诸多壁垒。这些"2010 经济体"的服装、农产品和纺织品关税仍然较高，在服务、投资等领域也存在不同程度的限制（见表 16）。

表 16　APEC 茂物目标的进展与成果

目标	2008 年	2009 年	2010 年	2011 年	2012 年
最惠国实施关税税率（%）	6.6	6.1	5.8	5.7	—
最惠国实施关税税率（%）（农产品）	13.1	12.1	11.8	12.3	—
最惠国实施关税税率（%）（非农产品）	5.7	5.3	4.9	4.7	—
零关税产品分布（%）	42.4	43.1	45.5	45.3	—
零关税进口（%）	53.7	58.0	58.3	—	—
MFN 实施税率≥10%的产品分布	16.3	15.6	14.5	14.1	—
出口成本（美元/每集装箱）	878.1	872.0	880.0	877.8	910.0
进口成本（美元/每集装箱）	964.3	953.4	959.5	949.6	973.0
出口所需文件（个）	5.3	5.3	5.3	5.3	5.3
进口所需文件（个）	6.3	6.1	6.1	6.0	6.0
在 GATS 中承诺服务部门（个）	77	77	77	77	79
影响 FDI 的商业规则（1=很少；7=最高）	5.4	5.2	5.0	5.0	5.0

资料来源：PSU，"Updated APEC Bogor Goals Dashboard"，April 2013。

注：最惠国（MFN）实施关税税率为 HS6 位编码基础上的简单平均关税。

　　APEC 曾经确立了发达成员和发展中成员分别于 2010 年和 2020 年实现茂物目标的两个时间表，目前，第一个时间早已到期，第二个时间也即将到来。以 FTAAP 为核心，深入推进区域经济一体化，是我国为"后茂物目标"时代亚太区域经济合作确立的"雄心目标"，且具有引领性、承接性和可行路径。FTAAP 作为高度开放的一体化安排，能够更有效地应对地区经济及一体化的新挑战，使亚太经济在完整、高效的制度框架下实现持续开放和长期增长。

参考文献

[1] WTO. Trade Policy Review Report By China. WT/TPR/G/342, 15 June 2016.

[2] 商务部. 中国对外投资合作发展报告 2017[EB/OL]. http://www.mofcom.gov.cn/article/gzyb/.

[3] 中华人民共和国国家统计局. 中国统计年鉴 2016[M]. 北京：统计出版社，2017.

全球经济形势变化与前景

胡昭玲　高晓彤　苏园淇*

摘　要： 2017 年全球经济增速明显提升，出现回暖势头，结束了自 2008 年金融危机后的低迷态势。全球工业生产和私人消费升温，货币政策相对宽松，贸易和投资回升，大宗商品价格出现反弹。展望未来，人工智能等新兴技术兴起以及"一带一路"倡议实施等因素将为经济增长提供动力。但与此同时，美国的加息缩表政策、贸易保护主义抬头、普遍存在的债务风险以及发展中经济体资本外流等威胁，都使未来的全球经济增长充满不确定性。预计未来全球经济增长动能有望进一步释放，总体经济将延续当前的复苏势头，但受潜在不确定性因素影响，经济仍存在下行风险。

关键词： 全球经济；复苏；不确定性

一、全球经济形势变化

自 2008 年金融危机后，全球经济持续低迷，长时间呈现低增长态势。但值得注意的是，2017 年世界经济增速明显提升，出现了回暖势头，结束了近年来的下滑趋势。在全球工业生产和市场需求向好、融资环境温和、政策普遍宽松、大宗商品价格坚挺的背景下，全球经济正在经历周期性复苏，表现为贸易和投资回升，以及大宗商品价格反弹。

（一）全球经济回暖，出现企稳向好趋势

1. 实际 GDP 增长

世界银行 2018 年发布的《全球经济展望》报告中指出，2016 年全球实际 GDP 增速为 2.4%①，这也是自 2008 年经济危机以来全球经济增速的最低点。自 2016 年下半年以来，全球经济出现回暖势头，2017 年世界经济增速预计上升 0.6 个百分点，增至 3%，为 2012

---

* 胡昭玲，南开大学经济学院教授，博士生导师；高晓彤、苏园淇，南开大学经济学院硕士研究生。

① 根据世界银行 2018 年 1 月发布的《全球经济展望》中披露的数据，由 2010 年美元不变价格计算得到实际 GDP 增速。

年以来的最高增速。全球经济回暖一方面是由于周期性原因，传统产业升温，大宗商品价格上涨；而另一方面是由于市场需求复苏所带来的内生增长动力增强。

2017 年世界经济与前几年相比最显著的特点是普遍增长，如图 1 所示，发达经济体与新兴发展中经济体的实际 GDP 增速均有所上升。其中，考虑发达经济体资本支出回升、库存回升以及外部需求增加，其实际 GDP 增速由 2016 年的 1.6%上升至 2.3%；新兴发展中经济体受出口活动复苏的影响，其实际 GDP 增速由 3.7%上升至 4.3%。复苏的广泛性有助于世界经济恢复过程进一步自我强化，并预示着经济增长势头可能持续下去。

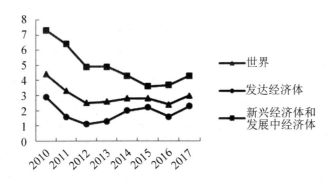

图 1　世界实际 GDP 增速（单位：%）

资料来源：World Bank. Global Economic Prospects [R]. Washington: World Bank, 2018.
注：图中 2017 年的实际 GDP 增速为预估值。

2017 年全球经济回暖很大程度上是受主要发达经济体 GDP 增速回升的影响。如图 2 所示，大多数发达经济体实际 GDP 增速呈现上升趋势，尤其是美国、日本与欧元区自 2016 年下半年以来 GDP 增速明显高于前两年，尽管在 2017 年第一季度美国和欧元区的增长出现了小幅回落，但在第二、三季度又迅速提高并保持稳定。可能受到劳动力市场萎缩以及货币政策趋势变化的影响，在 2017 年第四季度，主要发达经济体的实际 GDP 增速又有所放缓。

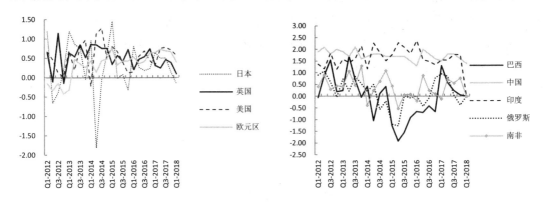

图 2　主要经济体实际 GDP 增速（单位：%）

资料来源：作者根据 OECD（经济与合作发展组织）网站季度 GDP 数据整理绘制。

在主要新兴市场和发展中经济体中，南非和中国的实际 GDP 增速与 2016 年相比均有所提高，巴西和俄罗斯更是在经历数年负增长之后在 2017 年实现了正增长。受大宗商品价格刺激，尽管 2017 年第四季度部分国家增速放缓，但与发达经济体相比，主要新兴与发展中经济体的增速仍然保持相对稳定。

2. 市场需求和国内生产

世界主要经济体的市场需求和国内生产呈现积极向好态势，对于经济复苏起到了一定的支撑作用。作为拉动全球经济的重要动力，主要经济体的私人消费需求表现出积极变化。如图 3 所示，在发达经济体中，美国和欧元区国家的私人消费继续保持稳定增长，日本的私人消费增速明显高于 2016 年，尽管在 2017 年第三季度有所下降，但在第四季度又显著回升。在主要新兴经济体中，南非的私人消费增速明显呈上升趋势，印度也仍保持近年来一贯的高速增长，巴西和俄罗斯虽然增速提升并不显著，但从负增长转向正增长也是相当可喜的表现。

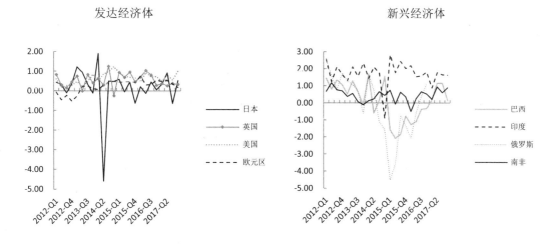

图 3　主要经济体私人消费增速（单位：%）

资料来源：作者根据 OECD 私人消费数据整理绘制。

同样，固定资产投资的稳定增长也是全球经济复苏的重要支撑。2017 年主要发达经济体的投资需求增速提高，如图 4 所示。美国和日本延续一直以来的稳定增长趋势，且增速有所上升，欧元区国家的固定资产投资增速虽然有所回落，但总体上延续了 2013 年以来的上升态势。在新兴经济体中，巴西和俄罗斯也在近两年的负增长后实现了正增长，尽管南非固定资产投资的增速转向并不明显，但其下滑势头有所减弱。

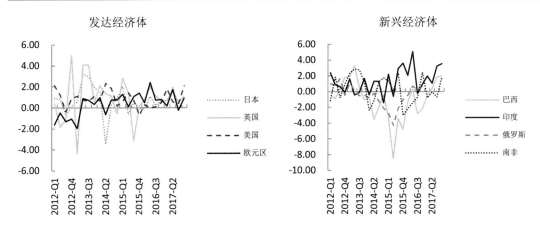

图 4　主要经济体固定资产投资环比增速（单位：%）

资料来源：根据 OECD 固定资产投资数据整理绘制。

2017 年大多数主要经济体的国内生产延续了 2016 年以来的上升趋势。图 5 显示出了主要经济体制造业 PMI 指数（采购经理指数）的变化情况[①]，其中在主要发达经济体中，英国、日本、德国和法国等国的制造业 PMI 指数都呈现积极上升趋势。受特朗普政府国内政策影响，美国 PMI 指数在 2016 年大幅上升之后，2017 年年初稍有回落，但随后又大幅赶上。新兴经济体的 PMI 指数没有发达经济体表现显著，其中印度始终保持相对稳定趋势；俄罗斯在年初稍有回落，但随后也回归稳定；巴西的 PMI 指数则稍有下降。

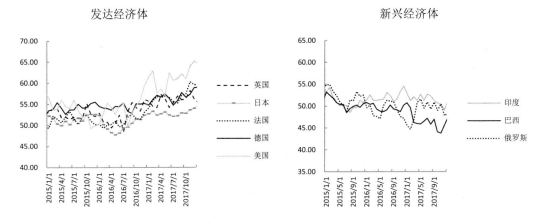

图 5　主要经济体 PMI 指数变化（单位：%）

资料来源：根据 Wind 主要经济体 PMI 指数数据整理绘制。

（二）国际贸易复苏，国际直接投资略有下降

过去几年，全球贸易增速始终低于经济增速，全球贸易对经济增长的引擎作用减弱。

---

① 俄罗斯、法国和德国采用综合 PMI 指数，美国采用制造业 PMI 产出指数。

但是这一现象在 2017 年得到了明显改善，随着全球经济复苏的强劲势头，国际市场需求活跃，大宗商品价格上涨，贸易增速显著提高。

1. 商品贸易

2017 年全球商品贸易呈现明显上升态势，延续了 2016 年以来的回暖趋势。如图 6 所示，全球商品贸易同比增速自 2016 年年底开始，结束了 2 年以来的负增长，总体稳定向好，尽管在 2017 年第二季度有所放缓，但在第三季度又恢复了高速增长。2017 年全球商品出口总额为 17.7 万亿美元，进口总额达 18 万亿美元。①

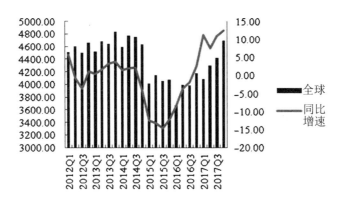

图 6 全球商品出口总额及增速（单位：10 万亿美元，%）

资料来源：根据 WTO 商品出口季度数据整理绘制。

从区域角度看，全球商品贸易主要集中在欧洲、亚洲和北美洲，3 个区域 2017 年商品出口金额依次为 6.5 万亿美元、6.4 万亿美元和 2.4 万亿美元，占全球商品出口贸易额的 36.7%、36.0% 和 13.4%，总计 86.1%；进口金额为 6.5 万亿美元、6.0 万亿美元和 3.3 万亿美元，分别占全球商品进口贸易总额的 36.2%、33.2% 和 18.2%，总计 87.6%。②根据图 7 所示，商品贸易量同比增速在全球主要区域间较为同步，自 2016 年以来均呈现上升态势。从贸易平衡的角度来看，亚洲呈现明显贸易顺差，高达 380.6 亿美元；欧洲和北美洲均为贸易逆差，其中欧洲逆差规模较小，约为 20 亿美元，因此基本可以看作维持了贸易收支平衡，而北美洲逆差规模则相对较大，约为 907.5 亿美元，这也反映了全球贸易明显区域化差异的现状。

① WTO 商品贸易统计数据库世界商品贸易总额数据。http://stat.wto.org/StatisticalProgram/WSDBViewData.aspx?Language=E。

② WTO 主要区域商品出口季度。http://stat.wto.org/StatisticalProgram/WSDBViewData.aspx?Language=E。

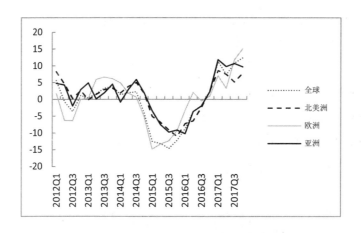

图 7　主要区域的商品出口同比增速（单位：%）

资料来源：根据 WTO 主要区域商品出口季度数据整理绘制。

2017 年世界主要经济体的商品出口额均有所上升，在发达经济体中，欧元区出口额增速最快，高达 9.72%；其次是英国，增速为 8.64%，这也意味着其出口受脱欧影响减弱，正在慢慢复苏。新兴经济体的出口增速明显高于发达经济体，其中俄罗斯出口总额较 2016 年增长最为迅猛，增速高达 25.3%；中国出口增速较前几年虽有大幅下降，但仍保持 7.9% 的增长，并且其体量已超越美国，成为全球商品出口总额最高的国家。世界主要经济体商品进口额增长率整体高于出口额增长，尤其是新兴经济体中的俄罗斯和印度，分别达到了 24.1% 和 23.8%；其次是中国，增长率为 16.0%，显著高于其出口增速；最低为英国，进口增速仅为 1.2%，考虑到英镑汇率对欧元基本稳定、对美元升值的背景，进口增速相对于出口的弱势看似有些费解，但通过对比近几年英国的进出口总额可以看出，2016 年英国脱欧对于其出口总额有很大影响，但进口保持相对稳定，因此出口的复苏使得增速表现强劲也就不难理解了。[①]

2. 服务贸易

随着全球范围内技术进步与服务贸易制度体系的完善，服务的可贸易性增强，加之全球经济正在转型，多数经济体由生产型向消费型转变，各国对于服务的需求都有所增强，这些因素都使得全球服务贸易规模日趋扩张。

2017 年世界主要经济体的服务贸易出口额均呈现正增长。如图 8 所示，俄罗斯和印度出口增长最为强劲，分别达到了 15.7% 和 11%。[②]分季度来看，大多数主要经济体的出口额同比增速在 2017 年都延续了 2015 年以来的上升趋势，但在第四季度稍有回落。从服务贸

[①] 根据 WTO 商品贸易统计数据库各国年度商品贸易数据计算得到增速。http://stat.wto.org/StatisticalProgram/WSDBStatProgramReporter.aspx?Language=E。

[②] UNCTAD 基于 BPM6 的服务出口增速数据。http://unctadstat.unctad.org/wds/TableViewer/tableView.aspx? ReportId=87010。

易的进口增速来看，俄罗斯和印度增速最高，分别为 18.2% 和 13.0%，增速最慢的为法国，仅为 3.4%。

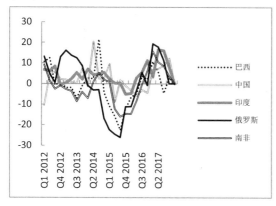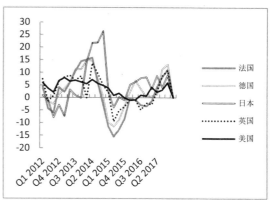

图 8　主要经济体服务出口增速（单位：%）

资料来源：根据 UNCTAD 服务出口增速数据整理绘制。

从过去一年服务贸易的赤字情况来看，中国是最大逆差国，逆差额达 2395 亿美元；其次是巴西，逆差规模为 338.5 亿美元。在服务贸易顺差的国家中，美国顺差规模最大，为 2427.7 亿美元；其次是英国，顺差额为 1351 亿美元。[①]从全球范围来看，服务贸易顺差国大多是发达经济体，而逆差国通常是发展中或欠发达经济体。这也反映出全球服务贸易二元分化格局的形成，原因主要是经济体处在不同发展阶段，并且在全球价值链分工中的地位也有所差异。一般来说，发达经济体在全球价值链中通常承担附加值相对较高的生产阶段，负责产品研发设计与销售服务等，出口服务，进口产品；而欠发达经济体或发展中经济体通常在全球价值链中承担组装等附加值相对较低的制造环节，进口服务，出口产品。

通过细分服务贸易的种类可以发现，货物相关服务出口增速最高的是巴西，高达 27.3%；其次是意大利和法国，增速分别是 15.2% 和 8.4%；而南非和英国则是负增长。运输服务出口中增速最快的国家分别是俄罗斯、巴西和德国；旅游服务出口中俄罗斯同样是增速最快的经济体，而中国则出现了 12.9% 的负增长。[②]

3. 直接投资

2017 年全球经济复苏回温，贸易增速回升，引擎作用加大，这些条件都使得国际直接投资（FDI）活动更加活跃，为国际直接投资的复苏提供了良好的环境支持。但由于地缘政治风险的存在、国际间政策的不确定性，以及美国等发达国家税收政策的调整，国际直

---

① 根据 UNCTAD 数据库各国服务贸易 2017 年数据计算得到贸易差额。http://unctadstat.unctad.org/wds/TableViewer/tableView.aspx?ReportId=87010。

② 根据 UNCTAD 数据库各国服务贸易年度数据计算得到增速。http://unctadstat.unctad.org/wds/TableViewer/tableView.aspx?ReportId=135718。

接投资复苏的势头还比较脆弱，延续了 2016 年的下降趋势。

第二次世界大战后随着全球化进程的不断推进，跨国投资额保持持续稳定增长，2007 年全球直接投资流入量达到 1.98 万亿美元，实现第一次峰值。次贷危机后，FDI 体量萎缩。如图 9 所示，直到 2015 年，全球 FDI 流入量才回升至 2.06 万亿美元，但随后 2016 年稍有回落，2017 年继续下降至 1.42 万亿美元。其中发展中国家 FDI 流入量在 2016 年跌至 2011 年以来的最低值，成为全球 FDI 流入量下跌的重要原因；而发达国家的 FDI 流入量持续稳定增长；转轨经济体也扭转了连续几年的下降趋势，实现了强劲增长，这主要得益于采矿业国际投资的回暖（详见图 10）。[①]

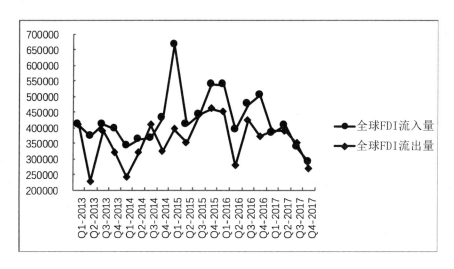

图 9　2013—2017 年全球 FDI 流量（单位：百万美元）

资料来源：根据 OECD 全球 FDI 流量数据整理绘制。

分国别来看，美国 FDI 流入量在 2015 年大幅提高，达到了 4766.8 亿美元，但在 2017 年下降至 2868.5 亿美元；而流出量则正好相反，在 2015 年降至 2816.7 亿美元，随后在 2017 年增长为 3626 亿美元。2015 年美国实现了由资本输出国向资本流入国的转变，但在 2017 年又回归为资本输出国。日本则一直作为资本输出大国，其 FDI 流入量持续保持低位，甚至在 2015 年为负 22.5 亿美元；而 FDI 流出量则保持稳定增长，在 2017 年高达 1604.3 亿美元。中国 FDI 流入量从 1992 年开始出现快速增长，到 2013 年达到峰值的 2909.3 亿美元，随后有所下降，2017 年为 1682.2 亿美元；其 FDI 流出起步较晚，2004 年才开始输出，但增长迅速，2016 年中国的 FDI 流出量远超流入量，成为资本输出国，但在 2017 年 FDI 流

---

① OECD 全球 FDI 流量数据。https://stats.oecd.org/index.aspx?DataSetCode=QNA#。

出量大幅下降，仅为 2016 年的 47%，而流入量较 2016 年相对稳定。[①]

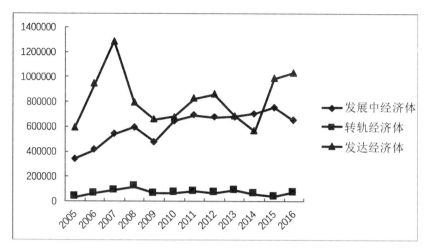

图 10　2005—2016 年不同类型经济体 FDI 流入量（单位：百万美元）

资料来源：根据 UNCTAD 全球 FDI 流入数据整理绘制。

截至 2016 年年底，全球 FDI 流入存量为 26.73 万亿美元，其中发达国家为 16.92 万亿美元，占全球份额的 63.3%；全球 FDI 流出存量共计 26.16 万亿美元，其中发达国家为 19.96 万亿美元，占比为 76.4%。由此可以看出，发达国家的资本流出存量比流入存量高约 3 万亿美元，属于资本输出经济体。发展中国家 FDI 流入存量为 9.1 万亿美元，流出存量为 5.8 万亿美元，二者差额达 3.3 万亿美元，这表明发展中国家不仅接收了发达国家的资本输出，还吸收了其他欠发达国家的部分资本输出，属于资本流入经济体。[②]

（三）大宗商品市场价格回升

2017 年以来，国际大宗商品整体价格走势呈现先跌后升态势，并且价格分化加剧，如图 11 所示，原油和基本金属价格回升，农产品价格稍有下降。截至 2017 年 12 月上旬，金属价格涨幅最大，与 2016 年同期相比上涨约 25.8%；其次为原油，布伦特原油（Brent oil）与美国绿友萨斯的中盾原油（WTI oil）的期货结算价分别比 2016 年同期上涨 21.7% 和 19.0%；工业原料次之，涨幅约 12.2%；农产品价格涨幅最小。[③]

根据图 12 所示，2017 年国际原油价格相比 2016 年稍有回升，整体呈现先抑后扬态势。在 2017 年前两个季度，国际原油价格震荡下行，但在第三、第四季度快速回升。截至 2017 年 12 月 29 日，WTI 和 Brent 原油现货离岸价格为 60.46 美元/桶和 66.73 美元/桶[④]，较 2017

---

① 根据 OECD 全球 FDI 流量数据整理得到。https://stats.oecd.org/index.aspx?DataSetCode=QNA#。
② 根据 UNCTAD 全球 FDI 存量数据整理得到。http://unctadstat.unctad.org/wds/TableViewer/tableView.aspx? ReportId= 96740。
③ 展望 2018，全球大宗商品整体价格发展趋势．搜狐财经．http://www.sohu.com/a/215578417_246933，2018-1-9.
④ 美国能源信息署．http://www.eia.gov/.

年年内最低点分别上涨 42.3%和 51.7%。从推动油价走高的原因来看，首先是全球经济复苏带来的国际原油需求上升，从而提振了油价；其次是石油输出国减产导致全球原油供给收紧，2016 年 11 月 OPEC 和以俄罗斯为首的非 OPEC 产油国签署减产协议，以降低原油库存，使得全球原油供应下降推动油价上升；最后是多个产油国面临的地缘局势风险上升，导致投资者对原油价格预期看涨。

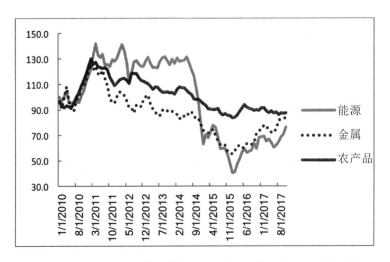

图 11　全球大宗商品价格（单位：美元/桶，美元/盎司，美元/吨）

资料来源：World Bank. Global Economic Prospects [R]. Washington: World Bank, 2018。

注：平价指数以 2010 年为 100。

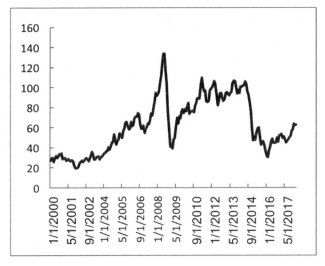

图 12　国际 WTI 原油价格（单位：美元/桶）

资料来源：根据美国能源信息署原油数据整理绘制。

2017 年基本金属价格整体上涨 22%。一方面是由于中国对金属保持了强劲的需求,例如,中国铜表观消费量较 2016 年增加 28.1 万吨,增至 1192.3 万吨,占到全球消费总量的 50%以上。①另一方面则是由于一些金属库存偏低,尤其是铝和锌。根据世界金属统计局(WBMS)公布的数据显示,2017 年全球原铝市场和锌市场供应短缺分别达 141.4 万吨和 71 万吨。此外,中国为减少产能过剩和限制工业污染所采取的措施也推动了国际金属价格的上升。

2017 年黄金价格总体呈现震荡上行趋势,截至 2017 年 12 月 29 日,黄金价格收于 1291 美元/盎司,较年初上升 12.7%。②黄金价格上涨一方面是由于地缘风险事件导致投资者避险情绪高涨,推动黄金市场需求增加;另一方面是由于美元的持续走弱推动了金价上升。

农产品价格在 2017 年略有下降,但整体保持相对稳定。其中全球大豆产量小幅下降,供给仍保持宽松,价格主要在低位水平震荡。由美国农业部(USDA)2017 年 12 月发布的数据显示,2017 年小麦产量将达到 7.55 亿吨,较 2016 年同期上升 0.21 个百分点,需求保持相对弱势;玉米价格呈现周期性特点,2017 年全球玉米产量预计为 10.4 亿吨,同比下降 3.3%。

(四)主要经济体货币政策向常态回归,全球货币政策趋于偏紧

2008 年金融危机后,各国中央银行为了刺激国内经济发展,均采取宽松的货币政策,向市场注入大量流动性。随着全球经济日趋稳定,各经济体开始了缓慢的货币政策正常化进程。

美联储 2015 年 12 月启动金融危机以来的首次加息,开始新一轮加息周期。此后,美联储又分别在 2016 年 12 月,2017 年 3 月、6 月和 12 月进行了 4 次加息,联邦基金利率目标区间达到 1.25%～1.5%的水平,并在 2017 年 10 月开始缩减资产负债表规模。其他主要经济体也相继释放退出宽松货币政策信号,2017 年 10 月欧洲央行宣布自 2018 年 1 月起,每月购债规模由 600 亿欧元缩减至 300 亿欧元。由于"脱欧"事件使得英国出现输入性通胀,2017 年 11 月英国央行宣布加息 25 个基点至 0.5%,实现了自 2007 年 10 年以来的首次加息。经济增长强劲和就业持续改善,推动加拿大央行在 2017 年下半年和 2018 年 1 月 17 日 3 次加息共 75 个基点。此外,2017 年 11 月韩国央行宣布加息 25 个基点至 1.5%。在全球货币政策正常化的大潮下,日本央行于 2018 年 1 月 9 日宣布开始削减部分长期限国债的购债规模。

---

① 世界金属统计局(WBMS)最新数据统计,搜狐财经. http://www.sohu.com/a/223460017_819975,2018-2-22。
② 世界黄金协会。https://www.gold.org/cn/page/5755。

二、影响全球经济发展的因素

（一）利好因素

1. 人工智能等新兴技术将为经济增长提供动力

技术进步一直以来都被认为是推动经济增长的强大动力，历史上每一次技术的飞跃都带动了经济领域的深刻变革。近年来，人工智能技术的发展开始展现出对全球经济的影响，被普遍看作未来经济发展中的一个利好因素。与以往技术进步不同的是，人工智能技术中的深度学习等技术意味着机器开始具备自我认知和学习能力，由此诞生了"奇点"的设想，即人工智能超过人类智慧，带来智慧的爆发式增长，经济增长将可能达到目前难以想象的速度。

虽然"奇点"是否会到来尚有争论，但人工智能作为一种新的生产要素，无疑可以从提高劳动生产率、降低贸易成本等方面促进全球经济的增长，甚至重塑全球产业结构。一方面，人工智能技术的商业化，直接降低了人类生产活动中的劳动强度，甚至减少了对劳动力的需求，它对体力的智能化替代使企业生产规模迅速扩大，并将促进劳动生产率的提高。另一方面，人工智能降低了贸易成本，这体现在信息获取成本的降低、支付与风控环节的智能化，以及运输行业的智能化等。交易成本的大幅降低将会促进全球价值链分工的发展，从而优化生产资源在全球范围的配置。

各国政府均在大力支持人工智能技术的发展。2016 年 10 月，美国《国家人工智能研究和发展战略计划》提出了政府扶持人工智能技术研发的七项计划。2017 年 7 月，中国《新一代人工智能发展规划》指出人工智能将成为产业变革的核心驱动力，并从科研、应用、保障政策等角度为人工智能的进一步发展做出整体布局，提出了六项重点任务。可以预见，人工智能将会成为未来全球经济发展的强大动力。

2. "一带一路"将为世界经济带来新的增长点

"一带一路"贯通东南亚、南亚、中亚、西亚以及欧洲部分地区，以发展中国家为主，发展水平的差异较大，属于南南合作。随着新兴经济体在全球经济发展中占据越来越重要的地位，南南合作将为世界经济的增长带来新的动力。

中国与"一带一路"沿线国家开展对外投资和贸易合作，加快贸易便利化进程，共同推动消除贸易与投资壁垒。"一带一路"沿线国家的经济发展水平、资源禀赋条件存在很大差异，通过国际投资和贸易合作，可以促进要素在区域内的流动，从而促进经济增长。"一带一路"沿线主要涉及 65 个国家，这些国家总人口约为 44 亿，年生产总值约为 21 万亿美元，分别占全球总量的 63% 和 29%，这些国家的经济增长对全球经济增长势必会起到带动作用。

同时，"一带一路"倡议还为区域经济合作提供了新的模式。与传统的区域经济一体化模式不同，"一带一路"倡议没有建立排他的、高标准的贸易与投资新规则，与此相反，这一构想以共商、共建、共享为原则，秉持和平合作、开放包容、互学互鉴、互利共赢的理念，倡导不同民族、不同文化、不同发展水平的国家进行合作，为区域合作提供了一个新的模式。

2018 年，"一带一路"将由倡议阶段进入国际合作阶段，这将为沿线各国的合作提供新的更为可靠的平台，为世界经济带来新的增长点。

3. 发达国家的财政政策或能带动经济增长

2017 年推出的减税和基础设施建设等政策，有利于美国吸引投资、推动经济增长和降低失业率。由此可能带来的全球税收竞争效应也会成为全球经济的一个增长点。另外，由于国际价值链分工中存在的互补性，美国减税政策带来的消费支出增加，可能会为价值链上的相关进出口企业带来积极影响。但是考虑到目前美国的失业率明显下降，已接近充分就业水平，这些财政政策对经济增长的刺激效果可能有限。

欧洲近年的财政政策也偏向扩张，这一趋势可能会持续下去。除此之外，欧盟统一货币政策、分割财政政策的弊端有望得到改善。马克龙当选法国总统后，提出要建立统一的欧洲财政联盟、创立欧元区经济与财长峰会的议题，并得到了德国总理默克尔的支持。这对欧元区的经济稳定具有重要意义。相比美国，欧洲的失业率偏高，积极的财政政策更有可能推动经济增长。由于欧洲是新兴市场国家的重要市场，后者也会在这一过程中受益。

（二）面临的风险

1. 贸易保护主义抬头

2008 年金融危机以来，多国政府为了干预本国的疲软经济、增加就业，在货币政策、财政政策效果不佳的情况下，倾向于选择减少国际贸易来刺激内需，使得贸易保护主义抬头。另一方面，在美国等发达国家看来，在本轮全球化过程中发展中国家似乎得到了更大利得，希望以贸易保护主义的手段来解决利益分配失衡的现状。

美国总统特朗普上台后针对中国的一系列贸易制裁政策，使贸易保护主义成为未来全球化进程的阻碍。特朗普自宣誓就职起，就宣扬着贸易保护主义的论调，强调"美国优先"，并夸大美国在与中国等发展中国家的贸易中受到的不利影响，频频向中国发出威胁，甚至对华启动"301 条款"。未来美国的贸易政策将从贸易自由化到"公平"贸易，这将增加美国与其他国家，尤其是新兴市场国家的贸易摩擦。为实现降低贸易逆差的目标，美国采取的贸易保护主义措施可能对稍有回暖的全球贸易造成打击。

除了美国，欧盟内部的贸易保护主义也有抬头之势。金融危机以来，欧盟内部就常常出现中国的崛起削弱了欧盟竞争力、导致失业的论调。在《欧盟对华新战略要素》中，欧盟强调双方合作的"对等性"和"公平性"，并在立法倡议中提出贸易保护的新方式，打击特定行业在特定情况下的"倾销行为"。可以看到，欧盟在经济乏力的情况下，正企图通过贸易保护主义来解决内部的需求不足、失业、收入差距扩大等问题。

本轮贸易保护主义出现了一些值得关注的新特点。一是贸易保护措施开始更多地由发达国家实施，而不是发展中国家，2008 年金融危机之后这一趋势变得越来越明显。二是贸易保护措施从传统的关税壁垒转向知识产权和技术壁垒，这些更为隐蔽的贸易保护措施对全球贸易造成的负面影响难以评估，可能存在被低估的情况。

不可否认，贸易保护主义并不仅仅是一个政治问题，而是美国和欧盟在全球经济不景气的环境下，为刺激需求做出的选择。在当今全球经济"换挡提速"的背景下，这一风潮也许会有缓和的趋势，但仍然是经济发展中一个不可忽视的风险。

2. 全球债务风险高企

2008 年金融危机以来，全球经济疲软，居民和企业收入多有下降。为刺激经济活力，一些经济体采取宽松的经济政策，使政府支出大幅增加，同时宽松货币政策下较低的利率又提高了家庭、企业、金融机构和政府的借款意愿，导致全球债务累积达到前所未有的水平。根据国际金融协会数据统计，全球债务总量在过去 10 年间增加了 70 万亿美元，达到了 215 万亿美元，相当于全球 GDP 总量的 325%。其中美国、日本和欧洲部分国家的债务与 GDP 之比持续上升，已超过欧盟制定的 60%的国际警戒线（如图 13 所示）。

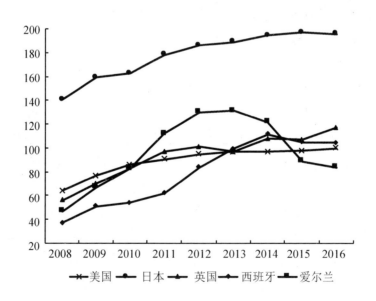

图 13　部分发达国家 2008—2016 年政府债务与 GDP 的比率（单位：%）

资料来源：根据世界银行中央政府债务总额占 GDP 的百分比数据整理绘制。

新兴市场国家的债务状况也不容乐观。经济疲软导致的全球市场需求下降，使高度依赖出口的新兴市场国家收入减少，也面临着债务增长过快的问题。过去 10 年间，新兴市场国家债务总量增加了 40 万亿美元，达到 56 万亿美元，是新兴市场 GDP 总量的 215%。[①]

虽然同样面临着债务风险，但发达经济体和新兴经济体的情况有所不同。发达经济体债务占 GDP 的比重上升，主要是由于政府债务的上升引起的。随着货币政策逐渐收紧，各国央行对政府债券的需求减少，发达经济体的政府债务扩张可能无法顺利进行。新兴经济体的债务总水平增加主要来自私人部门借贷的迅速增加，而不是政府部门。

债务风险高企将对全球经济带来严重的负面影响。由于政府债务越来越高，一国使用财政政策来刺激经济增长的空间缩小，对经济的调控能力降低。另外，宽松的货币政策下债务负担问题并不严重，但是随着美国进入加息周期，全球货币政策开始趋向收紧，在利率攀升的情况下，偿债负担和债务风险将迅速提高，甚至会爆发债务危机。

3. 美国经济政策将对世界经济发展格局产生重要影响

美国的减税、加息、缩表政策可能引发新兴市场资本外逃，资产价格下行。2017 年 12 月，美国国会通过了特朗普政府的减税法案，内容包括降低企业与个人所得税税率、废除替代性最低税、遗产税和跨代传递遗产税等。这一举措将大幅降低美国企业在其国内的经营成本，促使其在海外的利润流回国内，从而增加政府收入。除此之外，减税政策还将吸引跨国企业在美投资，把全球资本聚集在美国这一税收低地，为美国创造更多的就业机会，促进其经济增长。

美国的减税政策很有可能会在国际上引发新一轮的税收竞争，欧洲主要国家会跟随美国减税。根据世界银行的测算，世界主要经济体在 2005 年后都出现了税率下降的趋势，如中国、日本、欧盟等。2016 年，德国将企业税降至 30.18%，日本则降至 29.97%，英国首相特蕾莎·梅也提出下调企业税率至 17%，2017 年印度将部分收入群体的个人所得税税率下调至 5%。

虽然从全球经济角度来看，各国之间的税收竞争有利于减轻企业的税务负担、促进经济的增长，但对于中国等发展中国家的经济发展来说可能并不乐观。以中国为例，一方面，欧美国家争相减税使跨国公司在中国的税负相对增加，这不但使中国对外资的吸引力下降，还会使本土企业在国际竞争中落于下风。另一方面，目前在中国的跨国公司和本土企业，一旦为了追求更低的税务成本而迁往欧美，就不得不抛出人民币，使人民币面临更大的贬值压力，人民币资产价格下降，影响国内企业持有资产的价值，增加其经营风险。除了中国，其他的发展中国家也会面临类似的风险，可能会改变目前世界经济发展的格局。此外，实行减税政策的国家很有可能在未来面临巨大的压力。减税政策开始实施后，如果不能平衡收支，政府财政收入将大幅减少，从而影响社会福利和基础设施建设等，使主权债务风险上升。

---

① 国际金融协会.2017 全球债务报告，2018.

除减税政策之外,美联储还在 2017 年进行了三轮加息,将基准利率区间调升至 1.25%～1.5%,逐步实现货币政策的正常化。2017 年 9 月美联储宣布从 10 月起缩减资产负债表规模,加息和缩表意味着全球央行开始退出宽松货币政策的周期,这是全球 2004 年以来的首个货币紧缩周期。美国一系列新的经济政策可能会加剧全球金融市场的波动性,导致资产价格的泡沫化。如果新兴市场国家不跟随美国加息,国际资本很有可能流出新兴市场,汇率的贬值将给新兴市场国家金融体系的稳定带来冲击。这些都给世界经济增长带来了一定的风险。而全球进入加息周期的另一个影响是可能会抑制全球贸易的发展,利率的上升提高了个人、企业和金融机构的借贷成本,世界总需求可能会下降,同时加息给企业现有债务带来的偿付风险也降低了企业在世界范围扩张的可能性。

三、全球经济发展前景

（一）全球经济发展趋势

金融危机爆发过后,全球经济经历了一段缓冲期,并开始了缓慢而低效的复苏过程。相比 2016 年,2017 年全球经济的增长明显回升,呈现积极向好的趋势。但同时也应该注意到,这次经济虽然复苏,但仍低于危机前水平,并且得益于大宗商品价格的回升,具有一定的周期性因素。全球仍期待技术进步以及新技术革命,从而为全球经济进入新周期提供推动力。

展望未来一段时间内,全球经济增长动能有望进一步释放,人工智能等新兴技术将为推动经济增长提供动力,总体经济将延续当前的复苏势头。短期来看,消费者和企业信心改善,将支撑经济短期内向好。但与此同时,如上文所述,全球多个国家将可能出现竞争性减税行为,美联储继续加息和缩表,政治风险和贸易保护主义抬头,金融层面债务风险和发展中经济跨境资本流动风险上升,贸易限制措施加强等,都为全球经济增长注入不确定性因素。世界银行预测 2018 年全球经济实际增速将进一步上升 0.1 个百分点,达到 3.1%。具体说来,预计发达经济体增长放缓,而新兴与发展中经济体势头向好。

1. 发达经济体复苏势头减缓

发达经济体的经济增长预计将有所放缓,世界银行预计 2018 年其实际增速为 2.2%,随后在 2019 年和 2020 年增速将进一步下降。这主要是考虑劳动力市场的萎缩和逐渐收紧的货币政策,以及发达经济体长期累积的人口因素和生产率增速低迷等问题,都可能对其经济增长带来一定的冲击。短期来看,几个重要发达经济体增长同步,投资加快恢复。其中特朗普政府推出的一系列经济促进举措,包括减税、增加财政支出等,将会吸引海外资金回流,增加私人投资,刺激美国经济呈现增长态势。欧元区与日本经济也基本稳定。但发达经济体的经济增长也存在一定的下行风险,以美国为主的发达经济体的货币政策正常化举措可能会加大引起新一轮金融动荡的风险。另外,发达经济体的贸易保护主义抬头以及多个国家债务风险的攀升，都为其经济增长注入了不确定性因素。

2. 新兴经济体增长势头强劲

新兴经济体的经济增长预计将会加速，世界银行预测其2018年实际经济增速达4.5%，达到近5年以来的峰值，2019年和2020年将继续上升至4.7%。这在一定程度上反映了大宗商品出口国贸易条件改善所带来的经济向好趋势。回顾2017年，新兴经济体整体保持较快增长，但也面临着更加复杂的外部环境，以及自身经济调整与转型的压力。一方面，"一带一路"倡议的纵深推进，可能会刺激新兴市场的投资提升，同时发达经济体经济整体向好在一定程度上对于新兴市场国家而言也是外部环境的改善。但另一方面，多数发达经济体加息缩表将会对新兴市场的经济增长带来一定的潜在抑制，贸易保护主义与政策不确定性也会加深新兴经济体外部环境的复杂性，长期来看，新兴经济体劳动生产率和投资增长缓慢也可能会削弱其强劲复苏的前景。

（二）国际贸易

全球经济的企稳向好为全球贸易的复苏带来了重要的推动力，受全球制造业周期性上涨、大宗商品价格回升以及需求变动的影响，2017年全球贸易增速明显上升，延续了2016年全球贸易回升趋势。未来国际贸易是否会继续保持高速增长势头，主要考虑以下几个方面因素的影响，即大宗商品价格变化对全球出口的影响、贸易环境复杂性变化的影响以及全球价值链重塑的影响。

第一，从库存周期的角度来看，全球范围内的补库存接近尾声，大宗商品中的工业品价格已经接近前期高位，很难出现大幅上涨，而农产品的产量与库存同样也处于高位，价格上涨空间不大。大宗商品价格上涨空间的缩小可能会在一定程度上抑制全球出口额的增长，从而降低全球商品贸易增速。

第二，当前的全球经济尽管呈现复苏向好趋势，但同时也伴随着很多不确定性因素，贸易保护主义抬头、逆全球化趋势出现等使得全球贸易环境的复杂性增加。美国对于"跨太平洋伙伴关系协定"（TPP）立场摇摆，宣布退出后又表示有重返意向，其与欧盟的"跨大西洋贸易与投资伙伴关系"（TTIP）谈判及与中国的《双边投资协定》（BIT）谈判也几乎陷入停滞，以及特朗普政府出台的对中国商品加收大额关税等贸易政策，都预示着在未来几年国际贸易政策充满不确定性。贸易保护主义与逆全球化潮流的抬头，将导致全球范围内的区域或局部贸易摩擦更趋显性化，从而对国际贸易格局以及全球贸易复苏产生不利影响。此外，当前的全球贸易规则体系存在碎片化问题，各种单边、双边和地区性贸易协定并存，缺乏协调性。这些分散行动不可避免地导致规则冲突，可能造成额外的交易成本，也增加了贸易的不确定性。随着新兴市场的崛起，目前以发达经济体为主导的全球贸易规则体系亟待重构。

第三，全球价值链参与格局在近几年也有所改变，与以往危机过后复苏时全球贸易活动份额发生变动不同,在 2008 年金融危机后的复苏进程中,价值链参与活动所占的份额有所下降,而纯国内生产消费活动以及传统贸易活动份额上升。简单价值链参与活动比复杂价值链参与活动增长速度更快[1],尽管简单价值链参与对贸易总增加值的增长作用更大,但后者对全球贸易流量的增加更具有影响力。此外,在当前的复苏时期,各经济体对简单价值链的参与程度不同,一些发达经济体的参与有所上升,但大多数亚洲新兴经济体却有所下降。价值链参与活动份额的下降,尤其是复杂价值链活动缺少活力,对全球贸易总流量以及各区域之间贸易关系的加强都有一定的削弱作用。

综合来看,预计未来全球贸易将继续维持增长态势,但是增速可能稍有放缓。全球经济复苏表现良好,加上高新技术产业规模的增长,将推动全球贸易回升基础更趋坚实。但考虑到贸易保护主义和逆全球化潮流抬头、大宗商品价格上升空间缩小以及全球价值链整合速度放缓等因素,全球贸易增速可能会有所减缓。

(三)国际金融

随着全球主要发达经济体货币政策的趋紧以及美国经济政策的变化,未来国际金融市场的发展可能并不稳定。在全球经济预期总体向好的情况下,仍要注意美国经济政策调整、新兴市场资本外逃、债务风险、政治风险等可能导致局部或全球金融市场动荡的问题。

首先,美国总统特朗普上台后,减税、加息、缩表三项经济政策叠加,将会加剧国际金融市场的波动。减税、加息、缩表政策导致大量国际资本流入美国,在此过程中其他国家的货币被集中抛售,尤其是新兴市场国家的货币。这将使新兴市场国家面临严重的货币贬值压力,国际外汇市场剧烈波动。对于这些国家来说,货币的贬值将进一步加剧国内资金紧张的局面,偿债风险激增。这一系列影响会对全球外汇市场、股票市场和债券市场造成冲击,威胁国际金融市场的稳定。与此同时,美国在短时间内大量吸入外来资本后,如果无法合理地加以分配和利用,这些资本很有可能会流向回报高、周期短的虚拟经济,如金融和房地产行业,而不是实体经济。这种密集的投机行为不但会使美国无法实现刺激经济增长的目的,还会加剧全球金融风险。

其次,新兴市场的资本外流和债务负担问题可能加重。一方面,美国的减税、加息、缩表政策将导致国际游资大量撤出新兴市场国家,流入美国和其他减税、货币政策趋紧的国家。日益加大的资本抽逃压力引发流动性风险,并带来资产价格下跌、货币贬值问题,冲击新兴市场国家国内金融体系的稳定。另一方面,虽然目前新兴市场国家的债务负担以非金融部门为主,但在一些经济体内私人非金融部门债务水平过高。由于私人非金融部门存在大量"影子信贷",这一部分信贷给金融体系带来的风险可能被低估。在全球货币政策收紧的情况下,非金融部门的脆弱性会加重,严重时甚至出现债务危机。

---

① 简单价值链参与活动指的是增值价值只跨越一次国界的生产活动;复杂价值链参与活动指的是增值价值跨越两次及两次以上国界的生产活动。

最后，政治风险也可能会对国际金融市场带来冲击，比如欧洲各国政局的不稳定性和欧盟分裂主义等。2018 年，德国多党组阁、意大利大选的不确定性、欧洲分裂主义抬头将是关键。这一系列因素可能带来欧洲金融资产价格的下跌和欧元的走弱，对国际金融市场带来冲击。

（四）商品市场

全球大宗商品整体价格预计未来将保持温和增长态势，但是不同商品之间的价格走势仍然有一定的分化。

1. 大宗商品价格总体保持上行趋势

2017 年以来全球经济回暖，呈现企稳向好趋势，主要经济体的私人消费需求和固定资产投资表现积极。预计未来全球经济复苏将继续推进，新兴经济体引领经济增长，推动全球大宗商品整体价格保持温和增长。同时，伴随着全球经济由"需求侧"向"供给侧"转型趋势加大，产出缺口有望收缩，大宗商品价格将得到进一步提振。根据世界银行 2018 年 4 月发布的《大宗商品市场展望》报告预测，包括石油、天然气和煤炭在内的能源类大宗商品价格在 2017 年跃升 28% 之后，2018 年将继续攀升 20%。金属以及包括粮食和原材料在内的农业类大宗商品价格预计也将上涨。

2. 不同商品价格走势分化

考虑到全球主要经济体货币政策回归正常化、特朗普政府政策的不确定性以及潜在地缘局势动荡等因素，商品的需求和供给也将受到一定的影响，从而使价格有所波动，不同商品价格仍存在一定分化。世界银行最新公布的《大宗商品市场前景》报告中预测，2018 年能源和农产品价格将分别上涨 4% 和 1.2%，基本金属和贵金属价格则将分别下降 0.7% 和 0.8%。

伴随着原油日产量的下降，2018 年前 3 个月的国际原油价格持续走高，考虑到未来 OPEC 有可能继续超计划减产或延长减产协议，预计国际油价整体将保持走高趋势。同时油价也将受到一些不确定性因素影响，部分产油国可能爆发的地缘局势风险事件可能会进一步推升原油价格，而美国页岩油行业效率提高引起的产量攀升可能会使原油价格有所回落。

由于铁矿石价格下跌，预计未来基本金属价格将整体降温。随着中国对铁矿石需求见顶，国际铁矿石供需格局进入了新的发展阶段，需求有所下降。短期内由于供应过剩，价格将出现下跌；长期内价格变化一方面取决于中国未来需求的可持续性，另一方面取决于是否有新的增长点出现。另外，其他基本金属都不同程度出现了供应短缺现象。

若无极端气候条件影响，预计未来短期内全球农产品价格将有小幅上涨。从供给角度来看，中国对于农业供给侧改革提出了"去库存"的总体战略部署，这将会对未来农产品价格注入一定程度的不确定性，可能会对农产品价格稍有提振，但整体来看，全球农产品供应仍将保持相对充足的局面。从需求的角度来看，全球经济的复苏向好有利于提高农产品的有效需求。根据世界银行预测，2018 年小麦、玉米、大米和大豆的平均价格将分别比

2017 年上升 2.3%、2.6%、0.8%和 2.3%。

此外，黄金价格将受美国加息预期影响，预计会出现回落。一方面，美联储 2017 年 10 月开始的缩表计划使得美元升值，导致黄金贬值。预计美联储将继续收紧货币政策，持续渐进加息，这将对黄金价格产生一定的下行压力。另一方面，全球性货币政策回归正常化，使得全球流动性趋紧，也将利空黄金。尽管考虑到 2018 年全球地缘局势紧张等因素在一定程度上将推动黄金保持强势，但从长期来看，黄金价格将有所回落。

总之，全球经济在经历了多年的颓势之后，开始在贸易、投资和商品市场各方面表现出复苏的势头。展望未来，人工智能等新兴技术将为推动经济增长提供动力，全球经济很有可能延续当前的复苏势头。但风险也是不可忽略的，美国的加息、缩表、减税"三板斧"，以及地缘政治风险和贸易保护主义的抬头、普遍存在的债务风险和发展中经济体资本外流的威胁，都使未来的全球经济增长充满了不确定性。

全球经济在金融危机后终于回归平衡，正处在新旧周期交替的转折点上，这对于中国来说是经济发展转型的重要机遇。在这一过程中，中国为全球经济的可持续发展提供了"中国方案"，提出"一带一路"倡议，为全球化注入了新的活力。中国应当把握这一历史机遇，深化全方位改革，提高发展质量，为世界经济做出持久稳定的贡献。

参考文献

[1] World Bank. Global Economic Prospects [R]. Washington: World Bank, 2018.

[2] 程实. 2018：全球经济风险扫描[N]. 第一财经日报，2017-10-25（A11）.

[3] 何七香，田丰. 2017 年世界贸易与投资形势回顾与展望[J]. 国际经济合作，2018（1）：28-32.

[4] 胡建雄. 本轮逆全球化和贸易保护主义兴起的经济逻辑研究[J]. 经济体制改革，2017（6）：19-26.

[5] 李茁. 欧洲难民问题对欧洲经济的影响[J]. 国际观察，2017（2）：145-157.

[6] 陆燕. 当前世界经济形势新变化与中国的应对——2018 年度评析与展望[J]. 国际经济合作，2018（1）：12-17.

[7] 盛垒. 疲弱复苏的世界经济：新变量、新趋势与新周期——2017 年世界经济分析报告[J]. 世界经济研究，2017（1）：3-17，135.

[8] 孙楚仁，张楠，刘雅莹. "一带一路"倡议与中国对沿线国家的贸易增长[J]. 国际贸易问题，2017（2）：83-96.

[9] 于春海. 当前世界经济的复苏势头与风险分析[J]. 环球经济，2018（2）：77-83.

美国经济形势分析

谢娟娟　　张陈宇　　王连顺[*]

摘　要：近年来，美国经济复苏，形成了高增长、低通胀、低失业的发展趋势。2017 年，美国国内生产总值增速平稳上升、失业率同期下降、消费者信心指数持续上扬、通货膨胀率保持低位、进出口贸易较快增长，预计未来美国经济能够保持现阶段的增长趋势。

关键词：美国经济；消费者信心指数；量化宽松政策；高增长低通胀

一、美国经济总体态势

近年来，美国经济复苏，形成了高增长、低通胀、低失业的发展趋势。2017 年，美国国内生产总值（GDP）的增速由 2016 年的 1.5%上升为 2.2%；12 月份失业率较 2016 年同期下降 0.6%；消费者信心指数持续上扬；通货膨胀率保持低位增长；进、出口贸易分别增长 7.1%与 6.6%。[①]

（一）国内生产总值保持增长态势

美国近 3 年经济增长依旧保持金融危机以来的复苏态势。2015 年第一季度至 2018 年第一季度名义 GDP 逐季增长，实际 GDP[②]表现出同样的增长趋势（如图 1 所示），表明美国名义 GDP 增长并不是依靠增发货币引起的通货膨胀造成的。进一步考察季度 GDP 增长率可以发现，排除季节性调整因素，美国季度名义 GDP 增长率与实际 GDP 增长速度具有逐年递增的趋势（如图 2 所示）。

---

[*] 谢娟娟，南开大学经济学院教授；张陈宇，南开大学经济学院博士研究生；王连顺，南开大学经济学院硕士研究生。

① 根据美国经济分析局（BEA）公布数据整理得到。

② 实际 GDP 根据 2009 年为基础，由链式公式计算所得。下同。

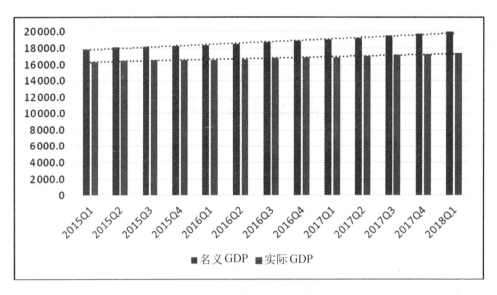

图 1　2015—2018 年美国季度名义 GDP 与实际 GDP 趋势（单位：10 亿美元）

资料来源：根据美国经济分析局（BEA）数据整理得到。实际 GDP 以 2009 年为基期，下同。https://www.bea.gov/national/index.htm#gdp。

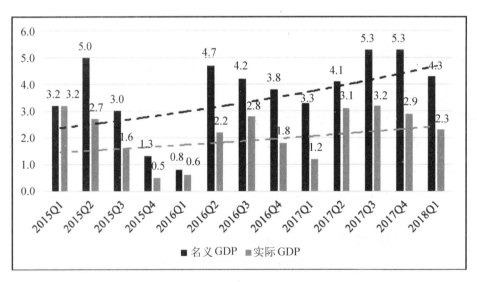

图 2　2015—2018 年美国季度名义 GDP 与实际 GDP 增长率（单位：%）

资料来源：根据美国经济分析局（BEA）数据整理得到。https://www.bea.gov/national/index.htm#gdp。

（二）就业显著增加

近几年，美国 GDP 保持较高增长速度的一个重要原因是失业率持续下降（如图 3 所示）。2017 年 12 月美国失业率为 4.1%，相比 2016 年 12 月下降了 0.6 个百分点；2018 年 4 月下降到了 3.9%，为金融危机以来的最低点。失业率下降的原因来自失业人数减少和就业人数增加两个方面。2017 年 9 月美国失业人数为 655.6 万，相比 2016 年 9 月减少了 110.2 万。与此同时，美国就业人数显著增加，2017 年 9 月美国就业人数为 1.545 亿，相比 2016 年 9 月增加了 251.7 万。[①]

美国劳动力市场的积极变化也体现在工资变化上。美国私营企业员工平均时薪由 2016 年 9 月的 25.81 美元提高到了 2017 年 9 月的 26.54 美元，平均周薪从 887.86 美元提高到了 912.98 美元，涨幅均为 2.8%。

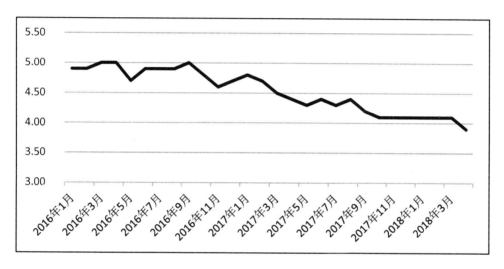

图 3　2016—2018 年美国月度失业率（单位：%）

资料来源：根据美国劳工部数据整理所得。https://www.bls.gov/。

（三）消费保持稳定

消费作为美国 GDP 占比最大的组成部分，其变化状况能够影响美国整体经济的发展趋势。作为世界上最发达的国家，美国消费者的购买力并不是影响消费变化的主要原因，而是消费者的信心指数。[②]从近 3 年美国消费者信心指数的变化情况（如图 4 所示）来看，2016 年 11 月，消费者信心指数有明显上扬，此后有所波动，但均值保持在较高的水平。

---

① 本段及下一段数据均根据美国劳工部（BLS）公布数据整理所得。
② 消费者信心指数（Michigan Consumer Sentiment Index）由美国密歇根大学调查研究中心编制。

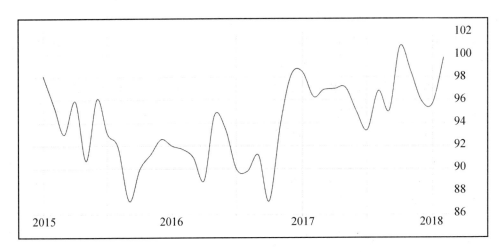

图 4 美国消费者信心指数（2015—2018 年）（单位：%）

资料来源：美国消费者信心指数由密歇根大学编制。https://zh.tradingeconomics.com/united-states/consumer-confidence。

影响消费的另一重要因素为消费者物价指数（CPI）。美国 CPI 同比增长率从 2015 年 9 月的零增速逐步上升，至 2017 年 10 月，CPI 同比增长率为 2.0%（如图 5 所示）。2017 年美国 CPI 增长与 2016 年不同，2016 年的增长主要来自核心 CPI 增长，并且核心 CPI 上升幅度高于 CPI 上升幅度；2017 年核心 CPI 增长幅度下滑，2017 年 10 月比上年同期低 0.4 个百分点，其原因是能源价格指数上升对美国 2017 年 CPI 上升起了较大作用。2017 年 10 月 CPI 中能源价格指数同比上涨 6.4%，比上年同期上升 6.3 个百分点。2018 年 CPI 增长速度较 2017 年略有上浮，预计未来 CPI 增幅保持小幅增长的态势。

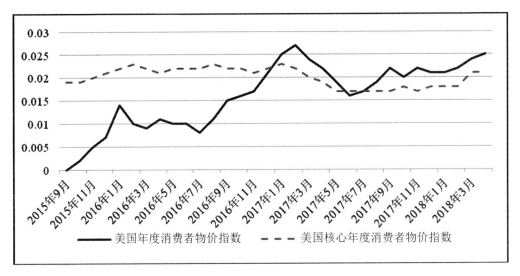

图 5 2015—2018 年美国消费者物价指数（CPI）情况（单位：%）

资料来源：根据美国经济分析局（BEA）公布数据整理所得。https://www.bea.gov/national/index.htm。

（四）对外贸易增长，但逆差依旧存在

根据美国经济分析局（BEA）公布的数据显示（如图 6 所示），2016 年美国货物进出口总额为 36388.16 亿美元，比上年下滑 3%。其中出口 14510.11 亿美元，比上年下滑 3.5%；进口 21878.05 亿美元，比上年下滑 2.7%；贸易逆差 7367.94 亿美元，下滑 1.1%。2017 年美国货物进出口额为 38896.4 亿美元，比上年增长 6.9%。其中出口 15467.3 亿美元，比上年增长 6.6%；进口 23429.1 亿美元，比上年增长 7.1%；贸易逆差 7961.7 亿美元，增长 8.1%。2017 年美国对外贸易情况与 2016 年相比，进、出口额均有上涨，可能与 2016 年全年对外贸易过低有关。从贸易逆差来看，2017 年的贸易逆差较 2016 年有所上涨。

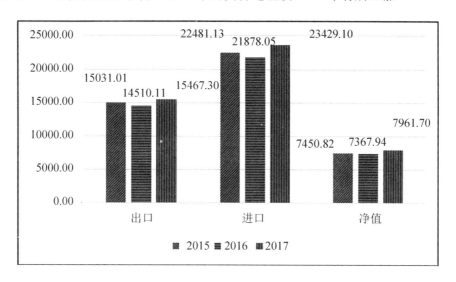

图 6 2015—2017 年美国货物进出口情况（单位：亿美元）

资料来源：根据美国经济分析局（BEA）公布数据整理所得。https://www.bea.gov/national/index.htm。

从贸易国别（地区）看，除个别国家（地区）外，2017 年美国前十五大出口市场的贸易额基本呈增长态势（如表 1 所示）。其中与前四大出口市场的加拿大、墨西哥、中国和日本的出口额分别为 2824.7 亿美元、2429.9 亿美元、1303.7 亿美元和 677.0 亿美元，同比分别增长 5.9%、5.8%、12.8% 和 7.1%，分别占美国出口总额的 18.3%、15.7%、8.4% 和 4.4%。

表 1 2017 年美国对主要贸易伙伴的出口额　　　　单位：百万美元，%

国家（地区）	出口金额	同比	占比
总值	1546733	6.6	100
加拿大	282472	5.9	18.3
墨西哥	242989	5.8	15.7
中国	130370	12.8	8.4
日本	67696	7.1	4.4

国家（地区）	出口金额	同比	占比
英国	56329	1.9	3.6
德国	53493	8.4	3.5
韩国	48277	14.1	3.1
荷兰	42230	6.4	2.7
中国香港地区	40024	14.7	2.6
巴西	37077	23.2	2.4
法国	33582	7.9	2.2
比利时	29911	-6.8	1.9
新加坡	29753	11.3	1.9
中国台湾地区	25754	-1.1	1.7
印度	25700	18.7	1.7

资料来源：根据美国商务部统计数据整理所得。https://www.commerce.gov。

2017 年美国前十五大进口市场的贸易流量基本呈增长态势（如表 2 所示）。美国前四大进口市场的中国、墨西哥、加拿大和日本的进口额分别为 5056.0 亿美元、3140.5 亿美元、2999.8 亿美元和 1365.4 亿美元，分别增长 9.3%、6.8%、8.0% 和 3.4%，分别占美国进口总额的 21.6%、13.4%、12.8% 和 5.8%。

表 2　2017 年美国从主要贸易伙伴的进口额　　　　　　　　单位：百万美元，%

国家（地区）	进口金额	同比	占比
总值	2342905	7.1	100
中国	505597	9.3	21.6
墨西哥	314045	6.8	13.4
加拿大	299975	8.0	12.8
日本	136544	3.4	5.8
德国	117745	3.2	5.0
韩国	71164	1.8	3.0
英国	53075	-2.2	2.3
意大利	49963	10.4	2.1
法国	48888	4.7	2.1
爱尔兰	48844	7.3	2.1
印度	48631	5.7	2.1
越南	46483	10.4	2.0
中国台湾地区	42492	8.3	1.8
马来西亚	37409	2.1	1.6
瑞士	36002	-1	1.5

资料来源：根据美国商务部统计数据整理所得。https://www.commerce.gov。

二、美国宏观经济政策及其效果

（一）量化宽松政策的调整

1. 量化宽松政策的背景

2007 年次贷危机爆发后，为稳定金融市场，美联储采取了一系列以量化宽松（Quantitative Easing Policy，QE）为核心的货币政策，通过四个阶段的大规模购买资产，为市场投放了大量的流动性。2013 年 6 月，在联邦市场公开委员会会议上，美联储主席伯南克向市场发出了调整量化宽松货币政策的信号。随着美国经济的复苏，就业形势逐步改善，美联储着手逐步退出量化宽松政策，而美国的货币政策也逐渐恢复正常。2014 年 10 月 29 日，美联储正式退出第三轮量化宽松（QE3），意味着美国摆脱了与全国趋势相关的货币政策的约束。

2. 量化宽松政策各阶段及其效果

第一轮 QE 开始于 2008 年 11 月 25 日，目的是购买国家担保的问题金融资产，重建金融机构信用，向信贷市场注入流动性，稳定信贷市场。美联储斥资 6000 亿美元①收购包括房利美和房地美（简称"两房"）在内的政府支持房贷机构发行的债券及抵押贷款的证券，还购买由两房、联邦政府国民抵押贷款协会所担保的抵押贷款支持证券。第一轮量化宽松货币政策使得金融市场流动性得到一定程度的缓解，避免了金融机构连续倒闭潮的进一步蔓延，使得投资者信心逐步恢复。

第二轮 QE 开始于 2010 年 11 月 4 日，以刺激中长期经济增长为主要目标。为了解决美国政府的财政危机，美联储开展了 6000 亿美元的国债购买计划，连续 8 个月通过每月投入约 750 亿美元购买国债。本轮计划推出后，美国经济在 2011 年初出现较为强劲的复苏势头，通胀预期也大幅走高。

第三轮 QE 开始于 2012 年 9 月 13 日，目的是为了刺激经济复苏和就业增长。美联储每月购买 400 亿美元的抵押贷款支持证券，继续执行卖出短期国债、买入长期国债的"扭曲操作"。到 2012 年 12 月 13 日，为了维持美联储长期低利率政策，缓解财政减支带来的负面影响，美联储每月采购 450 亿美元国债来替代扭曲操作。这样，美联储每月资产的采购额达到了 850 亿美元。

QE3 的确起到了显著的效果：美国失业率稳定下行，恢复到危机之前的水平；贷款利率逐渐降至低位，信贷增长强劲有力；资产价格增长迅速，房屋价格稳步回升，股票市场也屡创新高。

---

① 这部分内容涉及的数据均根据美联储公布数据整理所得。[2016-02-26]. https://www.federalreserve.gov/newsevents/speech/2EB637DA0B8F4FC08D6AC1AD0F9F08E4.htm。

（二）财政减税及其效果

1. 特朗普减税背景和措施

国际上很多国家（地区）为了留住企业，都曾经将发力点用在积极的财政政策上。2000 年以来，德国、法国、日本、爱尔兰等多个国家的企业所得税率均呈现出下调的趋势。英国时任首相特蕾莎·梅在 2016 年 11 月 28 日正式批准了前政府所做的进一步下调企业所得税的承诺（到 2020 年将企业所得税下调至 17%，实现在 G20 中最低的企业所得税率）。德国联邦财政部在 2016 年 11 月也出台了针对个人所得税和企业所得税的多项减税措施。中国也在实施大规模减税降费举措，仅营业税改增值税一项，2016 年减税规模约为 5000 亿元人民币。

在这种减税背景下，如果美国不减税，相对于其他国家的税负水平就会更高，加重资金和生产要素的外流，不利于保护本国产业。因此，美国的减税政策也是应对国际减税浪潮的有力措施。2017 年 4 月 26 日，美国财政部长姆努钦与特朗普经济顾问科恩举行发布会，正式公布了美国的最新税改计划。同年 11 月 17 日，美国众议院通过了税改方案；12 月 2 日，美国参议院通过了税改方案。该税改方案被认为是美国历史上最大的减税计划，将使企业、中产和顶级收入者受益，显著增强美国竞争力，激发经济增长活力。税改计划主要集中于降低企业税率、降低个人税负、增加海外税收三个方面。

首先，企业税收方面，税改计划的最大亮点是将公司税税率从 35% 大幅削减至 15%[①]，此外还要废除 3.8% 的奥巴马医保税，为美国公司实现地区税制公平化等。从历年主要发达国家公司税税率来看，总体趋势是逐渐下降，而美国公司所得税税率几十年没有改变，保持在 35% 的水平，明显高于德国、英国、加拿大、日本和法国等发达国家。因此，公司税降税后才与德国、加拿大税率水平接近。除了公司所得税以外，德国还有 10%～18% 的营业税，加拿大有商品与劳务税、社会保障税、各类附加税等，而美国其他税项相对较少，因而美国企业实际承担的综合税负将显著低于其他发达国家。如果公司税税率降到 15%，几乎接近部分"避税天堂"的税率，可以显著提升美国竞争优势，吸引大量企业留美。

其次，个人所得税方面，减少个人所得税级次和税率，最高税率从 39.6% 降至 35%，从七级税率减少到三级，分别为 10%、25% 和 35%。此外还将个人所得税免税额度翻倍，夫妻联合报税的标准扣除额调高 1 倍，达到 24000 美元；撤销遗产税，并建议对有孩子的家庭减税，力度也比较大。个税改革方案不但降低了中产阶级税负，还减轻了企业主和农场主负担，促进消费增长和个人部门投资需求。

最后，针对海外企业加税。对美国公司留在海外的利润征收 10% 的税率。目前美国企业海外留存资金达 2.6 万亿美元，主要留存于各"避税天堂"，对这部分海外留存资金的征

---

① 这部分内容的数据系来自《美国税改最终方案出台》。[2017-12-16]. http://finance.sina.com.cn/stock/usstock/c/2017-12-16/doc-ifypsqka2895913.shtml?from=finance_zaker。

收税率还未确定，但财政部部长姆努钦表示税率会"非常具有竞争力"。加大对海外部门的征税力度，可以促进投资回流美国，力求把投资留在国内，带动制造业和商业发展。

2. 减税政策对世界其他经济体的影响

如上文所述，美国减税政策所引发的减税竞争已经在英国、法国、日本和印度展开。中国减税降费，尤其削减企业所得税和个税改革是大势所趋；英国降低企业所得税和印花税，上调消费税和增值税；法国取消居住税，降低公司税；日本对加薪、增加投资、科技创新的企业减少法人税，对高收入者增加个人所得税；印度推出商品与服务税（GST）法，统一税制，为统一大市场做准备。美国作为世界第一大经济体，其执行何种财税政策对世界各国有很强的外溢性。

此外，特朗普政府的减税政策对亚太地区其他经济体的影响可以从实体经济和金融市场两个角度来看。从实体经济角度来看，美国税改政策对亚太地区其他经济体的直接冲击不会太大，但是一些美国境外的企业迁回国内，部分就因为税改的缘故。从金融市场来看，则需要关注美国税改可能对通胀预期以及美联储加息预期的影响，以及提高金融市场波动的可能。

一方面，可以刺激美国资本回流。由于更低的税负环境以及对冲货币贬值的影响，在境外的美国资本将更有动力撤回美国，尤其是特朗普税改法案里，对海外利润回流的税收框架的改变，会进一步刺激美国公司的撤回。

另一方面，其他经济体将面对资本外流的压力。除了外资企业的利润回流和投资撤离之外，还表现为金融市场资本外流的压力。因此，随着减税计划的实施，美国经济将获得消费和投资增长的强劲支撑，届时其资产价格的表现，可能在经济基本面的支撑下，优于其他市场。资本追求更高更确定的收益，自然会有动力流入美国。

三、美国制造业重振与"再工业化"

（一）美国制造业回流与重振

1. 制造业在美国的 GDP 占比仍然在下降，但下降速度趋缓

20 世纪 90 年代以来，美国经济呈现加速去工业化趋势。突出表现为制造业增加值占世界比重与占国内生产总值比重逐步下降（如图 7 所示），制造业就业人数与相对比重也呈现加快下降的趋势。1999—2008 年，制造业增速一直落后于 GDP 增速（如图 8 所示），2009 年以来通过实施一系列重振制造业的政策，制造业增速出现 3 年短暂回升，超过了 GDP 增速，但在 2011 年之后，制造业增速继续落后于 GDP 增速，但总体下降速度趋缓。

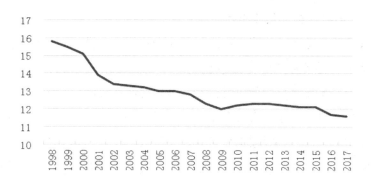

图 7　1998—2017 年美国制造业占 GDP 比重（单位：%）

资料来源：根据美国经济分析局（BEA）公布数据整理所得。https://www.bea.gov/national/index.htm。

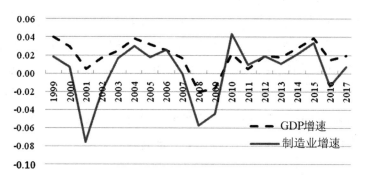

图 8　1999—2017 年美国 GDP 增速与制造业实际增速（单位：%）

资料来源：根据美国经济分析局（BEA）公布数据整理所得。https://www.bea.gov/national/index.htm。

2. 美国制造业世界占比回升

美国制造业占全球比重自 1998 年到 2012 年整体呈下降趋势（如图 9 所示），在 2012 年之后有小幅度的回升，某种程度上说明美国制造业有回流的迹象。

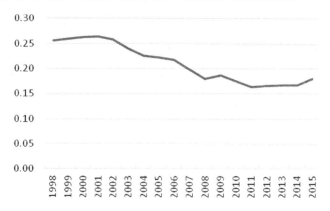

图 9　1998—2015 年美国制造业占全球比重（单位：%）

资料来源：世界银行数据库、美国经济分析局。

3. 食品饮料及烟草制品、化学产品及计算机和电子产品是制造业重振的重要动力

2007—2017 年美国制造业总体增长 2%。在增长速度前五大产业中，化学产品、计算机和电子产品以及食品、饮料及烟草制品占制造业比重较大，2017 年分别为 17.69%、13.33% 与 12.54%，是制造业重振的重要动力（如图 10 和图 11 所示）。

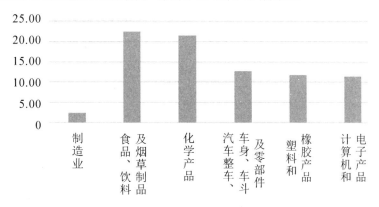

图 10　2007—2017 年美国制造业细分行业实际增长幅度（前五位）（单位：%）

资料来源：美国经济分析局。

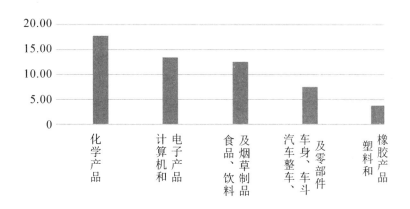

图 11　2017 年美国制造业结构（单位：%）

资料来源：美国经济分析局。

4. "工业机器人"是美国制造业重振的关键

美国制造业工人工资在过去 10 年复合增速约为 2.36%。根据东吴证券的测算，2016 年美国制造业工人雇佣成本是工业机器人的 3 倍以上，每小时雇佣成本是工业机器人的 5 倍以上。工业机器人能显著降低生产成本、提升生产效率，尤其在资本密集、附加值高的汽车等行业优势更加显著，而 2016 年美国的工业机器人密度约为 190，在发达国家中仅处于中流，加大工业机器人用量是促使美国制造业全面振兴的必由之路。

（二）美国制造业重振政策措施及其效果

1. 美联储加息有利于资本回流

近几年，美联储加息为美元走强提供了空间，有利于吸引产业资本回流美国。美联储从 2015 年 12 月起进入了新一轮的加息通道（前一轮通道的最后一次加息是 2006 年 6 月），加息周期能缓解资本外流，甚至吸引制造业产业资本加速流入。如图 12 所示，在制造业方面，美国跨国公司直接投资净流入近 18 年来迅速上升，由 1999 年的 791 亿美元上升到 2016 年的 8658 亿美元，制造业资本回流现象明显。

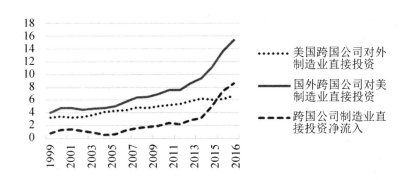

图 12　1999—2016 年美国制造业国际资本流动情况（单位：千亿美元）

资料来源：根据美国经济分析局（BEA）公布数据整理所得。https://www.bea.gov/national/index.htm。

2. 能源价格低廉有利于能源密集型产业发展

中国、法国和德国的天然气成本是美国的 3 倍，日本的天然气成本甚至接近美国的 4 倍。虽然全球工业用天然气价格都在提高，但从 2005 年开始，美国正式重新开采地下页岩天然气资源，成本却下降了 50%。目前，由于页岩天然气还是化工等产业的重要原料，因此低成本的页岩天然气有助于美国的电价低于大部分其他主要出口国，这对钢铁和玻璃等能源密集型产业来讲具有巨大的成本优势。目前，天然气成本仅占美国平均制造成本的 2%，而电力成本仅占 1%。但在大部分其他主要出口国中，天然气成本平均占制造成本的 5%～8%，电力成本占 2%～5%。由于其他经济体还需要一段时间才掌握开采页岩天然气的能力，所以至少在未来 5～10 年美国仍然将占据能源成本优势。

3. 美国制造业劳工需求长期高于供给

美国制造业工作岗位与就业人数的比率在 2016 年 4 月达到历史高值，目前仍然处于高位，表明美国制造业面临着劳动力不足的问题。德勤的报告认为，未来 10 年内，美国制造业可能面临 200 万劳动力的短缺。

美国制造业就业人数长期处于低位，熟练工人数量不足，劳工成本上升。由于美国技术人员主要从事研发与设计，很多大学甚至早已关闭了制造技术和制造科学方面的专业和课程,所以美国技术工人短缺。美国《财富》杂志的相关报道显示,美国国内能通过毒品药物检验、会基本数学运算、按时上班的工人匮乏,仅仅支付美国最低工资标准的薪水无法招聘到符合要求的工人,高质量、可靠的工人的薪资将远高于美国的最低工资标准。

4. 美国制造业重振政策与效果

2017 年 1 月 27 日,特朗普政府宣布了制造业就业倡议计划(Manufacturing Jobs Initiative),通过与工业界磋商,希望进一步增加制造业就业。其"美国制造业回流"主张主要反映在其就职伊始提出的六个最为重要的议题之中。例如,就业与增长回流(Bringing Back Jobs And Growth)议题指出,美国自 2008 年以来制造业损失就业人员 30 万人,强调在未来 10 年内,美国要创造 25 万新的工作岗位以及经济增长重新回到 4%。再如,基于全美工人的贸易协定(Trade Deals That Work for All Americans)议题,指出不平等的贸易政策造成工业城市的工厂关闭、就业流失,通过新的贸易协定,希望增加就业、提升工资、支持美国制造业。美国政府通过净化投资环境、税收优惠、出口刺激、提高劳动者技能以及加强创新能力等政策,提振美国制造业的国际竞争能力。

通过以上的"制造业回流"政策,达到了以下效果:第一,截至 2018 年 4 月,制造业就业人数只恢复到 2007 年金融危机爆发前的 92%,所以就业方面并未达到振兴制造业的要求。第二,投资增加。从 2007 年到 2016 年,美国全社会名义固定资产投资增加了 13.22%,而制造业名义固定资产投资(私人)增加了 24.62%,增长势头强劲,投资增加目标实现较好。第三,研发增加。制造业是研发投入(R&D)的核心部门,虽然美国制造业增加值仅占 GDP 比重的 12% 左右,但是却占所有 R&D 的 70% 左右。在推进制造业 R&D 投入的政策实施后,制造业 R&D 投入从 2008 年的 2037.6 亿美元增加到 2016 年的 2328.2 亿美元,增长了 14.26%。[1]第四,贸易逆差进一步扩大。美国制造业贸易逆差从 2007 年的 5122 亿美元上升到 2016 年的 6902 亿美元,即使扣除货币贬值因素,逆差也达到了 5964 亿美元。[2]

四、美国劳动力就业情况改善

自 2009 年 6 月美国走出金融危机以来,美国经济稳定增长,呈现出就业改善和温和通胀的良好态势。据美国劳工部最新数据显示,2018 年 5 月消费者物价指数(CPI)环比涨幅仅为 0.2%,2018 年 1—5 月 CPI 涨幅控制在 -0.1%(3 月)至 0.5%(2 月)之间(如表 3 所示)。2018 年 5 月美国总体失业率降至 3.9%,创 2008 年 12 月以来的最低水平。美国经济整体向好,市场信心愈发增强。

---

① 根据美国经济分析局(BEA)公布数据整理所得。
② 根据 WTO 数据库数据计算所得。

表 3　美国就业相关指标的统计数据（季节性调整后）　　　单位：万人、%

日期	非农就业人口	失业率	CPI 月变化率	劳动参与率
2018 年 5 月	16.4	3.90	0.20	62.80
2018 年 4 月	10.3	4.10	−0.10	62.90
2018 年 3 月	31.3	4.10	0.20	63.00
2018 年 2 月	20	4.10	0.50	62.70
2018 年 1 月	14.8	4.10	0.10	62.70
2017 年 12 月	22.8	4.10	0.40	62.70
2017 年 11 月	26.1	4.10	0.10	62.70
2017 年 10 月	−3.3	4.20	0.50	63.10
2017 年 9 月	15.6	4.40	0.40	62.90
2017 年 8 月	20.9	4.30	0.10	62.90
2017 年 7 月	22.2	4.40	0.00	62.80
2017 年 6 月	13.8	4.30	−0.10	62.70
2017 年 5 月	21.1	4.40	0.20	62.90
2017 年 4 月	9.8	4.50	−0.30	63.00
2017 年 3 月	23.5	4.70	0.10	63.00
2017 年 2 月	22.7	4.80	0.60	62.90
2017 年 1 月	15.6	4.70	0.30	62.70
2016 年 12 月	17.8	4.60	0.20	62.70
2016 年 11 月	16.1	4.90	0.40	62.80
2016 年 10 月	15.6	5.00	0.30	62.90
2016 年 9 月	15.1	4.90	0.20	62.80
2016 年 8 月	25.5	4.90	0.00	62.80
2016 年 7 月	28.7	4.90	0.20	62.70
2016 年 6 月	3.8	4.70	0.20	62.60
2016 年 5 月	16	5.00	0.40	62.80
2016 年 4 月	21.5	5.00	0.10	63.00
2016 年 3 月	24.2	4.90	−0.20	62.90
2016 年 2 月	15.1	4.90	0.00	62.70
2016 年 1 月	29.2	5.00	−0.10	62.60

资料来源：根据美国劳工部公布数据整理所得。

（一）美国劳动力市场资源概况

近年美国劳动参与率稳定在 62%～63% 之间的水平，可以看作美国就业市场恢复到危机前水平的标志（如图 13 所示）。究其原因，一方面是受到美国公民个人保留工资、家庭收入规模，以及性别、年龄等个人因素的影响；另一方面是受美国社会保障的覆盖率和水平、劳动力市场状况等社会宏观经济环境的影响。如果将美国劳动参与率分解为周期性因素和老龄化等结构性因素，与 2007 年第四季度劳动参与率（66.1%）比较，2017 年第四季度美国劳动参与率达到 62.7%，表明由于周期性因素带来的下降已经基本得以修复，但是老龄化带来的下降仍高达 2.6%。[①]也就是说，相对于危机前的 2007 年第四季度，扣除老龄化带来的劳动力下降，美国当前劳动参与率的水平应该可以看作美国劳动力市场恢复到危机前水平的一个标志。2018 年 4 月美国劳动参与率已经恢复到 62.8%的水平，未来美国就业市场可以进一步吸纳劳动力的空间应该是非常有限的。

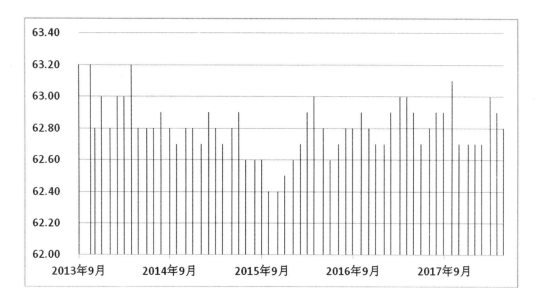

图 13　2013—2017 年美国劳动参与率变化（单位：%）

资料来源：根据美国劳工部公布数据整理所得。

1. 劳动力数量

2018 年 4 月美国新增非农就业和薪资增速不及预期，失业率降至新低。4 月新增非农就业 16.4 万人，低于市场预期的 19.2 万人，不过 2 月曾创下 31.3 万人的新增非农就业高水平（为 2014 年美国就业强势增长时期的水平）（如图 14 所示）。4 月失业率降至 2000 年以来的最低，至 3.9%；劳动参与率则由上一个月的 62.9%微降至 62.8%。由于美国经济的持续增长，当前新增非农就业维持在 10 万～20 万人的增长，属于正常水平，2018 年第一季度美国就业保持良性增长。劳动力供给的收紧意味着薪资增长的上行压力依然存在。

---

① 褚建芳，崔嵘. 中信证券点评 4 月美国非农就业：美国劳动参与率的改善空间有多大. CITICS 宏观研究，2018-05-05.

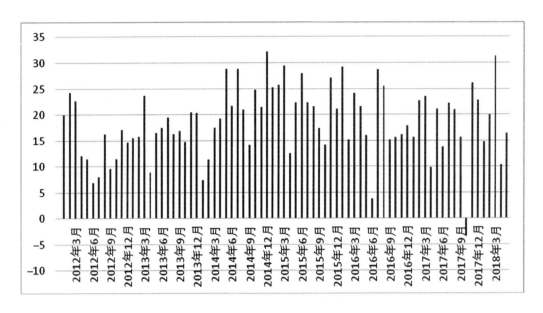

图 14　美国 2018 年 4 月（季节性调整后）公布的非农就业人口往期数据（单位：万人）

资料来源：根据美国劳工部公布数据整理所得。

2. 初请失业金人数

初请失业金人数统计的是指过去一周第一次申请失业保险的人数，是反映其国内劳动力市场状况的指标之一。如果失业人数大幅增加，美国政府的财政压力也就随之增大，对于"双赤字"的美国经济来说是一个考验。美国 2018 年 5 月 12 日当周续请失业金人数跌至 1973 年 12 月以来新低。当周初请失业金数据已经连续 167 周低于 30 万关口，其连续时间创 1970 年以来最长[①]，表明劳动力市场疲软程度有所减少，即劳动力市场趋于充分就业。

（二）美国劳动力就业与工资状况

1. 劳动力就业状况

目前，美国的就业市场呈现持续稳步复苏的特征。尽管 2018 年美国实际 GDP 增速变化不大，但就业市场持续稳步复苏，失业率达到 2008 年金融危机后的最低水平。近年来，随着美国经济不断向好，在股市飙升和多种就业政策的刺激下，美国失业率逐步下降。截至 2018 年 4 月份，美国当年新增非农就业人数为 92.8 万人，失业率多年来首次低于 4%，达到金融危机前的就业水平，也基本达到美国的充分就业水平。2018 年 4 月，美国失业率甚至降至 3.9%，这是自 2000 年以来的最低值（如图 15 所示）。劳动力市场将愈发收紧，导致产出缺口加速收窄。当一国的经济达到充分就业水平时，意味着该国的闲置资源得到

---

① 美国当周初请失业金人数录得 22.2 万人. 好金贵财经，2018-05-18.

有效利用，产出缺口得到修复。[①] OECD 数据显示，美国产出缺口 2017 年收窄至接近零的
水平，2018 年将回升到零之上。

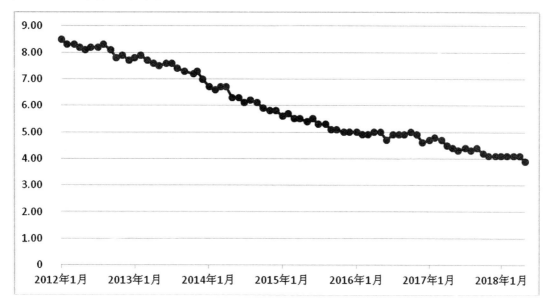

图 15　美国 2018 年 4 月公布的失业率往期数据（单位：%）

资料来源：根据美国劳工部公布数据整理所得。

2. 工资状况

2018 年 4 月，美国薪资环比增加 0.1%，同比增加 2.6%，分别低于预期的 0.2% 和 2.7%。
原因是随着劳动力市场的收紧，工资水平会上涨，导致通胀增长可能会超预期[②]。薪资增
长的关键是劳动生产率的增长，危机以后薪资增长明显减弱的原因之一就是生产率增长疲
弱，导致企业支付能力下降，也就无法提高薪资。同时，美国总统特朗普签署的《2017 年
减税与就业法案》正式拉开了 30 多年以来美国税改的大幕，该法案旨在降低美国企业和个
人所得税税率，并对美国国际税收体制进行了改革，对跨境所得的征税进行重大调整。特
朗普政府税改会在短期内提振经济和促进就业，但长期效果有限。

综上所述，近几年美国宏观经济基本面保持良好的局面。近 3 年 GDP 持续增长，经
济环境具有低通胀、低失业率的态势，考虑到目前失业率水平接近自然失业率，预计美国
未来失业率并不会出现进一步大幅下降的趋势。美国消费者信心指数仍在较高均值水平波
动，宏观消费规模占 GDP 比重继续保持稳定。美国贸易逆差虽有上升趋势，但预计未来美
国贸易逆差将呈现收窄趋势。

---

① 赵硕刚. 美国经济形势展望及对中国经济的影响[J]. 经济导刊，2017：74-79.
② 赵春哲. 2016 年美国经济形势分析[J]. 宏观经济原理，2016（12）：78-81.

参考文献

[1] http://finance.sina.com.cn/stock/usstock/c/2017-12-16/doc-ifypsqka2895913.shtml?from=finance_zaker.

[2] https://www.bea.gov/national/index.htm#gdp.

[3] https://www.federalreserve.gov/newsevents/speech/2EB637DA0B8F4FC08D6AC1AD0F9F08E4.htm.

[4] https://zh.tradingeconomics.com/united-states/consumer-confidence.

[5] U.S. Bureau of Economic Analysis (BEA)（美国经济分析局官网）.

[6] U.S. Bureau of Labor Statistics（美国劳工部官网）. https://www.bls.gov/.

[7] U.S. Department of Commerce（美国商务部官网）. https://www.commerce.gov.

[8] U.S.FED（美联储官网）.

[9] 2018 美国大学生就业调查|这其中你应该得到的启示[EB/OL]. 搜狐网，2018-05-15.

[10] 边卫红. 美国量化宽松货币政策调整的影响及对策[J]. 国际金融研究，2013（9）：21-28.

[11] 陈显帆. 美国"制造业回归"大战略深度研究：机器人需求激增，龙头 KUKA 将受益 [R]. 东吴证券，2017: 13-20.

[12] 褚建芳，崔嵘. 中信证券点评 4 月美国非农就业：美国劳动参与率的改善空间有多大 [N]. CITICS 宏观研究，2018-05-05.

[13] 迪班. 加强亚太合作，应对安全挑战[J]. 中国军事科学，2016(6).

[14] 胡鞍钢. 国际金融危机以来美国制造业回流政策评述[J]. 国际经济评论，2018（2）：112-130.

[15] 胡爽. 从稀土案看 WTO 争端解决机制中证据规则的不合理之处以及中国应对策略[D]. 济南：山东大学，2017.

[16] 加利·霍夫鲍尔. 美国经济形势分析和展望[J]. 经济研究参考，2014（46）：61-62.

[17] 交通银行金融研究中心课题组. 锐意推进税制改革 重塑我国全球竞争力[J]. 科学发展，2017（6）：96-101.

[18] 李志鹏. 中国建设自由贸易区内涵和发展模式探索[J]. 国际贸易，2013（7）：4-7.

[19] 李众敏. 中国区域贸易自由化战略研究[J]. 世界经济，2009（8）：46-52.

[20] 罗雨泽. 美国对外贸易区建设促进制造业就业作用突出[J]. 中国经济观察，2013（6）：18-20.

[21] 美国人口出生率降至 30 年新低 经济面临劳动力萎缩[N]. 第一财经，2018-05-20.

[22] 美国税改最终方案出台. [2017-12-16]

[23] 沈开艳，等. 中国（上海）自由贸易试验区建设：理论分析与实践探索[M]. 上海：上海社会科学院出版社，2014.

[24] 斯坦福大学. http://www.policyuncertainty.com/.

[25] 唐建伟. 特朗普新政下美国经济形势展望[J]. 新金融，2017（5）.

[26] 王戴黎. 全球宽松货币政策的拐点可能带来的冲击[J]. 宏观经济，2017（1）：146-175.

[27] 谢建华，周露昭. 进口贸易、吸收能力与国际 R&D 技术溢出：中国省区面板数据研究[J]. 世界经济，2010（9）：68-81.

[28] 张南. 美国自由贸易协定中的劳工规则研究[D]. 重庆：西南政法大学，2013.

[29] 章诚，王宗超，肖群稀. 中国制造业能否再次高飞：美国制造业回流影响的深度报告[R]. 华泰证券，2017：16-18.

[30] 赵春哲. 2016 年美国经济形势分析[J]. 宏观经济原理，2016（12）：78-81.

日本经济形势与前景

于 潇 孙 悦*

摘 要： 2017 年日本经济稳步复苏，内需动能释放、通缩局面改善、出口增长迅猛、贸易收支维持盈余状态，同时就业形势不断向好，企业经营业绩也得到好转，但在进入 2018 年伊始，日本经济发展现状出现转折，前景依旧堪忧。从日本社会经济的未来发展趋势来看，日本缺乏内生动力，经济发展后劲明显不足，人口结构依旧成为拖累日本经济的"顽疾"。与此同时，当前全球经济的不确定性增加了日本经济的不稳定性。在 2017 年亚太区域经济合作中，日本表现出了与以往不同的态度。日本主导美国退出后的 TPP（跨太平洋伙伴关系协定）华丽变身为 CPTPP（全面与进步太平洋伙伴关系协定）；在 RCEP（区域全面经济伙伴关系）中，日本的摇摆不定似乎成为常态化的表现；同时日本改变以往对中日韩 FTA（自由贸易协定）的消极态度。此外，在贸易保护主义盛行与贸易摩擦频发下，日本采取多元化的经济贸易政策，努力成为国际自由贸易规则的新缔造者。

关键词： 日本经济；亚太区域；贸易保护主义；区域合作

一、日本经济形势分析

（一）经济稳步复苏，前景依旧堪忧

2017 年日本经济稳步复苏，据日本内阁府 2018 年 5 月 16 日公布的 2018 年第一季度的 GDP 速报，日本 2017 年的实际 GDP 增长率为 1.5%，名义 GDP 的增长率为 1.6%（见图 1），两者均较 2016 年有所提升，但经济增长依旧在低位徘徊的现实无从改变，速度位于经济发达国家行列的末端。2017 年日本的 GDP 总量为 43421.6 亿美元，位居世界第三位，但具体到各季度 GDP 的增速却具有一定的区别，自 2017 年第四季度开始，GDP 增长率呈

---

* 于潇，吉林大学东北亚研究院院长，教授，博士生导师；孙悦，吉林大学东北亚研究院讲师。

现出明显的下滑趋势，进入 2018 年，日本在告别了连续两年多 GDP 持续增长态势之后，在第一季度出现了 9 个季度以来 GDP 首次负增长，其中日本实际 GDP 同比下降 0.2%，名义 GDP 同比下降 0.4%，折算成年率为下降 0.6%；名义 GDP 同比下降 0.4%，折算成年率为严重萎缩了 1.5%（见图 2），这种严峻的经济形势及发展前景昭示着日本的经济发展将继续低迷。

图 1   近几年日本实际 GDP 与名义 GDP 的增长率变化（单位：%）

资料来源：日本内阁府统计数据. http://www.esri.cao.go.jp/jp/sna/data/data_list/sokuhou/gaiyou/pdf/main_1.pdf。

图 2   2017—2018 年日本第一季度实际 GDP 与名义 GDP 的增长率变化（单位：%）

资料来源：日本内阁府统计数据. http://www.esri.cao.go.jp/jp/sna/data/data_list/sokuhou/gaiyou/pdf/main_1.pdf。

（二）内需动能释放，通缩局面改善

受益于企业生产活动回暖、经济政策红利及 2020 年东京奥运会对本国经济的带动作用，日本 2017 年内需对 GDP 的贡献率有所提升，内需动能释放的信号不断凸显。如图 3 所示，在 2017 年的第一季度、第二季度及第四季度，内需对实际 GDP 的贡献度分别上升了 0.6%、0.8% 及 0.2%，内需动能释放使以个人消费为代表的内需取代出口成为促进经济增长的领头羊，打破了内需疲软长久以来制约日本经济发展的瓶颈。在 2017 年的内需构成中，居民消费意愿增强，投资增长显著。一季度内需对经济增长贡献率为 0.4%，个人消费增长 0.4%，连续 5 个季度增长，显示消费者信心有所改善。政府公共投资微降 0.1%，私

人住宅投资增长 0.7%，企业设备投资增长 0.2%。二季度内需对经济增长贡献率为 1.3%，居民消费进一步回暖，个人消费增长 0.9%。政府公共投资大增 5.1%，私人住宅投资增长 1.5%，企业设备投资增长 2.4%，连续 3 个季度增长且涨幅不断扩大。[①]但在 2018 年第一季度中，实际 GDP 中的内需拉动作用降低了 0.2%，而外需的贡献度不断上升（见图 3）。

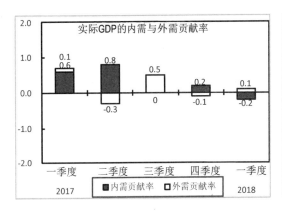
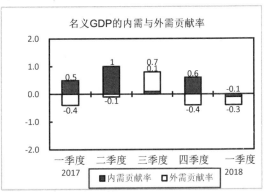

图 3　日本内需与外需在实际 GDP 与名义 GDP 中贡献率的增减情况（单位：%）

资料来源：日本内阁府统计数据. http://www.esri.cao.go.jp/jp/sna/data/data_list/sokuhou/gaiyou/pdf/main_1.pdf。

2017 年日本的通胀情况已有改善，从近 3 年的消费者价格指数变动情况来看，以 2015 年为基期，2017 年的消费价格总指数、扣除生鲜食品外的消费者价格指数均同比上升 0.5%，但这与日本银行提出的 2% 的通胀目标仍有一定差距，而除生鲜食品和能源外的消费者价格指数仅上升了 0.1%（见表 1）。此外，根据表 2 反映出的 2017 年 3 月—2018 年 4 月期间各月消费价格指数情况，自 2017 年 12 月起，各月的消费价格总指数均不低于 101.0，同比上升率大幅度提升至 1.0% 以上，2018 年 2 月以 1.5% 的增长率成为 13 个月以来的增长高峰。此外，除生鲜食品外消费者价格指数的同比增长幅度均大于除生鲜食品和能源外消费者价格指数的同比增长，且两个消费者价格指数的同比增长率均呈现出递增趋势，前者自 2017 年 11 月起同比增长率达到 0.9% 以上，而后者在 2017 年 3 月同比降低 0.1% 后维持 3 个月平稳状态，自 7 月份起，该指数的同比增长率不断上升。

表 1　2015—2017 年日本消费者价格指数变动情况

指标	年平均（年同期%）		
	2015 年	2016 年	2017 年
总和	0.8	−0.1	0.5
除生鲜食品外	0.5	−0.3	0.5
除生鲜食品和能源外	1.4	0.6	0.1

资料来源：日本总务省统计局，http://www.stat.go.jp/data/cpi/sokuhou/tsuki/index-z.html。

---

① 正点国际网. 2017 年日本经济形势回顾与 2018 年展望[EB/OL]. http://www.qqfx.com.cn/news/120357.html，2018-04-04.

表2   2017年3月-2018年4月日本消费者价格指数

指标		2017年3月	2017年4月	2017年5月	2017年6月	2017年7月	2017年8月	2017年9月	2017年10月	2017年11月	2017年12月	2018年1月	2018年2月	2018年3月
综合	指数	99.9	100.3	100.4	100.2	100.1	100.3	100.5	100.6	100.9	101.2	101.3	101.3	101.0
	同比	0.2	0.4	0.4	0.4	0.4	0.7	0.7	0.2	0.6	1.0	1.4	1.5	1.1
除生鲜食品外	指数	99.8	100.1	100.3	100.2	100.1	100.3	100.3	100.6	100.7	100.7	100.4	100.4	100.6
	同比	0.2	0.3	0.4	0.4	0.5	0.7	0.7	0.8	0.9	0.9	0.9	1.0	0.9
除生鲜食品及能源外	指数	100.4	100.7	100.8	100.7	100.6	100.8	100.8	101.0	101.0	101.0	100.7	100.8	100.8
	同比	-0.1	0.0	0.0	0.0	0.1	0.2	0.2	0.2	0.2	0.3	0.4	0.5	0.5

资料来源：日本总务省统计局，http://www.stat.go.jp/data/cpi/sokuhou/tsuki/pdf/zenkoku.pdf。

（三）出口增长迅猛，贸易收支维持盈余状态

得益于全球经济复苏的拉动，外需成为2017年日本经济增长中的重要引擎，净出口持续高位。根据日本财务部2018年4月18日发布的2017年日本进出口贸易情况，2017年日本出口额为78.29万亿日元，进口额75.30万亿日元，相比较2016年70.04万亿日元的出口额与66.04万亿日元的进口额[①]，2017年以半导体产品及汽车海外需求提振为代表，该方面的出口同比增加11.8%，以石油、煤炭为代表的进口同比增加了14.0%，本年度进口增幅高于出口，尽管顺差额呈现出25.1%的下降率，却仍无法掩盖其延续上一年贸易顺差的势头。其中2017年11.8%的出口增长率远高于2016年，成为最夺人眼球的一幕，彰显了外需对日本经济发展的巨大拉动作用（见表3）。

表3   2010—2017年日本进出口贸易增长率   单位：百万亿日元，%

年份	出口	增长率	进口	增长率	贸易差额	增长率
2010	67399627	24.4	60764957	18.0	6634670	148.4
2011	65546475	-2.7	68111187	12.1	-2564712	—
2012	63747572	-2.7	70688632	3.8	-6941060	170.6
2013	69774193	9.5	81242545	14.9	-11468352	65.2
2014	73093028	4.8	85909113	5.7	-12816085	11.8
2015	75613929	3.4	78405536	-8.7	-2791607	-78.2
2016	70035770	-7.4	66041974	-15.8	3993796	—
2017	78289675	11.8	75298629	14.0	2911046	-25.1

资料来源：日本财务省，http://www.customs.go.jp/toukei/shinbun/trade-st/gaiyo2017.pdf。

从日本对世界主要国家及地区贸易方面的情况来看，在出口对日本经济增长产生凸显作用的同时，日本对华出口是其中的重中之重。据日本财务省在2018年4月18日公布的

[①] 相关数据均由日本财务省贸易统计网公布，http://www.customs.go.jp/toukei/shinbun/trade-st/gaiyo2017.pdf。

数据，在日本与世界主要国家及地区的进出口贸易增长率中，对华出口以 20.5%的增长率居各国或各地区之首，中国成为日本最大的贸易伙伴。对美出口的增长率最低，仅增长了 6.8%，但从进出口差额情况来看，日本对欧盟、中国均呈现出贸易逆差，其中对欧盟的贸易逆差最大，同比增加了 43.0%，而对美国及亚洲其他地区为贸易顺差，其中对美国贸易顺差增长率由 2016 年 4.8%的降幅转为 3.1%增幅（见表 4）。

表 4　2017 年日本对主要国家及地区贸易增长率　　　单位：百万亿日元，%

国家或地区	出口	增长率	进口	增长率	贸易差额	增长率
美国	15111044	6.8	8075457	10.3	7035587	3.1
欧盟	8657202	8.5	8754041	7.4	−96839	−43.0
亚洲	42925216	15.7	36992066	11.4	5933150	51.8
中国	14891408	20.5	18444644	8.4	−3553236	−23.7

资料来源：日本财务省，http://www.customs.go.jp/toukei/shinbun/trade-st/gaiyo2017.pdf。

从表 5、表 6 反映的 2017 年日本主要进出口贸易产品的构成及贸易额可看出，资本品、运输设备、工业用料、机械及电气机械是支撑其强劲出口的主力，不仅在 2017 年出口产品中的贸易额占比最大，且与 2016 年相比，这几类产品的出口贸易额增长最多。在进口贸易方面，作为资源匮乏型国家，工业用原料与矿物燃料依旧主要依靠进口，两者在 2017 年的进口贸易额较 2016 年分别增长了 392.34 亿美元及 302.68 亿美元，而运输设备作为唯一进口额出现负增长的产品，其在 2017 年的进口额为 282.35 亿美元，较上一年减少了 2.46 亿美元。

表 5　日本主要出口贸易产品　　　单位：亿美元，%

出口产品	2016 年	2017 年	出口贸易额增长
食品	55.94	57.40	1460.70
原材料	86.96	100.37	13.41
矿物燃料	82.68	99.39	16.71
机械	1252.91	1397.02	144.11
电气机械	1135.28	1219.98	84.70
化学制品	654.89	729.55	74.66
制成品	721.87	773.59	51.72
运输设备	1594.69	1623.29	28.60
工业用料	1455.24	1616.43	161.20
资本品	3272.80	3542.29	269.49
非耐用消费品	57.04	67.30	10.26
其他	860.57	971.61	111.04

资料来源：根据 Wind 数据库中的数据整理而成。

表 6　日本主要进口贸易产品　　　　　　　　　单位：亿美元，%

进口产品	2016 年	2017 年	进口贸易额增长
食品	585.40	625.09	39.69
原材料	368.46	420.83	52.37
矿物燃料	1106.14	1408.82	302.68
化学制品	653.64	673.70	20.06
制成品	557.71	609.74	52.03
机械	583.57	642.27	58.70
电气机械	992.86	1072.09	79.23
食品及其他直接消费品	577.14	619.09	41.95
运输设备	284.81	282.35	-2.46
工业用原料	2549.46	2941.80	392.34
资本品	1805.85	1915.24	109.39
非耐用消费品	472.32	508.33	36.01
耐用消费品	506.62	559.80	53.18
其他	158.80	165.44	6.64

资料来源：根据 Wind 数据库中的数据整理而成。

（四）就业形势不断向好，企业经营业绩好转

根据日本总务省统计局 2018 年 1 月 30 日公布的数据，如图 4 所示，2017 年日本的完全失业人数为 190 万人，同期下降 18 万人，失业率为 2.8%，同比下降了 0.3%。至此日本失业率水平连续 7 年持续下降，年度失业率跌破 3%，成为自 1993 年以来 24 年中首次呈现的最低水平。而从就业情况方面来看，2017 年总就业人数为 6530 万人，总就业率为 58.8%，连续 5 年呈现上升趋势，以较前一年增加了 65 万人的就业水平使就业率比同期上升了 0.7%，劳动力市场持续收紧。具体到就业者性别构成方面，男性就业人数为 3672 万人，比去年增加了 17 万人，女性就业人数为 2859 万人，较去年增加了 49 万人。在就业者年龄构成方面，65 岁以上的就业者较 2016 年增加了 37 万人，达到 807 万，而 15～64 岁就业者虽然总数达到 5724 万人，但仅较前一年增加了 29 万人，同比增加了 1.6%（见表 7）。据《日本经济新闻》4 月 28 日报道，日本厚生劳动省 4 月 27 日发布的 2017 年度有效招聘倍率（用人需求和求职人数之比）为 1.54 倍，同比提高了 0.15 个百分点，创出 1973 年度经济高速增长末期以来时隔 44 年的最高水平。正式员工的有效招聘倍率为 1.03 倍，招聘人数首次高于求职人数。由于全球性的半导体需求坚挺，生产指数创下了 7 年来的最高增幅。①

① 环球网. 日本制造业就业情况改善或已经实现"完全就业"[EB/OL]. http://finance.huanqiu.com/gjcx/2018-04/11941563. html，2018-04-28.

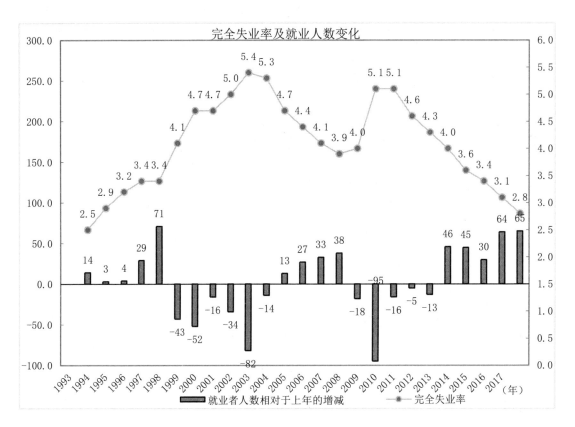

图 4　日本各年完全失业率及就业人数变化图（单位：万人，%）

资料来源：日本总务省统计局，http://www.stat.go.jp/data/roudou/sokuhou/nen/ft/pdf/youyaku.pdf。

从就业人员的产业分布特点来看，首先，在各行业就业者的总数方面，制造业的就业情况出现改善，其以 1081 万人的就业者总数成为就业人数最多的产业，这与 2017 年日本经济复苏且出口迅猛增长均具有密切的联系，人手短缺的制造业与运输行业在生产活跃的同时，需要招聘更多从业者以满足不断上升的生产指数。其次，从各行业就业者的增长率情况方面，农业与林业以 14.6% 的增幅成为增长率最高的行业；服务业以 9.1% 的增长率位居第 2 位，而公务行业以 0.9% 的降幅成为唯一一个就业人数出现负增长的行业。最后，从各行业增减数方面，受日本旅游热度的不断上升，其服务业与酒店餐饮服务业分别增加了 38 万人及 31 万人，成为增数最多的两个行业（见表 8）。

表 7　日本近几年各年龄段就业人口的变化情况　　单位：万人

年份	男女人数总计								男性			女性		
	总数	15～64岁	15～24岁	25～34岁	35～44岁	45～54岁	55～64岁	65岁以上	总数	15～64岁	65岁以上	总数	15～64岁	65岁以上
实际数量														
2009	6314	5750	513	1277	1453	1280	1227	565	3666	3315	351	2649	2434	214
2010	6298	5728	492	1247	1472	1291	1227	570	3643	3293	350	2656	2434	221
2011	6293	5722	481	1217	1503	1286	1235	571	3639	3289	349	2654	2433	222
2012	6280	5684	472	1192	1514	1301	1205	596	3622	3258	365	2658	2426	231
2013	6326	5690	483	1173	1522	1336	1177	637	3620	3231	390	2707	2459	247
2014	6371	5689	486	1158	1523	1365	1158	682	3635	3220	416	2737	2469	267
2015	6401	5670	488	1136	1509	1400	1137	732	3639	3196	443	2764	2474	288
2016	6465	5695	512	1130	1482	1445	1126	770	3655	3193	462	2810	2502	308
2017	6530	5724	519	1124	1458	1489	1134	807	3672	3188	483	2859	2535	324
2018	6664	5802	562	1120	1436	1535	1148	862	3717	3206	512	2946	2596	350
2019	6724	5832	580	1110	1401	1580	1162	892	3733	3202	531	2992	2630	361
相对于上年的增减														
2009	-95	-106	-33	-44	14	-14	-28	12	-79	-83	4	-15	-23	7
2010	-16	-22	-21	-30	19	11	0	5	-23	-22	-1	7	0	7
2011	-5	-6	-11	-30	31	-5	8	1	-4	-4	-1	-2	-1	1
2012	-13	-38	-9	-25	11	15	-30	25	-17	-31	16	4	-7	9
2013	46	6	11	-19	8	35	-28	41	-2	-27	25	49	33	16
2014	45	-1	3	-15	1	29	-19	45	15	-11	26	30	10	20
2015	30	-19	2	-22	-14	35	-21	50	4	-24	27	27	5	21
2016	64	25	24	-6	-27	45	-11	38	16	-3	19	46	28	20
2017	65	29	7	-6	-24	44	8	37	17	-5	21	49	33	16
2018	134	78	43	-4	-22	46	14	55	45	18	29	87	61	26
2019	60	30	18	-10	-35	45	14	30	16	-4	19	46	34	11

资料来源：日本总务省统计局，http://www.stat.go.jp/data/roudou/sokuhou/nen/ft/pdf/youyaku.pdf。

表 8　2017 年日本主要行业就业人口的变化情况　　单位：万人，%

主要行业	总数	较前一年	
		增减数	增减率
农业林业	204	26	14.6
建筑业	501	13	2.7
制造业	1081	15	1.4
情报通信业	225	13	6.1
运输邮电业	337	6	1.8
学术研究、专业技术服务业	235	4	1.7
酒店、餐饮服务业	417	31	8.0
生活有关服务业、娱乐业	232	5	2.2
教育辅导业	312	5	1.6
医疗福利业	799	6	0.8
服务业（其他不被分类）	455	38	9.1
公务	233	-2	-0.9

资料来源：根据日本总务省统计局公布的 2016 年及 2017 年的劳动力调查数据整理而成，http://www.stat.go.jp/data/roudou/sokuhou/tsuki/index.html。

2017 年日本企业经营业绩良好,上市公司利润大增。大宗商品价格、外需走强等改善了大企业和外向型企业经营环境。一季度石油加工、有色金属等企业因石油等资源价格回升,收益有所改善;二季度日元贬值促使企业业绩改善,汽车及配件、机械、机电等出口行业利润大幅增长,在很大程度上带动了化工、有色金属等企业收益不断增加。而且内需型企业收益稳定,食品业经营良好,建筑企业收益在东京奥运工程量增加下逐渐改善。另外,2017 年 8 月份以来,日本大型制造业企业信心持续提升,央行短观调查显示,第三季度大型制造业者商业信心创 10 年最高,预示未来几个月的生产情况向好。①

二、日本社会经济未来发展趋势

受国际经济环境对日本经济的带动、个人消费动力的凸显、扩大投资对经济的促进及长久以来经济政策红利等多重因素的共同影响下,2017 年日本经济温和复苏,内需动能有所释放,出口强劲带动下贸易顺差不断提升,失业率创 20 多年来新低,就业市场持续向好,但从经济长期发展的增长潜力角度分析,日本未来经济社会的发展趋势仍存在许多隐患。

(一)缺乏内生动力,经济发展后劲不足

进入 2018 年以来,日本经济在诸多方面出现了不同程度的下滑,2018 年第一季度国内生产总值(GDP)当季年率下滑 0.6%,9 个季度来首次呈现负增长。个人消费环比下滑 0.001%,两个季度来首现负增长。②这两个"首现负增长"昭示着日本经济已出现萎缩,外需与内需严重不匹配成为日本经济发展中的主要矛盾及重要限制性因素,内需贡献率严重不足,使本国经济发展缺乏持续的内生动力。个人消费和此前表现坚挺的企业设备投资也出现了下滑。相关报道称,一季度停滞的一大原因是约占 GDP 六成的个人消费萎靡不振,环比下滑了 0.001%。不仅是智能手机和汽车,而且价格居高不下的蔬菜的消费也不见增长,2017 年四季度增长 0.2%的势头消失了。设备投资 6 个季度来首次出现负增长、住宅投资减少也拖累了内需。③此外,PMI 指数的回升趋势减退,在 2018 年第一季度中维持在低位徘徊且波动不定,坐实了日本经济在本年度复苏疲软的趋势。

2018 年第一季度日本出现的经济负增长标志着自 1989 年以来,日本最长经济连续增长期的完结,其经济发展中的结构性问题也随之暴露无遗,究其根源是内生动力难以激活,发展后劲不足,主要表现在如下几个方面。

首先,即使在 2017 年日本经济提速、企业投资积极、就业率向好的条件下,日本通胀率仍与央行制定的 2%存在不小差距,这从侧面折射出日本国内经济缺乏内生增长动力,

① 正点国际网.2017 年日本经济形势回顾与 2018 年展望. http://www.qqfx.com.cn/news/120357.html. 2018-04-04.

② 新华网.内需总体乏力 日本经济两年来首现萎缩. http://www.dzwww.com/xinwen/guojixinwen/201805/t20180517_17378820.htm. 2018-05-17.

③ 新浪网.安倍遭新打击 外媒:日本经济 9 个季度以来首次萎缩. http://news.sina.com.cn/w/2018-05-17/ doc-iharvfhu1562899.shtml. 2018-05-17.

内需长期不振是影响经济发展的重要问题。

其次，自安倍首相上台以来，无论是"新三箭"还是"老三箭"，均是借助于外在手段，加之配合安倍心理学的影响，维持经济增长趋势，但长久以来日本货币政策与财政政策能够发挥实质性作用的空间已大不如从前，结合全球政策边际收紧的现实，在缺失经济改革的情况下，安倍首相仅依靠原有"强宽松+高赤字"的模式，运用外在政策手段刺激经济发展无疑是饮鸩止渴，无法从根源上摆脱缺少新经济增长点的发展困境。安倍政府将在2018年继续出台刺激经济发展的新一轮政策，即使原有量化宽松货币政策已经存在效用的边际递减与边际收紧，日本通胀率持续下降的趋势也无法阻挡日本央行确定2%的通胀目标，以开启货币政策的正常化。此外，财政政策对经济的提振作用也将受到日本巨大债务压力的影响，2017年12月日本内阁通过高达8600亿美元的2018年财政预算案，表明日本选择延续积极的财政政策。但值得注意的是，当前日本政府债务余额占GDP的比重已超过250%，为世界各国最高。为改善日本财政状况，2018年2月安倍政府制定了2025年实现基本财政盈余的目标，而在老龄化与2020年举办东京奥运会背景下，政府支出需求偏刚性，只能通过增加财政收入来实现目标。具体措施包括自2019年10月起将消费税税率由8%上调至10%，这或将为日本每年增加7万亿日元的税收收入。但值得注意的是，消费税税率的上调可能会在一定程度上抑制居民消费需求，进而拖累经济增长。①

最后，日本国内产出存在缺口。在缺乏内生动力的情况下，日本借助自身的技术及科研优势，经济发展始终依靠汽车、钢铁、芯片等传统优势产业，而未来这些产业全要素生产率的提升将受到巨大社会保障压力的挤压，对保持原有技术优势的财政支出必将有所降低，加之世界范围内对全要素生产率拉动经济增长作用的高度重视，日本维持传统优势产业的产出愈发困难。此外，新兴产业的发展因受到来自世界各国的强劲竞争，而更加难以在短时间内跻身于世界前列，因此，对未来日本经济能否持续复苏仍需保持谨慎的态度。

（二）全球经济的不确定性增加了日本经济的非稳定性

得益于温和的国际环境，2017年日本经济加快了复苏的脚步。在全球经济同步复苏、国际能源价格走势平稳、国际贸易往来改善等多种因素的综合作用下，日本经济在2017年以温和复苏的形态展现在世人面前。但依靠上述外部环境改变而向好的日本经济，则天然带有诸多的不确定性，进入2018年，日本第一季度的GDP环比下滑0.2%，经济发展的隐患已经开始逐步展现。一方面，延续2017年贸易顺差不断下滑的趋势，2018年第一季度进口同比增长（12.7%）高于出口同比增长（10.1%），外需对日本GDP的拉动作用正逐步降低，不禁使人对日本未来经济发展的动能产生怀疑。另一方面，全球大宗商品价格一路上升，能源价格也较2017年大幅度上涨且有持续上涨的趋势，这对于作为能源进口的日

① 刘畅. 日本经济中长期展望[J]. 中国经济报告，2018（5）：112.

本而言无疑是一个重大打击。而未来 2018 年全球经济格局及政治形势的变化，将主要通过以下两个方面使日本经济面临非稳定性与不确定性。

其一，全球货币进入收紧期，货币政策收紧将会引发潜在金融风险。自 2008 年金融危机以来，全球货币宽松政策也将会在 10 年后发生转向，在美联储的引领下，世界各经济体将会重新审视货币宽松引发的诸多外部性问题，借助于全球经济稳步复苏的大环境，结合自身经济发展实际，按照不同的轨迹收紧货币政策。对于日本而言，央行 2017 年 7 月起已逐步缩减购买国债的规模，但负利率转向的迹象尚难看到。20 世纪 90 年代以来，日本陷入了长期通缩困境。2016 年 1 月，日本将利率降至-0.1%，随后在同年 9 月实施"附加收益率曲线控制的量化质化宽松"的"反扭曲"操作（QQE），但通胀依旧未见起色。截至 2017 年 11 月，日本 CPI（消费者物价指数）已经连续 31 个月不及 1%。不过考虑到日本经济和就业的日渐走好，日本央行再次放松货币已经不太可能。[1]在全球范围内强美元的预期下，世界各主要国家的货币收紧政策将会对全球货币的流动性产生重大调整，这势必会增加全球金融市场的不稳定性与发生金融风险的可能性，日本在内需提振困难的前提下，不仅日元将会长期偏弱，全球金融市场的波动也会引发日本国内个人消费意愿与企业投资的持续下滑，日本经济将因面临复杂多变的国际金融环境而艰难前行。

其二，全球地缘政治、贸易保护主义、逆全球化风潮将会对日本经济产生巨大阻碍。2018 年伊始，全球市场因地缘政治不断升级的紧张局势而变得隐患无穷，地缘政治的不确定性使全球金融市场动荡不定，华尔街股市的变动已经造成了日经指数的下降，唯有积极采取避险措施方可使日本减少经济损失。自美国特朗普总统上台后，贸易保护主义抬头，逆全球化的呼声不断高涨，国际贸易形势因此发生重大调整。2018 年 3 月 8 日，特朗普总统正式宣布美国将对进口钢铁征收 25%的关税，对进口铝产品征收 10%的关税，此种做法将贸易保护推向了另一个高潮，严重影响了全球钢铁及铝市场的有序发展，而在 2018 年 5 月，特朗普总统又声称将会对进口汽车、卡车及零部件展开"232"调查，这对日本产业界造成的打击将远大于同年 3 月份针对钢铁和铝产品的限制措施。日本出口汽车的近 40%是销往美国市场，出口额约 4.6 万亿日元（1 美元约合 109 日元），占汽车出口总额的约 30%，汽车零配件对美出口额也高达 9000 亿日元。[2]一场因为美国贸易保护政策及其发起的贸易战直接或间接地作用于日本政治经济生态，美国的种种做法因给日本经济发展带来一系列不确定的因素而遭到日本各界的强烈反对，进一步影响到日本在国际市场中的经济行为及与其他国家间的贸易往来。

---

① 搜狐网. 2018 年全球货币政策展望. http://www.sohu.com/a/224665734_674079. 2018-03-01.

② 新华网. 日本各界普遍反对美国通过"232 调查"对进口汽车设限. http://finance.ifeng.com/a/20180525/ 16318900_0.shtml. 2018-05-25.

（三）人口结构依旧成为拖累日本经济的顽疾

长久以来，日本人口结构一直呈现出严重老龄化与少子化的特点，人口结构的失衡使其经济发展始终无法"轻装上阵"。根据日本总务省统计局 2018 年 4 月公布的最新数据，2017 年日本总人口连续第 7 年下降，减少了 22.7 万人，自然增长率已连续 11 年自然下降，且下降幅度不断扩大。从各年龄段人口变化的趋势来看，如图 5 所示，未满 15 岁人口总数逐年下降，在 2017 年达到 1559.2 万人，仅占总人口的 12.3%，较上年减少 18.8 万人，成为占比最小的年龄组；而与之形成鲜明对比的是 65 岁以上的老年人口在总人口中比重达到最高的 27.7%；此外，75 岁以上老年人口在总人口中的比例也不断上升，占据总人口的13.8%。

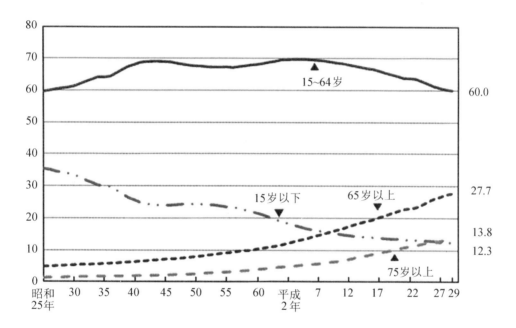

图 5　日本近几年各年龄段人口变化情况（单位：%）

资料来源：日本总务省统计局，http://www.stat.go.jp/data/jinsui/2017np/index.html。

分析一个国家未来的经济走向，关注经济发展动能远比暂时的经济增长数据更为重要，而日本经济的内在动能不足或者说潜在经济增速的重要制约是其异常的人口结构，人口老龄化与少子化并存的局面给日本劳动力市场带来诸多负面影响。首先，严重的人口老龄化使日本财政承担巨额的社保费用。据相关预测，到 2040 年，日本将迎来老年人口的峰值，社会保障金将会占据财政收入的超高比例，阻碍了财政对经济社会其他方面的必要资本投入，被拖累后的日本经济将负重前行，限制了经济潜力的激发与挖掘。其次，目前日本失业率较低，就业市场呈现出生机盎然的繁荣景象，但在少子化的现实下，未来日本将面临缺少人才支撑及劳动力资源匮乏等困境,严重制约了生产力的持续发展及社会的正常运转。与此同时，人口结构中的少子化问题一定会映射在消费人口结构之中，消费人群的老龄化牵制了日本经济发展的活力，缺乏消费引领的经济将会在未来发展中逐步衰退。最后，日本人口老龄化与少子化并存的局面意味着 15～64 岁劳动适龄人口的必然减少，而劳动适龄人口不仅是劳动力市场中的中坚力量，更是整个国家中最具消费潜力的群体，这对原本个人消费萎靡、内需不振的日本经济而言，无疑是雪上加霜。而对于这一问题的解决，日本采取积极政策鼓励女性劳动参与率的提高，但与此同时带来了女性生育意愿的降低，进入到劳动力市场的女性并没有改变本国劳动力市场的人员结构，其引起非正式职工比例的不断攀升、工资收入与生活保障金同时下降的趋势，使日本的个人消费与家庭消费水平低位徘徊，依旧将问题回归到日本经济缺少内需刺激方面。

三、亚太区域经济合作新动态及日本方案

（一）TPP 新进展及日本的策略

1. TPP 的新进展

TPP（跨太平洋伙伴关系协定）是美国在 2008 年金融危机后，为巩固与加强自身在亚太地区的核心地位而构建的，旨在通过高标准的门槛来追求高质量的区域合作，以实现成员国之间的趋同。自其开始筹备起，美国便在其中发挥了积极的推动作用。在 TPP 经过几年的筹划及各成员国不断谈判几近成功之际，美国特朗普总统上台改变了其发展的原本轨迹。美国在 2017 年 1 月 23 日宣布退出 TPP，这对于 TPP 迈向实质性的发展阶段造成了沉重的打击，没有美国加入的 TPP 面临着群龙无首的尴尬局面，各成员国曾一度陷入了迷茫与观望的徘徊期。但 TPP 对各成员的吸引力不仅仅是由于美国在该区域经济合作协议中的引领作用，更重要的是日本、加拿大、澳大利亚等发达国家寄希望于借助 TPP，能够从亚太地区获取合作的经济利益，并扩大自身在世界范围内的政治影响力。而越南、马来西亚等东南亚国家的初衷是借着这场"东风"能够踏上更开放自由贸易合作的列车，融入当今世界的经济浪潮之中，以倒逼本国国内的经济改革，适应更加高标准严要求的贸易规则与贸易方式。基于上述各成员国的合作诉求，在几经波折之后的 2017 年 11 月 11 日，除去美国外的剩余 11 个成员国集聚一堂，在 APEC 第二十五次领导人非正式会议期间重新推动 TPP 迈向新阶段，将 TPP 改名为《全面与进步跨太平洋伙伴关系协定》（CPTPP）。与 TPP 相比，CPTPP 不单单是更名这般简单，更是在缺少美国的现实条件下实现了自身的平稳转型，增加了与投资相关的内容，秉承了原来美国坚持的高标准要求，更加照顾及平衡各成员国之间的差异性，并兼顾了各方多重利益，保证协议的全面性、平等性与完整性。

2. 日本的策略

在美国退出 TPP 之后的 2017 年，日本一度积极劝说美国重回 TPP，但在回归无望的

情形下，日本成为主导 TPP 进一步发展的重要力量。而在 2017 年 11 月 TPP 华丽变身为 CPTPP 的新阶段，日本在美国明确表示不会加入大型多边贸易协定后，表面上仍没有放弃劝说美国回归 TPP 的念头。正如玛利亚·索利斯（Mireya Solis）在《亚洲贸易的新地缘政治》一文中指出，CPTPP 的建立，将会大幅增加日本在亚太经济一体化中的领导权。作为 TPP 的缩小版，CPTPP 虽冻结了知识产权保护等条款，但仍保留了 TPP 在国企、环保、劳工方面的高标准，其中有关数据流通、国企的条款都是首次写进国际贸易协议。此外，日本主导 TPP 转型的重要原因是想要美国回归。协议中有关环保、劳工、数据流通、国企问题的条款，反映了发达国家的利益，在某种程度上也是吸引美国回归的再一次努力。①但在 2018 年 1 月达沃斯论坛上，特朗普总统透露出可能有条件重返 TPP 之后，安倍首相则一方面表示原有 12 个成员国重新谈判将面临诸多困难，另一方面积极推动 CPTPP 的进一步发展，这表明了日本已找到更好的突破口，不再纠结于美国是否能够重新加入 TPP。日本对 CPTPP 的极力推动绝不仅仅是为了从 CPTPP 中获取巨额的经济利益，更重要的是树立自身在转型后 TPP 中的核心地位，并借助 CPTPP 维护自身在亚太地区的核心位置，欲在目前亚太地区三种主流的经贸合作中占据绝对优势。此外，通过将更加开放化、平等化的贸易协定吸引更多国家加入 CPTPP 之中，提升自身在成员国之中的地位，并以此作为有力工具，逐步将其经济政治势力的触角从亚太区域延伸到世界范畴。

（二）RCEP 新进展及日本的策略

1. RCEP 的新进展

RCEP 作为东盟主导并积极推动的区域一体化倡议，截至目前已经历了 5 年多的谈判。在这期间，旨在整合区域内多个原有"东盟+1"自由贸易协定的 RCEP 已取得了一系列的阶段性成果。截止到 2018 年 2 月 5 日，RCEP 共进行了 21 轮谈判，且针对诸多方面的谈判已经达成一致，整个谈判进程进入到最后的冲刺阶段。在过去的 2017 年及在 2018 年上半年，世界经济政治格局的改变对亚洲的影响不容小觑，加之其内部存在诸多不确定性因素，RCEP 作为有效抑制逆全球化的实践方式之一，正是应该其发挥实质性作用的关键时期。但就目前的发展形势来看，不仅生效日期的不断拖延，谈判的议题也随之不断增加，谈判过程中遇到的技术难题不断升级，欲达成原有初衷将面临更加复杂的局面。美国退出后的 TPP 与 RCEP 有日本、新加坡、文莱、马来西亚、越南、澳大利亚、新西兰 7 个重叠的成员，若再加上有望加入 TPP 的印度尼西亚、韩国、菲律宾和泰国，TPP 和 RCEP 将共有 11 个相同的成员。正如彼得·佩特里（Peter A. Petri）教授等在《亚太地区单干：缺少美国的区域贸易协定》一文中指出，《区域全面经济伙伴关系》是亚太经济体中规模最大，也是最复杂的一个。目前，RCEP 谈判止步于降低关税的问题，相比于其他经济体承诺降

---

① 华尔街见闻网. 从 TPP 到 CPTPP：全球治理碎片化视角的解读. https://wallstreetcn.com/articles/3047265. 2017-12-16.

低 92% 的货物贸易关税,印度仅承诺降低 80%。为了满足各成员国的要求以达成协议,RCEP 的标准可能会不断降低。[①] 除关税问题外,RCEP 只完成了 1/4 的条款内容,基于各成员国不同经济发展水平及各方差异化利益的考量,16 个成员国针对其开放水平、谈判议程、贸易规则等方面均有不同的诉求,在逆全球化浪潮不断掀起及贸易保护主义有所抬头的国际背景下,剩余的谈判问题将会更加棘手,各方对 RCEP 的态度将直接影响其未来走向。

2. 日本的策略

虽然 RCEP 是在东盟的主导下逐步发展,但面对其"小马拉大车"的困境,中国一直是 RCEP 的积极支持者与倡导者,同为包含较多成员国的亚太经贸合作方案,RCEP 近来遇到了最强劲的对手 CPTPP。而日本在 CPTPP 中的积极推动作用意味着其在 RCEP 中的作用只能为前者让步,摇摆不定成为其在 RCEP 中常态化的表现。一方面,日本在亚太地区经贸合作的指导方针一贯倡导贸易合作方式与规则的高标准。长久以来,日本对 TPP 的期待远高于 RCEP,尤其是在日本主导 TPP 转型成为 CPTPP 后,其对 RCEP 的发展产生实质性的威胁。对于日本而言,RCEP 为其带来的经济利益远不如 CPTPP,有了 CPTTP 作为日本在亚太地区的重要贸易合作战场及与 RCEP 其他成员国进行谈判的筹码,相比较 CPTPP,其对 RCEP 的达成没有迫切的愿望,更不希望以尽早结束 RCEP 的谈判进程为代价而降低 RCEP 的高标准。另一方面,日本同样不愿意放弃亚太区域这样一个巨型自贸区,更希望牵制住中国主导 RCEP 的步伐,通过促进更多国家加入 RCEP 而壮大自身在谈判中的力量,便于与中国进行较量。此外,成员国经济的开放与发展将会提升整个亚太区域的地位及其在世界范围内的影响力,而作为该区域内的强国,日本可以凭借加入 RCEP 而获得额外的政治利益。

(三)中日韩 FTA 的新进展及日本的策略

1. 中日韩 FTA 的新进展

中日韩自贸区谈判自 2012 年 11 月正式启动以来,一直受到政治因素的影响而进程缓慢,且一度进入了停滞期。但从 2017 年开始,中日和中韩双边的货物贸易迎来了一个新的历史拐点,打破了从 2012—2016 年长达 4 年的负(零)增长局面。具体来说,据韩国海关统计,2017 年韩国与中国双边货物进出口额为 2399.7 亿美元,增长 13.5%。其中韩国对中国出口 1421.2 亿美元,增长 14.2%;自中国进口 978.6 亿美元,增长 12.5%。韩国与中国的贸易顺差为 442.6 亿美元。根据日本海关统计,2017 年日本与中国双边货物进出口额为 2972.8 亿美元,增长 9.9%。其中日本对中国出口 1328.6 亿美元,增长 16.7%;自中国进口 1644.2 亿美元,增长 5.0%。日本与中国的贸易逆差 315.7 亿美元,下降 26.1%。[②] 截止到 2018 年 3 月,三方先后共进行了 13 轮谈判,2018 年 3 月在韩国首尔进行的最后一次谈判

---

① https://wallstreetcn.com/articles/3047265.
② 王尔德. 中日韩自贸区明年有望实质性突破[N]. 21 世纪经济报道, 2018-05-16.

中，三方均表示要尽快完成谈判议程，13 轮谈判中已完成对货物贸易、服务贸易、投资等相关议题的深入且充分的讨论，达成一定的初步共识，明确了中日韩 FTA 的达成不仅有利于各国的共同利益，更是促进亚太区域贸易自由化与便捷化的有力举措，以实现共同繁荣的最终目的。据中日韩三国合作秘书处副秘书长韩梅介绍，自 2015 年 11 月第六次中日韩领导人会议以来，三国合作机制逐渐扩大健全，经贸关系、人文交流、非传统安全等各领域合作均有进展。中日韩合作区域优势明显，潜力巨大，蕴藏无限可能。目前，中日韩三国人口总和占全球总人口的 20%，经济总量占全球的 25%、东亚的 90%。根据国际货币基金组织的统计，2017 年三国进出口总额占全球贸易量的近 20%。三国间贸易额近 6700 亿美元，人员往来超过 2800 万人次。[①] 2018 年 5 月 9 日，在贸易保护主义盛行及全球贸易摩擦频发的国际环境下，中日韩三国领导人时隔两年半后的再次聚首对中日韩 FTA 的促成具有决定性意义，中日韩三国地缘上的比邻、文化间的通融、经贸往来的互惠可在全球区域经济合作中树立良好的范本，为应对全球性课题贡献自身的智慧与实践。

2. 日本的策略

在 2015 年中日韩领导人会议在韩国首尔举行之后的几年时间里，日本对中日韩 FTA 的态度始终不太积极，这与其高度重视 TPP 且看重与美国进行贸易合作有着密切的联系，但考虑到 2017 年之后美国宣布退出 TPP，而在 2018 年美国又透露出有重返 TPP 的可能，日本对美国在亚太区域经济合作中的反复态度并未展露出明确的倾向，美国的摇摆不定加之崛起的中国在该区域及在全球地位的不断凸显，促使日本对中日韩 FTA 的态度也有所改变。无论是从国家发展的战略出发抑或是仅从经济利益的角度来看，日本已经无法摆脱与中国、韩国合作的趋势，回顾之前在中日韩自贸区谈判中，受政治因素的影响，中韩的谈判进程快于中日谈判进程，且在服务贸易与零关税方面仍存在一些问题有待商榷，但这次三国领导人会议为中日韩 FTA 的建成带来了新机遇，日本对此次会谈高度重视，重新认识到作为海洋国家，大陆一体化战略对于本国经济发展的推动作用，再一次审视了其与韩国尤其是与中国友好能够带来共赢局面，重申了三国合作关系对于提升东亚经济影响力及整个亚太地区的话语权有着不可替代的决定性作用。

（四）贸易保护主义盛行与贸易摩擦频发下的日本选择

1. 在美国采取单边保护主义背景下，日本采取多元化的经济贸易政策

美国作为全球领导者及世界上唯一的超级大国，其所实施的任何战略与决策均影响着世界经济与政治的走向，特朗普在竞选时便透露出逆全球化的倾向，这种做法迎合了部分美国民众的想法，以此为手段争取选民的支持。而在特朗普总统上台后，其大肆宣扬全球化给美国带来的诸多负外部性影响，在外交上奉行"美国优先"，并在国际贸易中采取单边

---

① 王婧. 第七次中日韩领导人会议捍卫自由贸易和多边体系 三方 FTA 与 RCEP 谈判步入快车道[N]. 经济参考报，2018-05-10.

保护主义，先后退出了《巴黎气候协定》、TPP 等国际合作机制，在国际社会中逃避其应该承担的国际责任与义务。当然，美国这种极端的做法不符合当今全球发展的趋势及浪潮，单边推行贸易保护主义的做法是一种简单粗暴且"损人不利己"的贸易思维与解决方式，使其与越来越多的国家及经济体发生贸易摩擦，甚至在全球范围内展开了一场场贸易战，使其他国家被迫处于迎战状态，为在新形势下维护本国的各方利益，不得不采取适合自身发展的应对策略。

日本作为世界上高度依赖贸易自由化的灵敏国家，虽然一直是美国在东亚地区的重要盟国，但面对特朗普总统采取的一系列保守政策，只能主动调整自身的经济贸易政策。在2018 年 3 月 9 日，美国宣布将对钢材和铝材加征重税，在世界贸易战一触即发的关键时刻，日本迅速做出反应，表示出对美国该举动的遗憾，向美国提出要求豁免的诉求。继而在 2018 年 5 月 23 日，美国提出将考虑提高汽车进口关税，这无疑是主要针对日本的贸易保护措施，日本每年向美国供应 170 万辆四轮车，汽车及相关零部件的出口额达到 560 亿美元，占到日本整体对美出口额的 4 成[①]，一旦美国实施此项政策，将使日本蒙受巨大损失。针对美国对日本不断抛出的单边贸易保护政策，日本采取了多元化的经贸政策，构建抵抗贸易摩擦的体制机制。首先，日本从制定自主出口限制政策与对外投资政策入手，以减少贸易摩擦并规避一些在贸易交往过程中可能遇到的冲突。其次，日本积极引入第三方机构解决争端，在此次美国对日本进行贸易施压的情况下，日本充分借助于 WTO（世界贸易组织）的独特优势，日本内阁官房长官菅义伟日前表示，日本政府"正讨论在世贸组织框架内采取必要的应对措施"，只是现阶段没有确定具体手段。按照国际贸易规则，日本对美方采取报复措施前，向世贸组织通报是必要程序。据日本广播公司报道，一旦日方向世贸组织通报，打算对美采取报复措施，日方将密切关注美方反应，继续要求美方把日方列为钢铝高关税豁免对象。[②]

2. 在世界经济政治格局重塑中，日本努力成为国际自由贸易规则的新缔造者

伴随着美国近年来采取单边主义政策，全球经济博弈随之开启，在经济生产链条全球布局的情形下，发达国家与发展中国家面对着众多不确定因素，而纷纷选择一条适合自身特色且能在纷繁复杂的格局中维持发展的道路，全球经贸往来模式也因此发生改变。在美国摒弃多边主义、全球化合作理念及英国"脱欧"等一系列逆全球化行动的推动下，全球价值链重塑时期已然到来，崛起的中国在一片混沌之中勇敢挺身，适时表达了中国世界观，与美国形成鲜明对比的是，中国倡导共同繁荣、包容发展、人类命运共同体等全球化理念，

① 山东省商务厅网.美国贸易战矛头指向日本"利益核心"——汽车. http://doftec.sdcom.gov.cn/public/html/news/413557.html. 2018-05-27.

② 新华网.大写的尴尬，日本缘何被关在美国关税豁免门外. http://www.xinhuanet.com/world/2018-05/24/c_129879818.htm. 2018-05-24.

习近平主席在达沃斯世界经济论坛上对经济全球化做出了全新的界定，在世界经济政治格局重塑的过程中，中国因其经济飞速发展而引起全球的关注。近年来，中国在国际舞台上一次次展现了新型负责任大国的形象，在与全球互动中宣扬了自己的政治主张、外交策略，并为全球的共同发展贡献中国方案。其中以"一带一路"倡议为核心，中国连通了与发展中国家的互动，并引领众多国家加入全新的经济政治格局之中，在推动全球包容性增长方面做出了卓越的贡献。

恰逢世界政治经济格局的转折时期，日本在对外贸易交往中表现积极，并寄期望于成为国际自由贸易规则的新缔造者。在美国退出 TPP 之后，日本便从美国手中接过了引领下一阶段高标准贸易规则的接力棒，在劝说美国回归无果后，日本主导 TPP 转型成为 CPTPP。对于美国而言，其推行贸易保护主义的一个重要负面影响便是其全球领导者的地位将被撼动，与之相伴的是全球贸易规则的制定权将花落别家。而对于一直得益于全球自由贸易的日本而言，其极力推动 CPTPP 的意图绝不仅局限于经济利益，其对于 CPTPP 的掌控也是为了在亚太地区经贸合作中占据绝对的优势，相比较美国目前孤立无援及中国方案温和的推进速度，日本将重心落在凭借 CPTPP 提升其在亚太经贸合作中的竞争力方面。欲达到这一政治目的，日本延续了由美国奠定基础的高标准的新一代自由贸易规则，CPTPP 保留了 95%的原有协议，对贸易协定完整性的维护是为其在 CPTPP 中占据领导权做出的充分准备，并在此基础上逐步吸引更多的国家加入 CPTPP 之中，形成能够制衡美国等经济体的重要力量，成为引领未来高水平自由贸易规则的制定者，借此扩大日本在国际舞台上的影响力。

3. 日本以多边与双边自由贸易协定相结合的方式排除贸易盲区

日本一直以来是一个以贸易立国的发达国家，在全球价值链重塑与世界经济政治格局发生重大改变的关键时期，其为将贸易的触角延伸至世界的各个角落，达到 FTA 全覆盖的目标，一方面将多边自由贸易协定摆在重中之重的位置上。作为贸易自由化的主渠道，多边自由贸易协定具有共赢性、多元化、互补性、集成化等特点，在贸易交往中发挥着不可替代的作用，日本寄希望于在多边框架下与更多国家展开具有优惠条件的贸易活动。另一方面，日本积极争取与各具有经济实力且有影响力的经济体展开双边自由贸易谈判，通过一对一建立高水平的 FTA，双边自由贸易协定能够提升彼此之间的贸易层次与合作深度，扩大投资范围与拓宽贸易领域。可以说，双边 FTA 与多边 FTA 各有特点，对促进日本对外经济合作发挥着不同的功效。面对着全球贸易保护主义抬头及逆全球化呼声的不断高涨，日本为使自身在对外经济合作中获取最大利益，采取多边自由贸易协定与双边自由贸易协定并行的方式，以形成有利于日本的最大的自由贸易区域，在世界范围内尽可能地排除贸易盲区。

参考文献

[1] 刘畅. 日本经济中长期展望[J]. 中国经济报告，2018（5）：112.

[2] 王尔德. 中日韩自贸区明年有望实质性突破[N]. 21 世纪经济报道，2018-05-16.

[3] 王婧. 第七次中日韩领导人会议捍卫自由贸易和多边体系 三方 FTA 与 RCEP 谈判步入快车道[N]. 经济参考报，2018-05-10.

近期东盟国家经济形势的分析与预测

王　勤 *

摘　要：近年来，在全球经济增长放缓的形势下，东盟国家经济增长速度普遍减缓，但各国经济继续保持了弹性，多数国家经济中速增长，仍是世界经济最活跃的地区之一。2017 年，东盟国家经济增长速度普遍加快。尽管全球经济总体保持复苏的态势，但仍处于深度的调整中，2018 年东盟国家经济增速将略快于上年，而经济增长的不确定因素将加大，中期发展前景谨慎乐观。

关键词：东盟；经济形势；分析与预测

在经历了 2008 年国际金融危机之后，全球经济终于迎来近 10 年来最大范围的增长提速。2017 年，东盟国家经济增速普遍加快，多数国家经济保持中速增长，成为世界经济增长最活跃的地区之一。近年来，东盟国家积极调整经济发展战略，实施经济转型和结构调整，加快国内基础设施建设，推进区域经济一体化的进程，以保持国内经济的持续稳定发展。2018 年，在全球经济仍处于深度调整的背景下，东盟国家经济增速将略快于上年，但经济增长的不确定因素也会增加。

一、东盟国家经济增速有所加快

在全球经济复苏加速的背景下，东盟国家经济增速普遍加快，多数国家保持中速经济增长。2017 年，东盟国家经济持续增长，多数国家经济增幅快于上年（见表 1）。其中文莱经济摆脱了 4 年的连续负增长，印度尼西亚（印尼）经济基本面向好，马来西亚经济稳健增长，菲律宾经济依然抢眼，新加坡经济增速高于预估，泰国经济交出了近 5 年来的最佳成绩单，越南全面完成政府预定的 13 项经济指标目标。

据东盟主要国家的统计，2017 年印尼第一季度的经济增长率为 5.0%，第二季度为

---

* 王勤，经济学博士，厦门大学东南亚研究中心主任、教授，博士生导师。

5.0%，第三季度为 5.1%，第四季度为 5.2%，全年为 5.1%；马来西亚第一季度的经济增长率为 5.5%，第二季度为 5.6%，第三季度为 6.1%，第四季度为 5.7%，全年为 5.7%；菲律宾第一季度的经济增长率为 6.4%，第二季度为 6.6%，第三季度为 7.2%，第四季度为 6.6%，全年为 6.7%；新加坡第一季度的经济增长率为 3.7%，第二季度为 3.0%，第三季度为 4.6%，第四季度为 3.6%，全年为 3.7%；泰国第一季度的经济增长率为 3.5%，第二季度为 4.2%，第三季度为 4.5%，第四季度为 3.9%，全年为 4.0%；越南第一季度的经济增长率为 5.2%，第二季度为 6.4%，第三季度为 7.4%，第四季度为 7.7%，全年为 6.8%。进入 2018 年，东盟国家经济增速有所加快，第一季度印尼的经济增长率为 5.1%，马来西亚为 5.3%，菲律宾为 6.5%，新加坡为 4.6%，泰国为 5.0%，越南为 7.5%。[1]

表 1　2000—2018 年东盟国家的实际国内生产总值增长率　　　　单位：%

国家	2000—2009 年	2010 年	2011 年	2012 年	2013 年	2014 年	2015 年	2016 年	2017 年	2018 年
文莱	1.4	2.7	3.7	0.9	−2.1	−2.5	−0.4	−2.5	0.5	1.0
柬埔寨	8.3	6.0	7.2	7.3	7.4	7.1	7.2	7.0	6.9	6.9
印度尼西亚	5.3	6.4	6.2	6.0	5.6	5.0	4.9	5.0	5.1	5.3
老挝	7.0	8.0	8.0	7.8	8.0	7.6	7.3	7.0	6.8	6.8
马来西亚	4.7	7.5	5.3	5.5	4.7	6.0	5.0	4.2	5.9	5.3
缅甸	11.1	5.3	5.6	7.3	8.4	8.0	7.0	5.9	6.7	6.9
菲律宾	4.4	7.6	3.7	6.7	7.1	6.1	6.1	6.9	6.7	6.7
新加坡	5.2	15.2	6.4	4.1	5.1	3.9	2.2	2.4	3.6	2.9
泰国	4.3	7.5	0.8	7.2	2.7	1.0	3.0	3.3	3.9	3.9
越南	6.9	6.4	6.2	5.2	5.4	6.0	6.7	6.2	6.8	6.6

资料来源：根据 IMF World Economic Outlook，April 2018 数据编制。

注：2000—2009 年为年平均增长率；2018 年为预测数。

印尼是东盟经济总量最大的国家，其国内生产总值（GDP）总额占东盟的 30% 左右。近 10 年来，印尼年均经济增长率达 5.7%，仅次于中国和印度，成为全球经济增长的亮点。不过，2012 年以后印尼经济增速逐步放缓，2013 年 GDP 增长率为 5.7%，2014 年降为 5.02%，2015 年再降至 4.7%，2016 年印尼经济增速重上 5%。2017 年，印尼各项经济指标均平稳向好，经济增长率超过 5%，国内生产总值达到 1 万亿美元，进出口贸易两位数增长且盈余扩大，外国直接投资和资本市场净流入均破历史纪录，外汇储备达 1300 亿美元，创历史新高；全年通胀率 3.6%，印尼盾与美元汇率仅微贬 0.8%，财政赤字占 GDP 比率低于 2.7%；印尼工业化进展较快，2016 年印尼制造业占 GDP 比率达 22%，居东盟国家之首，在全球仅次于韩国（29%）、中国（27%）、德国（23%）。[2]

① ASEANStatsDataPortal. Growth of the gross domestic product (GDP) in ASEAN, year-on-year (Annually; Quarterly). [2020-6-22]. https://cdn.aseanstats.org/public/data/statics/table6.xlsx.

② 印尼制造业为国内总产值贡献 22%[N]. 国际日报，2018-01-05.

近年来，柬埔寨经济持续快速增长，但全球金融危机对柬埔寨经济造成较大冲击，2009年经济增长降幅为东亚最大。随着欧美市场需求回升，柬埔寨经济得到快速恢复，2011—2016年经济增速均超过 7%。从 2016 年 7 月 1 日起，柬埔寨正式脱离低收入国家，成为中等收入国家。根据世界银行的标准，2015 年人均国民收入（GNI）低于 1025 美元的国家被列入低收入国家，人均国民收入 1026～4035 美元的国家被列入中等偏下收入国家，人均国民收入从 4036 美元到 1.2475 万美元之间的国家被列入中等偏高收入国家，人均国民收入超过 1.2476 万美元的国家则被列入高收入国家。据世界银行统计，2015 年柬埔寨人均国民总收入超过 1025 美元，已脱离低收入国家行列而进入中等偏下收入国家行列。

从 2013 年起，菲律宾经济保持强劲增长势头，国内经济增长率一直领先于其他主要东盟国家（印尼、马来西亚、新加坡、泰国），宏观经济基本面向好，基础设施建设、外国直接投资、消费支出、海外劳工汇款和业务流程外包成为其主要的增长动力。2017 年，菲律宾共批准投资项目 426 项，投资额达 6170 亿比索，同比增长 39.5%，超过原计划 5000 亿比索的近 1/4，创下 50 年来的新高，这些投资项目主要集中在基础设施和电力部门。同时，政府出台菲律宾投资优先计划（IPP），旨在放宽管制，制定优先投资领域和鼓励措施，外国直接投资（FDI）净流入一再创出新高。

长期以来，新加坡经济保持了持续快速的增长，其经济增速一直位居东盟国家的前列。亚洲金融危机之后，新加坡经济急剧波动，并进入持续低速增长的阶段。2008 年国际金融危机爆发前，新加坡经济仅 3 次出现经济增速低于通货膨胀率，分别是 1985 年的制造业萎缩、1998 年亚洲金融危机、2001 年科技泡沫时期。但是近年经济增速低于通胀率的现象已在 2008 年、2009 年、2011 年、2012 年连续出现。新加坡政府预计，2015—2020 年新加坡每年的国内生产总值增长区间将介于 2%～4%。不过 2017 年新加坡经济增长率超过预期，比最初的预测高出一倍。

近 10 年，尽管全球金融危机对越南经济造成一定的影响，但越南 GDP 年均增长率保持在 6.29%，人均 GDP 从 2006 年的 730 美元增至 2016 年的 2445 美元。2016 年，是越南加入世界贸易组织（WTO）10 周年，越南进出口贸易额首破 3500 亿美元。2012 年，越南连续多年出现巨额贸易逆差后首次实现贸易顺差，2013 年、2014 年和 2016 年再现贸易顺差。2017 年是近几年来越南首次完成或超额完成国会提出的全部 13 项目标的一年，GDP增长率为 6.81%，超过政府预定的 6.7%的目标，创 2010 年以来新高，通胀率仅 3.53%，人均 GDP 达 2385 美元，出口额达 2137.7 亿美元，吸引外国直接投资超过 360 亿美元，接待国际游客达 1300 万人次。[1]同时，在世界 190 个经济体的营商环境排名中，越南由第 82 位升至第 68 位，上升 14 位[2]；在全球 137 个经济体的竞争力排名中，越南由第 60 位升至

---

① 新年：新信心、新气势、新动力. 越通社，2018-01-02.
② World Bank（2018）. Doing Business 2018.

第 55 位，上升 5 位。[1]

二、东盟国家产业结构的调整与升级

近年来，随着东盟国家工业化进程的发展，各国产业结构发生了深刻的变革，新兴的制造业部门迅速发展。面对着第四次工业革命浪潮，东盟国家纷纷制定和实施"工业 4.0"战略与政策，加快区域和国内基础设施互联互通，积极参与全球价值链和区域生产网络，以推进国内产业结构的调整与升级。

（一）各国产业结构发生深刻的变革，新兴的制造业行业迅速发展

从东盟主要国家的工业化进程看，多数国家经历了 20 世纪 50 年代至 60 年代末进口替代工业化、60 年代末开始的面向出口工业化、70 年代末 80 年代初的第二次进口替代和 80 年代中期开始的第二次面向出口的工业化发展阶段。新加坡率先成为新兴工业化国家，马来西亚、泰国等已处于工业化的中期阶段，后起国家仍处于工业化的初期阶段。

第二次世界大战结束时，东盟国家（除新加坡外）均为农业国。战后各国的工业化发展，使得工业部门的增长率远高于农业和其他部门的增长速度，工业在国民经济中的地位迅速提高。目前，东盟国家的产业结构呈现出农业部门的增加值比重下降、工业部门的比重先进国家先升后降而后进国家趋于上升、服务业部门比重不断上升的格局。据统计，1996—2016 年柬埔寨的农业部门增加值占国内生产总值比重从 45.2%降至 21.7%，印尼从 15.4%降至 12.8%，老挝从 53.5%降至 17.6%，马来西亚从 9.6%降至 8.1%，缅甸从 44.4%降至 27.5%，菲律宾从 21.1%降至 8.0%，泰国从 9.3%降至 6.3%，越南从 25.1%降至 17.3%；柬埔寨的工业部门增加值占国内生产总值比重从 16.7%升至 35.7%，印尼从 43%降至 40.6%，老挝从 21.2%升至 37.5%，马来西亚从 44.1%降至 38.9%，缅甸从 16.2%升至 30.9%，菲律宾从 35.6%降至 33.8%，新加坡从 33.3%降至 26.3%，泰国从 43.4%降至 36.1%，越南从 31.3%升至 39.1%；柬埔寨的服务业部门增加值占国内生产总值比重从 38.1%升至 42.6%，印尼从 41.6%升至 46.6%，老挝从 25.4%升至 44.9%，马来西亚从 46.3%升至 53.0%，缅甸从 39.4%升至 41.6%，菲律宾从 43.3%升至 57.5%，新加坡从 66.5%升至 73.7%，泰国从 47.3%升至 57.6%，越南保持在 43.6%（见表 2）。

在产业结构的变化中，东盟主要国家制造业在国内经济的地位迅速提高，但其占 GDP 的比重也出现了先升后降的现象。据世界银行统计，1960—2000 年，印尼制造业增加值占国内生产总值比重从 6%升至 26%，马来西亚从 9%升至 31%，菲律宾从 20%升至 24%，新加坡从 12%升至 28%，泰国从 13%升至 29%，但到了 2016 年，印尼的制造业增加值占国内生产总值比重降至 21%，马来西亚降至 22%，菲律宾降至 20%，新加坡降至 20%，泰国

---

① WEF（2017）. The Global Competitiveness Report 2017-2018.

降至 27%。①在制造业内部，东盟主要国家传统制造业行业的地位总体日益下降，而新兴制造业行业迅速发展。近年来，各国的电子信息工业、化学工业、汽车工业等部门行业发展较快，并成为一些国家制造业的主导或支柱行业。据统计，1970－2014 年，各国制造业内部主要行业增加值比重的变化分别为：印尼的食品、饮料与烟草行业从 65%降至 30%，纺织与服装行业从 14%降至 11%，机械与交通设备行业从 1%升至 17%，化工行业从 6%升至 13%；马来西亚的食品、饮料与烟草行业从 25%降至 13%，纺织与服装行业从 3%降至 2%，机械与交通设备行业从 5%升至 29%，化工行业从 8%升至 10%；菲律宾的食品、饮料与烟草行业从 39%降至 27%，纺织与服装行业从 10%降至 3%，机械与交通设备行业从 6%升至 48%，化工行业从 8%降至 5%；新加坡的食品、饮料与烟草行业从 22%降至 5%，纺织与服装行业从 1.6%降至 0.3%，机械与交通设备行业从 9%升至 54%，化工行业从 3%升至 23%；泰国的食品、饮料与烟草行业从 26%降至 20%，纺织与服装行业从 17%降至 7%，机械与交通设备行业从 8%升至 31%，化工行业从 8%降至 6%。②

表2　1996—2016 年东盟国家三次产业结构的变化　　　　单位：%

国家	农业			工业			服务业		
	1996 年	2000 年	2016 年	1996 年	2000 年	2016 年	1996 年	2000 年	2016 年
文莱	1.6	1.6	0.8	59.0	59.5	61.9	39.4	38.9	37.3
柬埔寨	45.2	39.6	21.7	16.7	23.3	35.7	38.1	37.1	42.6
印尼	15.4	16.6	12.8	43.0	43.7	40.6	41.6	39.7	46.6
老挝	53.5	52.1	17.6	21.1	22.7	37.5	25.4	25.2	44.9
马来西亚	9.6	8.4	8.1	44.1	44.2	38.9	46.3	47.4	53.0
缅甸	44.4	42.9	27.5	16.2	17.3	30.9	39.4	39.7	41.6
菲律宾	21.1	19.9	8.0	35.6	34.7	33.8	43.3	45.4	57.5
新加坡	0	0.1	0.0	33.3	34.0	26.3	66.5	65.9	73.7
泰国	9.3	10.3	6.3	43.4	44.3	36.1	47.3	44.5	57.6
越南	25.1	23.3	17.3	31.3	35.4	39.1	43.6	42.1	43.6

资料来源：根据 ASEAN Statistical Yearbook 有关年份的数据编制。

（二）实施"工业 4.0"战略与政策，以应对第四次工业革命浪潮

当今世界，第四次工业革命应运而生，它是继蒸汽技术革命、电力技术革命、计算机及信息技术革命的又一次科技革命。第四次工业革命是在物联网技术、大数据与云计算、人工智能、3D 打印技术推动下，开始的生产与服务智能化、生活信息化和智能化的全新革命，它将对传统的产业结构和生产模式产生巨大的冲击，全球价值链和生产网络也将面临重组。近年来，东盟国家重审经济发展战略，制定"工业 4.0"战略与政策，促进产业结

---

① World Bank . World Development Indicators: Structure of Output. http://wdi.worldbank.org/table/4.2.

② World Bank . World Development Indicators: Structure of Manufacturing. http://wdi.worldbank.org/table/4.3#.

构的调整与升级，以应对第四次工业革命带来的机遇与挑战。

面对第四次工业革命（工业 4.0）浪潮，印尼政府设立了国家工业委员会（Kinas），政府工业部完成了印尼第四次工业革命（印尼工业 4.0）路线图。2018 年 4 月，印尼总统佐科发布了印尼第四次工业革命路线图，将优先重点发展五大产业数码建设，使之成为制造业发展牵引者，该五大产业分别是电子、汽车、食品和饮料、纺织服装及石化工业。①为此，印尼政府制定了实施第四次工业革命路线图的 10 项优先步骤：一是改善物流供应，通过增产或加速技术转移，以加强上中游产业本地产品流通；二是重新设计工业区，各方要全力发挥已建成的工业区的生产；三是适应可持续性的标准，通过清洁技术、电力、生物化学和可再生能源等途径，提高工业生产能力；四是发挥中小微企业的作用；五是构建数码化基础设施，包括高速互联网或通过公私合伙方式提高数码化能力；六是引进外资，包括向当地企业转让技术；七是提高人力资源素质；八是创新发展生态系统，政府将制定国民创新中心发展蓝图，筹备创新中心试点，提供知识产权保护和税务优惠等；九是提供技术投资奖励，政府将对技术转让提供税务优惠；十是统一规则和政策，旨在提高工业的竞争力。②政府预计，第四次工业革命将使 2018—2030 年印尼 GDP 的年增长率从目前的 5%升至 6%～7%，制造业对 GDP 的贡献率将达到 21%～26%，提供 700 万～1900 万人的就业机会。③

在 2016 年的财政预算案中，新加坡推出 45 亿新元的产业转型计划（Industry Transformation Programme），为 23 个工商领域制定转型蓝图，以提高企业生产力、投资技能、推动创新和走向国际化为目标。这 23 个具体行业涉及制造业和服务业，制造业包括能源化工、精密工程、海事工程、航空业等，服务业包括贸易、交通运输、房地产、医疗保健、金融、教育、食品制造与服务等，约占新加坡国内生产总值的 80%以上。此次行业分类并未完全以二、三产业来划分，而是从产业关联性和实施便利角度将 23 个行业分成 6 个产业转型组团，即制造业、环境建设、贸易与联系、国内必要服务、专业服务和生活相关服务。为此，政府专门成立未来经济署（Future Economy Council）来负责产业转型机会的制定和执行。目前，政府已出台 18 个产业转型蓝图，其中包括食品制造、餐饮、零售、批发贸易、物流、酒店、精密工程和航空运输等，其余的 5 个产业转型蓝图将陆续出台。同时新加坡政府将资助 300 个来自各领域的中小企业和跨国公司，利用新加坡经济发展局所开发的新加坡工业智能指数进行评估，协助它们加速向"工业 4.0"转型。④

2016 年，泰国提出"泰国 4.0"战略，这是泰国政府提出的未来 20 年的经济与社会战

---

① 总统发布工业 4.0 路线图，呼吁全民积极参与全新技术工业革命[N]. 印尼国际日报，2018-04-05.

② 政府确定十项优先步骤，实施印尼第四次工业革命路线图[N]. 印尼国际日报，2018-04-28.

③ 工业 4.0 路线图至关重要[N]. 印尼国际日报，2018-04-05.

④ 政府将资助 300 个企业进行新加坡工业智能指数评估，协助企业向工业 4.0 转型[N]. 新加坡联合早报，2018-03-22.

略目标，旨在通过创新和应用新技术来提高产品附加值，推进泰国经济转型与升级，提升产业竞争力，以摆脱"中等收入陷阱"。在"泰国 4.0"战略下，泰国确定了十大目标产业部门作为未来经济发展的新引擎，包括新一代汽车制造、智能电子、高端旅游与医疗旅游、农业和生物技术、食品深加工、工业机器人、航空和物流、生物能源与生物化工、数字经济、医疗中心等。作为"泰国 4.0"战略性项目，泰国政府大力推动东部经济走廊（EEC）建设。为了吸引外国投资，泰国政府公布了最新优惠政策，符合条件的生物技术、纳米技术和数字信息技术等高科技企业到泰国投资，按照科技含量不同可享有企业所得税减免 8~13 年的优惠期，到期还可继续享有最长 10 年仅缴纳 50%企业所得税的优惠；对于部分符合要求、有利于增强泰国产业竞争力的项目还可以申请"100 亿泰铢研发基金"的支持，并享有最高 15 年的企业所得税减免优惠。此外，外国企业还可享有土地所有权等非税务优惠。①

（三）加快基础设施建设，促进区域基础设施互联互通

近年来，东盟提出了互联互通发展战略，出台了互联互通总体规划，将基础设施互联互通、机制互联互通和民间互联互通作为实现东盟共同体的关键步骤。其中基础设施互联互通是东盟互联互通的基础。同时东盟国家纷纷制定基础设施发展计划，推出大中型基础设施建设项目，加快了国内基础设施的建设。印尼实施的 225 项战略建设项目主要涉及基础设施建设，菲律宾推出了大规模基础设施投资计划，泰国出台了东部经济走廊（EEC）建设方案。

2010 年 10 月，东盟公布了《东盟互联互通总体规划 2010》（MPAC 2010）。2016 年 9 月，东盟又公布了《东盟互联互通总体规划 2025》（MPAC 2025），其愿景是构建一个无缝、全面连通和整合的东盟，并将可持续基础设施、数字创新、无缝物流、卓越监管和人口流动作为五大优先战略领域。其中可持续基础设施是东盟互联互通的基础，东盟国家每年需投资 1100 多亿美元用于基础设施建设。其中东盟公路网（AHN）旨在建立连接所有东盟成员国和邻国的高效、综合、安全和环境可持续的区域陆路运输走廊，目前东盟公路网已没有缺失路段，Ⅲ类公路以下的道路的总长度由 2010 年的 5311.2 千米降至 2015 年的 2454 千米，其中包括 1200 千米的优先运输路线（TTR）；泛亚铁路从新加坡到金边的路段正在按计划进行，但老挝、柬埔寨、越南、泰国等仍陷于融资困难的问题之中；东盟成员国的海上运输专注于三条优先航线，即杜迈—马六甲、白兰海—槟城—普吉岛和达沃/桑托斯将军城—比邦；东盟电网（ASEAN Power Grid，APG）下的 9 个电力连通项目和泛东盟天然气管道（Trans-ASEAN Gas Pipeline，TAGP）项目的 13 个双边气体管道皆已完成，2016

---

① BOI. Investment Promotion Measures in the Eastern Economic Corridor (EEC), http://www.boi.go.th/newboi/upload/content/No.%204_2560_BOI%20Announcement_V03_PK_edited_23329_5a583f302f1e1.pdf.

年 1 月砂拉越—西加里曼丹的最新电网连通项目已成功完成。①

2016 年初，印尼政府确定了 2015—2019 年期间将要落实的 225 项战略建设项目，这些项目涉及至少 23 大类基础设施建设，其中包括高速公路、国家公路、铁路、机场、新建和扩建港口、炼油厂、输气管道、饮水、防洪水坝、水库、宽带等。根据印尼经济统筹部促进优先基础设施委员会（KPPIP）的估计，具体落实这些国家战略建设项目的投资总值达 4092 万亿盾。其中 11 项能源项目为 1210 万亿盾，1 项电力项目为 1036 万亿盾，69 项公路项目为 670 万亿盾，29 项工业园项目为 388 万亿盾，16 项铁路项目为 387 万亿盾。政府将通过国家预算案开支支持 423 万亿盾，国有企业和地方企业预估能支持 1255 万亿盾，而其余的 2414 万亿盾，需要私营企业投资，通过政府和企业合作资助方案（KPBU）、公私合伙方式（PPP）、非国家预算案融资发展基础设施方式（PINA）等筹集。②

2017 年 4 月，菲律宾政府推出了大规模基础设施投资计划。根据该计划，2017—2022 年的 6 年间，菲律宾政府将投资 8.4 万亿比索进行基础设施建设。目前，已经开工或正在筹备的基础设施项目超过 30 个，涵盖道路、桥梁、机场、铁路、港口、防洪设施等。2017 年 6 月，杜特尔特总统批准了 11 项基础设施建设工程项目，总投资达 3050 亿比索。这些项目包括马洛洛斯—克拉克铁路工程或菲国家铁路北线 2 号、棉兰老岛铁路第一期工程、沓虞—纳卯段、甲美地工业区防洪风险管理工程、克拉克国际机场扩建工程、新通信、导航与监控／航空交通管理系统项目、轻轨电车一号线延伸工程的新配置工程、卡利瓦水坝工程、科河灌溉工程等。③

2016 年，泰国政府推出东部经济走廊（EEC）建设计划。根据政府的规划，泰国东部经济走廊横跨北柳、春武里和罗勇三府，目标定位为高科技产业集群区，并建成东盟海上交通中心，连接缅甸土瓦深水港、柬埔寨西哈努克港和越南头顿港。在未来 5 年内，计划投资 1.5 万亿泰铢，兴建 15 个重大项目，包括扩建乌塔堡机场、兴建兰乍邦港第三个泊位、汽车出口量由 100 万辆增至 300 万辆、建设高铁连接东部经济走廊的三大机场、建设曼谷到罗勇府高铁线、建设新型城市等。2018 年 2 月，泰国通过了《东部特别经济开发区法》，为投资者提供非税收优惠权益和发放各种许可证等。

（四）积极参与全球价值链和区域生产网络，促进国内产业结构的调整与升级

随着国际产业分工格局的变迁，传统的垂直型分工向混合型分工转变，与传统的产业间和产业内分工不同的以"产品内分工"为主的生产网络迅速形成，东盟成为以跨国公司为主导的全球价值链和区域生产网络的重要节点。全球金融危机之后，亚太地区面临着价值链的重新分配和生产网络重新布局，美国极力推动制造业回流，日元持续贬值使得日本

---

① ASEAN Secretariat 2016. Master Plan on ASEAN Connectivity 2025. Jakarta：ASEAN Secretariat. 2016: 18-19.
② 发展国家战略项目需 4092 万亿盾[N]. 印尼国际日报，2018-04-30.
③ 总造价达 3050 亿元，总体批准 11 项基建项目[N]. 菲律宾商报，2017-06-29.

制造业回流迹象初显。当前，东盟国家开始借助全球价值链和生产网络调整与重组的时机，改善营商环境，消除货物和服务流通障碍，推进贸易投资便利化，依托区域供应链推动产业集群的形成，推动国内产业结构的调整与升级。同时，一些后起国家利用比较成本优势，吸引跨国公司在当地投资设厂，承接部分劳动密集型产业和工序的转移，促进国内辅助工业的发展，力争成为跨国公司的区域零部件供应商和组装厂。

"2025 年东盟经济共同体蓝图"提出，东盟要建立高度一体化和凝聚力的经济，必须促进各国参与全球价值链（GVCs），在参与这一过程中实现规模经济和产业集聚效应。全球价值链与区域价值链并不是相互排斥的，区域价值链的形成与发展是东盟参与全球价值链和构建高度一体化和凝聚力经济的关键。东盟必须通过消除市场准入限制和歧视性措施，提供更好的贸易便利化和监管规范化，促进成员国参与全球价值链，其措施包括创立区域品牌、联合营销、贸易便利化、减少关税与非关税壁垒和实行国内规制的改革等。①

在全球价值链和区域生产网络重组与调整中，东盟国家吸收的外国直接投资持续扩大，2010 年东盟国家吸收的 FDI 流量首次突破千亿美元大关。据联合国贸发会议（UNCTAD）统计，2011—2016 年，东盟国家吸收的 FDI 流量分别为 948.19 亿美元、1080.56 亿美元、1260.98 亿美元、1303.79 亿美元、1265.96 亿美元、1010.94 亿美元。②其中 2013 年和 2014 年东盟国家吸收的 FDI 流量超过中国。同时，日本对东盟的直接投资急剧扩大，而对中国的投资则大幅萎缩。2012—2015 年，日本对东盟国家的直接投资分别为 106.75 亿美元、236.19 亿美元、228.2 亿美元和 206.24 亿美元，而日本对中国的直接投资分别为 134.79 亿美元、91.04 亿美元、108.89 亿美元和 100.77 亿美元。由此，日本对东盟国家直接投资占亚洲地区的比重从 1995 年的 37.7%升至 2015 年的 59.8%，而中国所占比重则从 47.2%降至29.2%。③外国直接投资的大量涌入，将有助于东盟国家融入全球价值链和区域生产网络，并促进国内产业结构的调整与升级。

三、东盟区域经济一体化的新进展

伴随着东盟区域经济一体化进程的发展，东盟及其成员国根据区情和国情，调整了区域经济一体化战略与政策，加快东盟经济共同体的建设，整合东盟与区外国家的自由贸易区，促进各成员国与区外国家的双边或多边自由贸易协定谈判。从近期看，东盟经济已跨入共同体时代，逐步构建起区域单一市场体系；东盟有四个成员国参与"全面与进步跨太平洋伙伴关系协定"（CPTPP），其他成员国正探讨加入的可行性；越南的自由贸易协定（FTA）的全球布局初步形成，FTA 经济效应和竞争优势逐步显现。

---

① ASEAN Secretariat (2015). ASEAN Economic Community Blueprint 2025.Jakarta：ASEAN Secretariat.

② UNCTAD. World Investment Report 2017: Investment and the Digital Economy, 2017: 223.

③ JETRO. Japanese Trade and Investment Statistics. http://www.jetro.go.jp/en/reports/statistics/.

（一）东盟经济跨入共同体时代，逐步构建起区域单一市场体系

自 1978 年起，东盟区域经济一体化经历了从特惠贸易安排到自由贸易区、再到经济共同体的过程，基本实现了从低级的区域化形式逐步向更高的区域化形式的升级和发展。近年来，东盟积极实施关税和非关税减让措施，促进贸易便利化，扩大服务贸易的开放，放宽投资部门的限制，加快专业人才资质互相认可，由此东盟区域的单一市场和生产基地逐步形成，区域化的贸易和投资效应日益显现。

在东盟区域内，关税和非关税壁垒逐步取消，单一窗口制度的建立促使贸易成本大幅降低，带动了区域内贸易迅速增长。到 2015 年，东盟区内各成员国货物进口的简单平均关税税率已降至 0～0.8%。[①]据统计，1995—2016 年，东盟区内出口贸易额从 701.79 亿美元增至 2822.74 亿美元，东盟区内进口贸易额从 536.02 亿美元增至 2386.83 亿美元；1993—2016年，东盟区内出口贸易占出口贸易总额的比重从 20.6% 升至 24.7%，区内进口贸易占进口贸易总额的比重从 17.1% 升至 22.2%。

东盟加快了区域服务贸易自由化的进程，逐步取消服务贸易的限制。自 1996 年起，东盟区域服务贸易自由化的谈判已进行了 9 轮，2014 年签署了《东盟服务框架协议第 9 个一揽子计划》（Protocol to Implement the Nine Package of Commitments under the ASEAN Framework Agreement on Services）。目前，东盟至少有 80 个服务行业向外资开放，向外资开放的服务部门达到 70%。东盟区域服务贸易自由化的加速发展，促进了区域服务贸易规模的扩大。据统计，1999—2016 年期间，东盟区内服务出口额从 639.93 亿美元增至 3279.44亿美元，区内服务进口额从 759.72 亿美元增至 3159.98 亿美元。

东盟放宽了投资部门限制，吸引区内外投资大量涌入，区域化的投资效应日益显现。据统计，1984—2016 年，东盟吸收的（FDI）总额从 30.41 亿美元增至 957.32 亿美元；1995—2016 年，东盟吸收的区内 FDI 总额从 46.54 亿美元增至 239.54 亿美元，区内 FDI占 FDI 总额的比重从 17% 升至 25%。[②]

2015 年 11 月，东盟出台了《2025 年东盟经济共同体蓝图》。在未来 10 年东盟经济共同体蓝图中，提出了东盟经济共同体建设的五大支柱，即高度一体化和凝聚力的经济（A Highly Integrated and Cohesive Economy），竞争、创新和活力的东盟（A Competitive, Innovative and Dynamic ASEAN），促进互联互通和部门合作（Enhanced Connectivity and Sectoral Cooperation），有弹性、包容和以人为本的东盟（A Resilient, Inclusive, People-Oriented and People-Centred ASEAN），全球性的东盟（A Global ASEAN）。[③]由于东盟成员国发展水平、经济制度、社会形态均不相同，决定了东盟经济共同体是一个有限的共同市

---

① ASEAN Secretariat. ASEAN Community Progress Monitoring System 2017: 26.

② ASEAN Secretariat. Celebrating ASEAN: 50 Years of Evolution and Progress, Jakarta：ASEAN Secretariat. 2017: 26-28.

③ ASEAN. ASEAN Economic Community Blueprint 2025.Jakarta：ASEAN Secretariat, 2015.

场，要实现经济共同体的目标仍将任重道远。

（二）东盟成员国参与 CPTPP 的近况

在东盟成员国参与的多边自由贸易协定中，TPP 最引人关注。TPP 的前身是"跨太平洋战略经济伙伴关系协定"（TPSEP），2005 年 7 月，新西兰、新加坡、智利和文莱签署了协议。2009 年 11 月，美国正式提出扩大跨太平洋伙伴关系计划，并更名为跨太平洋伙伴关系协议，东盟四国（文莱、新加坡、马来西亚和越南）成为 TPP 成员国。2015 年 10 月各方谈判达成一致，2016 年 2 月正式签署协议。但 2017 年 1 月，美国正式宣布退出 TPP。2017 年 11 月，除美国外的 11 国就更名后的 CPTPP 达成框架协议。2018 年 3 月，澳大利亚、文莱、加拿大、智利、日本、马来西亚、墨西哥、新西兰、秘鲁、新加坡和越南等 11 国在智利签署了"全面与进步跨太平洋伙伴关系协定"（CPTPP）。

2018 年 3 月，世界银行发布了有关越南的"CPTPP 对经济发展和收入分配的影响"的报告。该报告指出，CPTPP 将为越南带来巨大的经济利益。到 2030 年，预计 CPTPP 将对越南 GDP 增长率的贡献至少为 1.1%。根据适度提高生产率的假设条件，预计对 GDP 增长率贡献可能达 3.5%。同时，该协定有望惠及越南所有收入群体尤其是熟练劳动者，外商投资的增长将拉动服务部门增长，民营企业将有更多机会参与到全球价值链中，促进越南国内的改革，包括竞争管理、金融服务、通信服务、海关、电子贸易、环境保护、政府支付、知识产权、投资、原产地规则等领域的改革。[①]

2015 年，印尼总统佐科访问美国时曾向时任美国总统奥巴马表示印尼有意加入 TPP，但特朗普上台后美国决定退出 TPP。印尼财政部长慕燕妮说，印尼有意加入 CPTPP，但目前时机尚未成熟。印尼贸易部长吕有恩表示，印尼仍在评估加入 CPTPP 的好处，但印尼鼓励其他东盟成员国加入该协定。他说，尚未加入的东盟六国将集体争取更好的谈判条件。[②]

泰国负责经济事务的副总理颂吉·乍都西比达（Somkid Jatusripitak）表示，泰国希望在 2018 年内申请加入 CPTPP。他认为，在 CPTPP 框架下，泰国的制造业、农业和渔业的出口将面临来自 CPTPP 成员国马来西亚和越南等国的激烈竞争，泰国加入 CPTPP 将为这些产业带来巨大的利益。泰国若不加入 CPTPP 协定，将失去许多贸易和投资机会。[③]

（三）越南自由贸易协定（FTA）的全球布局初步形成，FTA 的经济效应逐步显现

近年来，越南积极参与双边或多边自由贸易协定（FTA）谈判，成为东盟中追寻 FTA 最活跃的国家之一。2015 年，越南分别与韩国、欧亚联盟、欧盟签署了自贸协定，同年 10 月越南加入 TPP。2018 年 3 月，签署了 CPTPP。据亚洲开发银行的统计，截至 2018 年 3

---

① 世行：CPTPP 将为越南带来巨大的经济利益. 越通社，2018-03-11.
② 印尼呼吁亚细安六国集体协商加入 CPTPP. 新加坡联合早报，2018-04-21.
③ 泰国愿 2018 年加入"跨太平洋伙伴关系全面进展协定". 越通社，2018-04-01.

月，越南已签署和正在谈判的自由贸易协定共 15 个，其中已签署的自由贸易协定 11 个。[①]由此，越南 FTA 的全球布局已初步形成，涵盖了除美国之外的主要贸易伙伴。

在内外部动因的驱动下，越南渐进式地参与区域经济一体化进程，已签署的新一代自贸协定涵盖内容更广、标准更高，其经济效应和竞争优势正逐步显现。据统计，2006—2016年，越南进出口贸易从 847.17 亿美元增至 3513.85 亿美元，增长 4 倍。其中 2007 年进出口贸易额突破千亿美元，2011 年超过 2000 亿美元，2015 年超过 3000 亿美元。从 2009 年开始，越南的贸易逆差开始逐年减少，并在 2012 年、2014 年和 2016 年均实现了贸易顺差。同时，越南的 FDI 大幅增长。据统计，2006—2016 年，越南引进外国直接投资的项目从 987 个增至 2613 个，投资额从 120.04 亿美元增至 268.91 亿美元。此外，这些自由贸易协定的签署改善了越南对外经济关系，提升了越南的国际地位，也迫使越南加快国内的经济改革。

四、展望 2018 年东盟经济发展

在经历 2008 年国际金融危机以来的漫长复苏期后，全球经济终于在 2017 年迎来近 10年最大范围的增长提速。2018 年，全球经济增长将持续增长，发达国家经济将继续复苏，新兴经济体增速会有所加快。不过，当前世界经济复苏的基础仍不稳固，全球经济复苏之路还不平坦，大宗商品价格低位运行，美国的货币政策和税改计划将加剧国际资本的流动，新兴市场国家将遭受到双重压力，地缘政治风险也增加了全球经济的不确定性。

据国际货币基金组织（IMF）预测，2018 年全球经济增长率为 3.9%，其中发达经济体为 2.5%，美国为 2.9%，欧元区为 2.4%，日本为 0.7%，亚洲新兴市场和发展中经济体为6.5%，中国为 6.6%，印度为 7.4%。[②]世界银行预测，全球经济增长率为 3.1%，其中发达经济体为 2.2%，美国为 2.5%，欧元区为 2.1%，日本为 1.2%，新兴市场和发展中经济体为4.5%，中国为 6.4%，印度为 7.3%。[③]

2018 年，在全球经济处于深度调整的背景下，东盟国家经济增速将略快于上年，但经济增长的不确定性增加。据国际货币基金组织的预测，2018 年文莱的经济增长率为 1%，柬埔寨为 6.9%，印尼为 5.3%，老挝为 6.8%，马来西亚为 5.3%，缅甸为 6.9%，菲律宾为6.7%，新加坡为 2.9%，泰国为 3.9%，越南为 6.6%。[④]世界银行预测，2018 年柬埔寨的经济增长率为 6.9%，印尼为 5.3%，老挝为 6.6%，马来西亚为 5.2%，缅甸为 6.7%，菲律宾为 6.7%，泰国为 3.6%，越南为 6.5%。[⑤]亚洲开发银行预测，2018 年文莱的经济增长率为

---

① FTA Status by Country/Economy. https://aric.adb.org/database/fta.

② IMF. World Economic Outlook April 2018, 2018: 240, 244.

③ World Bank. Global Economic Prospects, January 2018. 2018: 233, 235.

④ IMF. World Economic Outlook April 2018, 2018: 241, 244.

⑤ World Bank. Global Economic Prospects, January 2018, 2018: 233.

1.5%，柬埔寨为7%，印尼为5.3%，老挝为6.8%，马来西亚为5.3%，缅甸为6.8%，菲律宾为6.8%，新加坡为3.1%，泰国为4%，越南为7.1%。①据东盟主要国家的官方预测，2018年印尼的经济增长率为5.4%，马来西亚为4.3%～4.8%，菲律宾为7%～8%，新加坡为2%～4%，泰国为4.2%～4.7%，越南为6.5%～6.7%。

总之，在世界经济深度调整下，2018年东盟经济仍将持续稳定增长，但各国经济增长的波动将增加，全球价值链的调整对各国工业化带来的机遇与挑战并存，主要国家产业结构调整与升级依然滞后，国际市场环境的变化加剧了一些国家外向型经济的脆弱性。同时，东盟经济已跨入共同体时代，但真正实现区域内生产要素的自由流动依然任重道远。此外，一些非经济因素（如2018年柬埔寨、马来西亚和泰国的大选，2019年印尼的大选等）也将影响一些国家经济发展的前景。

参考文献

[1] ADB. Asian Development Outlook 2018[M]. Manila: Asian Development Bank, 2018.

[2] ADB. Asian Economic Integration Report 2018[M]. Manila: Asian Development Bank, 2018.

[3] ASEAN Secretariat. ASEAN 2025: Forging Ahead Together[M]. Jakarta: ASEAN Secretaria, 2015.

[4] ASEAN Secretariat. ASEAN Economic Community Blueprint 2025 [M]. Jakarta: ASEAN Secretariat, 2015.

[5] ASEAN Secretariat. Master Plan on ASEAN Connectivity 2025[M]. Jakarta: ASEAN Secretariat, 2016.

[6] ASEAN Secretariat. ASEAN Community Progress Monitoring System 2017[M]. Jakarta: ASEAN Secretariat, 2017.

[7] IMF. World Economic Outlook April 2018 [M]. Washington, D.C. 2018.

[8] 王勤. 东南亚蓝皮书——东南亚地区发展报告（2016—2017）[M]. 北京：社会科学文献出版社，2017.

---

① Asian Development Bank. Asian Development Outlook 2018, 2018: 329.

2017 年中国宏观经济形势回顾与展望

曲如晓　李雪*

摘　要： 2017 年我国宏观经济延续了稳中有进、稳中向好的发展态势，经济增速止跌企稳，转型升级深入推进，质量效益持续提升，经济发展开局良好。居民消费价格温和可控，工业生产者出厂价格涨幅扩大。就业形势基本稳定，居民可支配收入增速回升，与 **GDP** 增长的同步性增强。在国内需求方面，居民消费增速小幅回落，消费结构升级趋势明显，消费新模式加快孕育成长。投资整体形势缓中趋增，基础设施投资继续保持高速增长，民间投资回暖向好。在对外经济中，进出口实现较快增长，商品结构向"优进优出"转化，与一带一路沿线国家的贸易交流与联系加强。对外投资增速放缓，市场主体回归理性。除此之外，以稳中求进为工作基点，供给侧结构性改革持续发力，"三去一补一降"取得突出成效。未来中国经济的增长潜力巨大，发展前景良好。

关键词： 宏观经济形势；国内需求；对外经济；供给侧结构性改革

一、总体经济形势回顾与展望

2017 年我国宏观经济运行总体特征为稳中有进、持续向好。经济发展新旧动能转换加快，经济增长实现由主要依靠投资、出口拉动转向依靠消费、投资、出口协同拉动，主要依靠第二产业带动转向依靠第三产业共同带动，并保持在合理的运行区间。

（一）经济增长与产业结构

1. 总体经济增速止跌企稳

在世界经济增长乏力、国际金融市场起伏、贸易保护主义明显抬头的不利国际环境下，我国宏观经济顶住了持续加大的下行压力，保持了中高速增长，避免了"硬着陆"。2017

---

* 曲如晓，北京师范大学经济与工商管理学院教授，博士生导师，研究方向：国际贸易。李雪，北京师范大学经济与工商管理学院博士研究生，研究方向：国际贸易。

年国内生产总值为 82.71 万亿元人民币,实际增长 6.9%,较 2016 年同期增速加快 0.2 个百分点,是 7 年以来的首次提速①(见图 1)。持续向好的中国经济增长态势有力地推动了世界经济复苏。据世界银行估测,2017 年中国经济对世界经济占比提高至 15.3%,贡献率达34%。②

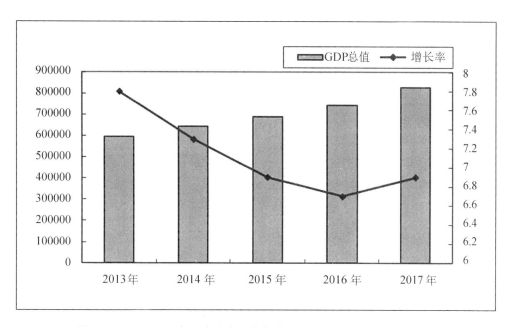

图 1 2013—2017 年国内生产总值与增速(单位:亿元人民币,%)

资料来源:国家统计局. 国内生产总值年度数据[EB/OL]. [2018-05-04]. http://data.stats.gov.cn/easyquery.htm?cn=C01。

2. 产业结构逐步优化

从三次产业分布来看,2017 年第一、二、三产业增加值分别为 6.55 万亿元、33.46 万亿元、42.70 万亿元,较 2016 年分别增长 3.9%、6.1%、8.0%,占比分别为 7.9%、40.5%、51.6%。③自 2013 年起,第一、二产业增加值占比不断下降,第三产业增加值占比显著提升,产业结构逐步优化,转型升级的步伐加快。与之前变化趋势所不同的是,受制造业回暖的影响,2017 年第二产业占比出现小幅上升,由 2016 年的 39.9% 提高至 40.5%,增加了0.6 个百分点(见图 2)。

---

① 国家统计局. 中华人民共和国 2017 年国民经济和社会发展统计公报. [2018-02-28]. http://www.stats.gov.cn/ tjsj/zxfb/ 201802/ t20180228_1585631.html.

② 国家统计局. 中国的发展是世界的机遇. [2018-04-12]. http://www.stats.gov.cn/tjsj/sjjd/201804/t20180412_1593477. html.

③ 国家统计局. 中华人民共和国 2017 年国民经济和社会发展统计公报. [2018-02-28]. http://www.stats.gov.cn/tjsj/zxfb/201802/ t20180228_1585631.html.

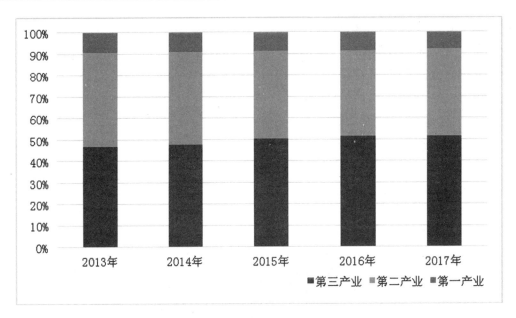

图 2 2013—2017 年国内三次产业占比（单位：%）

资料来源：国家统计局. 三次产业年度数据[EB/OL]. [2018-05-04]. http://data.stats.gov.cn/easyquery.htm?cn=C01。

3. 新产业加快成长，创新驱动作用增强

2017 年规模以上工业战略性新兴产业增加值较 2016 年增长 11.0%。其中高新技术制造业增加值增长 13.4%，高新技术产业投资增长 15.9%。[1]随着高新技术产业的蓬勃发展，一系列高附加值、符合转型升级趋势的新产品生产规模不断扩大。2017 年新能源汽车、智能电视、工业机器人、民用无人机产量分别达 69 万辆、9666 万台、13 万套、290 万架，较 2016 年分别增长 51.2%、3.8%、81.0%、67.0%。[2]

创新领域取得新突破，成果丰硕。2017 年全社会研发投入经费支出 1.75 万亿元，年增长实现 11.6%，规模跃居世界第 2 位。境内有效发明专利 135.6 万件，每万人口发明专利拥有量 9.8 件。全年共签订技术合同 36.8 万项，技术合同成交金额 13424 亿元，比 2016 年增长 17.7%。科技进步贡献率由 52.2%提升至 57.5%。[3]载人航天、深海探测、量子通信、大飞机等重大创新成果不断涌现，高铁网络、电子商务、移动支付、共享经济引领世界潮流，创新对经济发展的驱动作用进一步增强。

---

① 国家统计局. 中华人民共和国 2017 年国民经济和社会发展统计公报. ［2018-02-28］. http://www.stats.gov.cn/tjsj/zxfb/201802/ t20180228_1585631.html.

② 国家统计局. 中华人民共和国 2017 年国民经济和社会发展统计公报. ［2018-02-28］. http://www.stats.gov.cn/tjsj/zxfb/201802/ t20180228_1585631.html.

③ 国家统计局. 中华人民共和国 2017 年国民经济和社会发展统计公报. ［2018-02-28］. http://www.stats.gov.cn/tjsj/zxfb/201802/ t20180228_1585631.html.

（二）物价形势回顾与展望

1. 居民消费价格（CPI）温和可控

2017 年居民消费价格指数整体呈现先降后稳特征，涨幅保持在低位运行。全年总体上涨 1.6%，涨幅回落 0.4 个百分点。月度同比在 1 月达到最高点 2.5% 后，骤降至年内最低点 0.8%。3—12 月总体表现为波动上升，增幅大致稳定在 1.5% 上下。月度环比呈现出与月度同比较为相似的走势，不同之处在于 CPI 月度环比在 2017 年 11 月出现明显的下滑（0.1%），参见图 3。

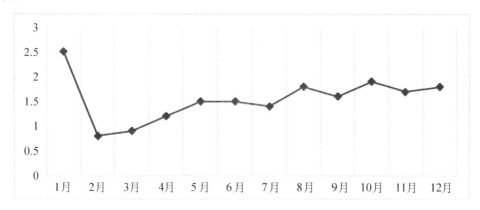

图 3 2017 年 CPI 月度变动幅度（单位：%）

资料来源：国家统计局. CPI 月度数据[EB/OL]. [2018-05-04]. http://data.stats.gov.cn/easyquery.htm?cn=A01。

从 CPI 的构成上来看，医疗等公共服务领域改革的加快推进，拉高了医疗保健类消费品价格，成为 2017 年涨幅最高的项目（6.0%），这也是 2017 年推动 CPI 上涨的主要因素。居住、教育文化和娱乐类消费价格涨幅较快，较 2016 年分别增加 2.6、2.4 个百分点。衣着、生活用品及服务、交通和通信消费价格上涨温和，分别增加 1.3、1.1、1.1 个百分点。食品烟酒类消费价格小幅下降，较 2016 年同比回落 0.4 个百分点（见表 1）。

表 1 2017 年各类消费价格增幅　　　　　　　　　　　　　　　单位：%

类别	增幅
食品烟酒类	-0.4
衣着类	1.3
居住类	2.6
生活用品及服务类	1.1
交通和通信类	1.1
教育文化和娱乐类	2.4
医疗保健类	6.0
其他用品和服务类	2.4

资料来源：国家统计局.中华人民共和国 2017 年国民经济和社会发展统计公报[EB/OL]. [2018-02-28]. http://www.stats.gov.cn/tjsj/zxfb/201802/t20180228_1585631.html。

2. 工业生产者出厂价格指数（PPI）涨幅扩大

2017 年 PPI 同比上涨 6.3%，结束了自 2012 年以来连续 5 年的下跌态势。从月度数据来看，PPI 月度同比在 2 月达到 7.8% 的最高点后，二季度下行至 5.5% 左右，于 8 月回升至 6.3%，并一路走高到 10 月份的 6.9%，之后出现小幅波动，降低至 12 月份的 4.9%。这可能是由于进口大宗商品价格上涨，推升了部分工业品的出厂价格，使得通缩压力得到缓解（见图 4）。

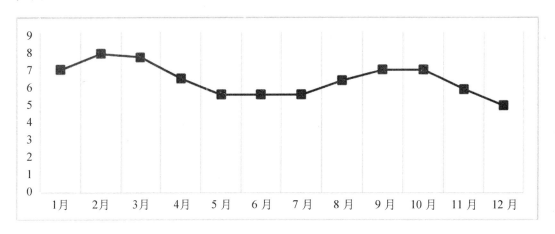

图 4　2017 年 PPI 月度变动幅度（单位：%）

资料来源：国家统计局. PPI 月度数据[EB/OL]. [2018-05-04]. http://data.stats.gov.cn/easyquery.htm?cn=A01。

未来物价指数的变化还存在许多不确定因素。价格改革的推进、市场化程度的提高，以及劳动力成本的上涨可能在一定程度上推升物价水平。但国内需求总体偏弱，消费及投资走势并不会大幅拉高价格指数。同时考虑前期的物价水平涨幅偏低，居民通货膨胀预期趋弱，这将降低物价涨幅。据社科院中国经济形势分析与预测课题组预测，2018 年 CPI 翘尾因素为 0.8% 左右，较 2017 年提高 0.2 个百分点；PPI 翘尾因素为 2.4% 左右，比 2017 年降低 1.8 个百分点，综合各因素的影响，初步预计 2018 年 CPI 上涨 2.0%，PPI 上涨 3.5%。[①]

（三）就业与居民收入形势回顾与展望

1. 总体就业形势稳中向好

如图 5 所示，2017 年全年实现就业人员 77640 万人，其中城镇就业人员 42462 万人。城镇新增就业 1351 万人，较 2016 年增加 37 万人，超额完成计划指标。年末城镇登记失业率为 3.90%，较 2016 年下降 0.12%，为 2002 年以来的最低水平。全国就业困难人员实现就业 177 万人，较 2016 年增加 8 万人。全国农民工总量为 28652 万人，比 2016 年增长 1.7%。

---

① 中国社科院. 2018 年中国经济形势分析与预测蓝皮书.［2017-12-20］. https://www.pishu.com.cn/skwx_ps/database?SiteID=14.

其中，外出农民工 17185 万人，增长 1.5%；本地农民工 11467 万人，增长 2.0%。①

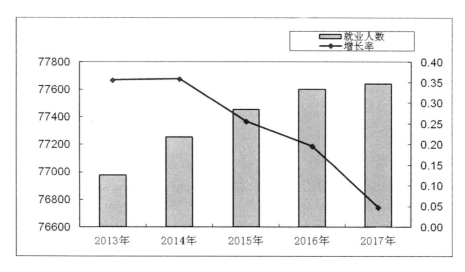

图 5　2013—2017 年就业情况（单位：万人，%）

资料来源：国家统计局.就业人数[EB/OL]. [2018-05-04]. http://data.stats.gov.cn/easyquery.htm?cn=A01。

　　在就业状况总体保持平稳的基础上，就业结构不断优化，服务业从业人员比例明显高于第二产业，仅 2017 年上半年，全国规模以上服务业企业从业人数同比增长 5.6%，增速高于第二产业 4.9 个百分点。与此同时，就业的梯度发展效应显现，中西部地区逐渐成为拉动新增就业的主力。

　　2. 居民可支配收入增速回升

　　2017 年全国居民人均可支配收入为 2.60 万元，比 2016 年增长 9.0%，扣除价格因素实际增长 7.3%，高于 GDP 增速 0.4 个百分点②，扭转了近三年来居民可支配收入增速回落的趋势（见图 6）。但城乡、区域、不同群体之间的居民收入差距依然较大。城镇居民人均可支配收入为 3.64 万元，扣除价格因素实际增长 6.5%，较 2016 年上涨 2.4 个百分点。农村居民人均可支配收入 1.34 万元，扣除价格因素实际增长 7.3%，较 2016 年上涨 0.6 个百分点，城乡居民人均收入倍差达到 2.71。③

---

　　① 国家统计局. 中华人民共和国 2017 年国民经济和社会发展统计公报.［2018-02-28］. http://www.stats.gov.cn/tjsj/zxfb/201802/ t20180228_1585631.html.

　　② 国家统计局. 中华人民共和国 2017 年国民经济和社会发展统计公报.［2018-02-28］. http://www.stats.gov.cn/tjsj/zxfb/201802/ t20180228_1585631.html.

　　③ 国家统计局. 中华人民共和国 2017 年国民经济和社会发展统计公报.［2018-02-28］. http://www.stats.gov.cn/tjsj/zxfb/201802/ t20180228_1585631.html.

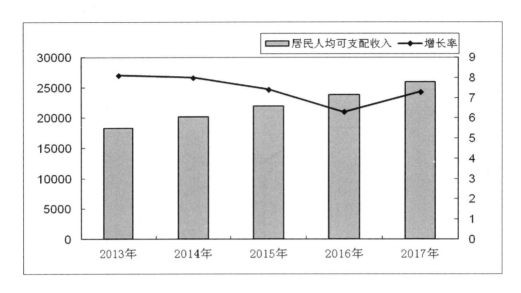

图6 2013—2017 年全国人均可支配收入情况（单位：元，%）

资料来源：国家统计局. 全国人均可支配收入年度数据[EB/OL]. [2018-05-04]. http://data.stats.gov.cn/easyquery.htm?cn=C01。

按全国居民五等份收入分组，低收入组、中等偏下收入组、中等收入组、中等偏上收入组、高收入组人均可支配收入分别为 5958 元、13843 元、22495 元、34547 元及 64934元，占比分别为 4.2%、9.76%、15.87%、24.37%及 45.80%。全国农民工人均月收入为 3485元，比 2016 年增长 6.4%。[①] 2017 年全国居民收入基尼系数超过 0.4[②]，高于国际警戒线，还有待进一步降低。

宏观经济的稳中向好、就业结构的持续优化、国家创业政策的大力扶持，对未来就业人数的增长将产生积极影响，失业率可以大致维持在稳定水平。但也应看到，近年来人口自然增长率持续走低。尽管国家出台了"全面二孩政策"，但生育观念的转变及抚养成本的上升，使生育政策调整对劳动力市场影响有限，劳动年龄人口很可能会出现继续下降的趋势，对就业形势产生不利影响。

稳定的就业形势是实现居民收入快速增长的基石，与此同时，随着我国需求结构、城乡区域结构以及收入分配结构的持续改善，居民可支配收入有望进一步提升，加快实现与GDP 增长的同步性。

① 国家统计局. 中华人民共和国 2017 年国民经济和社会发展统计公报. [2018-02-28]. http://www.stats.gov.cn/tjsj/zxfb/201802/ t20180228_1585631.html.

② 国家统计局. 《求是》发表宁吉喆署名文章：贯彻新发展理念 推动高质量发展. [2018-02-28]. http://www.stats.gov.cn/tjgz/ tjdt/201802/ t20180205_1580658.html.

二、国内需求形势回顾

（一）消费需求

2017 年消费增长潜力进一步凸显，成为经济稳定运行的"压舱石"。据国家统计局数据显示， 2017 年全社会消费品零售总额为 36.6 万亿元，较 2016 年上涨 10.2%。[①]最终消费支出占国内生产总值的比重为 53.6%，对经济增长的贡献率达到 58.8%[②]，成为拉动经济增长的绝对主力。

1. 城镇消费增速回落，农村消费明显向好

2017 年居民人均消费支出的三项增速出现了不同程度的回落。全国居民人均消费支出增速为 7.1%，较 2016 年下降 1.8 个百分点。城镇居民人均消费支出增速在 2016 年出现小幅上升后，骤降至 5.9%，低于全国增速 1.2 个百分点。[③] 2015—2017 年三年农村居民人均消费支出增速虽然持续下降，但仍然高于全国平均水平。2017 年农村居民消费人均支出较 2016 年增长 8.1%，高于城镇增速 2.2 个百分点。这意味着农村居民消费能力增强，城乡居民消费差距逐步收窄（见表 2）。

表 2　2015—2017 年我国居民消费人均支出及增速

年份	人均消费支出（元）			增速（%）		
	全国	城镇	农村	全国	城镇	农村
2015	15712	21392	9223	8.4	7.1	10
2016	17111	23079	10130	8.9	7.9	9.8
2017	18322	24445	10955	7.1	5.9	8.1

资料来源：国家统计局. 居民消费支出[EB/OL]. [2018-04-20]. http://data.stats.gov.cn/easyquery.htm?cn=C01。

2. 消费结构升级明显，增幅趋缓

尽管食品烟酒支出、居住支出及交通通信支出三项传统支出依然是居民生活的首要开支，但居民食品烟酒支出占比降幅明显，服务消费占比不断扩大。2017 年教育文化娱乐、医疗保健支出占比分别为 11.4% 和 7.9%，比 2016 年分别提高 0.2 和 0.3 个百分点。居民消费需求开始向健康、品质、文化娱乐等方向转变，消费结构逐步提档升级（见图 7）。

---

① 国家统计局. 中华人民共和国 2017 年国民经济和社会发展统计公报. ［2018-02-28］. http://www.stats.gov.cn/tjsj/zxfb/ 201802/ t20180228_1585631.html.

② 国家发改委. 2017 年中国居民消费发展报告[M]. 北京：人民出版社，2018.

③ 国家统计局. 中华人民共和国 2017 年国民经济和社会发展统计公报. ［2018-02-28］. http://www.stats.gov.cn/tjsj/zxfb/ 201802/ t20180228_1585631.html.

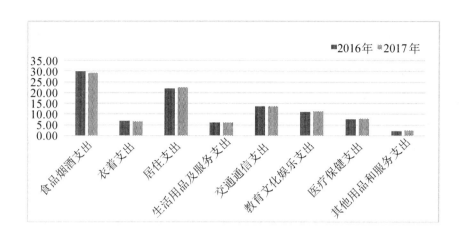

图 7　2016—2017 年居民人均消费各项支出占比（单位：%）

资料来源：国家统计局. 居民收支情况季度数据 [EB/OL]. [2018-04-20]. http://data.stats.gov.cn/easyquery.htm?cn=C01。

与 2016 年相比，2017 年居民消费各项支出涨幅总体呈下降趋势，尤以交通通信消费支出最为明显。2017 年交通通信消费支出实际增长 6.9%，较 2016 年放慢 5.1 个百分点。食品烟酒消费支出、生活用品及服务消费支出增速趋缓，较 2016 年分别回落 2.7 个、2.3个百分点。教育文化娱乐消费支出和医疗保健支出增速分别降至 8.9%、11.0%，增长势头受阻，回落 2.2、1.2 个百分点。2017 年衣着消费支出和居住消费支出增速大致与 2016 年持平，分别为 3.3%、9.6%，仅出现小幅的波动（见表 3）。

表 3　2016—2017 年居民消费各项支出增速　　　　　　　　　　单位：%

居民消费支出类别	2016 年	2017 年
食品烟酒消费支出	7.0	4.3
衣着消费支出	2.9	3.3
居住消费支出	9.5	9.6
生活用品及服务消费支出	9.7	7.4
交通通信消费支出	12	6.9
教育文化娱乐消费支出	11.1	8.9
医疗保健消费支出	12.2	11.0
其他用品和服务消费支出	4.3	10.0

资料来源：国家统计局. 居民收支情况季度数据[EB/OL]. [2018-04-20]. http://data.stats.gov.cn/easyquery.htm?cn=C01。

3. 消费新模式加快孕育成长

以"互联网+"行动为依托，消费领域加快了与互联网领域的深度融合。消费热点不断涌现，网上购物、网上订餐、众包物流等新兴消费业态迅猛发展。2017 年全国网上零售额为 7.2 万亿元，增长 32.2%，较 2016 年加快 6 个百分点。其中实物商品网上零售为 5.5

万亿元，增长 28%，占社会消费品零售总额比重的 15%，较 2016 年提高 2.4 个百分点。[①]在线外卖市场规模达到 2046 亿元，在线订餐用户规模超过 3 亿人[②]，外卖平台呈现"井喷式"增长，引发了餐饮行业的深刻变革。2017 年全国快递服务企业业务量累计完成 400.6 亿件，同比增长 28%，业务收入累计达到 4957.1 亿元，同比增长 24.7%[③]，并产生一系列如快运、云仓、供应链等新运输形式，以及即时递送、代收代投等新业态。线上线下融合紧密，互动协作频繁。

4. 绿色消费理念逐步形成

随着人民生活水平的提高，居民消费愈发重视对生活品质的追求。绿色消费品种不断丰富，规模持续扩大。2017 年高效节能空调、电冰箱、洗衣机、平板电视、热水器 5 类产品国内销售近 1.5 亿台，销售额近 5000 亿元。有机产品销售额超过 1400 亿元，新能源汽车销售量为 77.7 万辆。[④]共享经济蓬勃兴起，2017 年共享单车投放量超过 2500 万辆，减排二氧化碳 420 万吨[⑤]，带来良好的生态环境效应。

不可否认，当前消费市场上存在着消费供给缺乏创新、高房价挤出消费等不利因素，但宏观经济总体上为促进消费需求的稳定增长创造了良好环境，有利于进一步释放居民的消费潜力。

（1）供给侧结构性改革持续发力。国内企业的中、高端供给逐渐增加，无效和低端供给开始减少，资源利用效率提升，企业开始更加关注消费者差异化个性化的消费需求。供给侧改革的深入推进，对于改善和提升国内商品服务供给质量，促进境外消费有序回流具有积极作用，能够为国内消费市场增添活力。

（2）居民收入平稳增长，社保体系不断完善。近年来，受宏观经济下行压力的影响，居民收入增速放缓，进入下行通道。但 2017 年居民可支配收入增速显著回升，呈现出稳中向好的趋势，有效地提振了居民消费。不仅如此，社会保障体系等社会托底制度不断完善，对低收入人群、生活困难群体扶助力度增加，养老保险制度改革进入实质化阶段等措施，将更好地解决我国居民消费的"后顾之忧"。

（3）以"互联网+"为代表的信息技术革命，助力消费模式创新。传统企业与线上企业各取所长、开始融合形成以"消费者"为核心全渠道服务模式的新型消费系统。共享模式继续发酵，以日常出行为代表的刚需类共享服务现已逐渐成熟，成为公共交通的有益补

① 国家统计局. 孟庆欣：消费市场平稳增长，消费结构优化. ［2018-01-19］. http://www.stats.gov.cn/tjsj/sjjd/201801/t20180119_1575470.html.

② 美团点评研究院. 2017 中国外卖发展研究报告.

③ 国家统计局. 中华人民共和国 2017 年国民经济和社会发展统计公报. ［2018-02-28］. http://www.stats.gov.cn/tjsj/zxfb/201802/t20180228_1585631.html.

④ 国家发改委. 2017 年中国居民消费发展报告[M]. 北京：人民出版社，2018.

⑤ 国家发改委. 2017 年中国居民消费发展报告[M]. 北京：人民出版社，2018.

充。共享住宿、共享办公、共享物品等资源整合服务和方式的兴起，拓宽了现有的消费渠道。人工智能产业应用加速深刻影响和改变着医疗、金融、教育等多个消费领域。新兴信息技术的不断普及，将极大地提高消费的便利化程度。

（4）消费环境优化升级，居民消费信心增强。国家工商总局等 27 部门联合发布《关于开展放心消费创建活动　营造安全放心消费环境的指导意见》，旨在健全标准，加强市场监管，完善消费者权益保护，全面提升消费品和服务质量。以此为指导，各地方积极开展形式多样的放心消费创建活动，着力营造安心、放心的消费环境。相关政策的出台有利于增强消费者在国内市场消费的信心，消除不利于消费需求释放的制度性阻碍，促进消费环境的优化升级。

（二）国内固定资产投资

据国家统计局数据显示，2017 年全社会固定资产投资 64.12 万亿元，较 2016 年增长 7.0%，增速放缓。其中东部、中部、西部及东北地区固定资产投资额分别为 26.58 万亿、16.34 万亿、16.65 万亿、3.06 万亿元，较 2016 年分别增长 8.3%、6.9%、8.5%、2.8%。[①]

1. 固定资产投资形势缓中趋增

从完成情况来看，2017 年固定资产投资完成额（不含农户）累计增长 7.2%，较 2016 年同期回落 0.9 个百分点，降幅逐渐收窄。其中新增固定资产增长态势良好，较 2016 年增长 9.0%，为 2017 年固定资产投资完成额中增速涨幅最高的项目（17.5 个百分点）。房地产开发投资保持了与 2016 年大致持平的增长趋势，2017 年总完成额达到 11.98 万亿元，较 2016 年同比上升 7%。改建固定资产投资和设备工器具购置固定资产投资增速明显加快，分别上升 5.2、1.6 个百分点。2017 年国有及国有控股固定资产投资额、新建固定资产投资完成额、扩建固定资产投资完成额、建筑安装工程固定资产投资、其他费用固定资产投资完成额虽然实现正增长，但增速较 2016 年出现不同程度的下滑，同比回落 8.6、3.0、2.9、1.6、1.9 个百分点。房屋施工面积和房屋竣工面积延续了上一年的负增长态势，增速分别为 -6.7%、-7.9%（见表 4）。

表 4　2016—2017 年固定资产投资（不含农户）完成情况增速　　　　　　单位：%

固定资产投资完成情况类别	2016 年	2017 年
固定资产投资完成额增长	8.1	7.2
国有及国有控股固定资产投资额增长	18.7	10.1
房地产开发投资额增长	6.9	7.0
新建固定资产投资完成额增长	11.8	8.8
扩建固定资产投资完成额增长	2.5	-0.4
新增固定资产增长	-8.5	9.0

① 国家统计局. 中华人民共和国 2017 年国民经济和社会发展统计公报. [2018-02-28]. http://www.stats.gov.cn/tjsj/zxfb/201802/ t20180228_1585631.html.

续表

固定资产投资完成情况类别	2016 年	2017 年
改建固定资产投资完成额增长	4.3	9.5
建筑安装工程固定资产投资完成额增长	9.3	7.7
设备工器具购置固定资产投资完成额增长	2.1	3.7
其他费用固定资产投资完成额增长	11.4	9.5
房屋施工面积增长	-1.8	-6.7
房屋竣工面积增长	-12.5	-7.9

资料来源：国家统计局. 固定资产投资月度数据[EB/OL]. [2018-05-04]. http://data.stats.gov.cn/easyquery.htm?cn=C01。

  固定资产资金来源出现积极变化。自筹资金占比下降趋势明显，由 2016 年 66.7%降至 2017 年的 64.9%。国家预算资金、国内贷款和其他资金占比小幅上升，分别由 2016 年的 5.9%、11.0%、16.0%，上升至 2017 年的 6.2%、11.5%及 17.1%。就各项固定资金来源的增速而言，2017 年国家预算资金、国内贷款以及其他资金，较 2016 年分别增长 7.8%、9.0%、11.6%，同比下降 9.3、0.9、19 个百分点。利用外资、自筹资金的负增长趋势有所改善，增速较 2016 年同比上涨 17.4、3.4 个百分点（见表 5）。

表 5 2016—2017 年固定资产资金来源   单位：%

来源	2016 年		2017 年	
	增速	占比	增速	占比
国家预算资金	17.1	5.9	7.8	6.2
国内贷款	9.9	11.0	9.0	11.5
利用外资	-20.5	0.4	-3.1	0.3
自筹资金	-0.1	66.7	2.3	64.9
其他资金	30.6	16.0	11.6	17.1

资料来源：国家统计局. 固定资产投资月度数据[EB/OL]. [2018-04-24]. http://data.stats.gov.cn/easyquery.htm?cn=C01。

  2. 制造业投资低速增长，房地产开发投资稳中趋缓

  制造业整体盈利能力改善和经济结构调整推动的技改投资，促进了制造业投资稳步回升。2017 年制造业投资额达到 19.36 万亿元，全年增长 4.8%，增速加快 2.4 个百分点。其中装备制造业投资额增长显著，尤其以计算机、通信和其他电子设备制造业的表现最为抢眼，其增速高达 25.3%。消费品制造业增速放缓，农副食品加工业、食品制造业分别以 3.6%、1.7%的低速增长，酒、饮料和精制茶、烟草制品出现负增长，分别为-5.9%、-11.5%。高耗能制造业实现了连续 3 年的下降，其中石油加工、炼焦和核燃料加工业以及化学原料和化学制品制造业投资完成额较 2016 年分别下降 0.1%、4.0%。值得注意的是，2017 年废弃

资源综合利用业固定投资额增速较快，为 24.1%。①这表明市场主体投资方向向生态环境效益方面倾斜，制造业投资质量提高。

2017 年全国房地产开发投资额为 10.98 万亿元，较 2016 年名义增长 7.0%。其中住宅投资额为 7.51 万亿元，增长 9.4%，增速回落 0.3 个百分点，占比高达 68.4%。在"去库存"政策的刺激下，2017 年商品房销售面积为 169408 万平方米，销售额达 13.37 万亿元。其中，住宅、办公楼、商业营业用房销售面积较 2016 年同期分别增长 5.3%、24.3%、18.7%，销售额分别增长 11.3%、17.5%、25.3%。②

3. 基础设施投资保持高速增长

基础设施建设投资继续扮演着稳定固定资产投资增长"对冲器"的作用，2017 年对固定资产投资拉动的贡献率达到 56%。2017 年基础设施投资额（不含电力、热力、燃气及水生产和供应业）为 14 万亿元，较 2016 年同比增长 19%。其中水利管理业、公共设施管理业、道路运输业完成投资额较 2016 年同期分别增长 16.4%、21.8%、23.1%，保持高位运行。但增速较 2016 年出现小幅回落，分别降低 0.6、1.5、0.1 个百分点，这可能是由于受到地方政府融资约束以及 PPP（政府和社会资本合作）项目监管加强的影响。

4. 民间投资企稳向好

2017 年民间投资完成额为 38.15 万亿元，增长 6%，增速明显反弹，较 2016 年加快 2.8 个百分点。③民营企业对经济增长前景趋于乐观，投资信心增强。高新技术、医疗卫生等领域民间投资蓬勃发展，计算机通信和其他电子设备制造、卫生和社会工作民间投资分别增长 29.8% 和 25.4%。④在 PPP 项目较为集中的水利环境和公共设施管理业，民间投资增长 20.8%⑤，鼓励民间资本参与 PPP 项目政策效果逐步显现。借助国家政策东风，民营企业将迎来参与 PPP 大潮的重大机遇，PPP 项目将回归"公私合作"的本质，促进经济"脱虚向实"，完成结构转型。

近年来，我国经济转型进入"攻坚期"，新旧动能加快转化。虽然全社会固定资产投资增速放缓，但产业和地区投资结构调整取得一定进展。2018 年，支撑投资增长的动力与隐忧参半，有利条件主要表现在以下三方面。

（1）出口形势好转带动国内投资热情。全球经济总体复苏态势，促进世界贸易回暖，

① 国家统计局. 2017 年全国固定投资（不含农户）增长 7.2%. ［2018-01-18］. http://www.stats.gov.cn/tjsj/zxfb/201801/t20180118_1574955.html.

② 国家统计局. 2017 年全国房地产开发投资与销售情况. ［2018-01-18］. http://www.stats.gov.cn/tjsj/zxfb/201801/t20180118_1574923.htm.

③ 国家发改委. 2017 年民间投资企稳回升. ［2018-02-06］. http://www.ndrc.gov.cn/fzgggz/gdzctz/tzgz/201802/t20180206_876757.html.

④ 国家发改委. 2017 年民间投资企稳回升. ［2018-02-06］. http://www.ndrc.gov.cn/fzgggz/gdzctz/tzgz/201802/t20180206_876757.html.

⑤ 国家发改委. 2017 年民间投资企稳回升. ［2018-02-06］. http://www.ndrc.gov.cn/fzgggz/gdzctz/tzgz/201802/ t20180206_876757.html.

国际投资环境进一步改善，民间投资热情有望提高。国际市场是我国制造业产成品的重要销售市场，出口形势好转无疑会改善现阶段制造业企业产能过剩的困境，提高企业盈利空间，扩大企业投资。

（2）投资资金供应增加，技术改造升级促进工业投资增长。经济形势稳中向好、工业产品价格大幅上涨，带动了企业的利润快速增长，有助于改善企业现金流，增强其投融资能力。与此同时，围绕贯彻落实《中国制造 2025》，我国颁布了一系列措施重点支持企业智能化改造、基础能力提升、绿色制造推广、高端装备发展等重大工程，为企业达产增效、提高市场竞争力提供了有益助力。稳投资的关键在于抓技改，技术改造升级将引领未来工业企业的投资增长。

（3）新兴领域提供投资新契机。在居民消费升级的促进下，旅游、文化、体育、教育培训等产业快速成长，改善供给质量、提供高端供给已经成为近年来投资热点。新兴领域（如愈发受到重视的健康、养老行业，人工智能、区块链等应用问题）蕴含着巨大的投资潜力，有望引领未来的投资浪潮。

然而现阶段还存在着投资渠道不畅通、金融体系不完善等问题。国有商业银行长期处于垄断地位，缺乏专营的小微金融机构，使中小企业难以获得融资，居民储蓄无法转化为有效投资。同时，PPP 项目的初衷在于民营企业与政府合作共同参与基础设施建设、公用服务投资，但从签约项目的主题类型来看，地方政府更青睐与国有大企业合作，民营企业的投资潜力有待进一步释放。

三、对外经济回顾与展望

2017 年世界经济发展普遍向好，增长速度进一步提升，但回暖基础尚不稳固，中国对外经济发展的积极性与不确定性共存。

（一）对外贸易

在"五个优化""三项建设"的深入推进下，我国外贸发展取得显著成绩。据国家统计局数据显示，2017 年进出口贸易总额为 27.79 万亿元人民币，增长 14.2%。其中出口 15.33 万亿元人民币，增长 10.8%；进口 12.46 万亿元人民币，增长 18.7%。贸易顺差实现 2.87 万亿元人民币。对"一带一路"沿线国家进出口总额 7.37 万亿元人民币，比 2016 年增长 17.8%。其中出口 4.30 万亿元人民币，进口 3.07 万亿元人民币，分别增长 12.1%、26.8%。[①]

1. 进出口企稳回升，实现较快增长

2017 年我国外贸发展扭转了近两年来连续下跌的颓势，实现了较快增长。从进口的月度数据来看，月度同比增长波动幅度相对较大，最高为 2 月的 38.1%，最低为 12 月的 4.5%，

---

① 国家统计局. 中华人民共和国 2017 年国民经济和社会发展统计公报. [2018-02-28]. http://www.stats.gov.cn/tjsj/zxfb/201802/t20180228_1585631.html.

其余各月份均保持在 10%以上，增长的稳定因素不断增加（见图 8）。

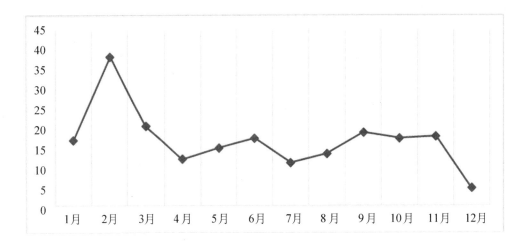

图 8　2017 年进口总值的月度变动幅度（单位：%）

资料来源：国家统计局. 进出口贸易月度数据[EB/OL]. [2018-05-04]. http://data.stats.gov.cn/easyquery.htm?cn=C01。

从出口总值的月度数据来看，月度同比虽然波动幅度较大，但总体呈上升趋势。最高至 3 月的 16.4%，为 2016 年以来出口总值月度同比涨幅的最大值。最低点为 2 月的-1.3%，这也是 2017 年各月出现的唯一一次负增长（见图 9）。进出口增长稳定向好得益于全球经济复苏和中国经济稳定增长，国际市场大宗商品的进出口需求提升，从而促进了对外贸易的回暖。

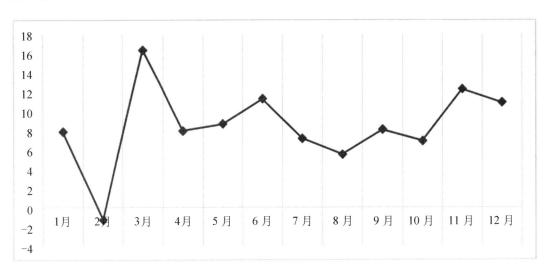

图 9　2017 年出口总值的月度变动幅度（单位：%）

资料来源：国家统计局. 进出口贸易月度数据[EB/OL]. [2018-04-20]. http://data.stats.gov.cn/easyquery.htm?cn=C01。

2. 一般贸易比重提升

贸易方式方面，如表 6 所示，2017 年我国一般贸易进出口总额为 15.66 万亿元，占贸易总额的 56.35%，对外贸易自主发展能力不断增强。其中一般贸易进口额 7.33 万亿元，出口额 8.33 万亿元，较 2016 年分别增长 23.2%、11.7%。加工贸易进出口总额为 8.06 万亿元，占 2017 年贸易总额的 29%。其中加工贸易进口额 2.91 万亿元，出口额 5.14 万亿元，较 2016 年分别上涨 11.3%、8.8%。①加工贸易梯度转移取得初步成效，中西部地区加工贸易出口增长开始快于东部地区。外贸结构有序调整，持续优化升级。

表6　2017 年进出口不同贸易方式总额　　　　　　单位：亿元人民币，%

贸易方式	出口		进口	
	金额	增长	金额	增长
一般贸易	83325	11.7	73299	23.2
加工贸易	51381	8.8	29180	11.3

资料来源：国家统计局. 进出口贸易年度数据[EB/OL]. [2018-04-20]. http://data.stats.gov.cn/easyquery.htm?cn=C01。

3. 商品结构向"优进优出"转变

出口商品方面，部分高附加值机电产品和装备制造产品出口保持良好增势，2017 年我国机电产品出口 8.95 万亿元，增长 12.1%，占我国出口总额的 58.4%。其中汽车、计算机、手机、医疗仪器及器械较 2016 年分别增长 27.2%、16.6%、11.3%、10.3%，出口优势进一步扩大。传统劳动密集型产品合计出口 3.08 万亿元，增长 6.9%，占出口总额的 20.1%，较 2016 年下降 0.7 个百分点。②

进口商品方面，能源资源性产品进口稳定增长，铁矿砂、原油和大豆等大宗商品进口量价齐升。2017 年铁矿砂、原油、大豆、天然气、成品油进口量分别为 10.75 亿吨、4.2 亿吨、9554 万吨、6857 万吨、2964 万吨，较 2016 年分别增加 5%、10.1%、13.9%、26.9%、6.4%，进口均价分别上涨 28.6%、29.6%、5%、13.9%、25.3%。此外，进口铜 469 万吨，减少 5.2%，进口均价上涨 28%。部分重要设备和关键零部件优质消费品实现进口量的快速增长，如 2017 年集成电路、发动机、数控机床、水海产品较 2016 年分别增长 17.3、17.6、13.8 及 19.6 个百分点。③

4. 国内区域发展协调性增强，国际市场布局日益多元化

国内区域外贸方面，2017 年中西部地区和东北三省进出口增速明显高于全国整体。西部 12 省市外贸增速达到 23.4%，超过全国增速 9.2 个百分点。中部 6 省市紧随其后，外贸

---

① 国家统计局. 中华人民共和国 2017 年国民经济和社会发展统计公报. [2018-02-28]. http://www.stats.gov.cn/tjsj/zxfb/201802/t20180228_1585631.html.

② 商务部. 中国对外贸易形势报告（2017 年秋季）. [2018-05-08]. http://www.mofcom.gov.cn/article/gzyb/ybo/.

③ 商务部. 中国对外贸易形势报告（2017 年秋季）. [2018-05-08]. http://www.mofcom.gov.cn/article/gzyb/ybo/.

增速达到 18.4%，超过全国增速 4.2 个百分点。东北三省外贸增速为 15.6%，超过全国增速 1.4 个百分点。东部 10 省市以 13% 外贸增速暂时落后于全国平均水平 1.2 个百分点。[①]中西部地区逐渐成长为外贸增长的新的生力军，与东部地区的差距进一步缩小，区域发展的协调性增强。

国际市场布局方面，在保持对传统市场进出口贸易稳步增长的同时，与一带一路沿线国家的贸易联系加强。2017 年我国对欧盟、美国和东盟三大贸易伙伴进出口额较 2016 年分别增长 15.5%、15.2% 及 16.6%，三者合计占我国 2017 年进出口总额的 41.8%。我国对俄罗斯、波兰和哈萨克斯坦等国进出口分别增长 23.9%、23.4% 和 40.7%，均高于总体增幅。对拉美、非洲国家等新兴市场的进出口额分别增长 22%、17.3%，市场多元化取得新成效。[②]

5. 贸易新动能加速推进，贸易新模式蓬勃发展

就贸易主体而言，民营企业逐渐成为支撑和推动外贸增长的重要力量，在外贸发展中的地位进一步提升。2017 年我国民营企业进出口额为 10.7 万亿元，增长 15.3%，占我国进出口总额的 38.5%，较 2016 年提升 0.4 个百分点。其中出口 7.13 万亿元，增长 12.3%，占出口总额的 46.5%，继续保持出口份额居首的地位，占比提升 0.6 个百分点。进口 3.57 万亿元，增长 22%。[③]外贸发展的内生动力增强。

随着跨境电商、市场采购贸易、外贸综合服务企业等新业态的蓬勃发展，新型商贸模式"渐次开花"。目前我国已经培育一批电商龙头企业，搭建起覆盖范围广、系统稳定性强的大型电子商务平台，在东部沿海等地区通过连接金融、物流、电商平台、外贸综合服务企业等，为外贸企业和个人提供物流、金融等供应链配套服务。外贸竞争新优势日益显现，新动能不断集聚。

当前，世界经济仍处于国际金融危机以来的深度调整期，国际贸易格局持续演变，全球价值链进入重构期，"消费国-生产国-资源国"为核心链条的全球贸易大循环发生重大调整，经济全球化路径发生着深刻变化。我国外贸发展的有利条件表现在以下三方面。

（1）世界经济复苏，市场需求回暖。2017 年世界经济进入相对强势复苏轨道，以页岩油气革命为代表的新能源技术取得较大突破，以移动支付为代表的新一代信息技术快速发展，以人工智能为引领的智能制造方兴未艾，世界经济发展的周期性因素和内生增长动力增强。美国、欧洲、日本和加拿大等发达经济体经济增长普遍提速，势头良好，积极因素不断累积。新兴市场和发展中经济体外部环境改善，增速企稳回升。拉美能源资源出口国、独联体国家和撒哈拉以南非洲等国家虽然暂时经济增长困难，但总体已摆脱衰退，实现复

---

① 海关总署. 2017 年全年进出口情况. [2018-01-12]. http://fangtan.customs.gov.cn/tabid/539/InterviewID/119/Default.aspx.
② 海关总署. 2017 年全年进出口情况. [2018-01-12]. http://fangtan.customs.gov.cn/tabid/539/InterviewID/119/Default.aspx.
③ 海关总署. 2017 年全年进出口情况. [2018-01-12]. http://fangtan.customs.gov.cn/tabid/539/InterviewID/119/Default.aspx.

苏。中国外贸企业对全球市场回暖感受明显，出口增长预期增强，信心得到提振。

（2）国内经济稳中向好态势持续发展，外贸管理机制革新。2017 年随着供给侧结构性改革深入推进，国内经济保持了稳中向好的发展态势，实体经济经营改善带动我国进出口需求的增加。与此同时，国家出台了一系列促进外贸发展的相关政策，例如商务部取消加工贸易业务进出口审批等一批由地方实施的行政审批事项，清理规范中介服务事项；制定出台《机电产品国际招标代理机构监督管理办法（试行）》，创新事中事后监管模式，建立"双随机公开"监管机制；下放外贸经营者备案登记，全年新增 93 家备案登记机关等。国内对外营商环境的改善，将进一步增强外贸发展的内生动力。

（3）"一带一路"为推动双边贸易发展提供新契机。目前，"一带一路"倡议已得到全球 140 多个国家和国际组织的广泛赞誉和积极响应。通过开展跨国互联互通，支持沿线国家的工业化及现代化进程，为中国与相关国家贸易投资合作开拓了广阔空间，有利于我国在顺周期下形成的巨大产能和建设能力走出去。深入推进"一带一路"贸易投资自由化、便利化，积极开展我国与"一带一路"沿线国家的国际产能和装备制造合作，为我国外贸发展提供了新机遇。

在世界经济持续复苏、国内经济稳中向好等因素推动下，中国外贸总体形势向好，但我国外贸发展还存在许多不确定因素，具体表现如下。

（1）主要经济体宏观政策调整溢出效应凸显。随着世界经济复苏势头向好，主要经济体货币政策与财政政策开始调整。美联储率先采取了加息及缩减资产负债表的货币政策，随后欧元区、日本等经济体也显示出缩减量化宽松规模的迹象。主要经济体货币政策正常化和减税将提高其国内投资收益率，吸引全球金融和产业资本回流，由此可能造成对我国消费品和投资品进口需求的缩减。

（2）贸易保护主义升温。美国政府奉行"美国优先"，片面强调美国利益，忽视国际合作，频频采取单边主义做法。2018 年 3 月 9 日，特朗普正式签署关税法令，"对中国进口钢铁和铝分别征收 25%和 10%的关税"。3 月 22 日，在白宫签署了对中国输美产品征收关税的总统备忘录，根据"301 调查"结果，指令有关部门对自华进口商品大规模征收关税，并限制中国企业投资并购美国企业。4 月 3 日，美贸易代表公布对华 301 调查征税建议，征税产品建议清单涉及中国约 500 亿美元产品出口，建议税率为 25%，涵盖约 1300 个税号产品。中美贸易摩擦加剧、冲突频繁增大了我国对外贸易形势的不确定性。

（二）对外投资

在政府对外投资政策的引导下，中国企业逐渐成长为新兴经济体跨国公司的代表，对外投资由高速增长转向高质量发展阶段，对外投资大国的地位进一步巩固。

1. 对外投资增速换挡，降幅明显

2017 年对外直接投资额为 1201 亿美元，较 2016 年增速放缓，实际增长-29.4%。非理性投资得到遏制，市场主体对海外投资愈发审慎。全年仅建筑业，电力、热力、燃气及水生产和供应业出现正增长，分别为 37.5%、26.5%，较 2016 年分别同比上升 19.5、35.7 个百分点。房地产业，信息传输、软件和信息技术服务业，制造业以及农、林、牧、渔业对外直接投资增速出现不同程度的下滑，分别为-79.6%、-49.3%、-38.4%和-25.3%，较 2016 年分别回落 97、301.5、155.1 及 70.3 个百分点。租赁和商务服务业，信息传输、软件和信息技术服务业等新兴行业对外直接投资额占比分别达 29.1%、8.6%，对外投资行业结构不断优化。①

表 7　2017 年各行业对外直接投资额及其增速　　　　　　　　单位：亿美元，%

行业	金额	增长率	占比
农、林、牧、渔业	22	-25.3	1.8
采矿业	83	-4.4	6.9
制造业	191	-38.4	15.9
电力、热力、燃气及水生产和供应业	32	26.5	2.7
建筑业	73	37.5	6.1
批发和零售业	249	-9.6	20.7
交通运输、仓储和邮政业	30	-16.9	2.5
信息传输、软件和信息技术服务业	103	-49.3	8.6
房地产业	22	-79.6	1.8
租赁和商务服务业	349	-17.3	29.1

资料来源：国家统计局. 2017 年国民经济和社会发展统计公报[EB/OL]. [2018-02-28]. http://www.stats.gov.cn/tjsj/zxfb/201802/t20180228_1585631.html。

2. 与"一带一路"沿线国家投资合作成为增长新亮点

我国对"一带一路"沿线国家的投资情绪日益高涨，保持着良好的增长势头。据国家统计局公布的数据显示，2017 年我国企业对"一带一路"沿线 59 个国家新增投资 143.6 亿美元，较 2016 年同期上涨 3.5%，占全年对外投资总额的 12%。新签对外承包工程合同额 1443.2 亿美元，较 2016 年同期增长 14.5%，占 2017 年总额的 54.4%。完成营业额 855.3 亿美元，增长 12.6%，占同期总额的 54.4%。②与"一带一路"国家投资合作的稳步推进，成为我国未来对外投资发展的新方向。

3. 境外经贸合作区建设成效显著

境外经贸合作区以两国政府间协议或共识为基础，为企业提供多项优惠政策。近年来，我国境外经贸合作区的建设卓有成效，截至 2017 年末，我国企业共在 44 个国家建设初具

① 国家统计局. 中华人民共和国 2017 年国民经济和社会发展统计公报. [2018-02-28]. http://www.stats.gov.cn/tjsj/zxfb/201802/t20180228_1585631.html.

② 商务部. 2017 年我国对"一带一路"沿线国家投资合作情况. [2018-01-16]. http://www.mofcom.gov.cn/article/ tongjiziliao/dgzz/201801/20180102699459.shtml.

规模的境外经贸合作区共 99 家，累计投资 307 亿美元，入区企业 4364 家，为东道国上缴税费 24.2 亿美元，创造就业岗位 25.8 万个。[①]通过商务部确认考核的境外经贸合作区达 20 个，包括巴基斯坦海尔-鲁巴经济区、埃及苏伊士经贸合作区、埃塞俄比亚东方工业园、中国·印度尼西亚聚龙农业产业合作区等。境外经贸合作区的相继建成，不仅扩大了我国优势产业在海外的集聚效应，也进一步降低了中国企业"走出去"的风险与成本，成为中国企业"走出去"的平台和名片。

受国内管控力度增强的影响，2017 年我国对外投资规模及增速出现了一定程度放缓，但总体上对外投资产业结构及区域结构有所优化，未来我国对外直接投资的发展风险与机遇并存。一方面，国家出台了多项政策，如《促进中小企业发展规划（2016—2020 年）》（工信部规〔2016〕223 号）、《关于深化投融资体制改革的意见》《关于加强国际合作提高我国产业全球价值链地位的指导意见》等，鼓励民营企业积极拓展海外市场，为国内企业"走出去"和重点合作项目提供更多投融资支持。另一方面，国际金融市场的动荡、发达国家对中国对外投资所提出的限制措施，要求中国企业具备更强的国际竞争力和抗风险能力。与外国跨国公司相比，中国企业在技术、品牌、跨国经营和风险应对等方面还存在一定差距，在全球价值链中的地位和影响力相对较弱，对外投资的质量和效益有待进一步提高。

四、供给侧结构性改革现状及展望

2016 年是供给侧改革发力的第一年，而 2017 年则是供给侧结构性改革的深化之年。2017 年供给侧改革以稳中求进为工作基点，以盘活存量资源、优化生产组织、降低经济风险、减少运行成本、弥补市场和体制短板为改革目标，继续深入推进"去产能、去库存、去杠杆、降成本、补短板"五条主线，取得了重大进展与显著成效。

去产能进入攻坚阶段。钢铁行业退出产能 5000 万吨，并按期取缔了 1.4 亿吨"地条钢"[②]，煤炭行业完成计划指标。随着钢铁、煤炭行业"去产能"的不断推进，企业产能利用率明显改善，行业收入有效提升。2017 年钢铁行业累计实现主营业务收入 6.74 万亿元，同比增长 22.4%。黑色金属冶炼和压延加工业产能利用率为 75.8%，提高 4.1 个百分点。煤炭企业主营业务收入增速转正，增速高达 25.9%。煤炭开采和洗选业产能利用率实现 68.2%，较 2016 年提高 8.7 个百分点。[③]

房地产销售的强劲增长加快了去库存进程。2017 年年末商品房待售面积为 58923 万平

---

① 商务部. 2017 年我国对外投资合作情况. [2018-01-16]. http://www.mofcom.gov.cn/article/ae/ag/201801/20180102699398.shtml.

② 工信部. 2017 年钢铁行业运行情况及 2018 年工作考虑. [2018-02-07]. http://www.miit.gov.cn/n1146285/n1146352/n3054355/n3057569/n3057572/c6053336/content.html.

③ 国家统计局. 中华人民共和国 2017 年国民经济和社会发展统计公报. [2018-02-28]. http://www.stats.gov.cn/tjsj/zxfb/201802/t20180228_1585631.html.

方米，较 2016 年年末减少 10616 万平方米。其中商品住宅待售面积 30163 万平方米，减少 10094 万平方米。[①]在三四线地产销售的带动下，东、中、西部地产库存均显著去化。现阶段库存去化较快、存销比较低的省份分别为江西、重庆、广东、湖南和上海，存销比较高的省份则分别为北京、辽宁、青海、吉林和山西。

去杠杆方面取得的成效可概括为实现了总体稳杠杆、局部去杠杆。2017 年包括居民、非金融企业和政府部门的实体经济杠杆率达到 242.1%，增速大幅回落，总水平趋于平稳。其中居民部门杠杆率由 2016 年的 44.8%上升至 49.0%，提高 4.1 个百分点。非金融企业部门由 2016 年的 158.2%回落至 156.9%，下降 1.3 个百分点。政府总杠杆率从 2016 年的 36.6%下降至 36.2%，回落 0.4 个百分点。[②]相比于实体经济部门，金融部门去杠杆进程加快。2017 年金融部门杠杆率分别回落 8.4 个百分点（资产方统计）和 4.8 个百分点（负债方统计）。[③] 从微观杠杆率来看，2017 年年末规模以上工业企业资产负债率为 55.5%，较 2016 年年末下降 0.6 个百分点。[④]

降成本方面，2017 年全年规模以上工业企业每百元主营业务收入中的成本为 84.92 元，比 2016 年下降 0.25 元。每百元主营业务收入中的费用为 7.77 元，下降 0.2 元。[⑤]与此同时，企业的融资成本也进一步降低，目前名义和实际的贷款基准利率均处于历史低位。尽管贷款平均利率以及企业的财务费用和利息支出增速显著上升，但整体仍然处于历史较低位置，企业融资成本明显降低。

2017 年补短板的工作重点集中在扶贫、农村建设、公共服务投入、创新能力等多方面。从全国范围看，农业投资、水利管理业投资均实现 16.4%的增速，生态保护和环境治理业投资增长达 23.9%[⑥]，有效弥补了长期以来的欠账问题。

2018 年的政府工作报告指出，未来要继续深入推进供给侧结构性改革。把发展经济着力点放在实体经济上，继续抓好"三去一降一补"，大力简政减税减费，提升经济发展质量。具体目标如下：在去产能方面，2018 年计划压减钢铁产能 3000 万吨左右，退出煤炭产能 1.5 亿吨左右，淘汰关停不达标的 30 万千瓦以下煤电机组，加大"僵尸企业"破产清算和重整力度。[⑦]降成本方面，计划为企业和个人减税 8000 多亿元，为市场主体减轻非税负担

---

① 国家统计局. 中华人民共和国 2017 年国民经济和社会发展统计公报. [2018-02-28]. http://www.stats.gov.cn/tjsj/zxfb/201802/t20180228_1585631.html.

② 国家金融与发展实验室. 中国去杠杆进程报告（2017 年度）. [2018-03-29]. http://www.nifd.cn/Activity/Past/506.

③ 国家金融与发展实验室. 中国去杠杆进程报告（2017 年度）. [2018-03-29]. http://www.nifd.cn/Activity/Past/506.

④ 国家统计局. 中华人民共和国 2017 年国民经济和社会发展统计公报. [2018-02-28]. http://www.stats.gov.cn/tjsj/zxfb/201802/ t20180228_1585631.html.

⑤ 国家统计局. 中华人民共和国 2017 年国民经济和社会发展统计公报. [2018-02-28]. http://www.stats.gov.cn/tjsj/zxfb/201802/t20180228_1585631.html.

⑥ 国家统计局. 中华人民共和国 2017 年国民经济和社会发展统计公报. [2018-02-28]. http://www.stats.gov.cn/tjsj/zxfb/201802/t20180228_1585631.html.

⑦ 国务院. 2018 年政府工作报告. [2018-03-22]. http://www.gov.cn/xinwen/2018-03/22/content_5276608.htm.

3000 多亿元等。①提出全面深化"放管服"改革，实施全国统一的市场准入负面清单制度。在全国推开"证照分离"改革，压缩企业开办时间，推进企业投资项目承诺制改革试点。这一系列政策措施的出台将致力于优化营商环境，解放生产力，以此破除企业经营所面临的制度障碍，为市场主体增添活力。

参考文献

[1] 陈彬. 2017 年就业形势分析与 2018 年展望[J]. 中国物价，2018（1）：17-20.

[2] 杜宇. 2017：投资和消费共同拉动经济发展[J]. 中国招标，2018（5）.

[3] 国家统计局. 2017 年国民经济和社会发展统计公报[EB/OL]. [2018-05-07]. http://www.stats.gov.cn/tjsj/zxfb/201802/t20180228_1585631.html.

[4] 国务院.2018 年政府工作报告. [2018-03-22]. http://www.gov.cn/xinwen/2018-03/22/content_5276608.htm.

[5] 韩国高. 供给侧改革下我国去产能的现状、挑战与对策分析[J]. 科技促进发展, 2016, 12（5）：603-608.

[6] 郝秀梅. 论近年来我国固定资产投资现状与趋势[J]. 现代经济信息，2017（19）.

[7] 胡祖铨，柴源辰. 2017 年固定资产投资分析及 2018 年展望[J]. 宏观经济管理，2018（1）：12-19.

[8] 李克强. 以推进供给侧结构性改革为主线 巩固经济稳中向好态势[J]. 杭州（周刊），2017（2）：6.

[9] 刘建颖. 2017 中国对外贸易形势展望[J]. 国际商务财会，2017（1）：22-24.

[10] 刘立峰. 当前投资形势与战略选择[J]. 宏观经济研究，2017（5）：3-9.

[11] 刘向东. 消费形势分析与扩大消费的政策建议[C]// 中国经济分析与展望. 北京：社会科学文献出版社，2016.

[12] 刘勇，沈继奔，王聪，等. 当前宏观经济形势分析及 2018 年国内外经济金融形势展望[J]. 开发性金融研究，2017（6）.

[13] 戚世娇. 浅析近年来我国固定资产投资现状与趋势[J]. 荆楚学术，2016（7）.

[14] 商务部.中国对外贸易形势报告（2017 年秋季)[EB/OL].[2018-05-07]. http://zhs.mofcom.gov.cn/article/cbw/.

[15] 商务部.中国对外贸易形势报告（2018 年春季)[EB/OL].[2018-05-07]. http://zhs.mofcom.gov.cn/ article/cbw/.

[16] 王维安. 2017 年中国宏观经济形势展望[J]. 杭州金融研修学院学报，2017（1）：65-67.

---

① 国务院. 2018 年政府工作报告. [2018-03-22]. http://www.gov.cn/xinwen/2018-03/22/content_5276608.htm.

[17] 王一鸣. 2017 年宏观经济形势分析与展望[J]. 中国城市金融，2017（3）：37-40.

[18] 王振霞. 当前物价形势分析、预测和应对措施[J]. 中国发展观察，2018（2）.

[19] 邬琼. 当前我国对外直接投资形势分析[J]. 中国物价，2017（10）：14-16.

[20] 徐汉玉，田青. 2017 年我国消费需求总体形势及未来走势判断[J]. 科技促进发展，2017
（11）：863-870.

[21] 闫坤，于树一. 当前宏观经济形势、供给侧结构性改革与财政政策[J]. 财经问题研究，
2017（2）：66-72.

[22] 颜少君. 中国外贸形势分析与展望[J]. 中国经济分析与展望. 北京：社会科学文献出版
社，2017.

[23] 杨挺，魏克旭，喻竹. 中国对外直接投资新特征及新趋势——创新对外直接投资政策
与实践的思考[J]. 国际经济合作，2018（1）：18-27.

[24] 张前荣. 2017 年物价形势分析与 2018 年展望[J]. 中国物价，2018（1）：10-13.

[25] 赵文. 居民收入增长新亮点和新形势[J]. 中国发展观察，2017（8）：43-45.

[26] 赵小辉，李霞，仇欢，等. 2018 年国内外宏观经济形势分析及预判[J]. 当代石油石化，
2018（2）.

[27] 赵英强. 新常态下中国宏观经济形势与对策分析[J]. 商场现代化，2017（16）：186-187.

[28] 中国宏观经济分析与预测课题组. 反弹、分化与周期转换中的中国宏观经济——2017
年中期中国宏观经济分析与预测[J]. 经济理论与经济管理，2017（8）：5-24.

[29] 中国宏观经济研究院经济形势课题组（杜秦川）. 2017 年经济形势分析与 2018 年展望
[J]. 中国物价，2018（1）：3-6.

[30] 中国宏观经济研究院经济形势课题组（杜秦川）. 企稳的中国经济迈入高质量发展阶
段——2017 年经济形势回顾与 2018 年展望[J]. 宏观经济管理，2018（2）.

[31] 国家信息中心. 2017 年我国对外贸易发展分析及 2018 年展望[EB/OL]. [2018-05-07].
http://www.sohu.com/a/207436950_475865.

[32] 邹蕴涵. 2017 年消费形势分析与 2018 年展望[J]. 中国物价，2018（1）：14-16.

[33] 祝宝良，牛犁，闫敏. 2017 年上半年中国宏观经济形势分析与全年形势预测[J]. 发展
研究，2017（8）：30-34.

从亚太地区贸易投资自由化历程看
APEC 后 2020 议程

杨泽瑞*

摘　要：APEC 制定后 2020 议程将使亚太地区的贸易投资自由化再一次面临选择。30 年来，亚太地区的地区主义日益兴起，大部分国家积极推动区域经济一体化的努力一直没有停止过，1994 年 APEC 制定的"茂物目标"成为地区合作的指路灯。在茂物目标即将到期的情况下，各方期待 APEC 设定的新议程能够指引今后二三十年的亚太地区合作之路。

关键词：亚太地区；APEC；茂物目标；后 2020 议程

当前，亚太地区各方正在积极讨论亚太经济合作组织（APEC）后 2020 议程，试图为 APEC 进程确定新任务，规划新目标，制定新方向，以保持亚太地区贸易投资自由化的势头，维护亚太区域的合作氛围，而贸易投资自由化便利化在 APEC 进程中的核心作用却是各方一致同意、从未有过争议的问题。因此，在 APEC 制定后 2020 议程之际，从头审视亚太地区的贸易投资自由化历程，对于确定后 2020 议程的核心和支柱，无疑是非常必要的。

从 20 世纪 60 年代中期开始，实现亚太地区的贸易投资自由化一直是本地区很多有识之士所追寻的目标。这些有识之士大部分是学者出身，也有一些有远见的政治家，以日本、澳大利亚居多，先后推动本地区成立了各个层面的区域合作组织，像工商界的太平洋盆地经济理事会（PBEC，1967），学术界的太平洋贸易和发展会议（PAFTAD，1968），官、商、学三届结合的太平洋经济合作理事会（PECC，1980）和纯官方的亚太经济合作组织（APEC，1989）。

自 APEC 成立以来，亚太地区的贸易投资自由化问题一直围绕着 APEC 进行，各界人士不仅提出了很多概念，也开展了一系列研究和探索，并采取了部分行动。20 多年来，APEC 的贸易投资自由化行动既取得了一些进展，也面临过重大的挫折和长期的停滞。回顾历史，

* 杨泽瑞，中国太平洋经济合作全国委员会研究室主任，研究领域为 APEC 与区域合作。

我们看到亚太地区的贸易投资自由化、便利化历程越来越明确、越来越具体——区域经济的一体化导致区域合作的出现和繁荣；APEC 的核心越来越集中在贸易投资自由化、便利化问题上；"部门先行自愿自由化"（EVSL）、"APEC 部分成员的自由化"（APEC-X）是APEC 实现茂物目标（Bogor Goal）的有益探索，其经验、教训已经深深地影响了"跨太平洋伙伴关系协定"（TPP）的推动者和参加者；TPP 在与东盟+中日韩（10+3）、东盟+中日韩澳新印（10+6）的竞争中，成为亚太自由贸易区（FTAAP）的路径选择越来越清晰；TPP的成员选择及其面临的地区政治经济环境使 TPP 成为必然，即使在美国特朗普政府退出TPP 后，TPP 依然能起死回生。

本文将讨论六个问题：第一部分讨论 APEC 进程中的贸易投资自由化问题，强调贸易投资自由化是亚太地区经济一体化的驱动力和核心，也是 APEC 成立以来的中心工作；第二部分讨论"茂物目标"及其实现路径的探索，特别是探讨 EVSL（部门先行自愿自由化）——这一当年被认为是"茂物目标"实现的可能的路径为什么失败；第三部分讨论 2006年美国提出亚太自由贸易区的政治、经济背景，以及这一地区的回应；第四部分讨论亚太自由贸易区的路径选择问题，因为在 2010 年 APEC 横滨峰会通过的《建立亚太自由贸易区的可能途径》中，特别提到了 10+3、10+6、TPP 是可能的通向亚太自由贸易区的路径；第五部分是讨论 TPP 面临的地区政治、经济环境，并提出作者的看法，分析 TPP 为什么会死而复生；第六部分提出制定后 2020 议程问题的思考。

一、APEC 进程中的贸易投资自由化问题

"自由化是 APEC 发展的主要方向"。[①] 1989 年成立以来，　推进亚太地区的贸易和投资自由化一直是 APEC 的中心目标。但是这种强调是有程度和方向的差别的。在 1989—1993年间，APEC 更强调的是全球自由贸易的重要性，推动"乌拉圭回合"谈判的顺利结束，同时推动地区的贸易便利化。1989 年的首届 APEC 部长会议声明中，明确地表示 APEC 并不寻求建设一个贸易集团。[②] 1990 年的第二届部长会议声明中，强调了 APEC 的首要工作是推动"乌拉圭回合"谈判的结束及建立开放的全球贸易体系。[③]在 1992 年的第四次部长级会议上，才首次提到了"亚太自由贸易区"这个概念。

1993—1997 间，随着"乌拉圭回合"谈判的顺利结束、"北美自由贸易协定"的建立、WTO 成立及欧盟的一体化进程加速，APEC 变得日益乐观和激进，强调实现地区的贸易投

---

① 山泽逸平. 亚洲太平洋经济论[M]. 上海：上海人民出版社，2001：85.

② APEC 第一届部长会议声明：Every Economy Represented in Canberra Relies Heavily on a Strong and Open Multilateral Trading System, and None Believes that Asia Pacific Economic Cooperation should be Directed to the Formation of a Trading Bloc. 参见 www.apec.org.

③ APEC 第二届部长会议声明：In Particular, Ministers Reaffirmed Their Commitment to Open Markets and to Expand Trade Through the Successful Conclusion of the Round by December 1990. 参见 www.apec.org.

资自由化问题。APEC 早期的贸易投资自由化、便利化取得重大进展，1993 年时就提出了"太平洋共同体／太平洋大家庭"（Pacific Community），1994 年设立了"茂物目标"，1995 年提出了"大阪行动议程"（OAA），1996 年提出了"马尼拉行动计划"（MAPA），1997—1998 年提出了 EVSL。

1993 年在美国西雅图召开的首次 APEC 领导人非正式会议上，第一次提到了亚太地区的自由贸易问题。1994 年 11 月在印度尼西亚茂物召开的 APEC 第六届部长会议和第二次领导人非正式会议，提出了"发达成员在 2010 年，发展中成员在 2020 年分别实现贸易和投资自由化"这一著名的"茂物目标"。"茂物目标"的最大贡献在于确定了把贸易投资自由化作为 APEC 的长远目标，同时制定了实现这一目标的具体时间表。APEC 希望"茂物目标"通过尽快减少贸易和投资壁垒，促进货物、服务和资本在各个成员经济体之间的自由流动来实现。1995 年 11 月在日本大阪召开的 APEC 第七届部长会议和第三次领导人非正式会议在确定贸易和投资自由化的性质、原则、步骤和内容方面做出了重要决定。此次会议的中心议题是沿着茂物会议所制定的 APEC 长远目标制定可行的方案。"执行茂物宣言的大阪行动议程"是此次会议的核心成果。"大阪行动议程"将 APEC 的活动由远景规划阶段推向实际行动阶段。

1996 年 11 月，在菲律宾马尼拉和苏比克湾召开了 APEC 第八届部长会议和第四次领导人非正式会议。会议发表了《APEC 经济领导人宣言：从憧憬到行动》，宣布通过并开始执行"APEC 马尼拉行动计划"。这项计划包括各成员的"单边行动计划"（IAP）和"集体行动计划"（CAP），以及 APEC 350 个经济和技术合作项目进展情况的报告。领导人宣言要求通过不断审议和协商的程序来保持计划的活力。从此，APEC 开始正式步入了实施贸易投资自由化长期目标的阶段。

虽然自成立初期一直强调 APEC 的两个轮子——"贸易投资自由化便利化"和"经济技术合作"，但是 APEC 的多次声明表明，经济技术合作的目的也是为了更好地推动贸易投资自由化、便利化，因此，APEC 的核心其实一直只是一个轮子，那就是贸易投资自由化、便利化问题。

跟贸易投资自由化、便利化这个轮子相比，经济技术合作这个轮子基本上可以说运转不灵，围绕它的目的、手段、资金等基础性的问题长期争论不休。现在 APEC 开展的经济技术合作跟 APEC 的创立者所设想的经济技术合作差距很大。

早期 APEC 在亚太贸易投资自由化、便利化方面的工作，促进了亚太地区的经济增长、贸易扩大、合作及大家庭意识的增强。其成绩可以分为如下几个方面：看得见的——贸易投资自由化、便利化（关税大幅度降低，非关税壁垒大幅度减少）；看不见的——经济技术合作、标准、规制合作、亚太大家庭意识的增强等。回顾 APEC 的早期历程，我们会发现贸易投资自由化问题一直是 APEC 进程的核心。

二、"茂物目标"及其实现路径

1992 年以前，APEC 强调不追求成立一个贸易集团，而是一个协商性的机构。但是从 1993 年召开首届经济领导人会议（AELM）后，APEC 开始了在贸易投资自由化便利化领域的"大跃进"。1994 年通过的茂物目标成为 APEC 进程的方向。

1994—1996 年间，对于如何实现茂物目标，APEC 内有一系列讨论，可以归纳为以下几种观点。

领导人的声明本身就具有约束性（因此各成员会按计划实现）：

- APEC 本身将会变为半约束性、部分约束性的机制（寄希望于 APEC 性质的改变）；
- 通过成员的"单边行动计划"（IAP）和全体成员的"集体行动计划"（CAP）（寄希望于成员的自愿行动和集体行动的压力来实现目标）。

但是 1995 年在大阪通过的 OAA 的九项原则中，"自愿性""灵活性"的原则使"茂物目标"的约束性从一开始就充满疑问，其对 APEC 进程影响巨大。

1996 年苏比克领导人声明中，第一次提到了 EVSL，明确了"部门先行自愿自由化"对本地区的贸易投资及经济发展具有重要意义。[1] 1997 年，加拿大 APEC 会议的主题之一就是 EVSL 问题。当年 5 月举行的 APEC 贸易部长会议更是提出 EVSL 需要加速。会议决定将遵循自愿的原则，在 1997 年由各成员根据自身的实际情况，提出各自的提前自由化部门及行动计划。此后，各成员共选择了 41 个部门作为提前自由化的考虑目标，并公布了各自的方案。

1997 年 11 月在加拿大温哥华召开的第九届双部长会议上，各成员对所提出的部门进行了进一步的磋商，认为 41 个部门中有 15 个部门的支持率较高，包括环境保护、渔业、玩具、林产品、珠宝、油籽及其制品、化工、能源、食品、橡胶、化肥、汽车、医疗设备、民用航空、电讯相互承认安排（MRA）。这 15 个领域的自由化分两步走，其中 9 个领域，即环境保护、渔业、林产品、医疗设备、能源、玩具、珠宝、化工和电讯相互承认安排，将先行实施自由化计划。

APEC 本来的打算是，通过这 9 个部门的提前自由化，来确保 EVSL 计划的成功；同时通过 EVSL 计划的成功，来完成茂物宣言设定的 2010/2020 年分别完成贸易投资自由化的目标。当时 APEC 计划 1998 年上半年完成准备，1999 年开始实施 EVSL。

但是 1997 年 7 月开始的亚洲金融风暴，打乱了 APEC 在 EVSL 方面的设想，并将 APEC 长期以来试图用模糊的方式达到明确的目标这一弊端暴露于众。同时，EVSL 在实施上的

---

[1] APEC 第四届领导人会议声明：APEC Economic Leaders In Subic To Identify Sectors Where Early Voluntary Liberalization Would Have A Positive Impact on Trade, Investment, And Economic Growth In The Individual APEC Economies As Well As In The Region, and Submit Recommendations To Us on How This Can Be Achieved. 参见 www.apec.org.

具体步骤和方式上存在较多的问题，特别是 EVSL 在一定程度上突破了《茂物宣言》的两个时间表。虽然基本上都是各成员的优势部门在提前自由化，但这种突破行动本身就是对《茂物宣言》的一种挑战。出于对自身利益的维护，各成员对敏感行业自由化的态度仍然非常谨慎，并不因 EVSL 方案的提出而有丝毫的松动，如日本对农林业产品问题就态度坚决，中国和日本在反对 EVSL 方面成为最坚定的盟军。①

EVSL 在一定程度上，将 APEC 自由化的自愿模式改变成了具有很少灵活性的一揽子交易和 ITA（信息和通信产品自由贸易协定）式的谈判机制。为了增加约束性，APEC 甚至在设计一种新的决策机制——"关键性多数"（Critical Mass）——来决定行动。

1998 年的领导人会议没有通过这一方案。不得已的情况下，1998 年的 APEC 部长会议将 EVSL 方案提交世界贸易组织讨论。2000 年的领导人声明中，还有 EVSL，但从 2001 年开始，EVSL 彻底从 APEC 进程中消失。这样，EVSL 实际上就失败了。EVSL 计划的失败，点燃了埋葬茂物目标的第一根导火索。

关于 EVSL 失败的原因，可以归纳为以下几点：

- 国际的、地区的需求不强（乌拉圭回合刚刚结束及 WTO 刚刚成立）；
- 地区经济一体化程度不够；
- 发达经济体与发展中经济体的分歧巨大；
- APEC 的制度性缺陷——非约束性、一致性原则，限制了 APEC 的谈判功能；
- 美国及发达成员的强硬及冒进；
- 亚洲金融危机的冲击。

日本 APEC 研究中心的山泽逸平认为，1993—1997 年间，APEC 领导人不顾地区的状况，过急地推动 APEC 的贸易投资自由化进程，其原因有两个：一是表明对 APEC 坚强的政治承诺；二是基于对当时全球范围内自由化进程发展缓慢的不满，通过表现 APEC 的团结以促动自由化进程延缓的欧盟。②

现在看来，EVSL 的失败是必然的。失败的原因和教训已经深深地影响了本地区的贸易投资自由化的决策者、研究者。正是在 EVSL 失败后，2002 年，新加坡、新西兰、智利这些 APEC 中的积极成员，探讨成立新的地区贸易安排，探索新的实现"茂物目标"的道路，这正是后来的 P4（新西兰、智利、新加坡、文莱四国）和现在的 TPP 的由来。

三、FTAAP 的提出及探讨

虽然亚太自由贸易区（FTAAP）倡议是 APEC 工商咨询理事会（ABAC）2004 年首先提出来的，但是创立一个包含整个亚洲太平洋地区的自由贸易区一直是本地区很多有识之

---

① 王嵎生. 亲历 APEC——一个中国高官的体察[M]. 北京：世界知识出版社，2000：138-139.
② 山泽逸平. 亚洲太平洋经济论[M]. 上海：上海人民出版社，2001：77.

士的理想。早在 20 世纪 60 年代，日本的小岛清教授就提出过建立"太平洋贸易和发展机构"（OPTAD）的倡议，目的就是要建立跨太平洋的自由贸易区。此倡议虽然没能实现，但是此后成立的 PECC（太平洋经济合作理事会）、APEC 却举起了开放的地区主义旗帜，以推动跨太平洋的自由贸易为目标。

2004 年 5 月在智利召开的 APEC 研究中心/PECC 贸易论坛的联合年会上，APEC 工商咨询理事会（ABAC）的加拿大代表首次提出了 FTAAP 倡议，得到了 APEC 研究中心/PECC 贸易论坛的专家们的重视并进行了热烈讨论。专家们的意见很明显分成两派，支持的一派认为 FTAAP 将有力地推动 APEC 的茂物目标、减轻 WTO 多哈回合失败所带来的风险、降低本地区缔结众多的自由贸易区（FTA）的成本；反对的一派认为 FTAAP 没有实现的可能性，破坏 APEC 以 IAP 为核心的自愿原则，冲淡 APEC 的茂物目标。但在当年的 APEC 会议上，　领导人并没有进一步讨论 FTAAP 倡议，只是部长会议声明中表明部长们注意到了 ABAC 的 FTAAP 倡议。

2005 年，ABAC 委托 PECC 贸易论坛就 FTAAP 的可行性、途径、影响等问题展开了初步研究。以 PECC 贸易论坛国际协调员罗伯特·斯克利（Robert Scollay）为首的 PECC 贸易论坛的专家为此举行了一系列讨论，初步结论是 FTAAP 计划对 APEC 来讲既是机会也是挑战。此研究最后在 ABAC 的年会上获得了通过，并再一次推荐给 APEC 领导人。2006 年初，ABAC 再次请 PECC 的专家们就 FTAAP 的可行性展开国际研究。PECC 很快就接受了 ABAC 的委托，将 FTAAP 作为 PECC 2006 的工作重点，就 FTAAP 的可行性问题展开国际性的研究。

PECC 与 ABAC 的联合研究于 2006 年 10 月完成，并提交给了 APEC 部长会议。PECC 和 ABAC 的联合研究从政治、经济的角度，分析了 FTAAP 可能带来的有利影响和不利影响。该报告的中心观点是，FTAAP 从经济角度看是可行的、有意义的，但是当前的地区政治形势使 FTAAP 面临巨大的现实困难。

此后，本地区的专家学者们仍继续对 FTAAP 问题热烈讨论，意见可以归纳为三派。

一是强烈支持 FTAAP 倡议。此派学者以美国经济学家伯格斯滕（Bergsten）为代表。伯格斯滕大力推销"亚太自由贸易区"倡议，称建立 FTAAP 有五大好处：① 有利于所有成员。在一个自贸区屋顶下，可以清除单个协定产生的歧视。亚洲地区的整合是好事，但应该同时有跨洋机制，太平洋两岸不能分割。② 世贸组织"多哈回合"停滞，应准备第二个计划，FTAAP 可以作为主要的替代方案，会给全球带来经济利益。其他替代方案，比如德国总理提出的跨大西洋机制，佐立克提出的美洲各种协议的联合（An Association of American Agreements），都会给亚洲造成新的歧视。③ 消除日趋激烈的双边主义与次区域主义。美、韩自由贸易协议很重要，是世界第一和第十一大经济体之间的协议，美日也应达成此协议，对亚太地区影响会增大，而 FTAAP 会使利益最大化，使风险最小化。④ 美国和中国之间出现了贸易摩擦，而美中之间的贸易摩擦仅靠美中双方努力还不够，地区性的共同努力会更有效，地区成员可起到杠杆作用。⑤ 东亚 10+3 等机制给 APEC 提供了机会，因各机制都存有缺陷，应该并行 FTAAP，可避免东亚那些机制的缺陷，实现目标，同时使风险最小化。APEC 可拿 10+3、10+6 等机制同 FTAAP 做比较，会给 FTAAP 提供强有力的说服力。①

二是继续怀疑 FTAAP 的可行性。此派学者以澳大利亚国立大学教授、前驻华大使罗斯·加诺特（Ross Garnaut）和前 PECC."地区机制研究项目"负责人、印尼 PECC 秘书长、印尼战略与国际问题研究中心（CSIS）执行主任哈迪·索萨斯特罗（Hadi Soesastro）等为代表。总的说来，这一派的人数较多。Ross Garnaut 谈到，美国连中国"市场经济国家"都不愿意承认，怎么可能与中国缔结自由贸易协定呢？Robert Scollay 是 2005 年和 2006 年 PECC 关于 FTAAP 问题研究的实际负责人，他重申了 PECC 的研究结论，认为现实的方案是制定更自由更便利的贸易目标。Hadi 更是怀疑 FTAAP 的可行性，他认为现阶段讨论 APEC 的约束性机制问题不大可能，APEC 需要立足现实才能制定可行的计划。②

三是主张 FTAAP 与东亚自由贸易区（EAFTA）同时进行（Promoting EAFTA and FTAAP in Parallel）。此派学者以日本经济学家山泽逸平为代表。山泽属于对日本政府很有影响的"一桥学派"。在山泽看来，同时推动 FTAAP 和 EAFTA 并不矛盾，他将努力说服日本政府同时推动此两个倡议③。

按照 ABAC 的建议，FTAAP 就是要在 APEC 成员经济体间建立一个包含所有货物和服务的自由贸易区，这个自由贸易区应当是 APEC 所有成员经济体之间所签订的所有 FTA 的大融合，各成员对这个自由贸易区的承诺当然应该超过对 WTO 的多边谈判的承诺。

在 ABAC 的倡议中，FTAAP 包括如下内容：投资、贸易便利化、货物贸易（农产品、工业品）、服务贸易、政府采购、竞争政策、知识产权、争端解决、原产地规则、各经济体的敏感部门、贸易救济措施的过度使用和误用（反倾销、保护措施、反补贴）等。

上述的 FTAAP 的内容与 WTO 的"多哈回合"谈判的内容基本相同。与当前世界各国已经签订的或正在谈判的大部分 FTA 相比，ABAC 提出的 FTAAP 是一个比较简单、比较容易达成的 FTA，是一个比较"保守"的 FTA，并不包括近年来很受发展中国家非议的劳工标准、环境保护、人权、国家政体等内容。很明显，ABAC 已经充分考虑到 APEC 成员的多样性、建立跨太平洋地区 FTA 的困难性等问题。

---

① 伯格斯滕. 亚太自由贸易区——APEC 和世界贸易体系下一步行动计划[M]// 梅平. 中国与亚太经济合作——现状与前景. 北京：世界知识出版社，2008：99-105.

② 罗斯·加诺特. 贸易自由化的政治学——亚太自由贸易协议政治上可行吗[M]// 梅平. 中国与亚太经济合作——现状与前景. 北京：世界知识出版社，2008：135-139.

③ 山泽逸平. 将亚太自由贸易区与东亚自由贸易区结合起来[M]// 梅平. 中国与亚太经济合作——现状与前景. 北京：世界知识出版社，2008：130-133.

　　按照美国国际经济研究所所长伯格斯滕的分析，即使是多哈回合谈判顺利结束、WTO 多哈协定顺利签订，其对地区经济、贸易的有利影响也比 FTAAP 少。在伯格斯滕看来，本地区众多的 RTA/FTA 安排使贸易关系错综复杂，缔结一个包括本地区主要成员的 RTA/FTA 将是在 WTO 的全面自由贸易一时难以取得突破的情况下的次优选择。

　　在当前的亚太自由贸易区讨论中，并没有明确提出成员问题，也没有明确跟 APEC 的关系问题；其内容很简单，也试图能让地区的所有成员接受。但是 FTAAP 由于是以 APEC 的名义出现，近期来看很难被 APEC 的 21 个成员所接受。

　　由于 FTAAP 仍然是亚太地区贸易投资自由化、便利化的终极目标，没有人会反对这个目标，因此实现目标的手段就成为问题的核心。

四、亚太自由贸易区的路径选择问题

　　就像专家们当年所预料的那样，如果 FTAAP 在 APEC 内得不到共识，那么主张 FTAAP 的部分成员可能组成一个集团，开展自贸区谈判，这个集团机制无论是否留在 APEC 内，都会达到部分成员自由化（APEC-X）的 FTAAP 效果。[①] P4、TPP、太平洋联盟（PA）的快速发展，正是对这一观点的最好注释。

　　EVSL 失败后，APEC 内的部分积极成员开始探讨部分成员的自由化问题，试图以此途径推动"茂物目标"的实现和更广泛的亚太地区的自由贸易。由于当时大部分成员认为 APEC-X 对 APEC 进程具有太大的破坏作用，此问题一直没有正式商讨。2002 年 10 月，APEC 墨西哥峰会期间，智利、新西兰、新加坡领导人开始了缔结自由贸易协定的首次谈判。2005 年 7 月 18 日，新西兰、智利、新加坡签署《跨太平洋战略经济伙伴协定》。2005 年 8 月 2 日，文莱作为创始成员签署 TPP，同日，有约束力的 TPP《环境合作协定》和《劳工合作备忘录》签署。2006 年 5 月 1 日，新加坡、新西兰率先实施 TPP。2006 年 6 月 12 日，文莱部分实施 TPP，其余部分在 2009 年 7 月全部实施。2006 年 11 月 8 日，智利实施 TPP。

　　在 TPP 开始探索的同时，美国试图以 FTAAP 为契机重新推动 APEC。2004 年正是在美国的支持甚至是授意下，加拿大的 ABAC 代表提出了 FTAAP。2006 年，美国总统布什在越南峰会上提出 APEC 需要以 FTAAP 作为目标，但是并没有得到大多数成员的积极响应，之后的两年 APEC 对 FTAAP 的讨论基本上是以应付为主。在此情况下，2008 年 9 月 22 日美国宣布将要全面参与 TPP。由于需要国会授权及当时正在忙于总统选举，美国直到一年以后才迈出实质性一步。2009 年 11 月 14 日，新上任的美国总统奥巴马宣布美国即将参与 TPP，目标是"塑造包括更多成员和更高标准的 21 世纪的地区贸易安排"。

---

　　① 杨泽瑞. 积极参与亚太自由贸易区符合我国利益[M]// 梅平. 中国与亚太经济合作——现状与前景. 北京：世界知识出版社，2008：140-149.

2006 年开始的 TPP 进程，表现出的主要特点包括：

- 约束性——TPP 的主进程从一开始就是具有约束性的；
- 全面性——TPP 从一开始就是以一揽子全面自由贸易协定为目标，贸易自由化进程中允许过渡期；
- 开放性——TPP 从一开始就是面向 APEC、面向本地区的，随时准备吸收新的成员。

在 TPP 越来越成为亚太自由贸易区"替代品"的情况下，2010 年 APEC 横滨峰会通过了《建立亚太自贸区的可能途径》的宣言。宣言称："我们已达成一致，现在是时候把亚太自由贸易区从理想转化为更加现实的愿景""我们要求亚太经合组织采取具体措施，实现亚太自由贸易区。这是进一步推动亚太地区经济一体化进程的主要载体。"宣言说，有关自由贸易区的协议不应过于狭义，必须"广泛、高质量、成型、致力于'下一代'的贸易和投资"，决定将 2020 年作为实现茂物目标的目标年展开工作，以进一步推进区域经济一体化进程。宣言说，TPP、东盟和中日韩三国的"10+3"合作机制，以及在"10+3"合作的基础之上又加入了印度、澳大利亚和新西兰三国的"10+6"合作体制是实现 FTAAP 的三个可能的路径。横滨峰会力图借助现有的各项区域合作机制，逐步建设亚太自由贸易区，为区域经济一体化注入新动力。[①]

2014 年 11 月，APEC 领导人在北京通过的实现亚太自由贸易区的路线图是近年来 APEC 关于 FTAAP 问题的最重要的行动，这说明 APEC 已经从领导人层面认识到实现地区经济一体化的重要性，并采取实质性措施。

五、TPP 为什么会死而复生

APEC 推动的亚太贸易投资自由化、便利化取得了一定的成绩，但还是不能符合本地区大部分国家（地区）人们的期待。APEC 的主要问题是机制、制度性的限制，使 APEC 实现目标的手段欠缺。但是当前的 APEC 的软约束性符合地区的现状，也符合本地区主要成员的需要；而 APEC 性质的调整，需要中、美、日、澳等国的共识，这个共识又不是一朝一夕能够达成的。

亚太地区经济一体化程度的加强，使本地区需要更多的地区合作和更高程度的地区主义。在 APEC 无法成为这一地区需要的载体的情况下，TPP 成为唯一的可能选择。

跟"10+3""10+6"相比，TPP 的独特性在于其跨太平洋性质。这个地区的客观状况就是，地区经济一体化程度在加深。这个地区的主观状况是，太平洋两岸需要一个合适的机制容纳中美两大国；地区的其他国家既担心中美合作搞成事实上的两国集团（G2），又

---

① APEC 第十八届领导人会议声明。参见 www.apec.org.

担心中美分裂，从太平洋中间划线，逼迫其他国家选择。

TPP 跟当年的 EVSL 相比，其面临的地区政治、经济环境有了极大的改善，这些方面包括：

- 国际的、地区的需求更强；
- 地区经济一体化程度更加密切；
- 发达经济体与发展中经济体的分歧在缩小；
- 避免了 APEC 的制度性缺陷——非约束性原则；
- 成员问题的灵活性及渐进性；
- 谈判内容的全面性、渐进性及灵活性；
- 美国国际、国内政治需要。

因此，TPP 的发展所面临的全球性及地区性环境和美国的参与程度，要远远优于当年的 EVSL。这决定了 TPP 一定不会重蹈 EVSL 的覆辙。即使美国特朗普政府退出 TPP，但包括 11 个国家的 TPP 仍完成谈判，准备继续实施 TPP 协议。美国国内主流观点和地区各界认为，特朗普政府的退出 TPP 行动不会持续太久，在条件合适的情况下，美国会重新回来的。

六、制定 APEC 后 2020 议程问题的思考

APEC 后 2020 年议程问题对中国意义重大，关乎 APEC 2014 年北京会议成果的顺利落实，关乎中国在亚太地区互利共赢、普惠包容伙伴关系的营造，关乎"亚太命运共同体"的建设和"亚太互联互通战略"的推进，关乎中国在未来 10 年至 20 年甚至更长时间内争取主动、引领亚太经济合作的未来。

（一）亚太经济合作的有利与不利形势

当前的国际经济贸易局势需要亚太地区在贸易投资自由化、便利化方面作出探索和突破。APEC 成员的人口占全世界总人口的 40%，贸易占全世界的 48%，GDP 占全世界的 55%，世界上最大的三个经济体——美国、中国和日本都在 APEC 内。第二次世界大战后的大部分时间里，国际贸易的增长率几乎是国际经济增长率的两倍，但自 2008 年金融危机后，国际贸易增长率明显降速，不及多年平均数的一半。在 WTO 多哈回合停滞、近期复活无望的情况下，APEC 在贸易投资自由化方面面临的压力，却正是前进的动力。

从 1989 年成立至今，APEC 已发展成为亚太地区最重要的区域经济合作组织，在贸易投资自由化、便利化和经济技术合作三方面都取得了巨大的成绩。当前，APEC 是亚太地区经济合作的主渠道没有变，APEC 推动地区贸易投资自由化、便利化和经济技术合作的大方向没有变，这正是开展亚太合作的有利条件。

对中国而言，亚太地区是我国政治安全、经济贸易、地缘政治和区域合作最重要的地

区。从 1991 年加入 APEC 以来，中国在地区的存在感和本地区对中国的影响度都在上升，中国的经济实力有了突飞猛进的增长，从 1991 年的 4000 亿美元到 2017 年的 12 万亿美元，足足增长了近 30 倍。与此同时，我国的对外贸易更是大幅增长，进出口额从 1991 年的 1300 亿美元到 2017 年的 4.3 万亿美元，足足增长了 32 倍。无论是从政治安全角度，还是从经济贸易角度，我国都需要更多的地区参与，需要更紧密的地区合作。而经济实力的增长为中国参与地区合作提供了条件和保障，也提出了更高要求。

参与区域合作的日益增多，为中国进一步参与地区合作提供了经验和信心。除亚太合作和东亚合作（10+6）两个大范围的区域合作外，中国还参加了多种双边的和次区域合作机制，如中国-东盟合作、中日韩合作、澜沧江-湄公河流域国家合作、大湄公河次区域合作等。同时地区各经济体对中国的期待也日益增加，希望中国在地区经济合作进程中发挥引领作用的呼声日益增强。

另一方面，美国特朗普政府的"退出战略"也给中国在区域合作中发挥主导作用提供了机会。特朗普政府的"以双边代替多边、以消极代替积极"对待区域合作的架势预计会持续一段时间，这也为中国发挥更大作用、引领 APEC 制定后 2020 议程提供了良机。

当然，亚太经济合作也面临一系列的不利因素，如反全球化思潮蔓延、贸易保护主义抬头、美国转向双边主义等。同时在地区合作的机制与框架、亚太合作和东亚合作到底是竞争还是互补、区域贸易安排错综复杂、亚太自由贸易区的路径选择尚未有眉目等问题上，如何克服碎片化的区域贸易安排带来的弊病、设定目光高远的 APEC 后 2020 议程成为必要和地区的期望。在中国经济日益强大的情况下，亚太地区各方高度重视中方的参与和贡献。

（二）制定 APEC 后 2020 议程的几个基本原则

讨论制定 APEC 后 2020 议程问题，绝不是凭空想象，而是基于 APEC 和本地区 30 年区域合作的历史，继承原有的优点，改进以往的不足。中国参与制定、设计 APEC 新的议程，一定是结合一系列因素，与地区经济体多方探讨、博弈的结果。

1. 中国自身发展需要与亚太地区需要的结合

经过 40 年的改革开放，中国经济取得了举世瞩目的成绩，国家日益繁荣、日益走向世界舞台的中心。我们成为世界的主角，首先是要成为亚太地区的主角，我们建设世界命运共同体，首先是要建设亚太命运共同体。

中国需要亚太地区。我国经济已经走向全球，成为世界第二经济大国，并坐二望一，有望在一代人的时间里成为世界经济的老大，完成几代人梦寐以求的现代化的任务。在中国经济转型升级的时候，我们需要更广阔的、可持续的市场，我们需要更多元、更可靠的原料和燃料来源，我们的企业需要走出去在国际市场上竞争和成长。我国已成为本地区大部分国家成员的第一大贸易伙伴，我们需要可靠的、前瞻性的贸易、投资、服务安排来确保我国经济的健康发展。

亚太地区需要中国。地区各成员已经充分认识到,中国的崛起是不可阻挡的历史趋势,与中国和平共存、从中国的发展中获益已成为主流观念。

亚太地区各经济体也希望中国提供可靠的地区公共产品和贸易框架安排,引领地区合作机制的建设,特别是在当前区域贸易安排复杂和美国特朗普政府"退出多边"战略的背景下,对中国的期望值日增。

TPP 的复活再一次表明,如果我们没有明确的、前瞻性的亚太地区合作战略,日本、印度这两个对中国发展警惕性最高的国家一定会试图引领地区合作的发展方向,维护其利益,阻挠中国参与地区合作,延缓中国经济增长和崛起的进程。

在当前和今后的亚太区域合作中,中国应该是大有可为的。如果我们合理利用我国的实力,巧妙发挥我国的"软实力",做到"软硬兼施",就能更好地推进我们的亚太战略。

2. APEC 30 年合作的传承与创新的结合

APEC 1994 年制定的"茂物目标"——发达成员在 2010 年、发展中成员在 2020 实现贸易投资自由化,是在冷战结束、GATT 乌拉圭回合结束等特定的历史条件下的产物,是集体乐观情况下的极端承诺。

虽然茂物目标最终实施效果未尽如人意,但它成为一代人的灯塔,指引了 APEC 在地区合作的发展方向,推动 APEC 在贸易投资自由化、贸易投资便利化方面取得了长足进步。APEC 成员的平均关税已从 1994 年的 20% 下降到不足 5%,平均下降了 80% 多,非关税壁垒、服务贸易、投资方面的成绩更是有目共睹。

茂物目标的实施情况是专家们早就预料到了的。从 1994 年到 1997 年,APEC 制定了茂物目标、大阪行动议程、马尼拉行动计划,狂飙猛进的几年过后,APEC 这宏伟的目标和软弱的手段之间的较量,表明自愿的、非约束性的、灵活的原则难以达到具体的目标。

因此,要讨论 APEC 后 2020 议程,我们既不可能全部继承茂物目标,也不可能完全放弃茂物目标,一定是两者的结合,既要继续高举茂物目标中贸易投资自由化、便利化的旗帜,也要改善 APEC 实现目标的手段不足的弱点,完善 APEC 的机制建设。

3. 近期目标与长远目标的结合

当前,亚太地区政治、安全、经济、区域合作形势的剧烈变化应该会持续一代人的时间,中美在地区政治、经济方面的博弈和对区域合作主导权的争夺也会持续很长时间。因此,制定 APEC 后 2020 议程应该是近期目标、中期目标与长远目标的结合。近期目标是结合 APEC 的实际,在 10 年内能初步实现的目标;中期目标是 20 年内,有可能实现的目标;而长远目标则是 20~30 年的目标,源于现实,又高于现实,是理想的目标。

4. APEC"三个轮子"的结合

茂物目标制定后,APEC 的"三个轮子"——贸易投资自由化、贸易投资便利化和经济技术合作，在实践中是很不均衡的。贸易投资自由化和便利化取得了成绩和突破，经济技术合作一直没有找到合适的机制、内容和路径，没有起到当年所设想的缩小成员发展差距的效果。

在制定 APEC 后 2020 议程时，我们既要重视贸易投资自由化、便利化，也要重视经济技术合作，从机制到内容，从项目到成员参与都需要取得实质性突破，以期让更多的发展中成员受益，从而缩小发展差距、造福地区更多的成员，推动"亚太命运共同体"的建设取得突破，让"亚太世纪"从理想变为现实。

（三）APEC 后 2020 议程的主要内容考虑

当前讨论制定 APEC 后 2020 议程，一定是区域合作的理想与现实的结合，既要有理想的部分，也要有现实的部分。笔者个人的初步考虑是，制定 APEC 后 2020 议程如同制定亚太区域合作的灯塔，需要包括塔尖、塔身、塔底和塔基四层。同时，对于大家争论多年的 APEC 机制、制度本身，新的议程中一定要通盘考虑，并作出明确的规定。

塔尖：太平洋共同体

亚太区域合作这座灯塔的塔尖是"太平洋共同体"（Pacific Community），这是 1993 年 APEC 在西雅图召开第一次领导人会议时热烈讨论的话题，当年号称是克林顿总统的"宝贝"。只是在多方极力反对下，"太平洋共同体"热乎一阵之后很快就沉寂下去了。

从欧盟的实践和东盟的理想来看，"共同体"需要包括政治安全共同体、经济共同体、社会文化共同体三方面的内容。太平洋地区似乎缺乏建设"共同体"的可能性，但"太平洋共同体"作为理想的价值依然存在，把建设"太平洋共同体"作为亚太经济合作的终极目标存在巨大的吸引力。

"太平洋共同体"也符合中国建设"亚太命运共同体"的战略。虽然当年我们反对"太平洋共同体"这个口号，但多年以后，地区合作情况和中国的情况发生了巨大的变化，我们应该扛起这面旗帜。

"太平洋共同体"当然是长远目标，时间设定为 30 年，APEC 日程表上可以设定在 2050 年。虽然实现的可能性未知，但作为亚太地区合作的塔尖，必将指明一代人努力的方向，表明 APEC 的进程"不忘初心"。

塔身：亚太自由贸易区

亚太区域合作这座灯塔的塔身是亚太自由贸易区（FTAAP）。

当前，把建设 FTAAP 作为 APEC 贸易投资自由化的终极目标的条件基本具备了。WTO 进程停滞、亚太地区区域贸易安排的蓬勃发展、数字经济快速发展导致贸易投资中的新老问题的交集，表明需要一个跨区域的贸易安排，来推动 WTO 进程，打破所有的次区域贸易安排，解决贸易投资自由化中的各种新老问题。

以"开放性的地区主义"为目标，扛起"亚太自由贸易区"的大旗，整合亚太合作、东亚合作和各种次区域贸易安排，是当前亚太地区合作的当务之急。当然，FTAAP 与各种次区域贸易安排需要对接，而不是对撞，以避免竞争性的贸易安排造成的地区合作碎片化的状况。

FTAAP 也是对 APEC 茂物目标的继承和发展。贸易投资自由化、便利化一直是 APEC 进程的核心，但茂物目标未能完成。APEC "未完成的事业" （Unfinished Business）——包括尖峰关税、非关税壁垒、技术障碍、农产品贸易障碍等，也需要在 APEC 后 2020 议程中有所交代。因此，跨越茂物目标、制定一个包括亚太地区大部分成员的、中高标准的、新一代的贸易安排，成为亚太地区贸易投资自由化进程的核心期待。

FTAAP 与 APEC 的机制安排将是非常复杂的。FTAAP 应该是在 APEC 框架下，发挥 APEC 的领导作用，但 FTAAP 的成员却应分期、分批向本地区所有经济体开放。FTAAP 进程应该相对独立，谈判和协议必定是有约束性的。

建设"亚太自由贸易区"必将推动中国国内的经济改革和产业结构升级。在改革的红利和动力日趋衰减的情况下，以对外承诺推动国内改革无疑会为改革注入新动力。

TPP 作为 FTAAP 的路径之一，已经为 FTAAP 设定了标准。我们很难要求 FTAAP 的内容都能符合我们的需要，地区大部分成员也不会同意低标准的贸易安排。因此我们应该尽力让 FTAAP 的内容向高标准看齐，各成员能够选择的余地不大。国有企业、政府采购、劳工、环境保护、知识产权等内容不可能完全符合我们的要求，但把这作为改革的方向，也是中国走向现代化、建设现代国家需要努力的方向。

"亚太自由贸易区"应该是中期目标，时间设定为 20 年，APEC 日程表上可以设定在 2040 年。虽然实现的可能性不能说百分之百，但作为亚太地区合作的塔身，完全有可能经过一代人的奋斗，完成建设"亚太自由贸易区"的任务。

塔底：互联互通的亚太和 APEC 互联互通基金

亚太区域合作这座灯塔的塔基是"互联互通的亚太"（Seamless Pacific）。

把建设"互联互通的亚太"作为 APEC 贸易投资便利化的终极目标的条件已经成熟了，完全符合 2014 年 APEC 北京会议通过的《亚太互联互通战略》设定的目标。根据 APEC 的设想，互联互通应该包括基础设施、机制制度和人员三个方面的互联互通。

在基础设施的互联互通方面，继续推进海上、路上和航空业的基础设施建设，如港口联盟、泛亚铁路网、泛亚公路网等。

在机制和制度的互联互通方面，可以将此与 APEC 多年难以取得进展的经济技术合作联通，以中国为主建设亚太标准与一致化组织，推动技术转让，加强能力建设和包容性增长。对中国而言，推动亚太地区机制制度的互联互通，表明改革开放进入新阶段，从"引进"变为"输出"，为我们的"四个自信"添彩。

在人的联通方面，强调签证的便利化、劳工与就业的便利化、留学自由与文凭互认等内容。

推动"互联互通的亚太"也完全符合中国"一带一路"倡议的总体要求，是中国走向世界舞台、成为负责任大国的战略的组成部分。因此，将亚洲基础设施投资银行（AIIB）与 APEC 建成战略伙伴关系，由中国出资，在 AIIB 里设立 100 亿美元或更多的"APEC 互联互通基金"（APEC Connectivity Fund），同步推进中国"一带一路"倡议和亚太战略。

"APEC 互联互通基金"并不需要 APEC 来管理和讨论，只是挂着 APEC 的名义，在 AIIB 里设立的专项投资基金。APEC 成员直接向 AIIB 申请，项目的选择和管理全部由 AIIB 负责，因此并不会增加中国的支出。

中国的基础设施建设行业和交通工具产业生产能力巨大，在国内市场日趋饱和之后，走出去成为必然选择。亚太互联互通建设必将推动中国基础设施建设企业和汽车、高铁、飞机等高科技产品的走出去，为中国经济现代化助力。

塔基：丰富多彩的合作

亚太区域合作这座灯塔的塔基应该是丰富多彩的合作项目（Colorful APEC）。

当前，APEC 合作项目选择可以说是非常随意的，成员的自主性较大，缺乏机制性的约束和评估，导致 APEC 各类项目的选择缺乏战略性、连续性。

新的项目选择机制必须科学、合理，要经过成员间充分的讨论。项目可以是多年的，也可以是一年，对参加的成员必须有硬性的要求，比如，必须有一半以上成员支持和参加才能启动该项目，项目结束后由 APEC 秘书处独立评估项目效果等。

对中国来说，我们参与 APEC 的项目也缺乏足够的规划和战略选择，花费了庞大的资金，只是开始几年轰轰烈烈，之后就打入冷宫，效果欠佳。

如何在 APEC 里选择、开展一些符合中国需要的项目，以利于中国产业结构的升级和管理水平的提高，却需要充分的讨论和研究。比如提高政府的行政能力、学习现代社会的管理理念是中国现代化进程中非常欠缺的内容，在环保、教育、城市化与城市管理等方面我们需要向成熟的经济体学习。APEC 在此方面可以发挥不少作用，我们可以利用 APEC 这个平台，在此方面开展一系列项目，推动中国的现代化进程。

APEC 机制本身

多年来，APEC 的机制和制度建设一直备受争议。APEC 后 2020 议程需要就机制制度问题做出明确规定，需要在原有的基础上推进一步。

1995 年在大阪制定的 APEC 九大原则中，"自愿性""非约束性""灵活性"三条原则常常为人诟病，被批评为破坏茂物目标的第一步。但客观来看，这是 APEC 的缺点，却也是 APEC 的优点，在亚太区域合作的起步阶段，有弹性的机制维持了 APEC 进程 20 多年。

现在，地区合作进程有了巨大的变化，继续维持"自愿的、灵活的、非约束性"的原则已经不合时宜，不可能凭此推动亚太自由贸易区的建设。

APEC 后 2020 议程需要就"约束性"问题做出明确规定。过去 20 多年的经验表明，"领导人承诺""大国承诺"这些原以为有约束性的东西，在现实面前毫无用处。"软约束型""半约束性""自愿型约束性"等概念可以考虑引进到 APEC 进程中。

同时，一个专业的、规模较大、强有力的秘书处也是很多有识之士所期盼的。秘书处的人员应该是长期聘用的专业人士，而不是各个成员派遣的政府官员；秘书处对各类项目的评估应该超越各成员自己的报告，应该更专业化、长期化地管理各类项目。

积极讨论、推动制定 APEC 后 2020 议程，正是中国推动"共商、共建、共享"的区域合作、建设合作共赢的亚太时代的好时机。

参考文献

[1] 伯格斯滕. 亚太自由贸易区——APEC 和世界贸易体系下一步行动计划[M]// 梅平. 中国与亚太经济合作——现状与前景. 北京：世界知识出版社，2008：99-105.

[2] 罗斯·加诺特. 贸易自由化的政治学——亚太自由贸易协议政治上可行吗[M]// 梅平. 中国与亚太经济合作——现状与前景. 北京：世界知识出版社，2008：135-139.

[3] 山泽逸平. 将亚太自由贸易区与东亚自由贸易区结合起来[M]// 梅平. 中国与亚太经济合作——现状与前景. 北京：世界知识出版社，2008：130-133.

[4] 山泽逸平. 亚洲太平洋经济论[M]. 上海：上海人民出版社，2001：77.

[5] 杨泽瑞. 积极参与亚太自由贸易区符合我国利益[M]// 梅平. 中国与亚太经济合作——现状与前景. 北京：世界知识出版社，2008：140-149.

[6] 王嵋生. 亲历 APEC——一个中国高官的体察[M]. 北京：世界知识出版社，2000：138-139.

"后茂物"时代的 APEC 进程与 "一带一路" 建设

刘晨阳*

摘　要：APEC 于 1994 年设立的茂物目标将于 2020 年到期，"后茂物"时代的 APEC 将不仅是我国参与和深化亚太区域经济合作的重要平台，同时也是我国促进"一带一路"建设，推进构建开放型世界经济，在全球经济治理体系中强化自身影响力和引导力的有效渠道和抓手。我国应以习近平总书记治国理政的一系列新理念新思想新战略和十九大精神为指导，积极推进"后茂物"时代 APEC 合作的深入发展，并力争与"一带一路"建设形成相辅相成、相互促进的效果。

关键词："后茂物"时代；APEC；亚太区域经济一体化；"一带一路"建设

作为亚太地区规模和影响力最大、级别最高的区域合作机制，亚太经济合作组织（APEC）于 1989 年正式成立。1994 年，在印度尼西亚小城茂物举行的第二次 APEC 领导人非正式会议达成重要共识，即 APEC 发达成员和发展中成员将分别于 2010 年、2020 年实现贸易投资自由化，这也被称为茂物目标。这一目标为 APEC 框架下的亚太区域经济合作进程明确了方向，同时也注入了实质性内容。20 余年来，在茂物目标引领下，APEC 的贸易投资自由化合作取得了诸多引人注目的成果。但是随着 2020 年 APEC 茂物目标第二个时间表的临近，"后茂物"时代 APEC 框架下的亚太区域经济合作应如何规划，成为摆在所有 APEC 成员面前的重大现实问题。

近几年来，习近平主席在 APEC、二十国集团、金砖国家组织等多个国际组织的领导人会议上积极倡导"开放、包容、合作、共赢"的精神，用治国理政的一系列新理念新思想新战略为我国参与区域经济合作和推进构建国际经济治理体系的新格局指明了方向。我国应以此为指导，积极推进"后茂物"时代 APEC 合作的深入发展，并力争与"一带一路"建设形成相辅相成、相互促进的效果。

---

* 刘晨阳，南开大学 APEC 研究中心教授。本文为南开大学社科建设性项目（91822148）研究成果。

一、APEC 茂物目标进程回顾

在设立茂物目标之后，APEC 在 1995 年发布了"大阪行动议程"，明确了以单边行动计划和集体行动计划相结合的方式推进实现茂物目标。同时考虑到 APEC 成员经济发展水平的显著差异，以及各成员参与区域合作的不同利益诉求，APEC 明确了以自主自愿、协商一致、灵活渐进为核心特征和原则的独特运行模式，即"APEC 方式"，从而在制度层面为 APEC 的贸易投资自由化进程提供了较高的"舒适度"。

2014 年适逢茂物目标设立 20 周年，APEC 对茂物目标的进展情况进行了全面回顾。事实表明，APEC 各成员为推进实现茂物目标采取了有效措施，各种关税和非关税壁垒不断削减。APEC 地区的简单平均最惠国关税从 1996 年各成员首次提交单边行动计划时的 11%下降到 2014 年的 5.5%，其中 APEC 发达成员的平均关税为 3.3%，APEC 发展中成员的平均关税为 6.3%。同期，APEC 地区零关税产品税目所占比重从 27.3%提高到 45.4%。关税壁垒的削减使 APEC 地区的市场开放水平不断提高，为区域内贸易的增长创造了有利条件。1994—2014 年期间，APEC 地区内的货物贸易总额增长了 3 倍，到 2014 年达到了 18.4 万亿美元，年均增长率为 7.8%，远高于同期世界货物贸易的增长速度。得益于商业环境的改善，亚太地区的服务业市场也不断扩大，1994—2014 年期间，APEC 区域内商业服务贸易额的年均增长率达到 7.6%。[①]

APEC 在贸易投资便利化合作领域也取得了引人注目的进展，"APEC 贸易便利化行动计划"（TFAP）的实施有效降低了各成员之间的跨境贸易成本。同时 APEC 各成员在促进无纸化贸易、海关措施、商务人员流动、标准一致化等领域也开展了卓有成效的合作。

此外，APEC 投资自由化和便利化的水平也不断提高，对外国直接投资的流入和流出产生了显著的激励作用。1994—2014 年期间，流入 APEC 地区的外国直接投资存量的年均增长率为 11.1%，2014 年达到 12.4 万亿美元。同期，APEC 地区对外直接投资存量的年均增长率为 10.6%，2014 年达到 12.9 万亿美元。[②]

贸易和投资的增长为 APEC 地区的经济发展提供了强劲的驱动力。1994—2014 年期间，APEC 地区的实际 GDP 年均增长率达到 3%，高于同期世界经济 2.5%的年均增长水平。目前，APEC 成员的经济总量约占世界的 55%，贸易总量约占世界的 44%[③]，成为世界上规模最大和最具影响力的区域经济合作组织之一。

---

① APEC Policy Support Unit. Second-Term Review of APEC's Progress towards the Bogor Goals: APEC Region. APEC, November 2016. http://publications.apec.org/publication-detail.php?pub_id=1775.

② APEC Policy Support Unit. Second-Term Review of APEC's Progress towards the Bogor Goals: APEC Region. APEC, November 2016. http://publications.apec.org/publication-detail.php?pub_id=1775.

③ APEC Policy Support Unit. Second-Term Review of APEC's Progress towards the Bogor Goals: APEC Region. APEC, November 2016. http://publications.apec.org/publication-detail.php?pub_id=1775.

二、APEC 深化"后茂物"时代亚太区域合作的重要意义

虽然 APEC 框架下的亚太区域经济合作在茂物目标引领下取得了多方面的进展，但需要指出的是，APEC 在设立茂物目标时，为了避免各成员因为对贸易投资自由化标准的认识不同而陷入争论，并没有对茂物目标进行明确界定和量化。这种做法被称为"战略性的模糊"，在客观上适应了处于起步阶段的亚太区域经济合作的需要。但是也正是由于界定标准的缺失，在 2020 年茂物目标时间表到期时，APEC 将无法做出已实现贸易投资自由化的明确结论，亚太区域经济一体化进程还将继续深入推进，这为 APEC 制定"后茂物"时代贸易投资自由化进程的新规划提出了客观要求。

事实上，"后茂物"时代合作新规划的制定还有着更加深远的意义。近 30 年来，亚太地区始终是世界范围内经济增长最具活力的地区，在国际政治版图中的地位也不断提升。世界从未像现在这样需要一个和平、稳定、繁荣的亚太。因此，"后茂物"时代的亚太合作进程需要一个更加有效、更具活力的 APEC。站在历史新起点上，APEC 各成员应本着积极务实、循序渐进的原则，不断完善 APEC 的合作机制，加强顶层设计和整体谋划，制定富有雄心的合作目标和蓝图，使 APEC 在亚太区域经济合作和全球经济治理体系中发挥更加积极的引领作用。由此可见，"后茂物"时代合作的新规划不仅限于贸易投资自由化的范畴，同时也关乎 APEC 自身的发展大计，对世界经济的未来发展也具有重要意义。

具体而言，首先，国际社会期待 APEC 为促进全球经济的全面复苏和健康增长发挥更加积极的引领作用。当前，世界经济的总体趋势向好，但国际金融危机的深层次影响仍未消除，一系列不确定因素依然存在。主要发达经济体在金融危机中普遍暴露出自身存在的结构性问题，尚未找到有效的根治方案。受全球经济环境的影响，主要新兴经济体的经济增速也有所放缓。与此同时，在政治、经济、社会和文化等多种复杂因素的驱动下，世界一些国家和地区出现了"逆全球化"的论调和基于保守主义的对外经济政策，贸易保护主义在全球范围内有所抬头。上述因素给世界经济的全面复苏带来了巨大挑战。在这种情况下，APEC 各成员应该进一步凝聚共识，加强宏观经济政策协调，为"后茂物"时代的区域经济一体化进程注入新的活力，使亚太地区在促进世界经济复苏和健康增长方面发挥更加突出的引擎作用。

其次，APEC 在"后茂物"时代有能力和义务采取更加有效的措施，在以 WTO 为基础的多边贸易体制的发展进程中发挥关键作用。APEC 在成立之初，就确立了其 WTO 支持者的坚定立场。近年来，推进 WTO 多哈回合谈判始终是 APEC 的优先议题之一。WTO 多年来的实践表明，多边贸易体制在协调国家贸易政策、平衡国际贸易关系、减少贸易摩擦，以及促进世界经济增长方面肩负着重任，在应对国际金融危机、反对保护主义方面也发挥着重要作用。还需强调的是，多边贸易自由化和亚太区域经济一体化进程之间有着相

互补充、相互促进的关系。APEC 的未来与一个强大和充满活力的多边贸易体制紧密相关，WTO 所构建的更加开放的国际贸易投资环境也会显著促进亚太区域经济一体化进程。事实上，APEC 成员在近期达成并生效的 WTO《贸易便利化协定》的推进过程中发挥了核心作用。因此，APEC 在"后茂物"时代完全有能力采取新的举措，继续推进多边贸易体制的发展和完善。

再次，"后茂物"时代的 APEC 应该在协调亚太地区各种类型的区域贸易安排（FTA/RTA）的发展方面承担更多责任。进入 21 世纪以来，随着新一轮区域经济一体化浪潮在全球的兴起以及 WTO 多边贸易谈判的遇阻，亚太区域合作的重心开始比较明显地向传统的经济一体化路径回归，在形式上集中表现为各种类型区域贸易安排的大量衍生。与传统的自由贸易安排相比，当前的自由贸易安排已不仅是一种经济协议，同时也是各缔约方外交、安全和对外经贸战略的重要组成部分，其承载的利益取向日益多元化。受这一趋势的影响，亚太区域经济一体化进程源于经济和市场因素的驱动力有所下降，地缘政治和地缘战略因素所产生的驱动力明显上升，大国博弈日渐激烈。地区环境和各成员利益诉求的演变促使亚太区域经济一体化的主体形态产生了新的发展方向，即多边化区域主义。以跨太平洋伙伴关系协定（TPP①）、区域全面经济伙伴关系（RCEP）和太平洋联盟（PA）为代表，亚太地区的多边化区域主义既是双边及区域自由贸易安排突破自身封闭性而进行对外开放与整合的过程，也是新区域主义针对形势变化而做出的调整。

从目前的形势来看，亚太地区的大型自由贸易安排之间存在某种独特的相互激励与竞争的关系，并实现了一定程度的平衡。但是这种平衡关系是不稳定的，非常容易因大国博弈或某些经济体的政治投机而形成竞争关系。因此，在"后茂物"时代，APEC 从自身发展和亚太区域经济一体化的大局出发，有责任和内在需求在协调自由贸易安排的发展方面发挥更加积极的作用。

最后，APEC 在"后茂物"时代制定新的合作规划，有助于更好地顺应全球价值链（GVA）的发展趋势。当前，全球价值链已成为世界经济的一个显著特征，使国际贸易呈现出新的格局。全球价值链的发展在进一步深化国际产业分工和密切各国经贸关系的同时，也加大了国际经贸体系发生系统性风险的可能性。APEC 所在的亚太地区是全球价值链连接最为密集的地区，对世界范围的生产、贸易和投资活动都具有极其重要的影响。这一现实强化了 APEC 成员加强全球价值链合作的必要性，并形成了 APEC 促进亚太区域经济一体化进程的又一内部驱动力。因此，如何促进 APEC 各成员内部及彼此之间高效、顺畅的全球价值链连接，已成为处于不同发展阶段的经济体的关注重点，2014 年 APEC 北京会议通过的《APEC 促进全球价值链发展合作战略蓝图》充分体现了各成员的这一共同诉求。因此，在

---

① TPP 在 2017 年 1 月美国退出后更名为"全面与进步跨太平洋伙伴关系协定"（CPTTP）。

"后茂物"时代，APEC 需要以该战略蓝图为基础开展各项具体行动，以确保各成员从全球价值链发展中平等获益，并进一步强化 APEC 在促进全球价值链发展合作方面的引领作用。

三、中国推动"后茂物"时代 APEC 合作的利益诉求

作为中国加入的第一个区域经济合作组织，APEC 不仅为我国融入亚太区域合作进程打开了一扇大门，也为此后参与多元化的国际经济合作体系奠定了基础。多年来，中国在 APEC 合作中经历了从努力适应到积极参与，再到尝试发挥引领作用的角色转变。这一转变不仅由于中国综合国力的提升，更主要的原因是中国能够始终坚持从维护 APEC 进程的大局出发，在事关亚太区域合作成效的重大问题上彰显大国风范和历史使命感，并兼顾 APEC 发展中成员和发达成员的利益诉求，推动各方在求同存异的基础上最大限度地凝聚共识，以不断促进亚太区域合作的拓展和深化。

党的十九大报告指出，我国将坚持和平发展道路，推动构建人类命运共同体；坚持对外开放的基本国策，坚持打开国门搞建设，积极促进"一带一路"国际合作，努力实现政策沟通、设施联通、贸易畅通、资金融通、民心相通，打造国际合作新平台，增添共同发展新动力。同时，中国支持多边贸易体制，推动经济全球化朝着更加开放、包容、普惠、平衡、共赢的方向发展；促进贸易和投资自由化便利化以及自由贸易区建设，推动建设开放型世界经济。

对于正在迅速崛起的中国而言，虽然综合国力不断提升，但在今后较长一段时期内仍将是一个具有世界影响力的亚太大国。基于这一定位，中国应将积极参与亚太区域经济合作视为延长我国战略机遇期、向世界大国目标迈进的重要举措，并根据亚太区域合作的新特点和新趋势，采取有针对性的应对措施，不断强化我国的引导能力，使我国的利益诉求更好地融入亚太区域合作的整体进程之中。APEC 作为亚太地区最大的区域合作组织，无疑可以为我国实现上述战略目标发挥多重功能。因此，以十九大报告的精神为指引，我国在推动"后茂物"时代 APEC 合作进程方面的利益诉求将主要体现在以下几个方面：第一，应该针对亚太地区大国博弈加剧、地区政治经济格局趋于复杂的现实情况，努力加强各成员的地区认同感，改善亚太经济合作的地区环境；第二，针对亚太地区各种类型的区域贸易安排的衍生和扩张，APEC 应避免由于封闭式贸易集团之间的恶性竞争而造成的区域碎片化，并全力推进亚太区域经济一体化进程；第三，APEC 应该不断深化原有领域的合作，并开拓新的合作领域，从而增强 APEC 框架下亚太区域合作的实效性，提升成员之间的向心力。

需要强调的是，上述利益诉求在更高层面的统一是使 APEC 成为"一带一路"建设的重要依托。"一带一路"建设的核心目标是促进经济要素有序自由流动、资源高效配置和市场深度融合，推动沿线各国实现经济政策协调，共同打造开放、包容、均衡、普惠的区域

经济合作架构，这与 APEC 合作的导向高度一致。此外，"一带一路"建设已明确的重点合作领域包括基础设施、贸易、产业投资、能源资源、金融、生态环保、人文和海洋等，这些领域在 APEC 合作框架下均有所涉及。因此，"一带一路"建设和 APEC 引领的亚太区域经济合作完全可以实现相辅相成、相互促进的效果。

展望未来，"后茂物"时代的 APEC 将不仅是中国参与和深化亚太区域经济合作的重要平台，同时也是促进"一带一路"建设，推进构建开放型世界经济，在全球经济治理体系中强化自身影响力和引导力的有效渠道和抓手，其角色将得到全新的定位，其功能将更加多元化，其战略空间将不断拓展。

四、"后茂物"时代 APEC 合作与"一带一路"建设的理念相融

精神的力量是无穷的，这句话可以用来充分阐释驱动"后茂物"时代亚太区域经济合作不断深化和发展的主观因素的重要性。那么，在"后茂物"时代，APEC 合作的指导原则是否需要进行调整？应怎样调整？是否可以和"一带一路"建设的核心理念充分相融呢？

过去 20 余年来，以自主自愿、协商一致、灵活渐进为核心特征的"APEC 方式"是 APEC 推进实现茂物目标的基本行事原则。客观而言，"APEC 方式"在亚太区域经济合作的初始阶段有助于平衡各成员的利益诉求，为 APEC 合作框架的逐步完善和拓展提供了时间和制度空间，维系了各成员参与亚太区域经济合作的向心力。但是，在茂物目标到期后，历经三十余年的 APEC 合作进程将迈入新的历史阶段，各成员参与更高水平区域经济一体化合作的意愿和能力普遍增强。在这种情况下，"APEC 方式"的内生性制度缺陷将暴露得越来越明显，这主要体现在以下两个方面：其一，自主自愿原则和集体行动的长期效率之间存在冲突。在多边或多成员的区域合作进程中，如果某些成员总是从极端利己主义的角度出发采取"搭便车"的策略，就会削弱其他成员的积极性，使集体行动的效率大大降低，甚至陷入僵局；其二，灵活渐进原则与集体行动的公平约束目标之间存在冲突。在多边或多成员的区域合作中，需要兼顾个体成员的理性约束和集体行动的公平约束，否则就会出现"木桶效应"，使集体行动的合作水平受限于"短边规则"而难以提高。

需要强调的是，虽然"APEC 方式"具有内生性的缺陷和不足，但是鉴于 APEC 成员经济发展水平的差异性和亚太区域经济合作的多元化特征将在较长时期内存在，"APEC 方式"在"后茂物"时代的亚太区域经济合作进程中仍具有现实意义和必要性，但需要进行适度的调整，并注入新的内涵，形成引领 APEC 发展的新的指导原则。

第一，"后茂物"时代的 APEC 合作应坚持灵活性、包容性和渐进性。综合考虑亚太区域经济合作的各种现实基础和前景，只有坚持合作模式的灵活性、合作领域的包容性，以及合作进程的渐进性，才能使其保持长久的吸引力和生命力。但从内在的逻辑关系来看，灵活性和包容性既是原则也是手段，其根本目的是保证 APEC 合作进程的渐进发展。

第二，"后茂物"时代的 APEC 合作应维持开放性。开放性合作模式的协调和监督成本低、操作性强，各成员不需要在经济主权上做巨大让步。同时开放性的合作模式还意味着不排斥区域外成员或组织的参与，以便获得更加丰富的资金、技术或人力资源。

第三，"后茂物"时代的 APEC 合作应该把增强实效性放在突出位置。为保障集体行动的公平和效率，APEC 可以通过加强同行审议和第三方评估、鼓励采用"探路者"方式，以及强化对"最佳范例"的推广实施和效果评估等举措，逐步建立适度的制度性激励机制。同时 APEC 还应进一步强化以项目为引导的合作模式，紧密结合各成员的现实需求，将切实提升本地区的经济发展水平和民众福利水平作为根本目标，不断取得阶段性的实质性成果。

需要强调的是，"一带一路"建设遵循的也是开放、包容、均衡、普惠、互利共赢的原则，同 APEC 的合作方式有着较强的一致性，为二者的理念相融奠定了良好条件。在此基础上，"后茂物"时代的 APEC 合作和"一带一路"建设还应共同倡导"伙伴关系"和"命运共同体"新理念，使其成为引领多成员区域经济合作的核心指导原则。"伙伴关系"和"命运共同体"是互为因果的关系，既是对当代区域经济一体化合作发展新形势和新特点的高度总结，也是基于现实和面向未来的理性选择。这两大新理念的核心要素是"开放、包容、共赢"，即以深化对内开放和扩大对外开放为导向，防止区域经济合作的封闭化和碎片化；以合作为动力，共同搭建平台，共同制定规则；以共享为目标，倡导平等参与，分享发展成果。

五、"后茂物"时代 APEC 合作与"一带一路"建设的领域相通

自茂物目标设立以来，贸易投资自由化、贸易投资便利化和经济技术合作构成了支撑 APEC 整体合作框架的三大支柱。此后，APEC 的合作领域逐渐拓展，三大传统合作领域的支柱地位有所弱化。同时由于 APEC 自身的非约束论坛性质，亚太地区的贸易投资自由化和便利化进程在达到一定水平后陷入瓶颈，继续依靠各成员以自主自愿方式推进的难度较大。此外，经济技术合作也由于后期投入的不足，使得各成员的参与积极性显著下降。

在"后茂物"时代，在亚太区域经济一体化进程不断深化的趋势下，APEC 的贸易投资自由化和便利化合作将很有可能由大型自由贸易协定承接。为此，APEC 应根据形势的变化，充分挖掘成员之间的利益结合点，对其现有的合作框架进行有机调整，从而在为自身注入新的活力的同时，在亚太区域经济合作进程中发挥更加突出的引领作用。事实上，本着继承、发扬、开拓、创新、互利共赢的原则，"后茂物"时代的 APEC 合作可以构建多个新的支柱领域，并和"一带一路"建设形成直接或间接的互动发展。

（一）促进可持续和包容性增长

区域经济合作不管以何种路径和方式开展，其根本目标都是促进本地区经济的增长和

民众福利水平的提高。因此,"后茂物"时代的 APEC 合作应结合全球经济形势变化的现实背景和亚太经济发展的客观需求,将可持续和包容性增长作为长期推进的支柱领域。事实上,"一带一路"的核心目标也是共同打造开放、包容、均衡、普惠的区域经济合作架构,与 APEC 推进该领域的合作有着相当强的一致性。从具体的合作内容来看,该领域可涵盖 APEC 传统的经济技术合作,并有所拓展。其中可持续增长合作旨在引导各成员经济增长方式的转型升级和彼此间的宏观经济政策协调,涉及的具体合作议题包括环境保护、应对气候变化、能源安全、绿色和低碳增长、蓝色经济、能力建设等。包容性增长则有着以下两方面的内涵:一是基于亚太地区各成员的显著多样性,在互利共赢基础上采取各种方式促进 APEC 各成员的优势互补和共同发展;二是加强各成员自身经济的包容性发展,使不同性别、不同区域和不同群体的民众都能够从 APEC 合作中平等获益。该领域可涉及的具体合作议题包括支持中小微企业发展、增强企业社会责任、加强人力资源开发、完善劳动力市场、为妇女和老年人创造平等就业机会、加强社会保障、扶助弱势群体以及支持偏远地区发展等。

(二)全方位互联互通合作

在经济全球化和区域经济一体化持续深入发展的背景下,APEC 各成员之间的贸易与投资往来越来越密切,亚太地区的生产、销售网络形成了相互交织、高度依存的格局。同时,全球金融危机的爆发也暴露出各成员经济结构的深层次问题。如何在"后茂物"时代寻找到新的合作突破口,继续扩大区域合作范围,提升合作层次,缩小发展差距,已经成为各成员共同的利益诉求。涵盖硬件基础设施建设、机制衔接与融合以及人员与社会交往的全方位互联互通合作无疑是一条有效的路径。2014 年 APEC 北京会议通过的《APEC 互联互通蓝图》充分体现了各成员所达成的共识,也预示着该领域的合作有着非常广阔的发展前景。在硬件互联互通合作方面,APEC 应重点加强交通、能源、电信等领域的基础设施建设,并通过推进公私伙伴关系等措施,促进基础设施建设融资渠道的多元化。在机制互联互通合作方面,重点领域应包括贸易投资便利化、供应链连接、标准一致化和规制融合等。从人员交往互联互通层面来看,APEC 重点推进的领域应包括便利商务人员和专业技术人员跨境流动、跨境教育合作、旅游业和医疗服务业合作等。

APEC 框架下的全方位互联互通合作和以"五通"(政策沟通、设施联通、贸易畅通、资金融通、民心相通)为主体的"一带一路"建设无疑有着密切的内在联系。该领域的合作不仅有助于拉近各方在地理空间、物理空间和制度空间上的距离,深化双边、次区域和区域层面的贸易投资合作,同时也可以促进各合作方更好地融入区域生产网络体系,提升区域经济合作的质量与实效,并形成新的经济增长点。中国应充分发挥自身优势,积极推出"中国方案",力争成为亚太地区乃至全球范围内全方位互联互通合作的引领者。

（三）非传统安全合作

在 APEC 的发展进程中，金融危机、恐怖主义、流行性传染病、地震、海啸、飓风等一系列非传统安全问题时有发生，不仅给亚太地区民众的生产生活带来巨大的冲击和生命财产损失，也给 APEC 成员之间的贸易投资活动带来了威胁。在这种情况下，APEC 框架下的非传统安全合作也经历了从无到有、涉及领域由少到多的渐进过程。由此可见，APEC 框架下的安全议题合作是在亚太地区不断遭受各种非传统安全威胁的冲击过程中，成员之间经过观念交锋与融合而形成的合作。该领域的合作超越了传统意义上的地区政治安全的范畴，具有低敏感度的特征，并未对 APEC 非约束性经济合作论坛组织的属性造成冲击。因此，在"后茂物"时代，APEC 开展非传统安全合作的必要性依然会延续，而且对亚太区域经济一体化的深入发展具有重要的意义。在"一带一路"建设中，粮食安全、防灾减灾、卫生防疫等领域也比较容易凝聚各方的共识，有条件成为各方未来深化合作的新领域。

（四）创新与改革

当前，APEC 成员普遍认识到促进创新与改革将为亚太地区经济注入新的活力和驱动力，并且有助于发掘成员之间的利益结合点，强化成员之间的向心力，从而进一步拓展 APEC 合作的广度和深度。因此，在"后茂物"时代，APEC 应推动各成员在该领域形成更加广泛的共识，明确长期合作目标，并尽快制定完整的、具有可操作性的合作框架。同时，APEC 应鼓励各成员创新发展思路和手段，不断提高创新能力，用创新培育新兴产业，发掘增长动力，提升核心竞争力。需要指出的是，APEC 应遵循继承和开拓相结合的原则，一方面继续推进 APEC 已开展的相关领域的合作，以获得更多的实质性成果，另一方面应保持开放性，将一些新的合作领域逐步纳入其中。就具体领域而言，互联网和数字经济、物联网经济、结构与规制改革、城镇化等应成为 APEC 推动的重点。事实上，在"一带一路"合作中，互联网和数字经济、物联网经济等已经融入设施联通、贸易畅通和资金融通等多个合作领域，未来也有着广阔的发展空间。

（五）全球经济治理

在当代的全球治理体系中，经济问题的重要性和复杂性随着全球化和区域经济一体化进程的并行发展而日益提升，从而使全球经济治理体系的合理性与运行效率受到国际社会的高度关注。APEC 作为世界上最大的区域经济合作组织之一，对建立更加完善的全球经济治理体系有着强烈的诉求，同时也肩负着不可推卸的责任和义务。因此，在"后茂物"时代，APEC 在推动亚太地区继续在世界经济增长方面发挥引擎作用的同时，应全力维护和发展开放型世界经济，为全球经济治理贡献更多的公共产品。具体而言，APEC 应采取更具实效性的措施支持 WTO 多边贸易体制的发展，使其成为一个惠及全体成员、平衡和具有包容性的机制。此外，APEC 还应进一步全面加强与欧盟、二十国集团、国际货币基金组织、世界银行、亚洲基础设施投资银行等组织和多边金融机构的协调与合作，努力推动在全球范围内形成增长联动、利益融合的开放发展格局。"一带一路"倡议是迄今为止中国为国际社会提供的最重要的一项公共产品，这一宏伟的合作框架将在全球经济治理层面发挥多方面的重要作用，也会和 APEC 合作产生越来越多的交集。

参考文献

[1] 刘晨阳，袁燕. 面向未来的亚太伙伴关系与 2014 年后的 APEC 进程[J]. 南开学报（哲学社会科学版），2015（2）：6-14.

[2] 亚太经合组织. 北京纲领：构建融合、创新、互联的亚太——APEC 第 22 次领导人非正式会议宣言［EB/OL］. http://www.china.org.cn/chinese/2014-11/21/content_34051068.htm，2014.

[3] 亚太经合组织. 共建面向未来的亚太伙伴关系——APEC 成立 25 周年声明［EB/OL］. 2014，http://www.china.org.cn/chinese/2014-11/14/content_34051252.htm.

[4] 杨勇，张彬. 浅析多边化区域主义在亚太区域经济一体化中的影响[J]. 世界经济研究，2011（11）：75-80.

APEC 高质量、可持续增长合作：目标、内容与行动

张 彬 李 畅*

摘 要：当前世界处于新一轮的大变革大发展时期，各经济体在获取经济增长新动能的同时，面临着经济发展不平衡、人类发展不平等、环境恶化和气候变化等复杂挑战。基于应对新挑战的迫切需要，APEC 秉承"相互尊重、互信、包容、合作共赢"的精神，以高质量增长战略为目标框架，推动高质量、可持续增长合作纵深发展，携手共建和平、稳定、活力和繁荣的亚太命运共同体。本文通过梳理 APEC 高质量、可持续增长合作内容，阐述 APEC 及主要成员经济体推动高质量、可持续增长的具体行动及进展，进而探讨 APEC 及主要经济体在高质量、可持续增长合作过程中取得的成效。总体上，APEC 通过高质量、可持续增长合作，在经济、社会和环境协调发展目标实施上取得显著进展，但各经济体落实情况各异，APEC 高质量、可持续增长合作有待进一步深化。

关键词：APEC；高质量、可持续增长合作；低碳经济；包容性支持

一、APEC 高质量、可持续增长合作的背景与内涵

（一）APEC 高质量、可持续增长合作的现实背景

过去 10 年，全球不断经历着经济衰退与负面冲击，世界经济呈现低增长、高风险的态势。如表 1 所示，2008 年全球金融危机爆发，全球经济遭受重创；2009 年世界经济增速为 -1.72%；2010 年步入复苏期，世界经济年增长率明显上升，为 4.30%。然而，好景不长，2010 年欧美主要经济体陷入主权债务危机，欧洲地区巨额政府赤字腐蚀着尚未全面复苏的全球经济。2011—2012 年世界经济增速出现回落，低至 2.45%；随着欧洲经济逐渐走出低谷，2013—2014 年世界经济增速回升至 2.83%；随后，2014—2016 年全球商品价格面临系

---

* 张彬，武汉大学经济与管理学院国家领土与海洋权益协同创新中心教授，博士生导师；李畅，武汉大学经济与管理学院世界经济专业硕士研究生。

统性调整，经济复苏势头再次放缓，2016 年世界经济增速下降到 2.45%；随着上述衰退与负面冲击带来的持续阻力影响的消散，2017 年世界经济增势逐渐趋强，GDP 年均增长率估计可达 3.7%[①]，是自 2011 年以后首次破 3%，世界经济出现明显复苏迹象。就 APEC 而言，2010—2016 年间其经济增长率普遍高于同期世界经济增长率，2017 年 APEC 经济增速预测可高达 4.1%[②]。此外，2010 年以来，APEC 对世界经济增长的贡献率基本维持在 60% 以上，2012 年贡献率更是高达 77.43%，APEC 已成为拉动世界经济增长的重要引擎。[③]

当前，世界正经历新一轮的大发展、大变革、大调整，第四次工业革命和科技进步给人类社会发展带来新机遇，但复苏中的世界经济仍面临经济增速不稳定、经济体间增长失衡、部分经济体内部发展不平衡、气候变化以及环境恶化等综合性挑战，亟须加快推进经济增长模式的调整，培育经济增长新动能。APEC 地区是世界的缩影，同样面临着以上全球性挑战。APEC 经济体就经济、人口、环境、自然资源等领域加强交流和合作，发掘经济增长新动力，对 APEC 乃至世界经济高质量、可持续增长有着重要意义。

表 1　2007—2016 年 APEC 及世界经济增长率变动趋势　　　　单位：%

年份	2007	2008	2009	2010	2011	2012	2013	2014	2015	2016
APEC 经济增速	4.08	1.69	-1.23	4.77	3.28	3.42	3.15	3.21	3.16	2.84
世界经济增速	4.21	1.79	-1.72	4.3	3.16	2.45	2.59	2.83	2.77	2.45
APEC 对世界经济增长贡献率	53.19	51.60	39.23	61.17	57.45	77.43	68.17	63.71	64.38	65.70

资料来源：根据联合国贸发会议数据整理、计算所得，[2018-03-15]. http://unctadstat.unctad.org/wds/ReportFolders/reportFolders.aspx。

（二）APEC 高质量、可持续增长合作的内涵与目标定位

2010 年 APEC 首次明确提出经济增长战略，以实现"高质量增长"。自此以来，高质量、可持续增长已成为 APEC 合作的重要议题，其内容不断丰富。因此，厘清高质量、可持续增长的内涵以及目标定位显得尤为重要。

1. 领导人峰会确立 APEC 高质量、可持续增长的内涵

2010 年 APEC 领导人峰会发表《APEC 领导人增长战略》，为 APEC 确立了高质量经济增长的全面框架。高质量增长的内容主要包括平衡增长、包容性增长、可持续增长、创新增长、安全增长 5 个议题及议题下的具体合作领域。此后，APEC 不断丰富高质量增长内涵和合作领域。2014 年 APEC 确立经济改革、新经济、创新增长、包容性支持和城镇化

---

① APEC. APEC Regional Trends Analysis: Economic Recovery Amid the Challenges of Inclusion [R]. Port Moresby, Papua New Guinea: APEC, 2018.

② APEC. APEC Regional Trends Analysis: Economic Recovery Amid the Challenges of Inclusion [R]. Port Moresby, Papua New Guinea: APEC, 2018.

③ 根据联合国贸发会议数据整理、计算所得，[2018-03-15]. http://unctadstat.unctad.org/wds/ReportFolders/ reportFolders.aspx。

五大支柱，并首次提出将发展互联网经济、蓝色经济、绿色经济等新经济形态，推进城镇化和可持续城市发展，为高质量经济增长寻求新的驱动力。2015 年 APEC 将制度建设、社会融合和环境影响作为关键问责领域，致力于建立一种各领域动员、全社会参与的方式，以促进高质量增长。2016 年 APEC 强调包容性支持对实现高质量增长的重要性，认为改善民众生活、增进社会公平性、明确妇女的经济权力与地位是 APEC 高质量增长的工作重点。2017 年 APEC 提出增强中小微企业在国际市场的竞争力和参与全球价值链的能力，以发掘中小微企业对高质量经济增长的推动潜力。

根据近年来 APEC 相关会议文件，高质量、可持续增长的内涵概括为：从平衡增长、包容性增长、可持续增长、创新增长、安全增长 5 个方面着力增强结构性改革和技术创新，在中小微企业发展、妇女的经济赋权、环境保护和气候变化应对、人类安全保障等重点领域加强合作，旨在突破经济增长瓶颈，进一步提高经济增长质量，打造以创新发展、联动增长、利益融合为特征的充满活力、和谐的亚太开放型经济，使亚太地区继续成为世界经济增长的引擎。

在高质量增长战略框架下，可持续增长要求经济增长与保护环境和缓解气候变化相协调，其重点合作领域定位于环境保护与绿色经济转型。鉴于可持续增长与平衡增长、包容性增长、创新增长和安全增长之间的相互关联性①，高质量、可持续增长的内涵可进一步细化为：在包容性增长支持下，动员各领域参与，积极发挥结构性改革和信息通信技术（ICT）的驱动力，推动能源转型升级、环境商品与服务（EGS）贸易投资自由化、农业可持续发展、森林恢复和可持续管理、海洋可持续管理和保护等措施以应对气候变化和保护环境，并充分挖掘蓝色经济、绿色经济以及互联网经济等新经济形态的增长潜能，促进经济绿色、节能、低碳发展，进一步提高经济增长质量。

2. APEC 高质量、可持续增长合作的目标定位

根据 APEC 高质量、可持续增长内涵的阐述，结合高质量增长战略框架中五大增长内容及其对应的问责领域，高质量、可持续增长合作的目标定位概括为以下几方面。

（1）实现经济增长与环境保护、气候变化应对相协调，向绿色增长模式转变。优先领域包括能源安全、低碳能源、EGS 行业、农业可持续发展、绿色供应链、绿色就业教育与培训等。

（2）通过创新发展，发掘互联网经济、蓝色经济和绿色经济等新领域增长潜力，推动经济转型。

（3）积极推动绿色城镇化和可持续城市发展合作，为经济高质量、可持续增长寻求新的驱动力。

---

① APEC. The APEC Leaders' Growth Strategy [R]. Yokohama, Japan : APEC, 2010.

（4）加强对传染性疾病的应对和对非传染性疾病的控制能力，实现建立覆盖全民健康的卫生体系的目标；健全 APEC 地区紧急情况和自然灾害的应急体系，以保障人类安全。

二、APEC 高质量、可持续增长合作的主要目标与内容

面对经济增长乏力、全球性问题加剧的外部环境，APEC 就推动高质量、可持续增长合作达成共识。基于高质量、可持续增长合作目标定位，其合作领域内容主要包括能源合作、环境商品与服务行业、农业和森林资源可持续发展、绿色供应链合作、海洋资源可持续管理和保护、城镇化和城市可持续发展、自然灾害管理、公共医疗卫生体系建设和多重支撑。

（一）能源合作的目标与内容

APEC 能源合作的目标包括：其一，到 2035 年之前将 APEC 的总能源强度在 2005 年的水平降低 45%；其二，到 2030 年 APEC 地区可再生能源及其发电量在地区能源结构中的比重比 2010 年翻一番。

能源合作的主要内容：第一，加强能源补贴改革的区域能力建设，即建立自愿报告机制、资源报告机制以及自愿参与同行审议的方法和能源合作监管一致性标准；第二，加强能源安全合作，推广 ICT 使用，建立透明、可持续的能源市场和信息共享机制，完善能源安全标准、协调应急和备灾机制等方面协调行动；第三，研发和推广绿色能源技术，扩大能源基础设施投资；第四，支持开发和推广使用生物燃料、核能、可再生能源，发掘洁净煤技术和碳捕集与封存（CCS）的潜力；第五，建立公私伙伴关系，加强经济技术合作和能力建设，以推广低碳能源使用，提高能源效率；第六，加强协作以促进能源贸易投资便利化。

（二）环境商品与服务合作的目标与内容

APEC 环境商品与服务（EGS）合作的短期目标是于 2015 年前将环保商品的适用关税率降至 5%，甚至更低。为了实现 EGS 减税目标，促进 EGS 贸易和投资自由化，APEC 环境产品与服务合作的主要内容包括：第一，通过制定 APEC 环境产品清单、取消扭曲环境产品与服务的各种当地法规、实施透明的政府激励计划和政府采购政策、建立 EGS 信息共享机制、加强 EGS 监管一致性合作、推动 EGS 贸易自由化谈判等措施促进 EGS 市场准入，降低 EGS 贸易和投资壁垒，并避免为 EGS 贸易与投资引入新壁垒；第二，建立 EGS 公私伙伴关系，通过经济技术合作和能力建设，推广气候友好型技术及其他 EGS 技术，并加强处理 EGS 贸易投资问题的能力建设，进一步培育和发展 EGS 行业。

（三）农业可持续发展的目标与内容

农业可持续发展合作的最终目标是应对气候变化，实现可持续粮食安全并视情减少温室气体排放。APEC 可持续农业增长合作内容主要包括：第一，确立开放、透明的基于 WTO 规则的粮食市场机制，制定自愿、市场驱动型的农业创新技术传播和利用方式及对应的监管体系；第二，建立农业公私伙伴关系，在食品安全监管一致性和农业科技研发推广等方

面加强合作，加快农业产业转型升级；第三，发展粮食市场基础设施；第四，健全信息共享机制，促进农业研究机构间对话，推进可持续农业发展信息交流和最佳实践分享；第五，扩大农业创新技术研发投资；第六，推动 ICT 在农业中的使用；第七，加强农业研究，寻找减轻农业对气候变化的影响方法等。此外，APEC 制定面向 2020 年的粮食安全路线图，为农业可持续发展和粮食安全做出战略规划，并通过《APEC 粮食安全和气候变化多年期行动计划（2018—2020）》，在政策、最佳实践、技术和知识、能力建设四个方面为农业可持续发展合作提供行动指南。

（四）森林可持续发展的目标与内容

APEC 森林可持续发展合作的目标包括：第一，努力实现 2020 年 APEC 地区各种森林覆盖面积至少增加 2000 万公顷的意向性目标；第二，建立亚太森林恢复和可持续管理网络，加强林业能力建设和信息交流。为实现以上目标，APEC 将其核心内容定位于打击非法采伐和相关贸易、促进可持续森林管理和恢复两个方面。森林可持续发展合作的主要内容有：建立促进执法合作和信息共享的相关 APEC 机制；有针对性地援助发展中经济体林业能力建设；推进林业 ICT 基础设施建设；加强与行业和公民协作；提升森林生产力和复原力，确保提供必要的森林产品和服务；加强同粮农组织、联合国森林论坛以及其他国际和区域组织合作，探索未来行动以便最大限度提高森林对经济、社会和环境成果的贡献；在 APEC 林业部长会议、非法伐木和相关贸易工作小组在内的相关论坛上分享最佳实践和信息等。

（五）绿色供应链合作的目标与内容

绿色供应链（GSC）追求经济和环境相均衡，被定义为使用绿色和可持续发展理念来设计供应链的不同部分，包括采购、制造、包装、分销、消费和回收等。[①]这是对 APEC 领导人在绿色增长和供应链绩效改善方面所做承诺的直接回应。考虑到 APEC 经济体加强绿色供应链合作的需求，APEC 着力建立 APEC 绿色供应链合作网络（GSCNet），鼓励成员建立 GSCNet 示范中心并批准在中国天津建立首个示范中心。GSCNet 建设的内容主要包括：第一，开展 GSC 应用研究，合力建立示范试点中心；第二，建立绿色供应链网站，分享 GSCNet 信息；第三，加强年度绿色供应链对话，分享 GSC 发展经验、最佳实践和管理工具；第四，根据 APEC 绿色供应链合作工作计划要求，在 APEC 专家小组指导下，加强 GSCNet 技术支持，并落实行动计划提供的具体目标、项目、行动时间表。

（六）海洋资源可持续管理和保护的目标与内容

APEC 加强亚太地区海洋合作，建立更加全面、可持续、包容和互利的伙伴关系。重点合作领域包括：海洋生态环境保护与防灾减灾、海洋在食品安全及相关贸易中的作用、海洋科技与创新、蓝色经济。其中蓝色经济是促进经济可持续增长，推动海洋和沿海资源

---

① APEC. Third Senior Officials' Meeting: Establishment of an APEC Cooperation Network on Green Supply Chain [R]. Beijing, China: APEC, 2014.

与生态系统的可持续管理和保护，实现可持续发展的一种有效途径。①APEC 海洋可持续发展合作的内容主要包括：第一，推动生态系统的管理政策和体制改革，根据国情采取经济激励措施；第二，扩大中小企业在内的私营部门参与度，加强公私合作伙伴建设；第三，建立信息共享机制，就蓝色经济交流信息、经验和最佳实践；第四，创新海洋技术，开展环境友好型的海洋经济活动；第五，在海洋和渔业工作组等 APEC 工作小组指导下开展粮食安全与蓝色经济行动在内的政策对话，推进蓝色经济合作。

（七）城镇化和城市可持续发展的合作目标与内容

APEC 明确将城镇化列为促进创新发展、改革与增长的五大支柱之一，建立可持续城市合作网络，向环保、节能、低碳和以人为本的新型城镇化模式转型。主要合作内容包括：第一，通过政策对话和论坛等 APEC 机制进行经验交流和倡议发起；第二，推动城镇化相关问题研究和能力建设；第三，支持低碳示范城镇（LCMT）项目及其推广活动；第四，支持在城市建设中实现高效节能和低碳发展，如在建筑物中使用符合绿色标准的产品、落实能源智能社区倡议等；第五，建立公私合作伙伴关系，开展知识分享和政策交流；第六，落实《APEC 关于加强粮食安全和高质量增长的城乡发展行动计划》，以确保在城乡发展过程中实现农业可持续发展和粮食安全等。

（八）自然灾害管理和可持续公共医疗卫生体系建设的合作目标与内容

一方面，就自然灾害防治而言，加强防灾减灾能力建设和信息共享是优先合作事项。其合作内容主要包括：第一，制定灾难风险融资政策，为金融机构应对自然灾害提供政策支持；第二，提高救灾人员的专业技能和快速反应能力；第三，建立公私伙伴关系，吸引私营部门参与落实保障灾后商业可持续性的相关规划；第四，在促进灾害管理部门的网络化、加强科技应用和信息共享、减少救援跨境流动障碍等领域深化合作；第五，以 APEC 减轻灾害风险框架为指导，加强自然灾害预防和应对能力建设合作，并建立创新灾害风险融资和保险机制。

另一方面，APEC 开展可持续公共医疗卫生体系建设合作，主要内容包括：第一，加强传染性疾病防治能力；第二，建立 APEC 地区公私伙伴关系，扩大公共医疗卫生基础设施投资；第三，与 APEC 其他机制以及国际卫生机构加强协作；第四，加强合作以应对经济和财政上的问题；第五，落实"健康亚太 2020"倡议，动员政府、企业与社会各界共同行动以建立可持续公共医疗卫生体系。

（九）多重支撑目标与内容

推动 APEC 高质量、可持续增长合作需要平衡增长、创新增长、包容增长和安全增长的配合。其中结构改革和技术创新是关键动力，拉动 APEC 地区甚至全球经济高质量、可

---

① APEC. The 4th APEC Ocean-Related Ministerial Meeting: Xiamen Declaration [R]. Xiamen, China: APEC, 2014.

持续增长。包容性支持则要求政府、企业以及社会各界的共同参与和努力。一方面，确保社会各界人士，尤其是弱势群体和边缘化群体在高质量、可持续增长合作内容落实过程中得到发挥自己潜力的机会；另一方面增强中小微企业在高质量、可持续增长合作中的参与度。因此，在推动 APEC 高质量、可持续增长中需注意落实结构性改革和信息通信技术、中小企业和妇女等领域合作内容。

1. 结构性改革与信息通信技术

（1）结构性改革

结构性改革被 APEC 定义为改进制度框架、法规和政府政策，以支持市场有效运作，并最小化边境壁垒。①基于《领导人关于实施经济结构改革议程（LAISR2010）》《亚太经合组织结构改革新战略》和《亚太经合组织结构改革议程》（RAASR 2016—2020），APEC 着重从三个目标支柱落实结构性改革，即为建立更加开放、完善、透明和竞争性的市场，推动社会各阶层参与经济、社会各方面，制定促进前两个目标的可持续社会政策。结构性改革的优先合作领域包括竞争性政策、营商便利化、规制改革、强化经济和法律基本框架、加强公司和公共部门治理，以及促进人力资源开发。

（2）ICT 和数字经济

APEC 致力于在 2020 年前建成下一代宽带，发掘数字经济对经济增长的潜在动力。为此，APEC 开展 ICT 和数字经济合作的重点领域包括：第一，开发和支持 ICT 创新；第二，改革政策和监管体系，加强数据和隐私保护，建立安全、有弹性的 ICT 环境；第三，加强跨境电子商务创新合作，推动建立亚太示范电子口岸网络，以促进贸易便利化和供应链连接；第四，落实《APEC 互联网和数字经济路线图》和《APEC 跨境电子商务便利化框架》，有序推动数字经济的发展。

2. 中小微企业和妇女

（1）中小微企业（MSME）发展

APEC 将推动 MSME 国际化和融入全球价值链作为优先合作领域。内容包括：第一，在《中小微企业全球化长滩岛行动纲领》的指导下，加强公私合作，促进 MSMEs 融资，并推动建立 APEC 中小微企业市场。第二，增强 MSME 的创新能力和竞争力。主要表现为保障 MSME 融资渠道，为 MSME 能力建设提供政策、资金和技术援助，通过发展电子商务促进 MSME 融入数字经济，加强商业道德实践。第三，落实《APEC 绿色、可持续和创新中小微企业战略》，增强 MSME 创新能力，推动绿色 MSME 发展。

（2）妇女经济赋权

APEC 致力于加强妇女经济赋权并提高妇女的参与度，将获得资本、进入市场、技能和

---

① APEC. Ministerial Meeting on Structural Reform: Joint Ministerial Statement [R]. Melbourne, Australia: APEC, 2008.

能力建设、妇女领导力、创新和技术作为优先合作领域。内容包括：第一，实施充分考虑性别因素的结构性改革，制定有利于妇女的 ICT 政策，为妇女提供良好的教育和就业机会以及进入市场和融资的便利条件；第二，建立亚太地区妇女经济数据指标表，发展妇女企业家网络；第三，以《APEC 教育战略》为指导，加强合作，以确保妇女平等享有优质教育和培训；第四，落实《APEC 数字时代人力资源开发框架》和《APEC 促进经济、金融和社会包容行动议程》，提高妇女技能及领导力，进而扩大妇女经济参与度。

三、APEC 落实高质量、可持续增长合作的主要行动

近年来，APEC 领导人非正式会议和部长级会议就高质量、可持续增长合作领域加强讨论，并提出行动计划及倡议，以推动 APEC 高质量、可持续增长合作机制建设。为了落实领导人非正式会议及相关部长级会议有关高质量、可持续合作内容，APEC 各经济体在相关工作组和论坛的指导下，开展合作项目和对话并取得丰硕成果。

（一）能源领域

1990 年 APEC 成立能源工作小组（EWG）以指导 APEC 成员开展能源合作项目，并分别于 1996 年和 2015 年建立亚太能源研究中心和 APEC 可持续能源中心以支持 EWG 的工作。2015—2017 年间各经济体在 EWG 指导下共开展 75 个合作项目，其中已完成项目 34 个，正在实施项目 41 个。[①]项目包括：APEC 可再生能源安全项目、APEC 低碳示范城镇项目、能源储存技术研究项目、绿色能源融资能力建设项目、APEC 能源效率同行评议等。

（二）环境产品与服务领域

为了协助落实 2015 年前将环境产品清单中 54 种产品的适用关税税率降至 5% 或更低的目标，APEC 贸易和投资委员会（CTI）制定 EGS 工作计划。各经济体在 CTI 指导和监督下陆续提交环境产品降税实施计划。[②] CTI 指示市场准入集团（MAG）更新 EGS 项目清单，指导各经济体开展合作项目。2014 年 MAG 提交的 EGS 项目清单显示，2009 年以来 APEC 成员共开展 159 个 EGS 合作项目，涉及的 EGS 类别包括环保技术产品和服务、能效产品和服务、适应气候变化所需的环境产品和服务、废水处理、环境仪器等。[③]此外，APEC 启动环境商品和服务信息交换（EGSIE）以提高 EGS 信息透明度，实现 EGS 信息资源共享。

---

① 根据 APEC Project Database 资料整理所得，[2018-04-16]. https://aimp2.apec.org/sites/PDB/default.aspx。

② APEC 经济体对环境产品降低关税的实施计划具体参见 https://www.apec.org/Groups/Committee-on-Trade-and-Investment/APEC-Economies-Implementation-Plans.aspx。

③ APEC. The 46th Market Access Group Meeting: Matrix: APEC Environmental Goods and Services (EGS) Projects Mapping [R]. Ningbo, China: APEC, 2014.

（三）农业可持续发展领域

APEC 指示农业技术合作小组（ATCWG）、农业生物技术高级别政策对话（HLPDAB）、APEC 食品安全合作论坛（FSCF）及粮食安全政策伙伴关系（PPFS）等 APEC 相关工作小组和论坛在加强粮食安全标准，提高成员农业自我调整和减缓气候变化影响的能力，分享农业资源管理和生物技术信息等领域优先实施项目。2015—2017 年间，在 ATCWG、HLPDAB 和 PPFS 等指导下，各经济体共开展 24 个合作项目，其中完成项目 13 个。[①] APEC 通过完成项目合作在信息共享机制建设、农业创新技术交流、私营部门参与、监管标准一致性、农业产品法规创新、农业基础设施投资、分享农村在粮食安全和质量增长上的发展经验、农业政策经验交流和经济体政策协调、APEC 经济体粮食标准连通性、APEC 粮食标准数据库建设等领域取得成果。

（四）森林可持续管理和恢复领域

APEC 于 2011 年成立非法伐木和相关贸易工作组专家小组（EGILAT），以打击非法采伐和促进森林产品的合法贸易。2015 年 EGILAT 共举办两次会议，主要成果包括：就相关政策、法规和执法情况等信息进行交流；起草 EGILAT 木材合法性指导文本；与海关、监管机关、商界和有关国际机构加强合作；针对能力建设提出 EGILAT 项目和《EGILAT 战略计划（2013—2017）》。为了落实战略计划，截至 2017 年底，各经济体在 EGILAT 指导下共开展 6 个合作项目，其中 4 个项目已经完成。[②]如表 2 所示，APEC 所取得的成果包括：为 APEC 各经济体提供信息共享和最佳实践交流平台；实施可靠、有效的木材合法性保证系统；使用新的工具和技术加强其追溯系统；激励中小企业和企业家合法参与林业活动，建立公私伙伴关系；降低木材产品供应链风险等。

表 2   森林可持续管理和恢复完成项目成果（2013—2016 年）

年份	项目名称	论坛	主要成果
2013	APEC 非法伐木和相关贸易专家组关于私人部门对话的建议	EGILAT	传播私营部门关于促进木材合法贸易的各种举措信息，加强私营部门间以及私营部门同 APEC 经济体间的沟通；为建立公私伙伴关系提供基础
2014	APEC 非法伐木和相关贸易专家组关于保证木材合法性的提案研讨会	EGILAT	建议开发和实施有效可信的木材合法性保证系统
2014	针对木材合法性意识提高和能力建设的培训研讨会	EGILAT	分享来自不同经济体的木材合法性经验；为保证木材合法性提供最新的工具和手段
2016	加强 APEC 经济体的森林控制体系和市场链	EGILAT	加强成员信息共享和经验交流；确立合法采伐木材的新能力、新技术和新方法；促进政府部门、私营企业和当地社区的协作

资料来源：根据 APEC Project Database 资料整理所得，[2018-04-16]. https://aimp2.apec.org/sites/PDB/default.aspx。

注：2015 年 APEC 森林可持续管理和恢复领域没有已完成的合作项目。

---

① 根据 APEC Project Database 资料整理所得，[2018-04-16]. https://aimp2.apec.org/sites/PDB/default.aspx。

② 根据 APEC Project Database 资料统计所得，[2018-04-16]. https://aimp2.apec.org/sites/PDB/default.aspx。

（五）绿色供应链领域

APEC 积极落实 GSC 建设合作与对话，具体行动和成果如下。2015 年 APEC 绿色供应链合作网络对话举办，主要成果包括分享 GSC 经验和最佳实践、提交《APEC 绿色供应链合作网络工作计划》并获第三次高级官员会议（SOM3）批准等。2016 年 APEC 加快落实《APEC 绿色供应链合作网络工作计划》，并在以下领域取得显著进展：启动 GSC 网络；成立专家组；在韩国、澳大利亚和智利建立 GSC 示范中心；在天津举行 APEC 首届 GSCNET 年会暨能力建设研讨会等。2017 年 APEC 第二届 GSCNET 年会暨能力建设研讨会在北京举行，会议期间取得以下成果：为经济体间 GSC 管理政策对话和实践经验信息分享提供平台；发挥专家组作用，扩大合作范围和创新合作模式；中国工程院推出电子商务物流 GSC 指标体系；天津示范中心启动标准商品储运注册平台等。

（六）海洋可持续发展领域

APEC 指示海洋和渔业工作组（OFWG）重点就非法捕鱼和相关贸易管制、公私伙伴关系建设、可持续渔业贸易和投资、海洋资源和生态系统保护的最佳实践和模式共享等重点领域为经济体提供年度工作计划和最新合作项目，监督项目的实施进展，并定期更新 APEC 海洋可持续发展报告。在 OFWG 指导下，2015—2017 年间 APEC 经济体共开展 23 个合作项目，其中已完成项目 4 个。[①] APEC 取得项目成果如下：私营企业参与会议，讨论推进建立公私伙伴关系；通过蓝色经济论坛分享蓝色经济发展方式和技术创新信息以及工业经验；提议制定蓝色经济指南和建立蓝色经济示范区；通过生态基础设施投资促进具体海洋产业参与；编制生态水产养殖模式和技术培训手册，举办包括实地学习讲座在内的技术培训班，促进可持续沿海水产养殖；制定实践手册，将手工和小规模渔民、妇女纳入其内，为参与渔业活动提供最佳实践等。

（七）城镇化和可持续城市发展领域

2016 年 APEC 高级城镇化论坛提出《宁波倡议》，就包容性、可持续增长主题达成合作共识，具体包括：根据经济体城镇化水平差异，制定不同的城镇化路径；建立公私合作伙伴关系并扩大基础设施建设私人投资；推动数字经济和新能源智能技术应用；开展可持续城市示范项目，分享最佳实践和信息等。2017 年 APEC 可持续城市化对话取得重大成果，主要包括：建立基于交通和城市网络中心的管理机制和法律框架；推广针对特定领域的创新方案，如废弃物管理、食品供应等；开发节能和绿色发展的住宅区；将生物多样性保护纳入城市规划框架，加强城市规划经验交流等。2015—2017 年间，APEC 成员在能源工作小组（EWG）、贸易和投资委员会（CTI）、食品安全政策伙伴关系（PPFS）、海洋和渔业工作组（OFWG）等相关工作小组指导下，共开展 17 个合作项目，其中完成项目 7 个。[②]如

---

① 根据 APEC Project Database 资料统计所得，[2018-04-16]. https://aimp2.apec.org/sites/PDB/default.aspx。

② 根据 APEC Project Database 资料统计所得，[2018-04-17]. https://aimp2.apec.org/sites/PDB/default.aspx。

表 3 所示，APEC 通过已完成项目在低碳城镇政策完善和技术创新、分享低碳城市规划最佳实践、APEC 可持续城市合作网络可行性研究和评估、食品价值链的最佳实践分享和农民参与全球价值链的关键活动交流、沿海城市海洋废弃物管理等领域取得显著成果。

表 3　可持续城市化完成项目成果（2015—2017 年）

年份	项目名称	论坛	主要成果
2015	建立 APEC 经济体可持续城市合作网络（CNSC）研讨会	EWG	探讨 CNSC 可行性和行动议程，提交可持续城市化倡议；建立可持续城市市长联盟
2015	APEC 经济体低碳城镇战略与实施能力建设研讨会	EWG	更新低碳城镇推动政策；就特定工作需要创新低碳城镇技术；共享低碳城镇建设者的施工经验；制定低碳城镇运营和维护模式
2015	APEC 低碳示范城镇项目——第六期	EWG	制定低碳城市指标指南，完善亚太地区低碳城市概念；为第六期项目提供可行性研究和政策评估；分享低碳城市规划最佳实践
2015	APEC 低碳示范城镇太阳能光伏农业发展模式研究	EWG	建立太阳能光伏技术方案和农业应用可行性商业模式框架；制定示范项目；为欠发达地区农业发展提供技术支援
2016	2017 年能源智能社区倡议（ESCI）最佳实践奖项目	EWG	基于知识共享平台（KSP）传播和分享在智能交通、智能建筑、智能电网、低碳城镇四个 ESCI 重点领域的最佳实践
2017	APEC 关于食品价值链推动城乡发展的研讨会	PPFS	分享食品价值链的多项实践经验和农民参与全球价值链的关键活动；开展"农业发展总体规划"试点项目，建立农村生产者和城市消费者间的密切联系
2017	APEC 地区沿海城市海洋废弃物管理最佳实践分享研讨会	OFWG	提供探讨海洋废弃物管理问题的平台，以分享沿海城市的最佳实践、知识和技术

资料来源：根据 APEC Project Database 资料整理所得，[2018-04-17]. https://aimp2.apec.org/sites/PDB/default.aspx。

（八）自然灾害管理和可持续公共医疗卫生体系建设领域

为了落实 2020 年亚太健康路线图，实现全民健康覆盖目标，APEC 健康工作小组（HWG）联合生命科学创新论坛（LSIF）举行多次高级别会议，在开展卫生政策对话和全民医疗卫生技术评估、制定 APEC 血液供应链路线图、建立预防感染与控制基础设备（IPC）的公私伙伴关系等方面加强合作。在 HWG 和 LSIF 协作下，2015—2017 年间各成员共开展 10 个合作项目，其中完成项目 5 个。①主要成果包括通过 HWG 网站分享健康干预和技术评估经验和信息，建立耐药结核病临床和案例专家网络，在 APEC 发展经济体中开展 IPC 试点，加强医药产品贸易投资监管等。

① 根据 APEC Project Database 资料统计所得，[2018-04-18]. https://aimp2.apec.org/sites/PDB/default.aspx。

（九）结构性改革和信息通信技术领域

1. 结构性改革

经济委员会（EC）、竞争政策和法律集团（CPLG）及贸易和投资委员会等 APEC 机构以《亚太经合组织新结构改革议程 2016—2020》为指导，就监管改革、竞争政策和法律、公共部门和公司治理、可持续和包容性的社会政策等重点领域制定合作项目，引导各经济体积极参与。2015—2017 年间，APEC 就结构性改革共批准 31 个合作项目，其中已完成项目 12 个。[①] 已完成项目成果主要包括：制定透明度、可预见性和审查进口许可证制度；开发竞争管理指导工具；分享经济体处理方案的信息和最佳实践；制定并实施竞争法律框架；开展国际监管合作，探讨不同合作选项的优缺点；缩小及更新教育领域性别差异的教育政策等。

2. ICT 和数字经济

APEC 电信和信息工作小组（TEL）以《APEC TEL 战略行动计划 2016—2020》为指导，在 ICT 创新和互联网安全、数字经济等优先领域制定具体合作项目，并就减少灾害风险、妇女和中小企业融入度、跨境隐私等领域跨论坛开展研讨会和公私对话。2015—2017 年间，各经济体在 TEL、中小企业工作组（SMEWG）、知识产权专家小组（IPEG）指导下共开展 33 个合作项目，其中已完成项目 9 个。[②] 已完成项目成果包括：灾害风险减少和管理（DRRM）的信息基础设施建设；实施 ICT 监管政策；探讨下一代广播在其他行业利用产生的增长潜力；创建互联网+服务业发展框架和监管体系；建立网络安全公私伙伴关系；开发包含 MSME 融入的数字经济原则和数字贸易政策等。

（十）中小微企业发展和妇女经济赋权领域

1. 中小微企业（MSME）发展

2016 年中小企业部长会议批准《中小企业工作组 2017—2020 年战略计划》，为 SMEWG 提供落实亚太地区 MSME 发展目标的路线图，重点行动包括推动创新、创业和数字经济发展，为业务扩张和能力建设融资，支撑 SME 发展的包容性商业生态系统，促进 MSME 市场准入和绿色发展等。同年 APEC 中小微企业子基金成立，为 MSME 项目活动提供资金支持。在 SMEWG，贸易和投资委员会，科学、技术和创新政策合作工作组（PPSTI）、海洋和渔业工作组（OFWG）指导下，各经济体共开展 72 个合作项目，其中 MSME 绿色发展的项目共有 33 个，已完成 15 个。[③] 主要成果包括：分享融入能效产品市场的最佳实践和推广 MSME 低碳技术应用；完善能效产品贸易和投资的政策和监管框架；实施 APEC 木材合法化指导模板；提高 MSME 参与自然灾害管理框架以及传染疾病预防和控制的能力；支

---

① 根据 APEC Project Database 资料统计所得，[2018-04-18]. https://aimp2.apec.org/sites/PDB/default.aspx。
② 根据 APEC Project Database 资料统计所得，[2018-04-18]. https://aimp2.apec.org/sites/PDB/default.aspx。
③ 根据 APEC Project Database 资料统计所得，[2018-04-18]. https://aimp2.apec.org/sites/PDB/default.aspx。

持妇女参与 MSME 活动等。

2. 妇女经济赋权

妇女和经济政策伙伴关系（PPWE）以《APEC 妇女与经济政策伙伴战略计划（2015—2018）》和年度工作计划为指导，联合 APEC 商业咨询委员会（ABAC）举行妇女与经济论坛（WEF），评估有关性别多样性管理和妇女赋权的行动，并就最佳做法和经验开展公私对话。在包容性金融服务政策制定、提高公私部门妇女领导力、提高妇女创业能力、推广 ICT 在妇女经济赋权中的应用等方面取得成果。2018 年 PPWE 成立 APEC 妇女和经济子基金以支持相关项目实施。2015—2017 年间，APEC 各经济体在 PPWE 指导下共开展 15 个合作项目，其中完成项目 3 个。[①]已完成项目成果包括：发布成果报告以分享妇女融入中小企业市场的最佳实践和经验；开展公私营企业研讨会，研究女性出口商成功案例；建立 APEC 妇女和经济数据指标表；探讨企业中妇女领导力问题等。

四、APEC 经济体推动高质量、可持续增长的举措及成效

近年来，APEC 经济体以务实行动不断推进高质量、可持续增长合作，在落实领导人就能源安全、环境产品降税、森林覆盖等方面阶段性目标承诺上取得显著进展；同时，APEC 整体及主要经济体在经济增长、环境绩效改善以及包容性社会发展等方面卓有成效。下面以美国、日本、俄罗斯和中国为例，分析 APEC 经济体实施高质量、可持续增长的主要举措，并在此基础上，探讨 APEC 高质量、可持续增长合作取得的成效。

（一）APEC 经济体推行高质量、可持续增长的举措

1. 美国的主要举措

奥巴马执政时期，重视以创新推动经济高质量增长和应对气候变化。美国政府三次发布支持创新的国家战略文件，即 2009 年《美国创新增长战略：推动可持续增长和高质量就业》、2011 年《美国创新战略：确保我们的经济增长和繁荣》以及 2015 年《美国国家创新战略》。总体而言，美国创新战略以投资创新生态系统、推动私营部门创新和培养创新人才为优先事项，主要举措包括：推动 ICT 技术研发应用，加强互联网基础设施建设；投资科研基础设施，构建有利于创新的市场环境；创造高质量就业岗位，构建包容性创新经济；实施精准医疗计划，促进卫生保健领域创新；建设智慧城市，推广清洁能源；消除极端贫困等。

在气候变化应对领域，2013 年美国公布首份气候行动计划，为美国应对气候变化规划行动路线，并于 2015 年颁布《清洁电力计划》，要求 2030 年美国各州发电厂的温室气体排放量在 2005 年基础上缩减 32%。在互联网经济领域，2009 年美国政府出台《联邦云计算

---

① 根据 APEC Project Database 资料统计所得，[2018-04-18]. https://aimp2.apec.org/sites/PDB/default.aspx。

战略》，并成立云计算工组；2010 年发布《改革联邦信息技术管理的 25 点实施计划》，引导政府 IT 项目向云计算方面倾斜；2012 推出大数据计划，并于 2016 年发布《联邦大数据研发战略计划》，以指导落实大数据战略行动。政府还在工业互联网和能源互联网方面进行战略布局。此外，2009 年海洋政策工作小组成立，奥巴马于 2010 年签署 13547 行政令，明确在开发和利用海洋资源的同时保护海洋环境，应对气候变化。2013 年美国政府出台《海洋国家的科学：海洋研究优先计划（修订版）》，确立海洋资源管理、海洋灾害应对和恢复、海洋运输、海洋气候变化、海洋生态系统和人类健康六个优先领域。

2. 日本的主要举措

日本政府于 2013 年 1 月出台重振日本经济的《紧急经济对策》，主要举措包括灾区重建、鼓励民间投资、促进创新投资、增加基础设施建设投入、人类发展和社会稳定、规制改革、稳定外汇市场等。同年 6 月颁布"日本再兴战略"，主要举措包括：促进企业技术设备创新；推广清洁能源使用；推行经济和就业结构改革，创造女性等弱势群体平等就业环境；培养创新人才；鼓励民间参与，推进全民共享增长福利等。2015 年安倍内阁出台一系列推动实现"一亿人总活跃"社会的政策，并于 2016 年发布"日本一亿人总活跃计划"以推动上述政策的落实，并主要通过劳动力与社会保障改革、人才培育和生产率改革三方面行动，增强经济实力。

在气候变化应对领域，日本实施碳足迹制度，并于 2010 年通过《气候变暖对策法案》，要求 2020 年日本温室气体排放在 1990 年基础上缩减 25%。在海洋经济领域，日本于 2013 年颁布《第二期海洋基本计划》，明确包含海洋资源开发、海洋环境保护、海洋安全、海洋科技研发在内的 12 个优先领域，为日本海洋产业发展提供行动指南。

3. 俄罗斯的主要举措

俄罗斯政府于 2011 年出台《2020 年前俄罗斯联邦创新发展战略》，主要措施包括大力发展通信网络、生物和能源先进技术，发展绿色能源等。为了应对欧美国家的制裁和油价下跌造成的经济危机，2014 年普京签署《关于采取特定经济措施以确保俄罗斯联邦安全的总统令》，推出反制裁措施；并于 2015 年和 2016 年分别出台《2015 年确保经济持续发展和社会稳定的优先措施》《2016 年为确保俄罗斯经济社会稳定发展的政府行动计划》，主要举措包括：提供社会保障和就业领域的政府支持，取消先进技术发展限制，发展中小企业，降低经济成本，为投资创造良好条件，保障经济社会稳定发展的结构性改革，平衡地区发展等方面。

在海洋经济领域，2010 年俄罗斯政府出台《2030 年前俄罗斯联邦海洋活动发展战略》，并于 2013 年颁布《2020 年前俄罗斯联邦北极地区发展和国家安全保障战略》。具体举措包括：合理开发海洋资源，增加粮食安全；发掘海洋对俄经济增长的潜在动力；改善海洋生态环境，预防和应对海洋自然灾害等。在能源政策领域，2009 年俄罗斯政府发布《2030

年前俄罗斯能源战略》，在能源安全、能源效率、低碳排放三个方面推出具体措施，主要包括能源的可持续利用和管理、能源市场结构性改革、能源技术创新、私营部门参与能源投融资等。

4. 中国的主要举措

党的十八大提出实施创新发展战略，中国政府发布《国家创新驱动发展战略纲要》，以加速这一战略的实施。具体而言，针对国内经济转型升级面临的机遇和挑战，中国政府出台相应政策文件。首先，在气候变化应对领域，2011 年中国政府出台《"十二五"控制温室气体排放工作方案》，为下级政府制定具体碳减排目标；并于 2014 年发布《能源发展战略行动计划（2014—2020 年）》，以能源安全、能源体制改革和能源清洁为优先领域，规划短期内能源发展路径。气候变化应对的举措包括：在部分省份及城市建立低碳示范试点、进行碳排放交易示范并推广到全国，建立碳排放交易市场，推进煤炭清洁高效开发利用、大力发展天然气、加强能源储备应急能力建设，优化能源结构、着力实施能效提升计划、推动城乡用能方式变革，推动能源技术创新，拓展能源国际合作，健全和完善能源政策和体系等。其次，在海洋经济领域，2012 年国家海洋局出台《关于推进海洋经济创新发展区域示范的通知》，支持部分地区建立海洋经济创新发展试点，予以资金支持；并于 2017 年出台《全国海洋经济发展"十三五"规划》，主要举措包括优化海洋经济发展布局、推动海洋产业创新发展、强化海洋生态保护、深化体制改革等。最后，在可持续城市发展领域，2014 年中国政府发布《国家新型城镇化规划（2014—2020 年）》，主要举措包括农业转移人口市民化，优化城镇布局，改善城镇化发展体制，提高城市可持续发展能力以及城乡一体化建设等。

（二）APEC 整体及主要经济体取得的成效

1. 提高能源效率，优化能源结构，实现低碳清洁发展

大力推动传统能源产业转型升级，对转变经济发展方式起到先导作用。通过能源合作，各经济体落实能源强度降低和可再生能源翻倍的阶段性目标成效显著。第一，就 APEC 能源强度降低承诺实施进展而言，如表 4 所示，2005—2015 年间 APEC 最终消费能源（不含非能源）强度下降 17.6%；期间 APEC 经济体能源强度呈现下降的变动；按照当前能源强度下降趋势估计，到 2035 年 APEC 最终能源消费强度将在 2005 年的基础上下降 44% 左右。这说明 APEC 地区能源效率得到有效提升。第二，就 APEC 可再生能源翻倍目标而言，2010 年 APEC 可再生能源份额为 6.7%；截至 2015 年底，APEC 可再生能源份额上升为 8.0%。同时，2010 年 APEC 可再生能源发电量占比为 2.62%，2015 年占比上升为 5.35%。[①]与可

[①] 2017 年 APEC 能源研究中心发布《可再生能源翻倍目标进展》，把可再生能源（不含传统生物质）在最终能源消费总量中的占比作为衡量可再生能源在能源结构中份额的指标，以评估可再生能源翻倍目标进展（参见：Asia Pacifi Energy Research Centre. Progress toward Renewable Energy Doubling Goal [R]. Wellington, New Zealand: Energy Working Group, 2017）。

再生能源发电量占比翻倍目标相比，APEC 可再生能源份额翻倍目标进展相对缓慢。

表 4　APEC 最终能源消费强度变动情况（不含非能源）　　　单位：%

年份	2006	2007	2008	2009	2010	2011	2012	2013	2014	2015	2005—2015	2035 预测
最终能源变动	1.9	4.1	1.0	-1.6	5.9	4.5	1.8	1.0	1.5	0.01	21.7	—
GDP 变动（2011 年美元购买力平价）	5.4	5.6	3.0	0.0	5.8	4.4	4.3	3.9	3.8	3.6	47.6	—
最终能源强度变动	-3.3	-1.4	-2.0	-1.6	0.1	0.1	-2.4	-2.7	-2.2	-3.5	-17.6	-44.0

资料来源：APEC. The 54th Energy Working Group Meeting: Progress Toward Energy Intensity Reduction Goal [R]. Wellington, New Zealand: APEC, 2017。

2. 落实 APEC 环境产品降税承诺，扩大环境产品进出口

截至 2017 年 5 月 17 日，APEC 21 个经济体对领导人环境产品降税承诺完成状态分为三种。[①]第一种状态是已完成降税承诺。澳大利亚、文莱、加拿大、中国、中国香港、日本、韩国、马来西亚、墨西哥、新西兰、巴布亚新几内亚、秘鲁、菲律宾、俄罗斯、新加坡、中国台北、美国、越南共 18 个经济体已完成 APEC EGS 清单降税目标。第二种状态是环境产品降税法案待批准。智利关于环境产品实施 5% 的统一关税税率的法案提交参议院正在进行投票中，预计短期内获批。第三种状态是大部分产品已达到领导人承诺的降税水平。其中，印度尼西亚在 54 项六位税号产品中已有 46 项六位税号产品征收 0～5% 的关税，但其余 8 项六位税号产品预计于 2021 年完成降税要求；泰国在 EGS 清单要求的 54 项六位税号产品中已有 51 项关税降至 5% 甚至更低，而其余三项已降至 7%。

随着 APEC 积极落实领导人环境产品降税承诺，APEC 地区环境产品进出口贸易出现扩大趋势。如表 5 所示，就 APEC 整体而言，2010 年 APEC 环境产品进口额和出口额分别为 2412 亿美元和 2629 亿美元，2016 年进、出口额均上升，分别为 2743 亿美元和 2684 亿美元，2010—2016 年进口年均增长率和出口年均增长率分别为 2.16% 和 0.35%，环境产品进口增长明显。就 APEC 经济体而言，美国和俄罗斯环境产品进出口均出现增长，但美国的环境产品出口变动甚微，2010—2016 年美国出口年均增长率为 0.27%。与 2010 年相比，2016 年中国的环境产品进口下降至 852 亿美元，年均增长率为 -1.37%；而 2016 年环境产品出口有所增加，年均增长率为 1.04%。与中国情况相反，日本的环境产品进口增长明显，年均增长率为 3.57%；而出口却由 2010 年的 432 亿美元缩减为 338 亿美元，出口年均增长

---

① APEC. Second Senior Officials' Meeting: Annex 8-Progress in the 2017 APEC Economy Progress in Implementing Their Commitments to Reduce Tariffs on the 54 Products in the APEC List of Environmental Goods to Five Percent or Less by the End of 2015 [R]. Ha Noi, Viet Nam: APEC, 2017.

率为-4.03%。以上说明 APEC 经济体环境产品进出口情况各异，但总体上 APEC 经济体环境产品进出口有所改善。

表 5　APEC 及主要经济体环境产品进出口情况　　　　　　单位：亿美元、%

地区/经济体	环境产品进口			环境产品出口		
	2010年	2016年	2010—2016 年均增长率	2010年	2016年	2010—2016 年均增长率
APEC	2412	2743	2.16	2629	2684	0.35
美国	393	557	6.01	508	516	0.27
俄罗斯	74	106	6.14	10	13	4.24
中国	925	852	−1.37	746	794	1.04
日本	130	161	3.57	432	338	−4.03

资料来源：根据 UN Comtrade 数据库整理、计算所得，[2018-04-29]. https://comtrade.un.org/data/。

注：作者根据《APEC 环境产品清单》提供的 54 个环境产品计算 APEC 及主要经济体的环境产品进出口额，APEC 进出口额的计算不包括中国台湾数据。

3. 有效控制森林产品贸易，促进 APEC 地区森林恢复

APEC 在打击非法采伐及相关贸易、可持续森林管理和恢复领域上的工作取得显著成效。一方面，APEC 森林产品贸易增长减缓。2010 年 APEC 森林产品贸易总价值为 1964.4 亿美元，年增长率为 25.06%，2016 年 APEC 森林产品贸易总价值上升为 2212.5 亿美元，但年增长率仅为 0.01%。2010—2016 年间 APEC 森林产品贸易额的年均增长率达 2%。[①]同时，大多数经济体森林产品贸易增长率基本呈现类似的下降趋势[②]，这表明 APEC 在森林可持续发展领域采取的相应措施有效地控制了 APEC 地区森林产品贸易的进一步扩大。

另一方面，APEC 地区森林覆盖面积增加明显。2007—2015 年期间，APEC 地区的森林面积从 217 513.4 万公顷增加到 219 058 万公顷，共增加 1544.6 万公顷。[③]其中，APEC 各经济体对森林恢复的贡献存在差异。如图 1 所示，与 2007 年森林覆盖面积相比，截至 2015 年底，中国、美国和俄罗斯的森林覆盖面积明显增加，增加量分别为 1230 万公顷、

---

① 根据 FAOSTAT-Forestry database 数据整理、计算所得，[2018-04-29]. http://www.fao.org/faostat/zh/#data/FO。

② 以美国、日本、俄罗斯和中国为例，美国 2010 年森林产品贸易价值增长率为 17.01%，2016 年森林产品贸易价值增长率为 0.6%，2010—2016 年森林产品贸易价值年均增长率为 0.02%；日本 2010 年森林产品贸易价值增长率高达 24.03%，2016 年森林产品贸易价值增长率低至-1.49%，2010—2016 年森林产品贸易价值年均增长率为-0.03%；俄罗斯 2010 年森林产品贸易价值增长率为 12.71%，2016 年森林产品贸易价值增长率为 0.76%，2010—2016 年森林产品贸易价值年均增长率为-0.01%；中国 2010 年森林产品贸易价值增长率为 34.96%，2016 年森林产品贸易价值增长率为-0.55%，2010—2016 年森林产品贸易价值年均增长率为 0.05%。美国和中国在 2010—2016 年森林产品贸易虽然有所增长，但年均增长率均在 0.1%以下；而俄罗斯和日本在 2010—2016 年森林产品贸易出现下降。根据 FAOSTAT-Forestry database 数据整理、计算所得，[2018-04-29]. http://www.fao.org/faostat/zh/#data/FO。

③ 《2015 年全球森林资源评估报告》仅统计 2005 年、2010 年和 2015 年的世界各国的森林覆盖面积，本文中 2007 年 APEC 森林覆盖面积总数按照相关年份数据计算，即 2007=2005+(2010-2005)×2/5 估计得到。参见：Food and Agricultural Organization of the United Nations. Global Forest Resources Assessment 2015[R]. Rome, Italy: Food and Agricultural Organization of the United Nations, 2016。

380 万公顷和 360 万公顷；而印度尼西亚、秘鲁、澳大利亚和墨西哥的森林覆盖面积损失相对严重，减少量分别为 550 万公顷、130 万公顷、110 万公顷和 80 万公顷。总体上，截至 2015 年底，APEC 经济体已实现 2020 年森林覆盖面积增加 2000 万公顷目标的 77%。

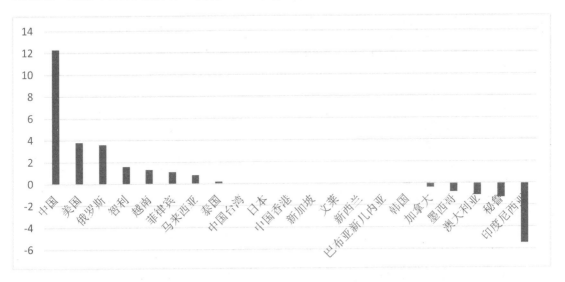

图 1　截至 2015 年 APEC 经济体森林覆盖面积变动情况（与 2007 年覆盖面积相比）（单位：百万公顷）

资料来源：Food and Agricultural Organization of the United Nations. Global Forest Resources Assessment 2015[R]. Rome, Italy: Food and Agricultural Organization of the United Nations, 2016; APEC. The 27th APEC Ministerial Meeting: Assessment of Progress Towards the APEC 2020 Forest Cover Goal[R]. Manila, Philippines: APEC, 2015. 作者绘制。

4. 发掘海洋经济和数字经济增长潜力，推动 APEC 地区经济转型和繁荣

APEC 地区海洋经济发展前景可观，大部分经济体海洋生产总值不断增加，对 GDP 增长和就业改善产生不同程度的贡献。以中国、美国为例，在经济效益方面，2010—2016 年，中国海洋生产总值年均增速 7.9%，2016 年海洋生产总值为 11 134.47 亿美元，占 GDP 的 11.7%。2016 年中国海洋劳动生产率增长 6.5%；而 2010—2015 年美国海洋生产总值年均增速 2.24%，2015 年海洋生产总值为 3201.27 亿美元，占 GDP 的 1.9%。在就业改善方面，2016 年中国海洋就业人员有 3624 万人，占全国就业人口的 4.7%，创造就业岗位比上年增加 35 万个；美国 2015 年海洋就业人员有 317.34 万人，占国内就业人口的 1%，创造就业岗位比 2014 年增加 9.74 万个。[①]

数字经济对 APEC 经济体 GDP 贡献显著提高。2010 年美国数字经济规模为 15300 亿美元，占 GDP 的 4.7%；2016 年数字经济总额为 19700 亿美元，占 GDP 的比重达 6.4%。[②]

---

① 中国海洋经济发展指数（2017）[R]. 天津：国家海洋信息中心，2017 年 12 月。美国海洋经济根据 NOEP Ocean Economics Data 整理所得，[2018-04-20]. http://www.oceaneconomics.org/Market/_ocean/oceanEcon.asp。

② 根据 BEA Digital Economy 整理所得，[2018-04-20]. https://www.bea.gov/digital-economy/。

2010 年中国数字经济总量为 1123 亿美元，占 GDP 的 15.2%；2016 年数字经济规模高达 35375 亿美元（22.77 万亿元人民币），占 GDP 的比重超过 30%。[①] 俄罗斯 2010 年数字经济规模为 142.8 亿美元，占 GDP 的 1.9%；2016 年数字经济规模为 393.3 亿美元，占 GDP 的比重为 2.8%。[②]

5. 中小企业逐渐融入 APEC 地区经济发展

APEC 地区中小企业的贸易参与度出现扩大趋势。在对世界出口方面，根据估算，2010 年 APEC 中小企业对世界出口额占 APEC 对世界出口总额的平均份额为 33.91%，到 2016 年，该份额上升为 35.54%。在区域内出口方面，2016 年 APEC 中小企业产品的区域内出口活动比较活跃。除去杂项制成品这一类产品出口，SME 产品的区域内出口额占 APEC 中小企业产品对世界出口额的比重高达 68.39%，其中原材料（不含燃料）和食品及活体动物两类产品的出口占对世界出口的份额最高，分别为 77.71% 和 73.52%；饮料和烟草、制成品等其余 SME 产品的份额至少占 42.74%[③]。与此同时，部分 APEC 经济体 SME 发展也比较活跃，如表 6 所示。

表 6　2015 年部分 APEC 经济体 SME 状况　　　　　　　　　　单位：%

经济体	SME 数量占比	SME 就业人数占比	SME 出口占比	SME 增加值占比
澳大利亚	99.64	—	—	99.87
加拿大	99.24	53.29	29.81	99.19
新西兰	98.96	—	—	99.55
韩国	—	81.43	20.51	—
日本	—	65.68	—	99.63
美国	98.34	35.64	28.67	99.28
墨西哥	—	40.72	5.18	99.78

资料来源：根据 OECD Entrepreneurship at a Glance 2017 整理计算所得，[2018-05-30]. http://dx.doi.org/10.1787/entrepreneur_aag-2017-7-en。

注：除澳大利亚、加拿大和新西兰以外，其他经济体的 SME 增加值占比均为 2014 年数据。

6. 消除性别不平等，扩大妇女经济参与度

性别不平等主要领域包括健康、教育、经济和政治四个方面，其中健康以孕产妇死亡率和青少年出生率为衡量指标；教育以接受过中等教育以上的女性比例为衡量指标；经济

---

① 上海社会科学院 2017 年 12 月发布的"全球数字经济竞争力指数（2017）"。为了统一各国年份，文中最新数字经济规模使用的是 2016 年数据。2018 年 4 月《中国数字经济发展与就业白皮书（2018）》发布。其显示，2017 年中国数字经济规模达 40285.6 亿美元，占 GDP 的 32.9%。

② 互联网经济报告（2012）[R].波士顿：波士顿咨询公司，2012.

③ 根据 SMEWG 的项目报告《影响亚太地区中小企业的非关税措施》，本文将 APEC SME 出口分为食品和活体动物、饮料和烟草、原材料（不含燃料，不可食）、动植物油和脂肪、制成品以及杂项制成品六类产品以方便统计数据和估算。但 SME 出口不止以上六类产品，还包括出口服务等；而且以上六类产品的出口还包含农业、加工食品业的出口。具体请参考：APEC SMEWG.Non-Tariff Measures Affecting Small and Medium Enterprises in the Asia-Pacific Region[R]. Philippines: APEC, 2016。根据 UNCTAD Statisticss 数据整理计算所得，[2018-04-30]. http://unctadstat.unctad.org/wds/ReportFolders/reportFolders. aspx。

以女性劳动力参与率、女性参与股权的企业比例为衡量指标；政治以议会中的女性席位比例为衡量指标。通过 APEC 经济体的共同努力，性别不平等问题有所缓解，如表 7 所示。2015 年美国、日本、俄罗斯和中国的性别不平等指数分别为 0.20、0.12、0.27 和 0.16，明显低于 2010 年的水平，依次为 0.25、0.12、0.31 和 0.20。在健康上，与 2010 年相比，美、日、俄、中在 2015 年的孕产妇死亡率和青少年生育率相对降低。在教育上，2015 年美、日、俄、中的中等教育以上女性比例分别为 95.4%、93%、94.6% 和 69.8%，与 2010 年（分别为 94.9%、87%、89.6% 和 58.7%）相比明显提升。在政治上，与 2010 年会议中女性席位相比，2015 年美国和中国会议中女性席位明显上升，而该指标在日本和俄罗斯则略为下降。在经济上，美、日、俄、中女性劳动力参与率几乎未变动，而 2015 年美、日、俄、中女性人均国民总收入水平有所提高，分别为 4.23 万美元、2.54 万美元、1.79 万美元和 1.07 万美元。

表 7　2010 年和 2015 年美、日、俄、中性别不平等情况　　　　单位：%，万美元

经济体	性别不平等指数		健康维度				教育维度		政治维度		经济维度			
			孕产妇死亡率（10万人中）		青少年生育率（每 1000 名女性，生育年龄在 15～19 岁）		中等教育以上女性比例		议会中的女性席位比例		女性劳动力参与率		女性人均GNI（2011年购买力平价）	
	2010	2015	2010	2015	2010	2015	2010	2015	2010	2015	2010	2015	2010	2015
美国	0.25	0.20	14	14	39.70	22.60	94.90	95.40	16.80	19.40	57.60	56.00	3.99	4.23
日本	0.12	0.12	6	5	5.10	4.10	87.00	93.00	11.30	9.50	49.40	49.10	2.33	2.54
俄罗斯	0.32	0.27	29	25	29.30	23.40	89.60	94.60	14.00	13.60	56.50	56.60	1.64	1.79
中国	0.20	0.16	35	27	7.90	7.30	58.70	69.80	21.30	23.60	63.70	63.60	0.76	1.07

资料来源：根据 UNDP Human Development Data (1990—2015) 数据整理所得，[2018-04-30]. http://hdr.undp.org/en/data。

7. 推动 APEC 地区可持续城镇化进程，促进 APEC 地区低碳发展和人民生活改善

一方面，APEC 城镇化处于快速发展阶段。从整体上看，2010—2016 年 APEC 城镇人口增加 2.04 亿，城镇化率从 58.7% 上升为 63.48%；从经济体个体来看，2016 年 APEC 有 14 个经济体城镇化率在 74% 以上，其中新加坡和中国香港的城镇化率为 100%；虽然中国、泰国和印尼的城镇化率不及上述经济体，但也在 50% 以上，2010—2016 年间年均增长率分别为 2.41%、1.46% 和 2.64%。[①]

另一方面，城市是 APEC 解决包含气候变化和环境保护、收入不平等、失业和卫生安全等在内的全球性挑战的变革力量和基础。以中国、美国、日本和俄罗斯为例，如表 8 所示。随着高质量、可持续增长合作的不断推进，2010—2016 年美国和俄罗斯的人均二氧化

---

① 计算过程不包括中国台湾数据。根据 World Bank Open Data 数据整理、计算所得，[2018-05-01]. https://data.worldbank.org.cn/。

碳排放量呈现下降趋势，中国和日本的人均二氧化碳排放量略有上升，年均增长率偏小，分别为 1.45% 和 0.26%；与 2010 年相比，2014 年中、美、日、俄自然资源消耗占 GNI 的比重均有所下降；从帕尔玛指数和基尼系数来看，中、美、日、俄均存在收入不平等，且中国、美国和俄罗斯三国 10% 的最高收入群体的收入是 40% 的最低收入群体的两倍左右；就失业率而言，与 2010 年相比，2015 年除了中国的失业率有所增加外，美国、日本和俄罗斯的失业率下降明显；在卫生条件方面，中国和俄罗斯使用改良卫生设施的人口比例均出现增长，说明两国卫生条件出现改善迹象。以上分析可知，APEC 经济体在低碳发展、环境保护和人类包容性发展等目标上有明显进展。

表 8   中、美、日、俄二氧化碳排放、自然资源消耗、收入差距以及失业情况   单位：公吨*，%

经济体	人均二氧化碳排放			自然资源消耗（占 GNI 比重）		收入不平等		劳动力总失业率		使用改良卫生设施的人口比例	
	数量		2010—2016 年均增长率			帕尔玛指数	基尼系数				
	2010	2016		2010	2014	2010—2015		2010	2015	2010	2015
中国	6.07	6.62	1.45	4.6	2.3	2.1	42.2	4.2	4.6	70.8	76.5
美国	18.6	16.56	−1.92	0.8	0.7	2.0	41.1	9.7	5.3	100	100
日本	9.23	9.38	0.26	—	—	1.2	32.1	4.9	3.3	72.3	72.2
俄罗斯	10.57	10.32	−0.39	12.4	9.5	2.0	41.6	7.3	5.8	99.9	100

资料来源：根据 World Bank Open Data，UNdata 和 2016 Human Development Reports 数据整理、计算所得，[2018-05-01]. https://data.worldbank.org.cn/；http://data.un.org/Explorer.aspx?d=UNESCO；UNDP. 2016 Human Development Report[R]. New York, USA:UNDP, 2016。

注："*" 1 公吨=1 吨。

APEC 高质量、可持续增长合作是推动亚太地区实现高质量经济增长，打造一个发展创新、增长联动、利益融合的亚太开放型经济的重要方式。APEC 在高质量、可持续增长合作方面进行了有益探索，并在经济增长、环境绩效改善以及包容性社会发展等方面取得了显著成效。但同时也应充分认识到，由于 APEC 经济体间存在经济发展水平、政治运行体制和社会发展模式的差异，各经济体落实 APEC 高质量、可持续增长合作的能力各不相同，尤其在技术创新、结构性改革以及基础设施建设方面差距明显；各经济体推行 APEC 高质量、可持续增长合作所取得的实际进展程度不一。这无疑对 APEC 各经济体在其合作领域协调政策体系、监管机制、技术创新和应用等方面的标准定位和具体行动产生障碍。可见，推动 APEC 高质量、可持续增长仍需付出诸多艰辛努力。APEC 应当深入探讨和总结高质量、可持续增长合作的最佳经验和成功案例并加以推广，不断完善 APEC 相关合作机制，对发展中经济体给予资金和技术等方面的支持，以协助发展中经济体加强能力建设，探索高质量、可持续增长合作新领域，进而推动 APEC 高质量、可持续增长合作的深入发展。

参考文献

[1] APEC. APEC Leaders' Declaration in the 18th APEC Economic Leaders' Meeting: The Yokohama Vision-Bogor and Beyond [R]. Yokohama, Japan: APEC, 2010.

[2] APEC. The APEC Leaders' Growth Strategy [R]. Yokohama, Japan : APEC, 2010.

[3] APEC. APEC Leaders' Declaration in the 19th APEC Economic Leaders' Meeting: Toward a Seamless Regional Economy [R]. Honolulu, United States: APEC, 2011.

[4] APEC. APEC Leaders' Declaration in the 20th APEC Economic Leaders' Meeting: Integrate to Grow, Innovate to Prosper [R]. Vladivostok, Russia: APEC, 2012.

[5] APEC. APEC Leaders' Declaration in the 21th APEC Economic Leaders' Meeting: Bali Declaration: Resilient Asia-Pacific, Engine of Global Growth [R]. Bali, Indonesia: APEC, 2013.

[6] APEC. APEC Leaders' Declaration in the 22[th]APEC Economic Leaders Meeting: Beijing Agenda for an Integrated, Innovative and Interconnected Asia-Pacific [R]. Beijing, China: APEC, 2014.

[7] APEC. APEC Leaders' Declaration in the 23th APEC Economic Leaders Meeting: Building Inclusive Economics, Building a Better World: A Vision for an Asia-Pacific Community [R]. Manila, Philippines: APEC, 2015.

[8] APEC. APEC Strategy for Strengthening Quality Growth [R]. Manila, Philippines: APEC, 2015.

[9] APEC. APEC Leaders' Declaration in the 24th APEC Economic Leaders Meeting [R]. Lima, Peru: APEC, 2016.

[10] APEC. APEC Leaders' Declaration in the 25th APEC Economic Leaders Meeting：Creating New Dynamism, Fostering a Shared Future [R]. Da Nang, Viet Nam: APEC, 2017.

[11] APEC. APEC Leaders' Declaration on Climate Change, Energy Security and Clean Development [R]. Sydney, Australia: APEC, 2007.

APEC 投资自由化和便利化合作的后 2020 愿景

罗 伟*

摘 要：投资是经济活动的基础，也是创新、制造业和贸易增长的必要前提。为强化亚太区域一体化，APEC 长期致力于推进投资自由化和便利化合作。1994 年，APEC 领导人峰会提出了著名的"茂物目标"，为 APEC 推进投资自由化和便利化合作指明了方向，推动了 APEC 投资合作的蓬勃发展。随着茂物目标最后时限的临近，确定 2020 后 APEC 投资合作的方向、优先合作领域和未来发展道路，成为进一步推进亚太投资自由化和便利化合作的关键。本文将回顾 APEC 投资自由化和便利化合作的进展，并着重探讨 APEC 投资自由化和便利化合作的后 2020 愿景。

关键词：投资自由化和便利化；茂物目标；后 2020 愿景

1991 年 APEC 第三届部长级会议即明确指出，实现投资自由化和便利化是 APEC 的核心目标之一。1993 年，亚太经合组织领导人基于 APEC 名人小组（Eminent Persons' Group, EPG）报告的建议，"形成一个亚太投资法典（Asia-Pacific Investment Code），以降低该地区贸易和投资的不确定性和交易成本"，并指示贸易和投资委员会（Committee on Trade and Investment, CTI）制定一套非约束性投资原则。1994 年，CTI 成立投资专家小组以完成这项任务。同年，APEC 领导人峰会提出了著名的"茂物目标"，即发达成员在 2010 年以前、发展中成员在 2020 年以前实现贸易和投资的自由化。1995 年通过的《大阪行动议程》进一步明确了亚太地区投资自由化目标——经济体通过渐进方式提供最惠国待遇和国民待遇，确保政策和法规的透明度，推进成员经济体投资体制和 APEC 整体投资环境自由化。《大阪行动议程》也指出了实现此目标的路径，即运用 WTO 协定、APEC 非约束投资原则、投资透明度标准、任何其他与经济体有关的国际投资协定及任何在 APEC 框架下

*罗伟，南开大学 APEC 研究中心副研究员。本文为南开大学社科建设性项目（91822148）研究成果。

被确定的共同指导原则，包括投资自由化和商业便利化选项清单，逐渐削减或消除例外与限制情形；探讨扩大 APEC 双边和区域投资协定网络，并促进多边投资工作。

一、APEC 投资自由化和便利化合作的进展

在投资专家组（IEG）的督促、指导和协调下，APEC 在投资自由化和便利化合作方面取得了许多重大进展，特别是 1994 年在印度尼西亚雅加达通过、2011 年在美国檀香山修订的 APEC 非约束投资原则（Non-binding Investment Principles, NBIP）和 2007 年的 APEC 悉尼领导人非正式会议批准的"APEC 投资便利化行动计划"（Investment Facilitation Action Plan, IFAP），以及 APEC 领导人在 2010 年领导人宣言中确定的下一代贸易和投资问题（Next Generation Trade and Investment Issues, NGeTI）。

（一）非约束性投资原则（NBIP）

APEC 非约束性投资原则是 IEG 成立以来取得的首个重要成果，体现了 APEC 成员经济体对于区域内投资自由化的美好愿景。NBIP 于 1994 年 APEC 领导人峰会获得通过，是 20 世纪高水平国际投资协定的体现，也是当时最重要的区域投资规则之一。

NBIP 共计包含 12 条与投资相关的原则，分别是透明度、对不同来源经济体的非歧视性待遇、国民待遇、投资激励、业绩要求、征收和补偿、汇回和兑换、争端解决、人员入境和居留、避免双重征税、投资行为以及移除资本输出阻碍，基本涵盖当时主流国际投资协定所包含的各项实质性条款。其中，对不同来源经济体的非歧视性待遇和国民待遇条款涵盖投资的转入前阶段和准入后阶段；征收和补偿规定了及时充分有效的补偿原则；投资激励条款限制了成员经济体通过降低健康、安全和环境规制等措施吸引外资的做法；投资行为条款对外资行为提出了一定的要求。这些条款给予境外投资者和投资的待遇高于当时主流的双边投资保护协定。例如，我国与印度尼西亚于 1994 年 11 月 18 日签署的《中华人民共和国政府和印度尼西亚共和国政府关于促进和保护投资协定》的最惠国条款规定，"缔约任何一方在其领土内给予缔约另一方投资者在管理、使用、享有或处置其投资及与这些投资有关的任何活动的待遇，不应低于其给予任何第三国投资者的待遇"[1]，尚未在准入前最惠国待遇方面做出承诺。另外，在征收补偿方面，协定也只是承诺"此种补偿应等于投资在征收决定被宣布或公布前一刻的价值。此种补偿不应不适当地迟延，并应有效地实现和自由转移"。[2]

2011 年，APEC 对 NBIP 进行了修订，增加了三条规定。第一条是对于政策解释和执

---

① 商务部条约法律司. 中华人民共和国政府和印度尼西亚共和国政府关于促进和保护投资协定. [2018-06-22]. http://tfs.mofcom.gov.cn/aarticle/h/at/200212/20021200058355.html.

② 商务部条约法律司. 中华人民共和国政府和印度尼西亚共和国政府关于促进和保护投资协定. [2018-06-22]. http://tfs.mofcom.gov.cn/aarticle/h/at/200212/20021200058355.html.

行一致性的规定。成员经济体在 2011 版 NBIP 中承诺"将努力确保对与其他经济体投资相关的法律、法规、行政程序和政策的一致性，以及在各级政府间协调的许可和批准程序的及时、透明和可预测性"。第二条是对投资激励条款的修订。2011 版 NBIP 将原来的投资激励规则的名称改为监管保护，将内容改为"除有限和特殊例外情况外，成员经济体将避免实施扭曲其经济体内部和经济体之间的公平竞争的投资激励措施，或与这些原则不一致的措施"。第三条是对使用争端解决机制的规定，即"成员经济体将确保争议方获得法庭、法院和上诉程序等争端解决机制的非歧视性，并在适当考虑司法独立性的情况下，力保判决和仲裁裁决的及时交付和执行"。2011 年版新增的这三条规定均是对成员经济体内部规制的实施，体现了国际投资体制逐渐重视边境后措施的发展趋势。

（二）投资便利化行动计划（IFAP）

不同于投资自由化合作仅在 APEC 合作框架下形成了一个非约束性投资框架，APEC 在投资便利化领域制定了具有可操作性的行动计划，并已付诸实施。2007 年的 APEC 悉尼领导人非正式会议批准了"APEC 投资便利化行动计划"，并要求各成员逐步完善该计划，以实现在各成员内部和整个亚太地区创造和维护良好投资环境的目标。

2009 年，CTI 在主席之友小组（Friends of the Chair）和 IEG 的支持下，确定了进一步实施 IFAP 的重点工作：

（1）确定评估 IFAP 进展的关键衡量指标（Key Performance Indicators, KPI）；

（2）根据修正后的 KPI 评估 IFAP 实际进展；

（3）根据 2008 年 MRT 会议批准的 IFAP（2008—2010 年）所列清单执行具体行动项目。

IEG 在实施 IFAP 进程中继续扮演重要角色，并根据各成员的反馈意见，确认了实施 IFAP（2008—2010 年）的三个优先主题（电子透明度、减少投资风险、简化商业规则），每个主题下均列出了 5 项优先行动领域。此外，IEG 还负责 IFAP 实施进展情况的审查工作，并已在 2013 年、2015 年和 2017 分别发表了审查报告。

最近的审查报告显示，APEC 执行经济体已加紧努力建立便利和促进投资的机制，亚太地区在量化措施方面改善明显。[①]一方面，IFAP 各优先主题列出的行动领域在 2015—2016 年 IFAP 执行期间均有所扩展：电子透明度主题下的行动领域达到 9 项，9 个成员经济体参与执行；减少投资风险主题下的行动领域同样达到 9 项，4 个成员经济体参与执行；简化商业规则主题下有 7 项行动领域，6 个成员经济体参与执行（详见表 1）。另一方面，IFAP 的实施也确实改善了 APEC 区域的投资环境。世界银行的前沿距离分数（DTF）数据显示，在 2015—2016 年 IFAP 执行期间，APEC 区域 DTF 总得分从 2014 年的 72.3 增长至 2015

① APEC Policy Support Unit. IFAP Implementation to Facilitate FDI in APEC: Updates in 2016. APEC, 2017. [2018-07-01]. https://www.apec.org/Publications/2017/05/IFAP-Implementation-to-Facilitate-FDI-in-APEC-Updates-in-2016.

年的 72.5 和 2016 年的 73.7（详见表 2）。

表 1　APEC 投资便利行动计划（IFAP）优先主题及其相关行动

优先主题	行动领域	执行经济体
电子透明度	发布普遍适用的法律、法规、司法裁决和行政裁决（包括修改和更新）	智利、俄罗斯
	采用法律法规的集中登记系统并以电子方式提供	
	建立投资促进机构或类似机构，并广泛宣传其存在	日本、马来西亚、秘鲁、泰国
	推进政策激励在投资促进机构中的作用，以解决投资者提出的具体投资问题，包括中小型企业面临的投资问题	日本、菲律宾
	向投资者提供有关投资促进和激励计划的所有规则和其他信息	智利、马来西亚、泰国
	建立 APEC 范围的网站或电子门户，以取代《APEC 投资体制指南》的硬拷贝出版物	
	鼓励在线提供关于外资问题的咨询和信息	智利、印度尼西亚、菲律宾
	简化和减少与对外投资相关的表格数量，鼓励电子报关	印度尼西亚
	促进对有利于简化和加快投资过程的新技术的引进和利用	秘鲁、越南
减少投资风险	更多地简化和重述法律，以提高清晰度，消除不一致性	
	维持一种机制，就有关流程、适用标准、技术规制和一致性要求变化及时提出相关建议	
	尽可能提前通知法律法规的修改提案，并提供向公众征询意见的机会	美国、越南
	为土地和其他形式的财产建立及时、安全和有效的所有权登记系统和（或）财产使用权	
	推广准确的市场信誉信息，如信誉度和可靠性等	加拿大
	鼓励或建立有效的正式机制，解决投资者与东道主当局之间的争端，并执行解决方案，如司法、仲裁或行政法庭、程序	中国香港
	探索在 APEC 范围内使用世界银行《营商环境报告》中的"强制执行合同"指标作为评判和讨论基础的可行性	
	进展定准和测量的可能性	
	在可能的情况下，努力遵守国际财产保护准则	
简化商业规则	精简申请和注册、许可及税收程序，并在适当情况下，为纸质文件提交建立"一站式"窗口	秘鲁、菲律宾、中国台北
	缩短投资申请的处理时间和程序	菲律宾
	在适当的时候，推广使用"沉默即同意"规则或规定限定时间外禁止反对，以加快处理时间	
	简化连接基本服务基础设施的程序	
	就申请和注册程序，制定清晰明确的指导和解释，并加以推广	
	实施战略以改进下级政府的行政绩效	墨西哥
	对投资程序进行定期审查，确保投资程序简单、透明、成本最低	加拿大、俄罗斯

资料来源：APEC Policy Support Unit. IFAP Implementation to Facilitate FDI in APEC: Updates in 2016 [R/OL]. APEC. https://www. apec.org/Publications/2017/05/IFAP-Implementation-to-Facilitate-FDI-in-APEC-Updates-in-2016, [2018-06-24]。

表 2　APEC 在前沿距离分数（DTF）和其他指数上的平均得分

年份	前沿距离分数	电子透明度	减少投资风险		简化商业规则	
		开办企业	保护少数投资	执行合同	登记财产	纳税
2009	71.2	80.9	64.9	65.6	73.6	74.0
2010	71.9	82.1	65.0	65.7	74.0	75.6
2011	72.8	84.1	67.0	65.6	75.1	76.3
2012	73.3	84.8	67.1	65.6	74.1	76.8
2013	73.9	84.7	67.2	65.2	74.4	77.5
2014	72.3	85.5	63.2	65.5	72.0	77.6
2015	72.5	87.7	62.4	65.2	71.7	75.1
2016	73.7	88.4	64.0	65.5	72.3	76.5

资料来源：World Bank. Doing Business Database [EB/OL]. [2018-07-01]. http://chinese.doingbusiness.org/data/distance-to-frontier?topic=Starting-a-Business。

虽然 APEC 投资环境在 IFAP 的带动下总体改善明显，但 APEC 与 OECD 的差距依旧明显。2016 年，OECD 国家的总体 DTF 指数为 77.2，而同期 APEC 成员经济体的 DTF 指数为 73.7，相差 3.5。这一差距相对于前两年趋于收窄，但仍低于历史最低水平。[①]

此外，需注意的是，IFAP 所起的作用主要体现在电子透明度上，在减少投资风险和简化商业规则方面的改进并不明显。由于世界银行《营商环境报告》的"开办企业指数"与开办企业所需文件和表格可在线下载程度相关，故该指数可以反映经济体的电子透明度。根据世界银行《营商环境报告》的评估，APEC 区域开办企业指数从 2009 年的 80.9 逐年增长，在 2016 年达到 88.4，说明 APEC 区域在电子透明度方面成效明显。然而，就减少投资风险而言，无论以"保护少数投资"还是以"执行合同"作为衡量指标，APEC 地区在近几年并未明显改善，甚至低于 2009 年水平。简化投资规则的情况也类似，无论以"登记财产"还是以"纳税"作为度量指标，APEC 地区的改进均有限，低于 2009—2016 年历史最高水平（详见表 2）。

（三）下一代贸易与投资问题（NGeTI）

全球和地区经济的深度整合对传统经济一体化进程提出了挑战。为应对这些挑战，2009 年，APEC 在新加坡会议提出需要将经济体一体化措施扩展至"边界上""边界内"和"跨边界"领域。2010 年，APEC 领导人会议通过了"茂物及后茂物时代的横滨愿景"，正式提出"下一代贸易与投资问题"，指出"APEC 可发挥孵化器作用，通过提供政策指导和智力支持，明确、塑造和解决亚太自贸区面临的'下一代'贸易与投资问题，为亚太自贸区

---

① APEC Policy Support Unit. IFAP Implementation to Facilitate FDI in APEC: Updates in 2016. APEC, 2017. [2018-07-01]. https://www.apec.org/Publications/2017/05/IFAP-Implementation-to-Facilitate-FDI-in-APEC-Updates-in-2016.

建设发挥关键作用。APEC 也可通过继续推进投资、服务、电子商务、原产地规则、规则一致化、贸易便利化、环境产品服务等专业领域倡议，推动亚太自贸区建设"。

APEC 经济体认为 NGeTI 包括两类问题：一类虽然是传统贸易投资问题，但因全球贸易投资环境变化，而必须以新的方式加以解决；另一类是 15 年之前不存在或被认为是贸易投资问题的问题，但现今已经对企业在亚太地区开展商业产生了实质性影响。[①]截至 2018 年 6 月，已有 5 个下一代贸易投资问题被确认，分别是：① 促进全球供应链（2011）；② 加强中小企业（Small and Medium-sized Enterprise, SME）参与全球生产链（2011）；③ 促进有效的、非歧视性的和市场驱动的创新政策（2011）；④ 区域和自由贸易协定（Regional/Free Trade Agreement, RTA/FTA）中的透明度条款；⑤ 供应链/价值链中与制造相关的服务业（2014）。

1. 促进全球供应链

供应链是指产品或服务从供应商到客户的过程中所涉及的组织、人员、技术、活动、信息和资源所构成的系统。全球供应链是当今全球经济的标志性特征，由全球供应商、制造商、仓库、配送中心和零售商网络组成，通过全球供应链，原材料被收购，转化并交付给全球客户。[②]

传统上，供应链便利化通过 RTA/FTA 的海关监管和贸易便利化章节加以解决的。然而，随着全球供应链在现代生产过程中的重要性日益提高，供应链便利化的实现还应采取相关政策促进基础设施框架、服务贸易自由化和电子商务，培育创业精神，以及激励和保护外商投资、研究和开发活动等。APEC 经济体认为，需要进一步努力以更全面解决与全球供应链有关的问题。

在 APEC 将全球供应链便利化确定为 NGeTI 后，APEC 组织开展案例研究以更充分了解全球供应链的各个方面，开发工具或清单以指导成员经济体创造便于区内经济体主动融入全球供应链的营商环境。

除具体工作外，APEC 还积极致力于的高层设计方面加强全球供应链和全球价值链。2014 年，APEC 领导人峰会通过了《推动全球价值链发展与合作战略蓝图》，旨在为亚太地区全球价值链发展合作确立政策指南和合作框架，内容包括新贸易投资议题、贸易增加值统计、发展中经济体参与、中小企业发展、服务、投资环境、抵御全球价值链风险、贸易便利化、加强公私合作、开展与国际机构合作等十大支柱领域。APEC 也因此成为全球范围内第一个制定全球价值链政策性、纲领性文件的区域合作组织。[③]同年，APEC 制定

　　① APEC. Next Generation Trade and Investment Issues to be Addressed in 2011 (2011/SOM2/021anx3) [R]. Singapore: APEC, 2011.

　　② APEC Policy Support Unit. Concepts and Trends in Global Supply, Global Value and Global Production Chains [R]. Singapore: APEC, 2012.

　　③ 高虎城. APEC 绘就促全球价值链发展蓝图[N]. 第一财经日报，2014-11-10.

了《APEC 互联互通蓝图（2015—2025）》，为构建全方位、多层次的复合型亚太互联互通网络指明了方向。《APEC 互联互通蓝图（2015—2025）》以促进硬件、软件、人文交流互联互通举措为三大支柱，包括加强建设高质量运输网络、推进物流和运输便利化、推广单一窗口系统和信息通信技术与电子商务系统的应用等合作领域。[①]

2. 加强中小企业参与全球生产链

过去中小企业大多局限于本地贸易，而且业务量较小。随着全球化进程的推进、信息通信技术的运用和多边国际规则的发展，中小企业在技术上出现了参与全球贸易投资的可能，也为中小企业支持体系提出了新的挑战。

近期签订的部分 RTA/FTA 已经纳入关于中小企业发展相关的章节或条款。尽管如此，各经济体还可以做更多的工作以促进中小企业参与全球生产链，提高其作为支持产业的能力。

2011 年，APEC 领导人通过了题为"APEC 关于下一代贸易投资问题加强中小企业参与全球生产链"的文件，确定了四个合作的领域[②]：

第一，提升 SME 利用全球生产链机会的能力。

（1）提升 SME 在全球市场识别商业伙伴和直接投资及合资机会的能力；

（2）分享各方为促进中小企业参与配套产业而制定的援助计划信息；

（3）加强中小企业对理解如何成为可靠配套产业、如何与其他配套产业、成品供应商和出口产业建立业务联系的认识。

第二，提升中小企业利用贸易机会的能力。

（1）通过国际贸易培训计划及企业家和技术教育加强中小企业的人力资源开发；

（2）公开与中小企业及其参与全球生产链相关的贸易法规和其他政策。

第三，促进信息通信技术的运用以及知识产权保护。

（1）增进中小企业对如何利用信息通信技术网络和其他创新技术参与全球生产链的认识；

（2）增进中小企业对如何获取并保护知识产权的认识。

第四，为中小企业获得贸易与投资信息提供便利。

增进协定缔约方对如何开展和推广研讨会、讲习班、贸易机会和其他活动的理解，包括建立和维护公开的网上工具箱，传达条文、关税安排、有利于贸易投资或从事商业活动的文件等信息，以便中小企业更容易利用自由贸易协定获益。

2015 年，APEC 领导人会议通过了《中小微企业全球化长滩岛行动纲领》，以解决中小微企业国际化和融入全球价值链的问题。该文件为将来精简海关规则和条例，提供有关

---

① 谈践. 互联互通蓝图让 APEC 更精彩[N]. 光明日报，2015-11-14.

② APEC. APEC 2011 Leaders' Declaration: Annex B - Enhancing Small and Medium-Sized Enterprises Participation in Global Production Chains. [2018-06-25]. https://www.apec.org/Meeting-Papers/Leaders-Declarations/2011/2011_aelm/2011_aelm_annexB.

进出口程序的及时和准确信息，扩大"经认证的经营者"的基础，提高电子商务利用率等工作指明了方向。

APEC 政策支持小组（Policy Support Unit, PSU）的近期研究还建议成员经济体向中小企业提供有利的商业环境，扩大其获得融资的机会。研究还指出，中小企业之间以及跨国公司和中小企业之间的全球合作和互联需要进一步加强，中小企业对 FTA 的认识也应该得到改进。

3. 促进有效、非歧视和市场导向的创新政策

创新政策、贸易和投资对于加强区域经济一体化和促进知识经济都至关重要。APEC 着眼于通过采用市场驱动和非歧视性政策，形成有利于创新和信息通信技术运用的监管环境，推动创新增长。

2011 年 APEC 领导人会议通过《亚太经合组织领导人促进有效、非歧视和市场导向的创新政策的声明》，表示"开放和非歧视的贸易与投资政策将确保竞争，鼓励经济增长所需的创新发明和创新能力，这是任何成功的创新战略不可或缺的组成部分"。为此，APEC 成员经济体一致同意：① 制定和保持开放经济模式；② 维持包括许可证制度等规制体系，以鼓励制定和实施新的商业创新模式，支持市场竞争；③ 确保规制体系透明、非歧视，制定有关程序以便利益攸关方尽早和有意义地参与，与 APEC 领导人通过的透明度标准相一致；④ 促进开放的投资，以《APEC 非约束性投资原则》和《APEC 投资便利化行动计划》等为依据，努力消除对外商直接投资的限制；⑤ 推广使用自主自愿、市场导向的国际标准，促进创新和竞争，建立商品和服务的全球市场；⑥ 确保技术管制和要求服务于合法的公共政策目标（如卫生、安全、环境等领域），不应压制创新，限制技术获得，损害竞争或造成不必要的贸易壁垒；⑦ 制定和实施技术条例与要求时，要考虑到《亚太经合组织-经合组织规制改革的综合清单》；⑧ 加强知识产权有效保护和执法，为包括中小企业在内的创新者营造有利于最先进技术研发和商业化的良好环境，促进亚太经合组织成员间技术服务传播；⑨ 在不影响各经济体在世界贸易组织的立场前提下，避免采取或保留有关措施，将知识产权所有权和属地性作为政府采购优惠政策的条件；⑩ 有关技术转让、生产工艺及其他专利信息方式和条件由企业之间商定，与世界贸易组织有关原则保持一致；⑪ 实行包括数据隐私和安全在内的信息通信技术相关政策，最大限度降低贸易扭曲效应并推动相关政策在全球范围内更好地保持一致；⑫ 促进透明、非歧视、有利于开放竞争、基于性能的创新政策，与亚太经合组织政府采购非约束性原则保持一致。①

APEC 也从其他角度看待创新政策，如以市场友好型方式促进研发和创新监管改革，通过增强成员经济体意识和能力创造更好的创新环境等。

---

① APEC. 亚太经合组织第十九次领导人非正式会议宣言：附件 1——促进有效、非歧视和市场导向的创新政策 [M] // 孟夏. 2012 年亚太区域经济合作发展报告. 北京：高等教育出版社，2012.

4. RTA/FTA 中的透明度条款

2012 年，APEC 正式决定将"透明度"纳入"下一代"贸易和投资问题，并通过了 RTA/FTA 透明度示范条款，旨在为 RTA/FTA 透明度标准领域建立最佳实践，是 APEC 对促进亚太地区高质量全面自由贸易协定和实现茂物目标所做出的贡献。APEC 成员经济体鼓励对此类协议的设计和内容采取连贯一致的方法。

RTA/FTA 透明度示范条款的内容基于 APEC 成员经济体现有 FTA 章节、关税及贸易总协定（General Agreement on Tariffs and Trade, GATT）第 10 条和服务贸易总协定（General Agreement on Trade in Service, GATS）第 3 条建立，将 WTO 规则作为透明度规定的最低标准，同时增加了反映 APEC 成员经济体实践的某些标准。

RTA/FTA 透明度示范条款反映了 APEC 非约束性投资原则。它们既不是强制性的，也不是穷尽的，也没有表明经济体将在其所有的 RTA/FTA 中纳入所有 RTA/FTA 透明度示范条款。条款的内容并非用强制性法律语言编写，而是提供指导性的例子，为成员经济体开展 RTA/FTA 透明度章节谈判时提供有用的参考。

除前言外，RTA/FTA 透明度示范条款包括 10 条内容，分别是：① 定义，旨在通过本章全文中将使用的"一般应用措施"一词来界定本章适用范围；② 普遍适用措施的公布，旨在反映 WTO FTA 缔约方公布普遍适用措施的 WTO 标准；③ 公众咨询，旨在建立与提前公布的普遍适用措施草案有关的规则，并为有关人士提供评论此类措施的机会；④ 出版资源，规定了涵盖措施可能发布的地点；⑤ 机密信息披露，重申了 WTO 协定中的有关规定（GATT 第 10 条，GATS 第 3 条），旨在对机密信息提供特殊处理规定；⑥ 联络点，提供有关联络点的基本规定；⑦ 信息的通知和提供，旨在建立与缔约方答复有关的其他承诺；⑧ 行政诉讼，规定及时审查和纠正最终行政命令所需的条件；⑨ 审查和上诉，基于 WTO 的相关标准（特别是 GATT 第 10 条、GATS 第 6 条）；⑩ 具体规定，旨在防止与其他章节对特定合作领域透明度标准所做规定产生冲突。①

5. 供应链/价值链中的制造业相关服务

由于制造业中包含的相关服务逐步提升，服务已经成为制造业部门竞争力的重要决定因素。供应链/价值链中的制造前服务（如研发、咨询和设计）或制造后服务（如广告、市场营销和维修），对制造业的附加值创造至关重要。捆绑服务在当今已经是普遍做法，如在最终产品销售中捆绑修理和保养服务等。②

---

① APEC. 2012 APEC Ministerial Meeting Statement: Annex A - APEC Model Chapter on Transparency for RTA/FTA. [2018-06-26]. https://www.apec.org/Meeting-Papers/Annual-Ministerial-Meetings/2012/2012_amm/annex-a.

② Pasadilla G, Findlay C. APEC, Services, and Supply Chains[J]. APEC Policy Support Unit Policy Brief, 2014 (9); Pasadilla G O, Wirjo A. Services and Manufacturing: Patterns of Linkages[J]. APEC Policy Support Unit Policy Brief, 2014 (10); Pasadilla G, Wirjo A. Services, Manufacturing and Productivity[J]. Singapore: Asia Pacific Economic Cooperation Policy Support Unit Issues Paper, 2015 (9).

2014 年，APEC 领导人在北京领导人峰会上表示"欢迎将供应链/价值链中的制造业相关服务作为下一代贸易投资议题的倡议，指示官员们在 2015 年就此制订行动计划"。作为回应，PSU 在区域内对制造业企业开展了一系列案例研究，收集并分析服务在制造企业中所扮演角色以及可采取哪些措施促进这些服务的一手资料。2015 年 5 月，APEC 贸易部长承认"制造业相关服务在提升成员经济体价值创造中的作用"，并表示"欢迎政策支持小组在制定《制造业相关的服务业行动计划》和案例研究方面取得的进展"。案例研究强调，服务在制造业活动中普遍存在，跨境服务外包可以带来巨大的商业和就业机会。案例研究也指出了调研企业所面临的各项政策限制，如服务部门对外资股权的限制、签证要求带来的困难、知识产权保护、劳动力市场缺乏灵活性、安全相关问题以及基础设施瓶颈等。所形成的《制造业相关的服务业行动计划》为 APEC 促进制造业相关的服务业自由化和便利化合作提供了基本框架。

《制造业相关的服务业行动计划》①的关键行动议程是，参照 PSU 的案例研究，在经济体内部政策举措、RTA/FTA 谈判以及 APEC 论坛和分论坛相关倡议层面，审查影响制造业相关的服务的贸易措施，以减少或消除贸易和投资障碍，改善贸易和投资环境。《制造业相关的服务业行动计划》也表示将考虑并开展合作行动和能力建设计划，例如，分享在制造相关服务贸易自由化和便利化方面的经验和良好实践。此外，为了帮助经济体在关键行动议程下采取具体行动，CTI 将采取以下措施：

（1）就关键行动议程，收集并分析成员经济体与之相关的监管体制和政策环境信息；

（2）基于此分析和成员经济体的合作，根据《制造业相关的服务业行动计划》制定合作/能力建设清单；

（3）在 2018 年进行中期审查，并在 2020 年对《制造业相关的服务业行动计划》的实施进行最终审查；

（4）根据最终审查，酌情考虑未来的计划。

6. 潜在的下一代贸易投资问题

除已确认的外，还有 10 个问题被认为是潜在的下一代贸易投资问题，分别是：① 性别问题和企业社会责任（Corporate Social Responsibility, CSR）；② 数字贸易；③ 环境；④ 劳工；⑤ 食品安全和保障；⑥ 贸易便利化；⑦ 知识产权；⑧ 竞争政策；⑨ 政府采购；⑩ 反腐败。

7. 下一代贸易投资问题的合作进展

IEG 成员制定了 IEG 下一代贸易和投资问题工作计划，IEG 和 CTI 都在 2017 年第二

---

①APEC Committee on Trade and Investment (CTI). Manufacturing Related Services Action Plan (MSAP) [C/OL]. Manila, Philippines: 27th APEC Ministerial Meeting, 2015-11-16 [2018-07-04]. mddb.apec.org/Documents/2015/MM/AMM/15_amm_015 app03.pdf.

次 IEG 会议（IEG2）之前批准了此多年期文件。工作计划审查现有 NGeTI 和潜在 NGeTI 在投资方面的进展情况。经 IEG2 确认后，IEG 成员开始根据 APEC 现有模式着手选择主题，并与其自身优先事项保持一致。现有的模式包括但不限于 APEC 资助项目、自筹资金项目、研究、出版或在 IEG 会议期间开展分论坛。目前，成员经济体仍在挑选参与 NGeTI 的主题，已经有 10 个经济体参与了 9 个 NGeTI（一些经济体涉及多个问题，一些问题有多个经济体参与，详见表 3）。

表 3　APEC 下一代贸易和投资议题及参与经济体（截至 2018 年 6 月）

下一代贸易和投资议题	参与经济体
已确定	
促进全球供应链（2011）	
加强中小企业参与全球生产链（2011）	韩国、巴布亚新几内亚、菲律宾以及中国台北
促进有效、非歧视和市场导向的创新政策（2011）	美国
RTA/FTA 中的透明度条款（2012）	加拿大
供应链/价值链中的制造业相关服务（2014）	日本
潜在	
性别问题和企业社会责任	智利、墨西哥、巴布亚新几内亚
数字贸易	澳大利亚
环境	
劳工	韩国
食品安全和保障	
贸易便利化	
知识产权	巴布亚新几内亚
竞争政策	日本
政府采购	
反腐败	

资料来源：APEC IEG. Matrix – Next Generation Trade and Investment Issues [EB/OL]. [2018-06-27]. http://mddb.apec.org/ Documents/2018/IEG/IEG/18_ieg1_007.pdf。

二、APEC 投资自由化和便利化合作面临的挑战

得益于 APEC 独特的营运方式——"承认多样性，强调灵活性、渐进性和开放性；遵循相互尊重、平等互利、协商一致、自主自愿的原则；单边行动计划（IAP）和集体行动计划（CAP）相结合"[①]，APEC 在许多高标准投资自由化和便利化合作领域达成共识，如在非约束性投资原则中确定"准入前国民待遇原则"和"公平竞争"原则等。

然而，这种独特的"APEC 方式"使得 APEC 经济体达成的共识并不具有硬性约束力，

① 罗伟. APEC 投资自由化进程分析 [M] // 刘晨阳. 亚太区域经济合作发展报告 2015. 北京：高等教育出版社，2015.

APEC 投资自由化和便利化合作的进展，依赖于成员经济体对外商投资的开放态度，最终取决于成员经济体的单边行动，包括出台有利于外商投资的国内政策、签署高标准国际投资协定（International Investment Agreement，IIA）等。在成员经济体普遍将进一步开放视为经济持续发展的前提时，APEC 区域的投资自由化和便利化程度迅速提升，而当投资保护、反全球化、外资威胁等思潮兴起时，因没有多边约束性规则的支撑，APEC 区域的投资自由化和便利化进程可能停滞，甚至倒退。事实上，如以"外资持股普及率指数"或"商业规则对 FDI 的影响指数"作为测度指标，APEC 区域的外资开放度自 2008 年金融危机以后逐步下滑（见表 4），茂物目标中的投资自由化和便利化目标预计难以在 2020 年到来之时完成。

表 4　2008—2015 年 APEC 外商投资环境变化趋势

年份	外资持股 普及率指数	商业规则对 FDI 的影响指数
2008	5.3	5.4
2009	5.2	5.2
2010	5.1	5.0
2011	5.1	5.0
2012	5.0	5.0
2013	5.0	4.9
2014	5.0	4.9
2015	5.0	4.8

资料来源：APEC Policy Support Unit. APEC's Bogor Goals Dashboard [R/OL]. APEC Publication NO.APEC#216-SE-01.13, 2016. [2018-07-01]. http://publications.apec.org/-/media/APEC/Publications/2016/11/APECs-Bogor-Goals-Dashboard/Bogor-Goals-Dashboard-2016-1Nov2016.pdf。

注："外资持股普及率指数"和"商业规则对 FDI 的影响指数"的取值均在 1～7 之间，取值越大，说明经济环境对外资越友好。

三、APEC 投资自由化和便利化合作的后 2020 愿景和中国的战略选择

APEC 区域外资开放度呈现下降的深层次原因是茂物目标和《大阪行动议程》的用词都比较模糊、难以评估，对于成员经济体义务的规定几乎都是非约束性的。正因如此，实现全面、高质量的亚太自贸区（Free Trade Area of the Asia-Pacific，FTAAP）被全体成员视为进一步深化 APEC 区域经济一体化的主要载体。2017 年 5 月，中国向 APEC 贸易部长会议提交了《中国关于 APEC "后 2020" 贸易投资合作愿景的非文件》，主张将推动实现全面、高质量的亚太自贸区作为"后 2020"的主要愿景。①

---

① APEC. China's Non-Paper on Post-2020 Trade and Investment Vision. Ha Noi, Viet Nam: Ministers Responsible for Trade Meeting, 2017-05-21 [2018-07-03]. http://mddb.apec.org/Documents/2017/MM/MRT/17_mrt_006.pdf.

对于投资自由化和便利化合作而言，亚太自贸区的实现意味着成员经济体达成一份高质量的亚太国际投资协定（International Investment Agreement of the Asia-Pacific，IIAAP）。IIAAP 相对于 APEC 非约束性投资规则而言，根本的不同在于 IIAAP 的约束性和强制性。就目前国际投资体制的发展趋势而言，高标准 IIA 必然都包含投资者——国家（地区）争端解决机制，东道国（地区）如违背 IIAAP 规定的义务，就有被投资者起诉、被裁决支付高额赔偿金的可能。这种约束性和强制性导致 IIAAP 的实现将是非常艰难的过程，且以 APEC 改革投资自由化和便利化合作机制为前提。在此背景下，我国需要通过各方努力，将建设高质量亚太国际投资协定写入 APEC "后 2020" 贸易投资合作愿景，同时也应为亚太自贸区进入实质性推进阶段做好准备工作，以促使亚太自贸区建设向有利于我国经济高质量增长的方向发展。

（一）在国内就建设高质量亚太国际投资协定的意义和风险达成共识

从长远看，APEC 成员经济体是我国外商直接投资的主要来源地和我国企业对外直接投资的重要目的地，高质量 IIAAP 所形成的亚太深度投资一体化，有利于我国 "引进来" 战略和 "走出去" 战略协同发展。最新的统计数据显示，2008—2016 年，APEC 成员经济体占我国实际利用外商直接投资的平均份额达到 77.8%[①]，占我国对外直接投资流量的平均份额达到 73.8%[②]。

从中期看，推进 IIAAP 赋予了我国参与并引导亚太投资体制重塑的重要契机，特别是在美国致力于从国际经济合作规则制定和维护领域收缩，转向通过双边谈判维护美国自身利益的当下。一方面，美国在国际规则制定方面的消极态度，使得我国在高标准知识产权、国有企业等美国在 2015 年以前力推的投资规则方面承压大幅度减小。另一方面，美国与日本、加拿大等昔日盟友龃龉不断，使得我国在推动适宜我国经济发展需要的投资规则时，遭受美国、日本、加拿大等发达经济体一致强烈反对的可能性下降，更有机会实现突破。

从短期看，由于我国外资管理体制尚处于改革过程当中，在一些国际通行的高标准投资规则（如准入前国民待遇、禁止业绩要求等）方面将会面临挑战。另外，我国尚缺少实践高标准 IIA 的经验，很多监管部门缺乏对投资规则的深刻理解，可能错误地估计部分投资规则对国内政策和经济安全的冲击，基于风险规避的考虑，我国可能在国际投资规则谈判上采取防守姿态，使得把握规则制定话语权的难度加大。

总体而言，虽然建设高质量 IIAAP 在短期将对我国经济安全，特别是国内政策体制造成冲击，但随着国内外资管理体制改革的推进，我国应对这些冲击的能力将逐渐提升，而

[①] 根据国家统计局提供的我国历年实际利用外商直接投资数据计算得出。国家统计局. 年度数据库：实际利用外商直接投资. [2018-07-03]. http://data.stats.gov.cn/easyquery.htm?cn=C01.

[②] 根据历年中国在世界各国直接投资流量数据计算得出。商务部，国家统计局，国家外汇管理局. 2016 年度中国对外直接投资统计公报. 商务部 "走出去" 公共服务平台，2017-11-14 [2018-07-03]. http://fec.mofcom.gov.cn/article/tjsj/tjgb/201711/20171102669889.shtml.

在中长期，建设高质量 IIAAP 符合我国建设开放性经济新体制的战略取向。

（二）推动 APEC 修订投资战略

最新的 APEC 投资战略显示，APEC 对于投资合作的推进包括三项支柱：① 先进原则和实践，旨在增强成员经济体在国际投资协定和国内政策中采用先进投资原则的意识和能力；② 便利化，旨在督促成员经济体自愿采取措施，改善其投资环境；③ 促进，旨在鼓励成员经济体采取各项促进措施，增加投资机会，招揽投资者。其中，第一项支柱对应的是投资自由化合作，投资战略列出的行动方案包括两条，一条是促进成员经济体接纳投资原则，主要是 1994 年通过的 NBIP 和 2003 年通过的投资透明度标准，另一条是就 APEC 实施投资原则的实践开展分析性研究；第二项支柱对应的是投资便利化合作，投资战略列出的行动方案包括 IFAAP 后续行动、与私营部门对话及投资便利化合作。[①]由此可知，APEC 的现行投资战略并未包含推进成员经济体达成具有约束性投资规则的规划。因此，推进 IIAAP，并最终实现 FTAAP，一个必要的步骤是修订 APEC 投资战略，将达成约束性投资规则作为战略目标。

修订 APEC 投资战略的前提和关键在于，从机制设计层面协调开放、自主自愿等 APEC 一贯坚持的原则与排他、约束、强制等自贸区题中之义之间的矛盾，即 FTAAP 在实现后应该以什么方式与 APEC 共存。FTAAP 是约束性排他组织，成员经济体所作承诺是有义务执行的，但没有义务对 FTAAP 外的经济体适用，而成员经济体在 APEC 层面所作承诺则恰好相反，成员经济体没有必须执行的法律负担，但一旦执行却必须对所有经济体适用，否则将违背多边、诸边和双边经济合作协定所包含的最惠国待遇原则。因此，APEC 应借助制定后 2020 愿景的契机，调整 APEC 合作原则，为推进 IIAAP 等约束性合作规则设计制度框架。

（三）在投资自由化和便利化合作领域，促进 APEC 机构改革

目前，APEC 投资自由化和便利化合作的推进由 CTI 领导，IEG 具体执行。作为 APEC 推进投资自由化和便利化合作的负责机构，IEG 的具体目标包括：

（1）开展与投资相关的工作，并向 CTI 报告工作成果；

（2）解决与投资有关的问题，加强亚太经合组织地区投资的自由化和便利化；

（3）通过 APEC 成员经济体之间的经济和技术合作，加强投资领域的能力建设；

（4）支持成员经济体的投资促进活动，以促进 APEC 区域的投资流动。

基于上述四个目标，IEG 确定了两项工作支柱：

（1）国际投资制度——原则和实践，着眼于从 IIA 等国际文书的角度解决各种投资问题和挑战；

---

① APEC Committee on Trade and Investment (CTI). 2010 CTI Annual Report to Ministers: Appendix 7. APEC Strategy for Investment. APEC, 2010. [2018-07-02]. http://publications.apec.org/publication detail.php?pub_id=1081.

（2）投资促进、便利化和保留，如投资便利化行动计划、投资政策对话、投资促进机构、最佳实践讨论以及全球价值链、公私伙伴关系和基础设施等其他跨领域问题。

从近年来 IEG 的主要活动看，IEG 每年的主要工作是召开两次工作组会议讨论 APEC 区域的具体投资问题，分享实践经验，监督成员经济体落实投资相关行动计划情况。例如，在巴布亚新几内亚莫尔兹比港召开 IEG 会议，邀请了来自 19 个成员经济体、世界经济论坛和联合国国际贸易法委员会的代表出席，讨论了下一代贸易和投资议题、投资便利化行动计划等议题，并审查各经济体落实长滩岛行动计划和茂物目标 2018 年中期检查的情况。此外，IEG 常牵头开展公私对话、研讨会、工作坊等活动。[①]

由上可知，推进投资规则建设既不是 IEG 的工作支柱，也非主要目标，甚至没有安排任何相关的活动。部分原因在于，APEC 投资战略本身并没有包含相关的内容。更为主要的原因是，IEG 并不具备推进投资规制合作的职责及所需的能力，所以 IEG 开展的活动主要是评审、研究、培训、促进知识分享等，而 APEC 在投资规则合作方面取得最新进展甚至可以追溯至 2003 年的投资透明度标准。为实现 IIAAP，一方面需要将它纳入 APEC 投资战略，另一方面，需要推进投资自由化和便利化合作领域的机构改革，赋予 IEG 新的职责和能力，或成立新的工作组专门负责投资规则建设。

（四）在 APEC 非约束性投资协定的基础上，建构 APEC 投资协定范本

正如 APEC 投资战略所言，APEC 成员经济体在制定投资原则方面取得了许多实质性进展。特别是 1994 年在印度尼西亚雅加达制定的 APEC 非约束性投资原则（NBIP）。这些正式通过的文本为 APEC 成员经济体的国际承诺提供了一个共同基础，因为它们涵盖了国际投资协议的关键要素，如最惠国待遇、国民待遇、禁止业绩要求、消除资本输出障碍、征用和补偿、汇回和兑换、争端解决及透明度等。[②]

然而，NBIP 存在两点不足，第一，它们不具有约束性，APEC 无须执行在 NBIP 中所作承诺，也无须在与其他经济体签署 IIA 时贯彻 NBIP；第二，由于 NBIP 并非使用严谨的法律文书撰写，因此，即便成员经济体决定在签署 IIA 时采纳它们，成员经济体仍无法直接引用，而是根据各自理解和利益考量加以诠释。这两点不足导致 APEC 在制定投资原则方面取得的实质性进展，无益于解决 APEC 区域投资体制中存在的复杂性问题。

目前，APEC 所有成员都签署了一项或者多项 IIA，APEC 区域投资体制是一个由 800 多个双边投资协定及 200 多个区域贸易协定组成的庞大体系，这些协定在文本保护与开放程度等方面均存在差异，且部分相互重叠[③]，造成外商直接投资的协调体制显得异常复杂。

---

① APEC. APEC Events Calendar. [2018-06-19]. https://apec.org/Events-Calendar.

② APEC Committee on Trade and Investment (CTI). 2010 CTI Annual Report to Ministers: Appendix 7. APEC Strategy for Investment. APEC, 2010. [2018-07-02]. http://publications.apec.org/publication detail.php?pub_id=1081.

③ 例如，中国和新加坡之间的跨境直接投资，就同时受到中新双边投资协定、中国和新加坡自由贸易协定，以及中国和东盟自由贸易协定的规范。

此外，NBIP 在某种程度上是北美投资协定范本的体现，对于经济体签订投资协定后的主权、政策空间和被诉风险等热点议题没有充分考虑。

现代化高标准的 IIAAP 是解决这些问题的重要方式，但 IIAAP 的实现不可能一蹴而就，而是需要循序渐进。作为推进 IIAAP 起点，我国可以致力于将 NBIP 升级为 APEC 成员经济体与其他经济体，至少是其他成员经济体签署和（或）升级 IIA 的共同模板。为实现这一目标，需要完成如下工作：第一，修订 NBIP 包含的条款，以反映国际投资协定的最新发展；第二，将 NBIP 转变为使用严谨法律文书撰写的投资协定模板；第三，创新投资协定模板，以规范和明确的方式反映成员经济体的特殊诉求；第四，将采用投资协定模板上升为成员经济体的义务。

（五）在推进 IIAAP 过程中，创新国际投资协定承诺机制

截至 2017 年底，全球国际投资协定总数达 3322 个，其中双边投资协定 2946 个，包含投资条款的协定 376 个[①]，数目远超过同期区域投资协定的数量（671 个[②]）。这是国际投资重要性的体现。投资来源国（地区）希望通过 IIA 扩展投资市场并为其海外投资和投资者提供保护，降低风险；投资流入国（地区）希望通过 IIA 吸引国际投资，以促进当地经济发展。

IIA 数量众多并不意味着高标准的 IIA 容易达成。事实上，由于投资开放和保护承诺对于国家经济安全、施政空间和国家主权的威胁远较商品贸易和跨境服务贸易复杂，多数经济体虽然因吸引投资的需要，愿意承诺为外国投资和投资者提供公众的保护，但多不愿在开放国内投资市场方面做出承诺，即便是投资保护方面的承诺通常也较为保守。因此，已经签署的 IIA 中只有极少数是高标准的。根据联合国贸易和发展会议（United Nations Conference on Trade and Development，UNCTAD）的 IIA 图谱数据的统计，在已经解析的 2572 条协定中，仅有 165 条（占比 6.4%）规定了准入前国民待遇，其中只有 89 条（占比 3.5%）以负面清单的方式做出开放承诺。此外，由于各经济体在签署 IIA 的诉求方面和承受外资冲击方面的差异明显，故涵盖发达和发展中经济体的大型 IIA 非常难以达成，导致国际投资多边框架至今仍只取得极为有限的进展。

APEC 成员经济体期望实现的 IIAAP 是高标准协定，由发展水平差异悬殊的 21 个成员经济体共同缔结。这两个基本属性意味着实现 IIAAP 的难度必将非常巨大，可能超出目前任何 IIA 的达成难度。要在 2020 年以后的十几年达成前 30 年均未实现的 IIA，APEC 需要在承诺机制上做出创新，使得成员经济体在 IIAAP 中所做出的承诺既满足发达经济体对市场开放的诉求，也能为发展中经济体提供主权、政策空间、经济安全保障。

---

① UNCTAD. World Investment Report: Investment and New Industrial Policies [R]. UNCTAD, 2018.

② WTO Secretariat. Cumulative Notifications of RTAs in Force and Inactive RTAs. WTO, 2018. [2018-07-02]. http://rtais.wto.org/ui/charts.aspx.

（六）进一步完善外资准入前国民待遇加负面清单管理体制

2018 年 6 月 28 日，国家发展和改革委员会、商务部发布《外商投资准入特别管理措施（负面清单）（2018 年版）》（以下简称 2018 年版负面清单），将对外资的限制措施由原来 63 条减少到 48 条，兑现了中国领导人对世界投资者扩大开放的承诺。2018 年版负面清单从《外商投资产业指导目录》中独立出来，单独发布，删除了"我国法律法规另有规定的，从其规定"的说明，并明确负面清单之外的领域按照内外资一致原则实施管理，彰显了我国全面落实准入前国民待遇加负面清单管理制度、对接国际通行投资规则的决心。

然而，由于其他与外资相关的国内规制改革滞后于负面清单，我国的外资管理体制与国际通行的准入前国民待遇加负面清单管理制度尚存在一定的差距。根据《中华人民共和国中外合资经营企业法》《中华人民共和国中外合作经营企业法》和《中华人民共和国外资企业法》的规定，外资无论以签订合营协议、设立合作企业还是设立外资企业的形式进入国内，均需先报对外经济贸易主管部门或者国务院授权的机关审查批准。即便是负面清单之外的领域，外资也不是必然能通过审查批准。例如，外国企业通过合资方式投资中国医疗机构，因投资领域不在负面清单限制范围之内（2018 年版负面清单第 29 条），按理在满足与内资相同的准入要求后即可投资。而事实上，外国企业在申请商务部审批之前，还需获得省级卫生部门设置许可。[①]根据《中外合资、合作医疗机构管理暂行办法》及其补充规定，"合资、合作的中外双方应当具有直接或间接从事医疗卫生投资与管理的经验，并符合下列要求之一：① 能够提供国际先进的医疗机构管理经验、管理模式和服务模式；② 能够提供具有国际领先水平的医学技术和设备；③ 可以补充或改善当地在医疗服务能力、医疗技术、资金和医疗设施方面的不足"。同时，"设立的中外合资、合作医疗机构应当符合以下条件：① 必须是独立的法人；② 投资总额不得低于 2000 万元人民币；③ 合资、合作中方在中外合资、合作医疗机构中所占的股权比例或权益不得低于 30%；④ 合资、合作期限不超过 20 年；⑤ 省级以上卫生行政部门规定的其他条件"。这些是对外资的额外高要求，违背了负面清单外资享有准入前国民待遇的原则。

这种情况也不仅仅出现在医疗机构领域，目前，商务部在根据产业指导目录或负面清单管理外资准入时，多数情况需要外资先通过相应部门的准入审批，而部门审批外资所依据的法律法规多在负面清单改革之前出现，往往与准入前国民待遇加负面清单管理制度相冲突。如签订高标准的国际投资协定并延续当前外资管理体制，以负面清单方式所作准入前国民待遇承诺和投资者-国家（地区）争端解决机制，将使我国面临被诉风险。

因此，为推进 IIAAP 的实现，我国必须围绕 2018 年版负面清单，进一步完善国内外资管理体制，将外资准入管理集中于国家发改委和（或）商务部，逐步消除或更新其他部

---

① 商务部. 商务部关于公开现有行政审批事项服务指南的通知. 商务部，2015-07-22 [2018-07-04]. xzsw.mofcom.gov.cn/front/article/detail.shtml?id=221&columnId=3.

门对于外资的特别规定。事实上，2018 年国务院发布的《国务院关于积极有效利用外资 推动经济高质量发展若干措施的通知》（国发〔2018〕19 号）也特别提出，"负面清单之外的领域，各地区各部门不得专门针对外商投资准入进行限制"。

参考文献

[1] APEC Committee on Trade and Investment (CTI). 2010 CTI Annual Report to Ministers: Appendix 7. APEC Strategy for Investment [R/OL]. APEC, 2010. [2018-07-02]. http://publications.apec.org/publication detail.php?pub_id=1081.

[2] APEC Committee on Trade and Investment (CTI). Manufacturing Related Services Action Plan (MSAP) [C/OL]. Manila, Philippines: 27th APEC Ministerial Meeting, 2015-11-16 [2018-07-04]. mddb.apec.org/Documents/2015/MM/AMM/15_amm_015app03.pdf.

[3] APEC Policy Support Unit. Concepts and Trends in Global Supply, Global Value and Global Production Chains [R]. Singapore: APEC, 2012.

[4] APEC. 2012 APEC Ministerial Meeting Statement: Annex A - APEC Model Chapter on Transparency for RTAs/FTAs [EB/OL]. [2018-06-26]. https://www.apec.org/Meeting-Papers/Annual-Ministerial-Meetings/2012/2012_amm/annex-a.

[5] APEC. APEC 2011 Leaders' Declaration: Annex B - Enhancing Small and Medium-Sized Enterprises Participation in Global Production Chains [EB/OL]. [2018-06-25]. https://www.apec.org/Meeting-Papers/Leaders-Declarations/2011/2011_aelm/2011_aelm_annexB.

[6] APEC. China's Non-Paper on Post-2020 Trade and Investment Vision [C/OL]. Ha Noi, Viet Nam: Ministers Responsible for Trade Meeting, 2017-05-21 [2018-07-03]. http://mddb.apec.org/Documents/2017/MM/MRT/17_mrt_006.pdf.

[7] APEC. Next Generation Trade and Investment Issues to be Addressed in 2011 (2011/SOM2/021anx3 [R]. Singapore: APEC, 2011.

[8] Pasadilla G O, Wirjo A. Services and Manufacturing: Patterns of Linkages[J]. APEC Policy Support Unit Policy Brief, 2014 (10).

[9] Pasadilla G, Findlay C. APEC, Services, and Supply Chains[J]. APEC Policy Support Unit Policy Brief, 2014 (9).

[10] Pasadilla G, Wirjo A. Services, Manufacturing and Productivity[J]. Singapore: Asia Pacific Economic Cooperation Policy Support Unit Issues Paper, 2015 (9).

[11] UNCTAD. World Investment Report: Investment and New Industrial Policies [R]. UNCTAD, 2018.

[12] WTO Secretariat. Cumulative Notifications of RTAs in Force and Inactive RTAs [R/OL]. WTO, 2018. [2018-07-02]. http://rtais.wto.org/ui/charts.aspx.

[13] 高虎城. APEC 绘就促全球价值链发展蓝图 [N/OL]. 第一财经日报, 2014-11-10. [2018-06-25]. https://www. yicai.com/news/4038115.html.

[14] 罗伟. APEC 投资自由化进程分析 [M] // 刘晨阳. 亚太区域经济合作发展报告 2015. 北京：高等教育出版社，2015.

[15] 商务部. 商务部关于公开现有行政审批事项服务指南的通知 [EB/OL]. 商务部, 2015-07-22 [2018-07-04]. xzsw.mofcom.gov.cn/front/article/detail.shtml?id=221&columnId=3.

[16] 商务部条约法律司. 中华人民共和国政府和印度尼西亚共和国政府关于促进和保护投资协定 [EB/OL]. [2018-06-22]. http://tfs.mofcom.gov.cn/aarticle/h/at/200212/20021200058355.html.

[17] 谈践. 互联互通蓝图让 APEC 更精彩 [N]. 光明日报，2015-11-14.

APEC 服务贸易自由化新进展与"后茂物目标"

于晓燕*

摘　要：2015 年起，亚太经济合作与发展组织（简称 APEC）采取多种措施加快推进区域服务贸易自由化合作进程，制定了合作目标及路线蓝图，完善了合作机制，凸显了各成员对服务贸易合作的关注。2017 年后，APEC 服务合作的工作重点主要集中在有序推进《APEC 服务业竞争力路线图（2016—2025）》中相关共同行动计划的落实，并鼓励各成员积极开展与服务贸易相关的单边行动。鉴于服务业发展对于各成员经济日益增强的重要贡献，预计在"后茂物目标"时代，服务业及服务贸易合作仍将是 APEC 各成员较为关注的重点合作领域之一。中国应根据这一发展特征在服务业及服务贸易领域继续深化改革开放，为"后茂物目标"时代可能面临的新挑战做好充分的应对准备。

关键词：APEC；服务贸易；服务业竞争力路线图；后茂物目标

一、2016 年 APEC 服务合作进展回顾

服务贸易是 APEC 贸易投资自由化合作的重要内容之一，但鉴于服务贸易规则的复杂性以及服务业发展的不平衡性，亚太地区服务贸易合作深度相对落后于货物贸易自由化合作进程。2015 年后，考虑到服务业对地区经济复苏及长期发展的重要意义，APEC 不断采取措施着力推动服务贸易合作的深化，并取得了显著进展。2016 年是 APEC 服务业合作具有标志意义的一年。该年度所确定的《APEC 服务业竞争力路线图》（简称 ASCR，下文简写为《路线图》）及其实施计划成为此后两年 APEC 服务业合作的核心内容，同时也将是 2025 年前 APEC 服务合作的重要指导纲领。

---

*于晓燕，南开大学 APEC 研究中心副研究员。本文为南开大学社科基本科研业务费专项资金资助项目（63182014）的研究成果。

（一）领导人会议及部长级会议对服务贸易合作的指示

2016 年 5 月发表的 APEC《贸易部长级会议声明》对服务业市场开放与服务贸易增长对地区经济增长和创造就业所具有的推动作用给予肯定，并提出，为了落实 2015 年发表的《亚太经合组织服务合作框架》，欢迎在 2016 年底前制定战略性的和长期的《APEC 服务业竞争力路线图》，旨在通过一系列协调一致的行动和在 2025 年实现的共同商定的目标。贸易部长们指示官员们进一步加快路线图的制定工作，为提高本地区的服务竞争力制定具体步骤，包括采取具体行动改善服务贸易环境。部长们同时对 APEC 服务业公私对话、编制服务业相关的统计数据、制定衡量 APEC 服务业监管环境指数等相关工作所取得的进展表示欢迎，并指示在各项工作中应加强与 APEC 工商咨询理事会（简称 ABAC）、太平洋经济合作理事会（简称 PECC）、经济合作与发展组织（简称 OECD）及世界银行等相关论坛或国际组织的合作。①

2016 年 11 月发表的《第 28 次部长级会议联合声明》同意将《APEC 服务业竞争力路线图》提交领导人认可，并指示采取必要的工作，通过 "路线图" 中包含的共同和单边行动，推进所确定的各项目标，包括制定 "路线图" 所设想的衡量 APEC 经济体服务规制环境的 APEC 指数。该声明还就启动亚太经合组织服务虚拟知识中心、加强能力建设合作等相关工作做出了指示。②

2016 年 11 月发表的《亚太经合组织第二十四次领导人非正式会议宣言》对 APEC 服务业发展的重要意义及未来工作安排做出了重要指示，它强调："我们认为服务业对于 APEC 地区生产力提高和经济增长做出了重要贡献。通过为服务业提供开放和可预测的环境，来提高服务业竞争力，扩大服务贸易，这是促进 APEC 地区经济增长的关键因素之一。为此，我们批准《APEC 服务业竞争力路线图》（表 1），指示官员们监督评估落实该路线图的进展，采取具体措施实现共同目标，促进服务贸易和投资增长，提高服务业竞争力，与此同时，解决服务贸易增长的制约因素，并照顾到各经济体在经济社会条件上的差异。"③

与宣言正文同时发表的附件二（《APEC 服务业竞争力路线图》）详细阐述了 2016—2025 年 APEC 增强服务业竞争力合作的目标、支撑因素、共同行动计划、单边行动计划及落实措施，成为未来 APEC 指引服务业及服务贸易合作的核心纲领文件。根据该路线图，到 2025 年，APEC 经济体服务贸易出口在全球服务贸易出口中所占比重应超出当前比重，同时，地区服务业年均复合增长率应超过 6.8% 的历史平均水平，从而使本地区服务业增加值占

---

① 2016 Meeting of APEC Ministers Responsible for Trade Statement, http://mddb.apec.org/Documents/2016/MM/MRT/16_mrt_jms.pdf.

② APEC Peru 2016 AMM Joint Statement, http://mddb.apec.org/Documents/2016/MM/AMM/16_amm_jms.pdf.

③ 24th APEC Economic Leaders' Meeting 2016—Declaration. http://mddb.apec.org/Documents/2016/AELM/AELM/16_aelm_dec.pdf.

GDP 的比重高于全球平均水平。APEC 经济体将在提升全球价值链、促进专业人员跨境流动、为商务旅行者提供更多便利、推进《2016 年 APEC 关于结构改革和服务业的经济政策报告》、支持环境服务自由化便利化合作、促进制造业相关的服务业自由化便利化、支持教育部门合作、合力应对互联网技术的迅速发展、支持特定金融服务的跨境服务条款、支持发展空海陆交通及信息通信技术基础设施、发展旅游业、制定服务业境内规制良好实践原则、发展与服务业相关的统计以及推进服务业便利化以改善区域粮食系统等领域开展共同行动，以实现路线图设立的目标。同时各经济体也将开展相应的单边行动计划。根据路线图的安排，APEC 将在 2021 年开展中期审议，对落实路线图的集体和单边行动进行评估。①

（二）《APEC 服务业竞争力路线图》实施计划的起草与发表

为了有效推进《APEC 服务业竞争力路线图》的贯彻实施，更好地明确和协调各分论坛在实施过程中的职责分工和计划目标，APEC 委托澳大利亚作为服务工作组（简称 GOS）的共同召集人负责起草了路线图的实施计划。部分成员对实施计划草案提出了少量修改意见。修改后的该实施计划已由 2016 年 11 月召开的 APEC 高官会年度总结会及部长级会议批准实施。②该实施计划在其附件中对每个项目的实施目标、背景、负责机构以及实施效果衡量标志等进行了更为详细的说明，其具体内容如下。③

1. 提升全球价值链，包括在已批准的《APEC 促进全球价值链发展合作战略蓝图》框架下，促进中小微企业、妇女参与全球价值链

负责机构：贸易投资委员会（CTI）。

背景：2015 年 APEC 部长级会议关于蓝图执行进展的报告中表示同意实施澳大利亚所提出的"服务贸易在全球价值链中的重要地位"的倡议。其中包括：① 对相关倡议的评估；② 探讨如何更好地支持全球价值链并避免重复倡议；③ 新倡议的行动计划。关于倡议的初始评估已经在准备中，澳大利亚和 PSU（宾夕法尼亚大学）正在根据工作流程开展案例分析（与《APEC 关于结构改革和服务业的经济政策报告》中的案例分析相关）。之后将会提出新的倡议。

成果：项目的预期成果包括确立和实施新倡议行动计划，其中包括能力建设行动；提出在全球价值链中提高中小企业和妇女服务提供者的参与程度的倡议。

目标：在 2017 年第一次高官会（简称为 SOM）期间由 CTI 和高官会批准行动计划；行动计划中至少三分之一的倡议目标应为改善妇女和中小企业在全球价值链中的参与情

---

① 24th APEC Economic Leaders' Meeting 2016—Annex B: APEC Services Competitiveness Roadmap (2016—2025), http://mddb.apec.org/Documents/2016/AELM/AELM/16_aelm_dec_anxb.pdf.

② http://mddb.apec.org/Documents/2016/SOM/CSOM/16_csom_summary.pdf.

③ APEC Services Competitiveness Roadmap Implementation Plan (2016 – 2025), http://mddb.apec.org/Documents/2016/MM/AMM/16_amm_012.pdf.

况；2019 年底完成行动计划并向部长级会议提交最终报告。

标志：工作效果的衡量指标包括中小企业全球贸易（包括零售平台）准入的各项指标。

2. 在《APEC 建筑师和工程师登记》等倡议基础上，促进专业人员跨境流动

负责机构：人力资源开发工作组（HRDWG）。

背景：APEC 建筑师项目确定了根据教育、资历、认证及职业实践成为 APEC 建筑师的框架。APEC 建筑师登记由参与经济体维护的网上注册机制完成。上述经济体包括澳大利亚、加拿大、中国、日本、韩国、马来西亚、墨西哥、新西兰、菲律宾、新加坡、泰国、美国以及中国香港、中国台北。

APEC 工程师协定由参与经济体签署协定，旨在认可工程领域专业技能的"实质同等性"。APEC 经济体通过证明其具有适当的体系，能够根据 APEC 工程师协定所确立的国际标准对工程师的专业技能进行评价，即可申请成为协定的成员。目前的成员经济体包括澳大利亚、加拿大、中国、印度尼西亚、日本、韩国、马来西亚、新西兰、菲律宾、俄罗斯、新加坡、泰国、美国以及中国台北。

两项安排的主要目的均是为了根据人力资源开发工作组的要求通过专业素质的相互认证，为专业技术人员的移动提供便利。2014 年召开的人力资源开发部长级会议再次重申了这一优先发展领域，并发表了《APEC 通过人力资源开发提高就业质量，加强人员交往互联互通工作计划》。

预期成果：鉴于改善专业服务流动性的重要意义，人力资源开发工作组计划将对现有的 APEC 建筑师和工程师协定的效力和实用性进行评估，以强化这些安排并为其他专业人员建立类似的制度框架。在这一过程中，HRDWG 将与其他 APEC 机构共同予以关注。上述安排在自愿基础上参与。

目标：HRDWG 主席将在 2017 年第二次高官会期间就以下问题提出提案：

- 继续就 APEC 地区其他三类专业人员设立自愿的框架安排；
- 在 2021 年年底之前实施上述框架安排；
- 为这些框架安排的采纳开展能力建设。

标志：可以用影响 APEC 经济体间专业服务人员移动的壁垒数量来测度削减情况，其中包括使用 APEC 专业服务监管环境指数等。

3. 基于《APEC 商务旅行卡》等倡议，为商务旅行者提供更多便利

负责机构：CTI/商务移动工作组（BMG）。

背景：APEC 商务旅行卡（ABTC）允许商务旅行者提前通关，为完全参与的经济体提供短期入境便利。ABTC 取消了单独申请签证或入境许可的要求，节约了宝贵的时间，并允许完全参与经济体的持卡人在卡片有效期内多次入境。持卡人同时可以在入境时享受更

加快捷的移民程序，包括在参与成员经济体的主要机场设立特别的 APEC 通道提供快速入境和出境服务。ABTC 完全参与成员数量已经达到 19 个。加拿大和美国是 ABTC 计划的过渡成员。过渡成员可为本国申请人发放 ABTC 并可在主要机场使用快速通道，但不参与预通关。截至 2016 年年中，ABTC 持卡人已经达到 20 万人，并且数量还在增长。ABTC 的有效期已从 3 年延长至 5 年。

成果：CTI/BMG 将向高官会提交加强商务旅行者灵活性的战略计划，主要包括以下内容。

- 进一步加强商务旅行者灵活性的建议；
- 执行 BMG 倡导的 ABTC 时间表建议的进展概述。

目标：2017 年第二次高官会期间提交战略计划；BMG 将致力于落实 ABTC 时间表，为亚太地区商务移动提供更多便利。

指标：ABTC 网上申请的开发和实施。

4. 落实《APEC 结构改革新议程》，包括推进《2016 年 APEC 关于结构改革和服务业的经济政策报告》

负责机构：经济委员会（EC）、服务工作组（GOS）以及 CTI。

背景：APEC 结构改革部长会议在 2015 年 9 月批准《APEC 结构改革新议程》（RAASR）后做出了以下指示。

（1）将结构改革及服务作为 APEC 的优先领域，特别是：

- 提高服务在 RAASR 中的重要性；
- 鼓励各经济体实施以进一步改善服务部门为目的的单边改革，并将其列入 RAASR 中结构改革计划的一部分；
- 推进《2016 年 APEC 关于结构改革和服务业的经济政策报告》。

（2）支持落实《APEC 服务合作框架》倡议，特别是密切 CTI、GOS 以及其他相关论坛的合作：

- 开展公私对话；
- 开展与部门管理机构以及商界的对话（通过 APEC 跨论坛对话和合作机制）；
- 考虑与 GOS 开展合作项目，其中可能包括为各成员内部服务法规提供一系列建议。

成果：结构改革部长们同意考虑在 2018 年由结构改革高官组织开展 RAASR 的中期评估，并在 2020 年的结构改革部长会议上考虑开展最终评估（此次会议将可能探讨 2020 年后 APEC 结构改革工作）。

目标：

- 经济委员会将向第一次高官会汇报如何实施《APEC 关于结构改革和服务业的经济

政策报告》的建议，以及如何与 RAASR 中期评估和最终评估进行整合；

- 鼓励每个 APEC 经济体实施单边改革，并将其作为根据 RAASR 所确立的结构改革行动计划的一部分。

标志：改进 APEC 成员法规质量从而改进评级。

5. 在已通过的《环境服务行动计划》框架下支持环境服务自由化、便利化合作

负责机构：CTI/GOS。

背景：《环境服务行动计划》（ESAP）批准于 2015 年，目的是在环境服务领域推进自由化、便利化与合作。①各方同意 ESAP 下的行动不会影响 APEC 经济体在 WTO 谈判中的立场。

成果：计划中的主要行动分为三阶段的工作。

- 第一阶段（2016）——就各成员根据产品总分类（CPC94）所采用的法规和政策情况开展调研。同时就地区服务提供类型进行分析。
- 第二阶段（2017）——确定推进自由化、便利化合作所面临的主要挑战，并针对上述挑战提出建议行动。
- 第三阶段（2018—2020）——搜集和分享与建议行动相关真实案例的信息。对第一和第二阶段进行评估并在 2020 年年底根据需要探讨未来发展。

各经济体也可以探讨是否需要就超越 CPC94 但仍与环境相关的服务开展额外工作。工作成果中应保证含有充足的能力建设行动，特别是在第三阶段。

目标：

- 根据时间表完成三个阶段的工作；
- 在第三阶段达成并实施具体行动；
- 探讨是否存在超越 CPC94 范畴但与环境相关的其他服务工作。

标志：目前没有与环境服务贸易或贸易壁垒相关的指标。

6. 在已通过的《制造业相关服务行动计划》框架下，促进制造业相关的服务业自由化、便利化②

负责机构：CTI/GOS。

背景：《制造业相关服务行动计划》（MSAP）批准于 2015 年。2016 年贸易部长会议强

---

① 环境服务行动计划（ESAP）：2014 年 11 月的 APEC 部长会议联合声明要求各成员采取措施，制定行动计划推进环境服务的自由化、便利化及合作。日本作为该倡议的负责成员起草了 2016—2020 年的环境服务行动计划，各成员已经就实施方式等问题展开讨论，以便确定环境服务贸易的合作范围及可能存在的困难与挑战。

② 制造业相关服务行动计划（MSAP）：2014 年 APEC 领导人会议宣言及其附件强调了与制造业相关的服务作为下一代贸易与投资议题在供应链及价值链中所具有的重要地位，并要求各成员制定相关行动计划以加强有关合作。日本作为项目负责方起草了制造业相关服务行动计划，旨在通过强化地区内制造业相关服务的自由化与便利化，深化经济一体化进程。

调 CTI 应抓紧实施该计划。计划列明了应处理的法规或政策措施，包括对外资股权比例、市场进入条件以及外国服务提供者流动的限制。

成果：根据 MSAP，CTI 计划采取以下步骤。

- 搜集和分析与各成员经济体法规制度与政策环境相关的信息；
- 根据分析结果和合作行动，制定一项合作/能力建设行动参考菜单；
- 针对实施情况分别在 2018 年和 2020 年开展中期评估和最终评估。

成果中应保证包含足够的能力建设行动内容。

目标：

- 根据时间表完成 MSAP 步骤；
- 根据中期评估和最终评估达成和实施具体行动。

标志：削减与制造业相关服务的壁垒。

7. 支持教育部门合作，包括推进实习生计划、海外交换生项目、联合政策研究；根据各经济体教育系统的情况，推进在教育标准、资质和学分体系方面的信息交流，探索互认措施（借鉴《东盟专业资格证书参考框架》等文件中的措施）

负责机构：人力资源开发工作组（HRDWG）。

背景：HRDWG 已经在此领域开展了多项行动，特别是通过其教育网络（Ednet）。例如，2015 年 2 月启动了 APEC 奖学金和实习生倡议。2014 年 APEC 人力资源开发部长会议批准的《APEC 通过人力资源开发提高就业质量，加强人员交往互联互通工作计划》对 APEC 教育部门合作的需求进行了强调。

《东盟专业资格证书参考框架》（AQRF）来源于"东盟澳新自由贸易协定经济合作支持计划"，并且是一项便于东盟成员间教育资格比较的共同参考框架。它采用了自愿使用的原则并且不要求各成员改变自己的资格制度。AQRF 尊重每一成员的特定结构和程序，后者仍然是各成员优先采取的方式。

成果：由 HRDWG 制定包含一整套措施的提案并在自愿的基础上实施，在 ASCF 的支持下在教育部门提供合作和能力建设。在适当情况下，这一提案应整合现有措施。并且这一提议也应努力利用 AQRF 中提供的方法。

另一个成果是关于 APEC 经济体如何运用创新教育政策解决其教育体系目前存在及可能发生的问题的讨论框架文件。

APEC 应高度重视其地区内跨境学生数量的快速增长。

2017 年向第二次高官会提交的提案应将重点放在以下领域的项目：

- 提升教育质量和领导能力；
- 通过改进以学生为中心的教育路径提高学生成就；

- 保证教育制度能够帮助学生获得有效参与 21 世纪经济所必须的高水平技能和知识，包括科学、技术、工程和数学以及技术和职业培训。

这一提案应包括一个行动计划安排以及完成这些行动的适当的时间表。

目标：

- HRDWG 主席在 2017 年第二次高官会提交提案；
- 在 2020 年年底完成提案中的行动计划安排。

标志：

- 交流学生及实习生计划增长的证据；
- 教育标准及资格交叉认证的增加；
- 地区内受教育工人流动的增长。

8. 合力应对互联网技术的迅速发展，改进监管模式，既能提供审慎的监管，保障合法消费和数据安全，又能在日益数字化的世界中促进贸易数据的流动

负责机构：CTI、电子商务指导小组/互联网经济特别指导小组（AHSGIE）。

背景：根据《APEC 创新发展、经济改革与增长议程》的要求，AHSGIE 成立于 2014 年。该机制的职责是作为指导和协调小组来处理跨领域的互联网经济事务。该小组曾被要求开发一个有关互联网经济事务的跨 APEC 项目，以确定处理这些事务的潜在方案，并就需要由哪个工作组负责问题提出建议。在 2015 年 9 月召开了首次会议后，该小组主要关注的领域包括基础设施的互联互通、调查跨境数据流动问题以及支付和交易。

成果：AHSGIE 可将该行动作为其职权范围和工作计划的一部分加以实行。但 AHSGIE 只有两年的授权期限，所以 CTI 需要接手未来工作。为了取得预期成果，AHSGIE 和 CTI 应寻求与 EC 以及电子商务指导小组等其他 APEC 机构密切开展工作，并主要关注相关的规制和能力建设事宜。AHSGIE 应同时特别关注《APEC 服务业竞争力路线图》中的消费者保护及隐私内容，包括在跨境隐私规则（CBPR）体系中加强合作。

目标：CTI 在 2017 年第一次高官会期间就其在此计划中将要对 APEC 行动采取的协调方式进行报告。

标志：通过互联网提供的服务贸易的增长情况。

9. 支持特定金融服务的跨境服务条款，包括"亚洲地区基金护照"参与各方实施的普惠金融倡议

负责机构：CTI/GOS，并咨询财政部部长互动程序（FMP）。

背景：亚洲地区基金护照（ARFP）倡议一旦实施，将会为高质量管理资金在亚洲地区参与经济体间的跨境流动便利化提供一个多边框架。2016 年 4 月 8 日，来自澳大利亚、日本、韩国和新西兰的代表签署了亚洲地区基金护照合作备忘录。泰国现在也已签署备忘录。

备忘录的签署是为时六年多的有关护照安排国际谈判的成果。在工作组中，澳大利亚、日本、韩国、新西兰、菲律宾、新加坡和泰国为框架的确定提供了专业技术支持。合作备忘录于 2016 年 6 月 30 日生效。合作备忘录同时保证，即使在其生效后，任何合格的 APEC 经济体仍可参与该护照倡议。自 2016 年 6 月 30 日起，参与经济体可在 18 个月内实施内部安排。一旦任何两个参与经济体根据合作备忘录执行了相关安排，护照将被激活。

成果：随着 ARFP 的就位，这一 APEC 范围内的行动的生效要求 CTI 及财政部部长互动程序（FMP）代表们合作采取下一步措施。这些措施包含如下方面的建议。

- 进一步加强 ARFP 成员资格的认定；
- 在 APEC 成员中改进金融服务相关法规的其他行动。

目标：CTI 在 2017 年第一次高官会报告中推动确定此项工作的选择方式。

标志：

- 减少金融服务贸易壁垒；
- 参与经济体间的交易或跨境销售数量。

10. 支持 APEC 根据《APEC 互联互通蓝图（2015—2025）》，发展空海陆交通及信息通信技术基础设施

负责机构：运输工作组。

背景：为了更好地实施《APEC 互联互通蓝图 2015—2025》，运输工作组已经制定了一项重要的具体工作规划，其中包括目前正在开展的以下项目。

- 对 APEC 重要口岸的互联互通情况进行评估；
- 通过公私合作模式（PPP）吸引基础设施投资；
- 继续实施《APEC 供应链弹性框架》第三阶段；
- 通过实施"基于性能的导航（PBN）的辅助程序"来加强航空互联互通和减排；
- 促进 APEC 地区港口间的邮轮旅行。

2015 年 10 月，APEC 运输部长在宿务召开会议，认可制定《APEC 服务合作框架》的计划，并认为该计划将有助于有效调整各成员的工作，提供更加具有包容性、创新性、竞争性的和高产出的运输服务。

成果：就运输部门的结构和规制改革事宜加强运输工作组、经济委员会与 CTI 之间的协调。

目标：2017 年第一次高官会期间，运输工作组应向高官会报告如下事宜。

- 《APEC 互联互通蓝图 2015—2025》目前实施情况以及未来应如何进一步发展；
- 未来与 EC 和 CTI 协同开展的进一步的工作，包括在运输部门结构和规制改革议题下开展的能力建设行动。

标志：

- APEC 成员间航空、海洋和陆地运输成本的降低和可持续性的促进；
- APEC 成员经济体运输服务条款中相关壁垒的减少。

11. 支持 APEC 基于《APEC 旅游战略计划》发展旅游业，促进可持续和包容性增长

负责机构：旅游工作组（TWG）。

背景：在旅游工作组制定的《战略计划 2015—2019》中，一项重要的优先领域就是通过政策协调和结构改革改善竞争性和地区经济一体化。旅游工作组正在努力强化以下项目的互联互通，刺激经济增长。

- 在 APEC 地区建立对旅行者服务更加友好的机场并增强航空互联互通；
- 建立智慧旅行者项目以保证旅行者安全并改善 APEC 经济体的危机沟通机制；
- 出版 APEC 地区旅游状况年度报告。

成果：旅游工作组《战略计划 2015—2019》规定了各项目的起止时间、领导论坛以及同意实施项目的合作机构。

目标：旅游工作组将就"APEC 旅游战略计划"中各目标的成果情况以及各项目的进展向高官会提供年度更新报告。

标志：

- APEC 经济体游客数量的增长；
- APEC 经济体间签证要求的减少。

12. 制定一整套服务业境内规制良好实践原则

负责机构：GOS、CTI 和 EC。

背景：APEC 已经就境内规制改革的主要领域制定了原则，包括《1999 年 APEC 竞争和规制改革原则》以及《2002 年 APEC-OECD 规制改革综合清单》。

APEC 还在 2009 年公布了《APEC 跨境服务贸易原则》作为服务贸易领域的原则。服务工作组已经在最近完成了 10 次有关服务及规制改革良好实践原则的研讨会，并正在准备一项成果摘要以及一系列可能的良好实践原则。APEC 也已采纳了一系列适用于本地区境内服务规制的原则。服务业境内规制良好实践原则不应损害 APEC 经济体在 WTO 谈判中的地位。

成果：APEC 服务业境内规制良好实践原则建立在 APEC 成员签署的 FTA 以及服务贸易总协定（GATS）等现有协定原则基础之上。认识到服务规制的重要性，这些原则的主要目标是改善规制的质量，使其更符合目标，促进创新并促使不必要的商业合规成本最小化。次要目标是通过建立有效的规制，在 APEC 地区帮助降低规制的异质性。

达成上述协定需要经过如下两个阶段：

- 第一阶段：探讨和确定原则中应包含的元素；
- 第二阶段：开始起草原则。

目标：应按照如下安排完成工作：

- 起草详细工作计划并在 2016 年年底之前交 CTI 和 EC 代表传阅；
- 在 2017 年第一次高官会上核准详细工作计划；
- 在 2017 年第二次高官会完成第一阶段工作；
- 在 2017 年年底完成第二阶段工作。

标志：改进法规质量，改善 APEC 指数评级。

13. 发展与服务业相关的统计以衡量和支持路线图落实，在更广的范围跟踪服务贸易和投资的发展

负责机构：CTI 与 GOS，并由政策支持小组（PSU）提供支持。

背景：改进后的衡量服务贸易与投资的统计和指标用途非常广泛。缺少上述统计和指标可能妨碍改进地区服务贸易与投资环境的政策选择的分析与发展。

成果：在支持《路线图》的实施以及改善此领域主要议题的共识方面，APEC 将会为改进后的服务贸易与投资衡量方法的应用提供便利。根据《APEC 服务合作框架》，APEC 领导人同意创立更好的服务贸易统计方式，并通过包括提供能力建设和创立 APEC 指数在内的途径，增加能够发布服务监管环境衡量指数的 APEC 经济体数量。各成员同意这一指数的计算应该同时参考 OECD 以及世界银行等其他论坛已经发布的指数。

政策支持小组将与各论坛共同合作开展在 APEC 范围内的行动，以便确定各论坛可能搜集到的用来衡量该领域进展情况的统计指标。高官会将给予政策支持小组优先权，保证它根据《路线图》获取完成工作所需资料。

目标：首先，政策支持小组需要在与各成员咨询的基础上报告监督《路线图》进展情况需要使用的服务数据、统计和衡量指标以及可供选择的数据和指标生成方式。PSU 可以考虑使用非 APEC 来源的资料。

标志：与基期相比，服务数据可获得性得到改善。

14. 逐步推进服务业便利化以改善区域粮食系统，确保亚太地区粮食安全和高质量供应

负责机构：粮食安全政策伙伴关系（PPFS）与 CTI 合作开展。

背景：粮食产品的安全和高效生产高度依赖于在开放和竞争性的环境中获得此类服务。在发达及发展中经济体中均广泛需要各种与粮食相关的服务以强化食品链的效率、生产率和安全性。提高食品链的效率、生产率和安全性是《APEC 迈向 2020 的粮食安全路线图》的核心目标。

成果：为了支持《APEC 迈向 2020 的粮食安全路线图》中的行动和目标，PPFS 和 CTI 及其分论坛将合作开展工作，为改进地区粮食体系的相关服务提供便利。合作将主要集中于以下领域。

- 讨论和确定与粮食相关的服务范畴；
- 搜集和分析与各成员经济体法规制度和政策环境相关的信息。

根据以上分析，PPFS/CTI 将根据《APEC 服务竞争力路线图》为 2025 年确定一系列具体的行动和相关目标。

目标：制定工作计划和目标，提请 2017 年高官会批准。

标志：此项行动中的任何工作都应考虑以下主要标志。

- 在可以获得 APEC 指数的情况下，促进与粮食相关的服务贸易；
- 通过改善鲜活农产品辅助服务，改善粮食安全产出。

由上述实施计划内容可见，APEC 服务业竞争力路线图的未来实施合作具有以下主要特征：第一，服务合作涵盖的范畴非常广泛，涉及 APEC 多个合作领域，不仅包含教育、旅游、电信、运输、金融等具体部门的合作，还涉及规制合作、互联互通及粮食安全等跨领域和跨部门的合作；第二，《路线图》的推进实施是一项各部门各领域共同协调的综合性的工作，所涉及的分论坛及工作组众多，协调难度也会相应提高；第三，《路线图》及其实施计划的规定非常具体详细，包含了很多可量化指标和具体时间节点，为后续工作的开展以及成果评估等创造了良好条件，但同时也增加了工作难度；第四，需要说明的是，实施计划是一项灵活的可调整的文件，APEC 可根据服务合作需要对相关共同行动计划及具体安排等进行适当调整和更新。在此后两年的工作中，APEC 高官会作为《路线图》实施计划的执行机构，在征求各成员意见的基础上，已对此项实施计划内容进行了适当修改。

二、2017 年 APEC 服务合作进展分析

2017 年正式进入《APEC 服务业竞争力路线图》的实施阶段，APEC 服务合作均以该路线图的推进实施为核心而展开。部长级会议声明及领导人会议宣言没有再提出新的重要指示或倡议。各项具体行动的落实主要由高官会负责监督，而服务工作组和政策支持小组等也起到了很好的协调作用。各经济体在服务相关项目的实施上态度较为积极。

（一）领导人及部长级会议的相关指示

2017 年 5 月在河内发表的《第 23 届贸易部长级会议声明》强调，提高服务业竞争力和服务贸易增长是经济增长和创造就业的动力。该声明重申了《APEC 服务业竞争力路线图》中提出的承诺，认可了在落实路线图方面取得的进展，并鼓励采取进一步行动，提高

本地区的服务竞争力。声明还指出，APEC 需要解决服务市场中阻碍竞争或贸易的障碍①。

2017 年 11 月 8 日在越南发表的《部长级会议联合声明》认可了《亚太经合组织服务业竞争力路线图》的进展，并鼓励进一步落实，其中包括制定 APEC 地区服务贸易监管环境指数的倡议，并期望根据试点项目的结果和不同经济体的差异性，将该倡议最终覆盖所有成员。该声明认为，《路线图》的实施进展还包括开发一套服务部门国内（地区）监管非约束原则。声明同时强调能力建设的重要性，支持中小微企业融入服务业的全球价值链。声明鼓励将于 2018 年就制造业相关服务行动计划（MSAP）进行的中期评估行动计划的制定和实施，并鼓励各经济体报告制造业相关服务的监管制度和政策环境。②

2017 年 11 月发表的《亚太经合组织第二十五次领导人非正式会议宣言》强调："我们承诺进一步采取措施，在 2025 年前提升 APEC 在服务业领域的竞争力，努力消除阻碍商业竞争和服务业贸易的壁垒。"③

（二）CTI 及 SOM 层面工作进展

2017 年 APEC 实施《路线图》的主要工作由 CTI 及高官会负责。在该年度的四次高官会期间，各成员审议并通过了多项与《路线图》实施相关的提案。同时，各分论坛也在高官会监督协调下按照《路线图》实施计划的要求逐步落实相关指示要求。

第一次高官会期间，CTI 报告了各项相关工作进展。CTI 批准了澳大利亚提出的由 GOS 协助高官会对《路线图》实施行动进行监督和支持的建议。CTI 同意提交最新修订的《路线图》实施行动指示清单。澳大利亚表示将提供 200 万澳元资金用以向发展中经济体为实施该《路线图》提供能力建设和技术支持。PSU 提出为《路线图》共同行动建立相关指数的建议，CTI 同意各经济体在 4 月 15 日前就编制上述指数提交建议。PSU 同时表示愿与负责《路线图》共同行动的相关论坛进行合作，并将在第二次高官会期间提交一系列《路线图》基线指标。韩国提交了关于建立服务部门国内（地区内）监管非约束原则的提案，及其在 CTI 第三次会议期间自筹资金主办研讨会（政策对话）的概念说明。CTI 讨论了韩国提出的对 APEC 服务贸易监管环境进行测度的下一步行动方案，包括建立技术小组负责相关工作的提案。CTI 同意新方案应建立在 OECD 和世界银行等已编制的既有指标的基础之上。越南确定将主办 APEC 服务公私对话。CTI 对此非常重视并要求其在 CTI 第二次会议前提交相关报告。④

---

① 23rd Meeting of APEC Ministers Responsible for Trade: Actions, http://mddb.apec.org/Documents/2017/MM/MRT/17_mrt_jms_1.pdf.

② Joint Ministerial Statement—29th APEC Ministerial Meeting 2017, http://mddb.apec.org/Documents/2017/MM/AMM/17_amm_jms.pdf.

③ http://mddb.apec.org/Documents/2017/AELM/AELM/17_aelm_dec.pdf.

④ http://mddb.apec.org/Documents/2017/SOM/SOM1/17_som1_017.pdf.

2017 年第二次高官会期间，GOS、PSU、CTI 等分别就所负责的《路线图》执行工作进展进行了汇报和讨论，并征求了各经济体的意见。GOS 汇报了为支持 SOM 对《路线图》实施的协调和监督而设计的一项矩阵模型的情况，该矩阵分别就 14 个行动的负责论坛、进展和建议做出了详细规定，其更新结果将汇总提交第三次高官会。GOS 还准备开展一项能力建设需求调查，并将由 5 个经济体负责。PSU 汇报了《路线图》基线指标的开发情况，该指标有助于支持 2021 年的中期评估和 2025 年的最终评估。PSU 计划在 2017 年底完成相关报告。[①] CTI 对《路线图》执行计划的指示清单进行了评估，并对执行中的和计划中的方案进行了更新。CTI 注意到了澳大利亚对其与支持《路线图》执行相关行动的资金计划安排有关的更新。CTI 讨论了韩国所提出的关于建立一套服务部门国内（地区内）监管非约束原则的建议。针对韩国提出的衡量 APEC 服务贸易监管环境的下一步措施的建议，包括责成 GOS 领导 APEC 服务指数开发的建议，CTI 继续交换了意见。[②]部分经济体建议在建立衡量 APEC 服务监管环境指数时，可将世界银行、OECD 等其他组织的相关工作考虑在内。高官们呼吁要保持《路线图》的持续实施。越南、澳大利亚、韩国、中国香港、日本、新西兰、中国台北、文莱、加拿大、马来西亚、中国、墨西哥和印度尼西亚等成员以及太平洋经济合作理事会（PECC）均对《路线图》的实施工作提出了具体的意见和建议。

在 2017 年第三次高官会期间，GOS 汇报了《路线图》的实施新进展，其主要成果包括：[③]

- 同意就路线图的实施加强与 ABAC 的协作，并将与 ABAC 分享《路线图》执行矩阵（直至 2025 年），以便就可行方案获得更多建议；
- 同意韩国的倡议，建立 APEC 指数以衡量服务监管环境（由韩国领导）；
- 同意建立服务国内监管的非约束原则，由韩国领导，并将就此与 CTI 和经济委员会（简称为 EC）进行协作。日本将继续领导环境服务和制造业相关服务工作；
- 根据能力建设需求调查的结果，澳大利亚将继续负责进一步的工作，并在 2018 年主办一次研讨会，以继续为有需要的经济体开展适当的单边能力建设；
- GOS 将继续与相关 APEC 论坛开展工作，以最终完成《路线图》实施矩阵并向高官会闭幕会议报告。

各经济体就继续推动《路线图》实施工作向 GOS 提出了建议，并同意继续保持工作势头。新西兰、韩国、秘鲁、中国香港、澳大利亚、日本、中国台北、越南等成员提出了各自的建议和修改意见。

---

① http://mddb.apec.org/Documents/2017/SOM/SOM2/17_som2_summary.pdf.

② http://mddb.apec.org/Documents/2017/SOM/SOM2/17_som2_018.pdf.

③ Summary Report—Third Senior Officials' Meeting 2017, http://mddb.apec.org/Documents/2017/SOM/SOM3/17_som3_summary.pdf.

第三次高官会期间，CTI 及 PSU 等的工作也取得了一定进展。PSU 对《路线图》行动的基线指标研究的初稿进行了修订。PSU 已经简要概括了 CTI、人力资源开发工作组等部分 APEC 分论坛和工作组所负责的共同行动及其对应的评估指标，正在等待为部分其他工作组确定基线指标。CTI 同意在 2017 年 9 月 15 日前就基线指标研究初稿提供意见。CTI 同时同意 PSU 提出的要求，在更多成员提供数据和意见后将在官方网站上传研究成果。[①]

在 2017 年高官会闭幕会期间，服务工作组再次报告了《路线图》的实施进展，其中包括：① 制定了包含 14 项行动在内的 GOS 矩阵，涉及 11 个 APEC 论坛的相关工作；② PSU 完成了《路线图》基线指标报告，针对全球价值链中的服务以及服务数据和统计，GOS 完成了相关能力建设需求调查；③ 在国内监管的非约束原则、跨境隐私条款、新技术以及 APEC 服务贸易指数的采用等相关领域开展了行动；④ 未来工作计划包括继续在 APEC 服务贸易指数、国内监管及专业服务的非约束原则等方面开展工作，并通过 ABAC、亚太服务联盟和太平洋联盟（PA）等其他论坛深化与私营部门的协作。[②]

（三）《路线图》各合作领域实施行动的具体进展

2017 年底，CTI 对《路线图》实施计划的指示清单进行了更新（见表 1），补充了新的行动计划，将清单涵盖范围从 14 项行动扩展至 18 项，对每一项行动的具体进展及各分论坛和经济体的工作情况均进行了补充，较好地反映出目前 APEC 在服务合作方面的主要进展和特征。从目前的情况分析，《路线图》的实施表现出以下主要特征：第一，合作范围在不断调整和扩展，下一代贸易议题、数字经济、基础设施及能力建设等近年合作的热点议题均已与服务贸易相联系并列入行动计划，服务贸易合作与其他领域合作的联系日益紧密；第二，对服务统计、监管环境指标、最佳范例、能力建设等技术性支持的需求较为强烈，GOS 及 PSU 等已据此开展了部分合作项目；第三，各领域进展并不均衡，部分部门或领域缺乏新的行动和倡议；第四，多数行动仍处于信息沟通、情况调查、召开研讨会等合作阶段，仍缺乏较为深入的合作行动。预计在 2021 年中期评估前，各项行动计划将走向深入实施阶段；第五，各成员经济体的合作态度较为积极。

---

① Committee on Trade and Investment (CTI) Chair's Report, http://mddb.apec.org/Documents/2017/SOM/SOM3/17_som3_027_rev1.pdf.

② http://mddb.apec.org/Documents/2017/SOM/CSOM/17_csom_summary.pdf.

表 1 《APEC 服务业竞争力路线图》实施计划指示清单（更新至 2017 年 11 月 3 日）

序号	APEC 范围内的行动	负责论坛	指示	更新	分论坛取得的成果（及负责经济体）
1	增强服务贸易在全球价值链中的作用	贸易投资委员会（CTI）	● CTI 制定一项行动计划并在 2017 年第一次高官会上通过 ● 制定方案以改善中小企业和妇女参与全球价值链的状况	● PSU（GOS）：2016 年已完成下列部门中服务贸易在全球价值链中的作用的案例分析，并已在 APEC 网站发布： ①电信（巴布亚新几内亚） ②运输（智利） ③健康服务（马来西亚） ● "服务业中小企业入全球价值链"的实施相关的工作进展（由韩国与秘鲁共同领导） ——秘鲁、韩国、中国香港和越南分别负责了该倡议下旅游、软件、时尚设计和物流四个服务部门的相关工作	CTI： ● 2017 年 5 月 11 日，中国香港在越南河内主办了"服务业（时尚设计）中小企业融入全球价值链"研讨会。将会在晚些时候将向 CTI 提交包含分析与建议等内容的推动时尚产业融入全球价值链的进一步行动的报告草案 ● 2017 年 8 月 26 日，在第三次高官会期间，越南在胡志明市主办了"服务业中小企业融入全球价值链——服务物流服务"研讨会。总结报告草案已完成并将交 CTI 传阅并征求意见 ● 秘鲁将在 2018 年实施"服务业中小企业融入全球价值链：旅游部门"项目 ● 韩国将在 2018 年第一季度主办"软件服务产业融入全球价值链"研讨会
2	促进专业人员跨境流动	人力资源开发工作组（HRDWG）	● 就下列事宜在 2017 年第二次高官会提交方案： ①继续就 APEC 地区其他三类专业人员设立自愿的框架安排 ②在 2021 年底之前实施上述框架安排 ③为这些框架安排的采纳开展能力建设	—	HRDWG：澳大利亚将在 2018 年年初主办"专业资格认证最佳实践"研讨会。项目方案已经于 2017 年第三次高官会期间提交服务工作组并由服务工作组和人力资源开发工作组批准

序号	APEC 范围内的行动	负责论坛	指示	更新	分论坛取得的成果（及负责经济体）
3	加强商务旅行者的灵活性	CTI，商务移动工作组（BMG）	● 制定并向 2017 年第二次高官会提交加强商务旅行者灵活性的战略计划	BMG 批准通过了《路线图》执行计划中提及的计划指标，即开发并实施涵盖全体 APEC 成员的可选择的 ABTC（APEC 商务旅行卡）线上申请方式，该项目已由澳大利亚在负责实施	—
4	为各服务部门的国内监管制定一套良好执行原则	CTI，经济委员会（EC），服务工作组（GOS）	● 讨论和确定该原则应包括的主要内容 ● 制定和起草该原则	2017 年第三次高官会期间，韩国（CTI 和 GOS）主办了"建立一套服务业国内监管非约束原则"的研讨会	EC：EC 很乐于支持此次研讨会。EC 主席及部分 EC 成员参加会议。EC 期待继续深入参与下一阶段工作 GOS：澳大利亚委派一名发言人参加了在越南胡志明市召开的该次研讨会
5	执行《APEC 结构改革新议程》(RAASR)	经济委员会（EC），服务工作组（GOS），CTI	● EC 需在 2017 年第一次高官会期间报告《APEC 关于服务和服务业改革的经济政策报告》的建议	● EC 和 PSU 已完成 2016 年《APEC 关于结构改革政策的报告》 ● APEC 和 PSU 网站共同上传了以下特定案例分析：电力分销服务（新西兰）、金融服务（日本）、分销服务（中国）、检验和认证服务（CT）、航空运输服务（印度尼西亚）	EC：EC 已按照要求向 2017 年第一次高官会汇报（2017/SOM1/016）。报告内容包括2016 年《APEC 关于结构改革政策报告》应如何实施，经济政策报告、同时包括《APEC 结构改革新议程》的实施等更多内容
6	支持环境服务的自由化、便利化及合作	CTI，GOS	● 以《环境服务行动计划》(ESAP) 为基础制定和实施	2017 年 5 月 11 日在第二次高官会期间在河内召开了关于更加广泛的环境服务的研讨会。研讨会集中讨论了 5 个环境服务部门，即水、废物处理和回收利用、环境损害修复服务，可再生能源以及能源效率	CTI（由日本负责）：环境服务案例分析报告草案已完成并上传至 PSU 网站

序号	APEC 范围内的行动	负责论坛	指示	更新	分论坛取得的成果（及负责经济体）
	—	—	—	● PSU 已就以下三个环境服务部门准备了案例分析：①能源效率服务 ②环境修复服务 ③可再生能源服务	—
7	制造业相关服务的渐进式自由化与便利化	CTI, GOS	● 以《制造业相关服务行动计划》(MSAP) 为基础制定和实施 ● 根据分析和合作制定合作/能力建设参考清单 ● 在 2018 年开展中期评估，在 2020 年开展最终评估	日本（CTI）：准备在 2018 年开展 MSAP 中期评估 CTI 同意：① 评估模板在搜集与制造业相关服务法规信息的同时也将确定各经济体的能力建设需求；② 2018MSAP 中期评估计划	CTI: 2017 评估模板已经传阅完成，各成员将在 2017 年 12 月 20 日提交信息。搜集的信息将作为 2018 年开展的中期评估的基础 GOS: 2017 评估模板已经传阅完成，各成员将在 2017 年 12 月 20 日提交信息。搜集的信息将作为 2018 年开展的中期评估的基础
8	支持教育部门合作，包括推进实习生计划、海外交换生项目、联合政策研究	人力资源开发工作组（HRDWG）	● 在 2017 年第二次高官会提交提案 ● 在 2020 年底完成提案中的行动计划安排	—	—
9	合力应对互联网科技的迅速发展	CTI、电子商务指导小组（ECSG）/互联网经济专家别指导小组（AHSGIE）	● CTI 在 2017 年第一次高官会期间报告在此计划中将要对 APEC 行动采取的协调方式	相关工作： ● SCSC: 调整 "信息通信技术产品能效率规则" 执行一项战略性措施 ● CTI: 在实施 "促进全球化中小微企业参与电子商务" 倡议工作中取得进展，该倡议由韩国负责，并与 PSU 协作，其目的是寻求：① 确定中小微企业参与电子商务的主要障碍	CTI: 日本在 CTI 第 2 次会议期间就全球数据流动便利化问题提交了概念文件，以便对此问题进行深入讨论 ECSG: 2017 年 10 月 2 日，中国台湾召开了 "在 APEC 遵守跨境隐私规则系统的能力建设研讨会" AHSGIE: "APEC 国际互联网和数字经济路线图" 已完成制定并将在即将召开的部长级会议期间由高官会批准 GOS: 作为 2017 年亚太服务讨论会的一

序号	APEC 范围内的行动	负责论坛	指示	更新	分论坛取得的成果（及负责经济体）
				和困难；② 探索解决上述障碍和困难的途径；③ 建立一套指导制定能力建设计划的推荐规范。PSU 就 "促进全球化中小微企业参与电子商务" 倡议完成了一项报告，其中包括文莱、中国、韩国、马来西亚以及中国台湾的案例分析 • ECSG 已经规划制定了下列指标： ①跨境数据流和隐私：通过增强经济体和私营部门参与 "APEC 跨境隐私规则"（CBPR）系统和 "APEC 处理器隐私识别"（PRP）系统，促进消费者隐私保护和跨境数据流动。这一衡量方法将包括经济体和公司在不同体系的四个维度（例如，公司参与 CBPR 系统和公司参与 PRP 系统是两个不同的维度） ②消费者保护：修订政策框架，以便为消费者提供更好的保护，考虑到消费者和商家的利益，这种保护对于建立发展市场所需的信任非常有必要	部分，2017 年 10 月 2 日至 3 日，澳大利亚主办了 "新技术与《路线图》公私对话"

序号	APEC 范围内的行动	负责论坛	指示	更新	分论坛取得的成果（及负责经济体）
10	支持特定金融服务的跨境提供	CTI, GOS, 财政部部长互动程序（FMP）	• 考虑扩充亚洲地区基金护照（ARFP）倡议 • 采取措施在 APEC 成员中改进金融服务相关法规 • CTI 在 2017 年第一次高官会，报告推动此项工作的措施	澳大利亚：澳大利亚已向部分发展中经济体提供有目标的能力其建设，这些经济体有兴趣强化其趣法规要求，以便经济体未来加入 ARFP	—
11	支持 APEC 根据《APEC 互联互通蓝图（2015—2025）》，发展海陆空交通工作	运输工作组（TPTWG）	运输工作组应在 2017 年第一次高官会报告当前进度，以及未来将与 EC 和 CTI 协作开展的工作	2017 年第一次高官会已收到运输工作组的 Lead Shepherd 根据《路线图》的指示所提交的报告	TPTWG 已经在实施互联互通蓝图中与运输相关行动方面取得良好进展。正在开展多项倡议行动，部分倡议行动已完成。EC: EC 期待在必要时与 TPTWG 开展工作
12	支持 APEC 基于《APEC 旅游战略计划》发展旅游业，促进可持续和包容性增长	旅游工作组（TWG）	• 旅游工作组将就 APEC 旅游战略计划中各项目标的成果进展以及各项目的进展向高官会提供年度更新报告	TWG 拟定了如下目标及 KPI（关键业绩指标）： • 目标：支持 APEC 基于《APEC 发展旅游业》发展旅游业，促进可持续和包容性增长的工作 • KPI： ①APEC 旅游总达到人数 ②APEC 旅游总收入 ③APEC 经济体旅游业 GDP（直接贡献） ④APEC 旅游总就业（直接贡献）	—
13	发展服务数据和统计，以衡量和支持	CTI, GOS, PSU	PSU 需要在与各成员密切咨询的基础上报告监督《路线图》进展情况需要使用的服务	韩国（CTI）正在领导"衡量 APEC 服务贸易监管环境的第二阶段"倡议，该倡议由 GOS、	• 美国与 US-ATAARI 合作，自筹资金于 2017 年 10 月 4 日至 5 日在科伦坡组织了"APEC 服务贸易指数数据研

序号	APEC 范围内的行动	负责论坛	指示	更新	分论坛取得的成果（及负责经济体）
	路线图落实		数据、统计和衡量指标以及可供选择的数据和指标生成方式		讨会 ● 下一阶段工作是深入讨论建立 APEC 指数开发工作技术小组
14	逐步推进服务业便利化，以改善区域粮食系统	粮食安全政策伙伴关系（PPFS）、CTI	● 在服务便利化工作计划中开展合作，在以下方面改善地区粮食服务的范畴：①讨论和确定粮食相关服务的范畴 ②搜集和分析与各成员经济体法律法规和政策环境相关的信息 根据以上分析，PPFS/CTI 将根据《APEC 服务竞争力路线图》为 2025 年确定一系列具体的行动和相关目标	● CTI 和高官会批准 将在 2018 年服务工作组第一次会议安排深入讨论 ● PPFS 指定新西兰来负责经济体实施《路线图》中与粮食服务相关工作。相关负责经济体提交正在推进中。"PPFS 实施项目计划"草案，"PPFS 粮食服务行动计划"预计在 2019 年实施	PPFS：新西兰已在最近提交了"PPFS 实施项目计划"，并将咨询 APEC 秘书处及 PSU
15	**分论坛提出的 APEC 范围内的新共同行动** 通过信息和数据交流、联合研究与开发、以及开放贸易与投资，加强 APEC 成员能力建设，提高各经济体内部及地区能源安全，降低全地区能源供给及使用中的碳强度	能源工作组（EWG）	计划指标： ● 至 2030 年，在 APEC 发电量中，可再生能源在能源结构中所占比重比 2010 年翻一番 ● 至 2035 年，APEC 的能源强度总水平比 2005 年降低 45%	指标是基于 APEC 经济领导人会议批准的目标提出，并由 EWG 负责跟踪	截至 2017 年 10 月，针对这一行动，EWG 正在开展 50 个 APEC 项目

序号	APEC 范围内的行动	负责论坛	指示	更新	分论坛取得的成果（及负责经济体）
16	检验服务贸易模式3中下一代贸易投资议题的影响程度 背景： 服务贸易模式三（商业存在）与投资促进、便利化、保护和投资意向等政策和法规直接相关。投资与服务贸易的全球性缩约实践与国内政策所遵循的方法十分接近、实际上、经常相互重叠。保证投资的现代化和不断发展将有助于 APEC 范围内服务贸易的便利化，特别是模式三相关服务。这一 APEC 范围的共同行动将在"投资专家组下一代贸易投资议题（NGeTI）工作计划"（CTI 已批准）的基础上开展	投资专家组（IEG）	规划指标： ● 营商便利度和前沿距离分数（Distance to Frontier，简称为 DTF） ● 部分部门的 OECD STRI ● APEC 内部区域贸易协定/自由贸易协定（RTA/FTA）中的投资章节 ● APEC 内双重征税协定（DTAs） ● APEC 内双边投资协定（BITs） ● 电子透明度调查	IEG 已于 2017 年 10 月 20 日批准了规划的 APEC 范围内共同行动和指标	
17	支持创新型中小企业发展，鼓励其参与"中小企业工作	中小企业工作组（SMEWG）	规划指标： ● 具有自有网站的中小企业所占比重	● 中小企业工作组已于 2017 年 10 月 18 日批准了规划的 APEC 范围内共同行动和指标	—

序号	APEC 范围内的行动	负责论坛	指示	更新	分论坛取得的成果（及负责经济体）
	组数字经济战略行动计划"		● 使用电子邮件与客户/供应商联系业务的中小企业所占比重 ● 拥有支票或储蓄账户的中小企业所占比重	● APEC 范围内共同行动和指标根据"中小企业工作组战略计划 2017—2020"中规划的目标而设置	
18	增强信息技术和通信和服务基础设施和服务增长，促进经济增长	电信工作组（TELWG）	规划指标： ● 使用国际互联网个人所占比重（ITU） ● 每百户居民中固定宽带订购数量（ITU） ● 每百户居民中活跃的移动宽带订购数量（ITU）	● 电信工作组已于 2017 年 11 月 2 日批准了规划的 APEC 范围内共同行动和指标	—

资料来源：2017 Committee on Trade and Investment Annual Report to Ministers, Appendix 4 - APEC Services Competitiveness Roadmap 2017 Work Plan - Checklist of Instructions to Committees and Sub-fora in the Implementation Plan and Updates, http://mddb.apec.org/Documents/2017/MM/AMM/17_amm_009app04.pdf.

三、2018 年 APEC 服务合作进展

在部长级会议层面，2018 年 5 月在巴布亚新几内亚发表的《第 24 届贸易部长级会议声明》继续强调提高服务业竞争力以促进贸易和投资的重要性，并鼓励中小微企业参与这一领域。鼓励各经济体继续实施单边的和亚太经合组织范围内共同的行动，以实现《APEC 服务业竞争力路线图》的目标。该《声明》对制定服务业国内监管的非约束性原则和"APEC 服务业贸易监管环境指数"，实施《制造业相关服务行动计划》，开展公私对话等方面取得的进展表示欢迎。①

在高官会工作层面，第一次高官会期间，GOS 报告了《路线图》实施进展情况。韩国简要汇报了在 GOS 已获批准的关于建立一套服务部门国内（地区）监管非约束原则的工作计划，并提出各经济体为起草小组提供相关专家的要求。韩国同时汇报了建立衡量服务部门监管的 APEC 指数的下一阶段相关工作。CTI 批准了建立和运行技术小组的授权文件。GOS 批准了巴布亚新几内亚的自筹资金计划，即由 CTI 和 GOS 联合就服务部门的跨境电子商务开展公私对话。各经济体对计划的执行表示支持并提供了建设性意见。其中澳大利亚汇报了 2017 年以来应用 200 万澳元自筹资金为发展中成员开展服务能力建设的两项成果，包括召开"新技术与《路线图》公司对话"以及服务业承诺表负面清单方法研讨会。澳大利亚同时公布了其 2018 年的《路线图》能力建设支持计划。②第二次高官会则继续对《路线图》实施情况进行了讨论和监督。③

四、"后茂物目标"时代 APEC 服务贸易合作展望

随着 2020 年的临近，APEC 茂物目标时间表即将到期，亚太区域经济合作即将进入"后茂物目标"时代。2016 年起，APEC 领导人会议即已开始重点关注 2020 年后亚太区域经济合作的新规划。2018 年，APEC 正式成立了愿景小组（AVG），由各成员专家共同沟通协商"后茂物目标"时代 APEC 如何确立新的共同目标、合作的基本原则以及未来行动路径与方式。目前，AVG 已经召开一次会议，主要以信息沟通和观念的交流为主，尚未形成实质性的纲领性文件。预计 2020 年前，"后茂物目标"时代的规划与设计将是 APEC 合作的重点议题之一。

服务作为执行"茂物目标"的大阪行动议程中的重要内容，在"后茂物目标"时代仍应引起 APEC 成员的高度重视。

第一，服务业及服务贸易对经济的贡献在不断增强，对此，近年的领导人会议宣言及

---

① Statement—Ministers Responsible for Trade Meeting 2018, http://mddb.apec.org/Documents/2018/MM/MRT/18_mrt_jms.pdf.

② http://mddb.apec.org/Documents/2018/SOM/SOM1/18_som1_028.pdf.

③ http://mddb.apec.org/Documents/2018/SOM/SOM2/18_som2_013.pdf.

部长级会议声明均给予了充分肯定。特别是现代服务业发展与各产业及部门的内在联系日益紧密，与新技术的关联性也在不断提高，已成为经济增长的重要贡献力量。与制造业相关服务、环境及能源服务、与数字经济相关的服务等都将是未来地区发展的重要领域，对于实现 APEC 的包容性增长、创新增长及绿色增长目标均至关重要。

第二，在茂物目标时代，APEC 服务合作的进程相对落后于货物贸易自由化进程，迫切需要实施有效的后续行动以加强合作。APEC 对茂物目标实施情况进行的最终评估显示，各成员在部分服务部门仍存在较为显著的贸易障碍，需要继续深化合作以提高服务贸易自由化水平。

第三，现行的服务合作行动计划将跨越 2020 年，继续在"后茂物目标"时期延续对 APEC 服务合作的指导。2016 年发布的《路线图》是目前地区服务合作领域的核心纲领。根据《路线图》的安排，APEC 在 2021 年将对《路线图》执行情况进行中期评估，并在 2025 年进行最终评估。《路线图》作为近期 APEC 工作的重点议题之一，将会跨越 2020 年这一时间节点，成为具有延续性的主要工作之一。

第四，"后茂物目标"应与"茂物目标"具有一定的延续性，部分在"茂物目标"时代进展相对不足的领域以及具有新发展潜力的领域应被考虑列入"后茂物目标"的合作范畴，服务部门合作即具有上述特征，且对投资、制造业等领域具有较强的关联性，因此应在"后茂物目标"的合作领域规划中加以充分考虑。

第五，"后茂物目标"时代的服务合作路径及行动方式可以是灵活的，可根据各成员经济体的不同发展特征协调安排，但应充分考虑亚太地区经济发展的多元化特征，并以适当的能力建设及经济技术合作行动作为支撑。中国也应根据《路线图》进展及地区合作形势的新变化，在服务业及服务贸易领域继续深化改革开放，为"后茂物目标"时代可能面临的新挑战做好充分的应对准备。

参考文献

[1] APEC. 2016 Meeting of APEC Ministers Responsible for Trade Statement[EB/OL]. APEC, 2016-05-18.

　　https://www.apec.org/Meeting-Papers/Sectoral-Ministerial-Meetings/Trade/2016_trade.aspx

[2] APEC. APEC Peru 2016 AMM Joint Statement[EB/OL]. APEC, 2016-11-18. https://www.apec.org/Meeting-Papers/Annual-Ministerial-Meetings/2016/2016_amm.

[3] APEC. 24th APEC Economic Leaders' Meeting 2016 – Declaration[EB/OL]. APEC, 2016-11-20. http://mddb.apec.org/Documents/2016/AELM/AELM/ 16_aelm_dec.pdf.

[4] APEC. Joint Ministerial Statement – 29th APEC Ministerial Meeting 2017[EB/OL]. APEC, 2017-11-10. http://mddb.apec.org/Documents/2017/MM/ AMM/17_amm_jms.pdf.

关于"推进亚太数字经济生态共同体建设"的战略设想

李泽广　杨涵玉　刘晓旭*

摘　要：数字经济作为引领创新经济增长的重要方式，愈来愈受到各个国家的重视。在未来，作为亚太地区最具影响力的经济合作官方论坛——APEC，如何通过优化亚太经济体间的多维度合作话题的提议机制，建立有利于亚太各经济体的数字经济共同体，也是 APEC 时下面临的迫切任务。本文基于不同国家（地区）和组织对于数字经济的定义和内涵，首先介绍了数字经济在现阶段的发展状况，明确了建立亚太数字经济生态共同体对亚太各经济体的经济发展及经济体间良好关系的建立都具有重要意义。通过对 APEC 第二次高官会的梳理和对亚太经济体关于数字经济战略的介绍和总结，形成了 APEC 关于数字经济合作项目和发展战略的基本框架。其次，本文明确了建立亚太数字经济生态共同体的目标是为亚太地区在数字经济方面提供可靠的联系，使亚太地区协同发展，在数字经济推动经济发展的大趋势下，实现互利共赢的局面。最后，本文结合我国的相关政策和存在的问题，为我国在推动亚太数字经济生态共同体的建设中提出了三项政策建议。

关键词：数字经济；APEC；生态共同体；发展战略

一、APEC 数字经济的基本概念

（一）APEC 对于数字经济的界定

回顾经济结构变迁的历史可以发现，数字经济概念从提出到使用体现了"信息技术经济范式"—"数字技术经济范式"—"数字经济范式"的转变。微电子技术、晶体管电子计算机和集成电路技术的重大突破，催生了"信息经济"的概念。20 世纪 70 年代以来，

---
　* 李泽广，南开大学金融学院副教授，lizj@nankai.edu.cn,13920112638；杨涵玉，南开大学金融学院硕士研究生；刘晓旭，南开大学金融学院硕士研究生。

大规模集成电路和微型处理器的发明以及软件领域的革命性突破①开始出现在数字技术产业部门。与此同时，互联网技术的发展与信息技术的高效融合使得数字技术开始走向产业化之路，不仅如此，数字技术的广泛应用还实现了产业的数字化，将数字技术提升为一类新兴的经济范式。

20 世纪 90 年代至 2000 年，美国的经济发展实现了连续 118 个月的增长，并且增长呈现出"两低两高"的特征。这种高质量的增长即使是在资本主义发展史上也是难得一见的，美国前劳工部长罗伯·赖克曾表示，美国这一轮经济增长的 70% 应归功于计算机和互联网。互联网的发展和信息化的深入改变了信息的传输方式和交互方式，改变了商品流通方式和交易方式，更改变了人们的生活方式和生产方式，而这种经济模式展现出了强大的生命力和竞争力。在此背景下，数字经济的概念被提出并引起广泛关注。

事实上，最早提出"数字经济"概念的人之一是加拿大商业策略大师唐·泰普思科，他在 1995 年就在《数字经济》中详细论述了互联网对经济社会的影响；随后 1997 年日本通产省开始使用"数字经济"一词；1998 年美国商务部发布了《浮现中的数字经济》报告，此后持续关注这一与互联网技术密切相关的"新经济"现象，并以数字经济为主题发布了多项年度研究成果。

（二）各经济体对于数字经济的定义

尽管"数字经济"已经被广泛认可，然而各经济体针对有关数字经济的概念、内涵与外延远未达成一致意见，利益诉求点也大不相同。

表 1　世界各经济体对数字经济范畴的界定

经济体	数字经济内涵
俄罗斯	数字经济是以保障国家利益（包括提高国民生活水平和提高国家经济竞争力）为目的，在生产、管理、行政等过程中普遍使用数字或信息技术的经济活动②
韩国	数字经济是以互联网在内的信息通信产业为基础进行的所有经济活动，其中包括电子交易、互联网购物、搜索服务等
美国	数字经济是包括电子商务以及测量新的数字服务，如共同乘坐等共享经济和广告支持下的免费互联网服务在内的经济③
法国	数字经济是依赖于信息通信技术的行业，包括了电信行业、视听行业、软件行业、互联网行业，以及那些需要运用电信、视听、软件、互联网技术来支持自身活动的行业（法国经济财政部下属数字经济监测中心）

---

① 中国数字经济发展白皮书（2017）。

② ПредложенияЭкспертногосоветаприПравительствеРоссийскойФедерациипоразработкепрограммы《Цифроваяэкономика》. 23 января 2017г. Цит. поэл. версии http://open. gov. ru/events/5515775/. (2017. 2. 27).

③ Erich H. Strassner, BEA Advisory Committee. Measuring the Digital Economy. https: //bea.gov/about/ pdf/Measuring%20the% 20Digital%20Economy.pdf.

续表

经济体	数字经济内涵
英国	"数字经济"是指各类数字化投入带来的全部经济产出。数字化投入包括数字技能、数字设备（软硬件和通信设备）以及用于生产环节的数字化中间品和服务①（英国经济社会研究院）
澳大利亚	数字经济是通过互联网、移动电话和传感器网络等信息和通信技术，实现经济和社会的全球性网络化的一种经济行为②
OECD（经合组织）	通过电子商务实现和进行的商品和服务贸易③
二十国集团	数字经济是指以使用数字化的知识和信息作为关键生产要素、以现代信息网络作为重要载体、以信息通信技术（ICT）的有效使用作为效率提升和经济结构优化的重要推动力的一系列经济活动④

资料来源：作者根据各类报告整理。

（三）我国对于数字经济的定义和理解

中国、韩国和俄罗斯三国均将数字经济归结为一种经济活动，但侧重点不尽相同。中国强调数字经济是信息通信主体产业与产业融合的集合；俄罗斯则在定义中明确了数字经济是保障国家利益的经济活动；韩国则将定义更为泛化，直接将数字经济定义为以互联网在内的信息通信产业为基础进行的所有经济活动。美国、法国与OECD则依然将着眼点放在数字经济的测量上，法国从行业的角度定义数字经济，英国则侧重于从产出的角度理解数字经济，澳大利亚则将数字经济理解为一种社会进程。⑤

根据中国信通院对于数字经济的定义，数字经济是以数字化的知识和信息为关键生产要素，以数字技术创新为核心驱动力，以现代信息网络为重要载体，通过数字技术与实体经济深度融合，不断提高传统产业数字化、智能化水平，加速重构经济发展与政府治理模式的新型经济形态。

从统计操作层面来看，我国政府界定的数字经济通常包括两大部分：一是数字产业化，也称为数字经济基础部分，即信息产业，具体业态包括电子信息制造业、信息通信业、软件服务业等；二是产业数字化，即使用部门因此而带来的产出增加和效率提升，也称为数字经济融合部分，包括传统产业由于应用数字技术所带来的生产数量和生产效率的提升，其新增产出构成数字经济的重要组成部分。事实上，我们认为，伴随着数字经济的快速发

---

① Max Nathan and Anna Rosso. Measuring the UK'S Digital Economy with Big Data. National Institute of Economic and Social Research，2012.

② Australian Government. National Digital Economy Strategy. http://www.nbn.gov.au/digitale conomy strategy.

③ Organization for Economic Co-operation and Development. http://www. oecd.org/daf/competition/The-Digital-Economy－2012.pdf.

④ 2016 年《二十国集团数字经济发展与合作倡议》。

⑤ 田丽. 各国数字经济概念比较研究[J]. 经济研究参考，2017（40）.

展，数字金融也可能成为数字经济生态极为核心和极为关键的一部分。①

表 2　中国国家网信办定义的数字经济构成

数字产业化（信息产业增加值）	产业数字化（信息技术在该产业的贡献）
基础电信	农业
电子制造	工业
软件及服务	服务业
互联网	

资料来源：中国信通院. 中国数字经济发展白皮书（2017）。

二、数字经济生态共同体的重要意义

（一）数字经济的规模和发展

当前，全球处在新一轮科技革命和产业变革突破爆发的关键时期，科学技术的快速发展和生产方式的更新换代不仅为人们的生活带来便利，更是成为引领创新和刺激发展的重要因素，也为数字经济的发展提供了土壤和温床。随着全球信息化的不断发展，数字经济规模持续扩张，各国在信息化背景下，都着力发展数字经济，各国的数字经济都在本国 GDP 中占有很大的比重。

图 1　2016 年主要国家数字经济规模与占比

资料来源：IDC. 2018 中国企业数字化发展报告：数字经济创新引领，2018.

---

① 我们将在后续专门报告进行专门讨论。

　　数字经济作为引领创新经济增长的重要方式,受到各个经济体的重视,世界主要发达经济体都将数字经济作为加速创新、促进生产、提高国家竞争力的战略重点。来自 OECD 和 UNCTAD 的报告表明,当前 ICT 产品和服务的全球产量约占全球 GDP 的 6.5%;2010—2015 年间,ICT 服务的出口增长了 40%。根据中国信通院披露的数据显示,主要经济体的数字经济增速普遍显著高于 GDP 增速,数字经济成为经济增长的重要动力之一。从总体规模看,2016 年全球发达国家(美国、日本、德国、英国)数字经济占 GDP 比重在 50%左右,其中美国数字经济规模排在全球首位,已超 10 万亿美元,占 GDP 比重超过 58%。融合型数字经济的主体地位进一步巩固,主要国家融合型数字经济占比普遍超过 70%,少数国家甚至接近 90%。从发展速度看,2016 年中国数字经济增速高达 18.9%,分别比美国(6.1%)、日本(17.0%)和英国(11.5%)高出 12.8、1.9、7.4 个百分点。世界各个国家也不断提高数字经济在 GDP 中的占比,说明各国都将数字经济作为国家发展的一项重点工程。

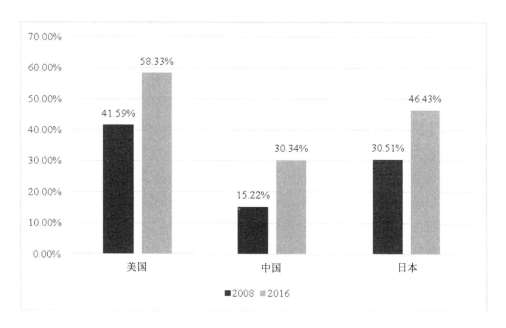

图 2　美国、中国、日本数字经济占 GDP 比重的变化

资料来源:中国信通院. 中国数字经济发展白皮书(2017)。

　　虽然我国数字经济起步较晚,但是增长迅猛。在政策的大力支持下,我国数字经济一直处于蓬勃发展的状态。相比 2008 年,2016 年数字经济总规模增长 3.7 倍。

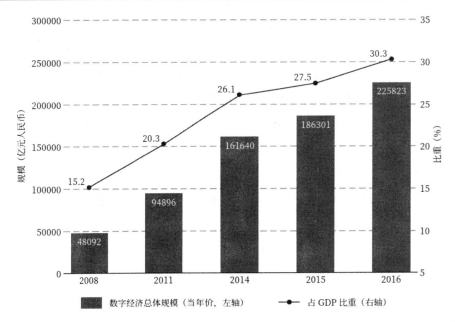

图 3　中国数字经济规模的发展

资料来源：中国信通院. 中国数字经济发展白皮书（2017）。

随着时代的发展，数字经济也日益丰富。在新的时代背景下，数字经济的发展也表现出了与以往不同的特点。第一，越来越多的经济体将数字经济的发展侧重于融合型数字经济，融合型数字经济的主体地位已经确立。融合型数字经济是将信息、信息技术以及信息设备融入传统行业中，包括购买、生产、销售、物流、服务等各个环节，并形成新的生产组织方式。融合型数字经济通过信息化的应用，提高传统行业的产出和效率，为生产、销售等一系列过程提供信息化支持。第二，数字经济正在转向生产领域的应用。数字经济发展之初主要运用在消费领域，随着技术日益成熟，出现了工业互联网、智能制造等将数字经济与生产相融合的新业态。将数字经济与生产相结合，对于形成弹性供给、高效配置的生产模式，最终构造出资源富集、协同演进的制造业生态具有重要的作用。第三，云计算、大数据、人工智能、无人驾驶等新生型数字经济发展势头迅猛。随着技术的不断革新，不断涌现出新生数字经济，这些技术加速了数字经济的发展，促进了数字经济在实际生活中的应用，刺激了技术创新和产业升级，为经济发展和转型创造了巨大的动力和可能。第四，数字经济的不断深化对社会治理提出了新的要求。政府应当转变治理模式，从单纯的监管转向多元主体协同共治。

（二）数字经济生态共同体对于 APEC 的重要性

当前数字化背景下，信息技术愈加成熟，实体化经济与数字经济的结合越来越深入，不同产业、不同区域、不同主体之间，开始发生越来越多的关联。数字经济的发展给这种关联提供了更多的可能性，满足了不同个体之间相互融合的需求。而数字经济本身作为推动产业升级、经济增长的发展新引擎，是经济增长的新动力。数字经济生态共同体正是基于这一背景提出的。

亚太经济合作组织（Asia-Pacific Economic Cooperation，下文简称 APEC）是亚太区域内各成员之间经济合作的论坛，其目的是促进经济增长、合作、贸易和投资。作为联系亚太地区各经济体的重要组织，APEC 一直致力于促进各成员之间在经济、技术、文化等各个方面的联系。数字经济作为当前经济发展模式下的新动力，是促进各成员经济发展的关键因素。APEC 致力于亚太地区的经济发展，需要将数字经济置于重要的位置。同时，在全球化不断加深的背景下，数字经济作为全球经济的共同发展目标，需要各成员联合起来，充分利用数字经济的外部性。此外，数字经济本身作为一种联系不同区域、不同产业的经济发展新模式，也有助于亚太经济合作组织更好地发挥联系亚太各经济体的职能。因此，无论是促进亚太各经济体经济发展，还是为亚太各经济体创造良好联系，亚太经济合作组织都应当把建立数字经济生态共同体作为一项重要的任务。

三、APEC 框架下的数字经济合作项目和发展战略

（一）APEC 在 2018 年第二次高官会中关于数字经济的议题

2018 年 APEC 主题是"抓住包容机遇，拥抱数字未来"。2018 年 5 月 11 日至 24 日，APEC 第二次高官会在巴布亚新几内亚首都莫尔比兹港举行，各方评估了 APEC 经济体在降低贸易壁垒、服务业开放、改善投资条件和发展数字经济方面的进展和面临的挑战。2018 年 APEC 高官会主席伊万·波马卢（Ivan Pomaleu）指出，APEC 经济体需加强合作以实现共同发展诉求。合作重点是增进各成员对促进区域贸易发展的共识，加快区域一体化进程以及通过结构性改革促进包容和可持续发展。APEC 致力于在 2020 年实现贸易投资自由化，并将采取措施把握数字化机遇，包括扩大信贷和数字网络可及性、加强技能培训和开发相关应用程序。此外，各方一致欢迎 APEC 愿景小组正式成立，该小组将协助规划 APEC 后2020 愿景。

表 3　2018 年 APEC 第二次高官会主要报告内容

文件提交日期	报告标题	主要内容
2018.4.3	《结构改革和数字基础设施》	从三个维度分析数字基础设施对经济治理结构的影响，即①支撑电信基础设施数字经济的信息技术；②数字经济的范围和性质本身；③区域贸易和环境标准，以尽量减少非关税贸易壁垒（NTBT）
2018.4.5	《APEC 电子商务的框架》	研讨了促进电子商务框架完善的意义，并提出了五大支柱：建立良好的电子商务监管生态体系，促进电子商务的可预见性、透明度、安全性、公平竞争性和一致性；促进信息和通信技术基础设施的发展，促进跨境电子商务；鼓励和促进企业在全球商业中的更大参与，特别是中小微企业；加强公私部门合作，保护消费者；促进该地区的贸易和投资便利化，支持实现茂物目标和 2020 后愿景

续表

文件提交日期	报告标题	主要内容
2018.4.6	《亚太经合组织有关数字经济的举措》	主要根据关键重点领域和 ABAC 的 a 次级方案分发数字经济相关举措
2018.4.14	《数字创新论坛》	ABAC 中国台北和 ABAC 巴布亚新几内亚将共同组织一个名为"数字创新"的活动论坛，计划邀请一些有远见的人与我们分享他们的经验；目的是让商业领袖和企业家们考虑数字化和创新对社会的影响
2018.4.14	《关于破坏性创新的应对政策》	面对数字化问题，新加坡 ABAC 的 Ken Wye 先生认为数字化问题变化过于迅速，政府没有办法跟上数字化的步伐
2018.4.14	《跨境电子商务》	"电子商务"的无边界性质是不现实的，所以附加了"跨境"这个词。对全球在线市场扩张的希望是以地缘政治为边界，对电子商务市场碎片化的现状重新考虑。新加坡作为一个拥有最高电子商务贸易率的经济体，强调电子商务的潜力是亚太经合组织增长战略最重要的资产之一
2018.4.14	《抓住"未来工作"的挑战》	数字化会导致许多工作岗位流失，但将会创造更多的新工作岗位。另一方面，人口结构的变化也和数字化一样激进。David Dodwell 先生建议数字与创新工作组（DIWG）必须考虑人口统计学的问题
2018.4.15	《修订后的 2018 年工作计划》	讨论了"数字优化战略"的建议实施计划和私营部门推荐的重点领域和可能采取的行动，以支持 APEC 互联网和数字经济路线图
2018.4.15	《如何最大化亚太经合组织经济体数字基础设施的价值》	指出数字经济正在构建新的市场格局。APEC 的所有经济体都在数字经济发展过程中，但它们之间的进展并不均衡。与全球数字化转型相比，一些发展中成员强调数字投资和采用的速度超过了发达经济体。华为通过全球连接性指数（GCI）分析了一些原因，发现其快速推动者来自支柱产业的数字化。报告建议：APEC 经济体应该积极走上行业数字化的道路，将数字化与实体经济合并，并从 15 万亿美元的数字经济中受益；政府则应利用地方优势推动先进数字化转型；而对于整个行业来说，业内所有企业应当支持数字化转型，提供更先进的服务与产品，为行业整体发展做出贡献
2018.4.16	《FTAAP 的新机遇（2015）：提交给 ABAC 的报告》	强调了亚太自由贸易区的潜在好处（其中包括强调了全球价值链和数字经济的新特点以及合作的深度），提出了目前存在的几点风险与挑战，进而强调区域一体化的重要性与必要性
2018.4.18	《印尼数字倡议：改善财富和收入分配》	印度尼西亚希望分享其促进各种数字化孵化和发展的成功经验。这些商业模式已被证明是实用、有效和可扩展的。印尼的经验主要在于通过赋予国内中小微企业数字连接和技术能力来满足减少财富和收入差距的需要

资料来源：http://www.abaconline.org。

（二）OECD 国家的数字经济发展战略

OECD 是由 35 个市场经济国家（其中绝大部分是发达国家）组成的政府间国际经济组织。随着近年来数字经济发展迅速，影响力越来越大，大部分 OECD 成员都将数字经济从经济政策上升为以信息产业政策为基础，以提升国家竞争力、促进经济强劲增长为目标的国家战略，以期进一步推动数字经济的发展（见表 4）。

OECD 成员的数字经济战略在供给侧表现为加强通信基础设施建设，提高 ICT 产业发展水平，致力于抢到国际性话语权。在需求侧则体现在深化电子政务的推广，赋予国内中小微企业数字连接和技术能力，扩大信息技术普及率，提高社会网络使用率。总体来看，OECD 数字国家战略主要靠提高宽带基础设施水平、建设数字政府、推动 ICT 部门发展及与教育医疗融合、构建网络安全五大支柱支撑。

表 4　主要 OECD 国家数字经济战略

国家	时间	战略
美国	2015.11	数字经济议程
	2016.12	加强国家网络安全——促进数字经济的安全与发展
英国	2009.6	数字英国
	2012.6	信息经济战略
	2015.2	英国 2015—2018 年数字经济战略
	2017.3	数字化战略
	2017.5	《数字经济法案》正式成为生效法律
德国	2010.11	数字德国 2015
	2014.8	数字议程（2014—2017）
	2016.3	数字战略 2025
法国	2008.10	2012 数字法国计划
	2011.2	数字法国 2020
	2013.2	数字化路线图
澳大利亚	2004.7	信息时代的机遇和挑战：2004—2006 年澳大利亚走向信息经济的战略框架
	2011.5	国家数字经济战略
	2016.10	澳大利亚数字经济升级

资料来源：亿欧网站。

（三）发展中经济体的数字经济发展战略

发展中经济体相比发达经济体参与 APEC 框架下的数字经济合作侧重点有较大差异。由于信息化程度较高、基础设施较为完善、数字经济发展相对较完善，发达成员通常将数据隐私、网络安全、技术标准、行业准入作为项目开展的优先领域，而发展中经济体更多停留在互联网基础设施建设和电子商务领域。

在这种以平台为基础的经济中，网络效应往往会令先行者和标准制定者率先受益，因此，在建设数字经济环境并以此为基础发展数字经济时，不少经济体会面临相关的政策挑战，主要包括制定政策方面的挑战、人才匮乏的挑战和基础设施不足的挑战。因此发展中经济体的发展战略更应体现出自身的特点，结合实际情况制定数字经济的发展方向。

以中国为例，在 2017 年 12 月确立的《2018 年"互联网+"、人工智能创新发展和数字经济试点重大工程支持项目名单》中，我们可以看到，我国的数字经济较多集中在数字经济基础设施建设和系统建立上，例如"阿里云计算有限公司城市数据大脑项目"及各种开源软件（源代码开放）的云平台建设项目。同时，建设项目中也包括"中国-东盟'商贸通'数字平台建设项目"等与其他国家产生数字经济共同发展的项目规划。

四、我国推进 APEC 发展数字经济生态共同体

（一）数字经济生态共同体的目标

发展数字经济的优点非常明显。首先，数字经济能够促进贸易和就业，创新驱动其他领域变革。其次，数字经济有助于提升金融服务的包容性。此外，数字化和自动化的增加也带来了新的工作和就业机会，改变了工作的性质和条件，改变了技能要求，同时也影响了劳动力市场和国际分工的运作。再次，数字经济正在为贸易和社会发展创造新的机遇。最后，数据驱动创新、新的商业模式和数字应用正在改变科学界、政府、城市以及卫生和农业等领域的工作。[①]

数字经济的发展以及互联网创新科技成果的涌现开始催生出一批全新的产业形态，例如移动支付、共享经济、人工智能等，在这些方面，亚太区域发展中成员虽然在部分领域也具有领先优势，然而基础性技术和核心技术仍然为少数几个发达成员所掌握，若要构建具有可持续性的亚太数字经济生态共同体，需要在制度设计层面由不同经济体协商确定，尤其是要充分重视发展中经济体的话语权。

推动 APEC 发展数字经济生态共同体，其目标就是为亚太地区在数字经济方面提供可靠的联系，使亚太地区协同发展，在数字经济推动经济发展的大趋势下，实现互利共赢的局面。并且依靠数字经济的技术方法，实现亚太地区成员的经济联通、产业融合，发挥经济发展和技术进步的正外部性效应，从而使得各成员享受到数字经济带来的优势，助推各成员经济发展。

（二）我国推动建设数字经济生态共同体的政策支持

借助数字经济在我国发展的蓬勃之势，加之全球经济多极化趋势日渐强化之际，着眼于各经济体数字经济现状，实现对亚太区域数字经济生态共同体的建设，将各经济体孤立的数字经济发展战略协同在一起，在当今全球贸易摩擦加剧、多边贸易规则备受挑战的时期具有特殊战略意义。

自 2015 年以来，我国针对数字经济出台了一系列规划和纲要，例如《促进大数据发展行动纲要》《国家信息化发展战略纲要》《"十三五"国家信息化规划》等。2017 年 12 月，国家发改委发布了《国家发展改革委办公厅关于组织实施 2018 年"互联网+"、人工智能

---

① 以上观点总结自 OECD《数字经济研究报告》。

创新发展和数字经济试点重大工程的通知》，以贯彻落实"十三五"规划纲要为主旨，以加快推进"互联网+"行动、促进人工智能发展规划、数字经济发展等全面部署为目标，在重大工程领域重点围绕新一代人工智能、"互联网+"以及数字经济开展，较上年度进一步形成了更详细的任务落实安排，全面推进规划重大科技项目启动实施。上述文件的发布，对于助推我国数字经济发展、加快 APEC 数字经济生态共同体的建设都具有重大的意义。

　　近年来，我国企业数字化转型也取得了初步成效，互联网化水平有显著提升，根据两化融合服务联盟的数据，2016 年我国制造企业数字互联网化指数为 32.7，较 2015 年的 30.4 增长 7.5%。如图 4 所示，该指数的数据应用、用户参与、组织创新和企业互联四个指标与 2015 年相比也都有一定程度的提高，其中提高幅度最大的是组织创新，越来越多的企业开始关注组织变革在数字化转型中的重要作用。

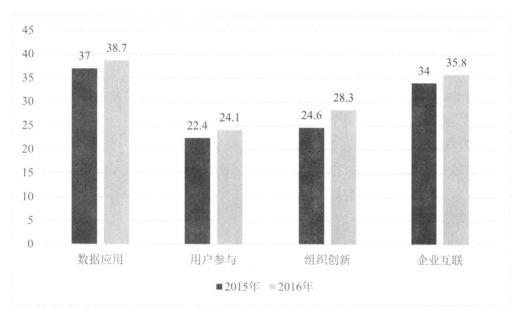

图 4　2015—2016 年中国企业互联网化指数及一级指标得分

资料来源：两化融合服务联盟。

（三）我国在建设数字经济共同体中存在的问题

　　我国在数字经济的发展以及推动建立数字经济生态共同体上还存在着一些问题。首先，数字经济的理论研究不足，在数字经济快速发展的背景下，理论研究不足以指导目前的数字经济发展方向。其次，数字经济配套滞后，数字经济相关的法律法规、基础设施、产品服务、治理结构都滞后于数字经济的快速发展。再次，数字经济和传统经济存在矛盾。数字经济的迅猛发展带给传统行业巨大的冲击，一些传统行业在转型期间也出现了很多困难。

最后，新兴市场国家参与全球数字经济竞争面临潜在的"数字北约"威胁。发达国家的经济发展较快，科学技术水平相对较高，彼此之间也已经形成了比较紧密的联系，因此，美欧等发达国家极有可能联手构建"数字北约"，从而在一定程度上垄断数字经济，对其他国家的发展形成约束。

（四）对于我国推动建设数字经济共同体的对策建议

针对上述问题，结合对于数字经济意义的理解，我国在后续 APEC 会议中应充分考虑我国数字经济的现实情况，推进相关议题规则设定应当体现"中国方案"的特色。

一是充分考虑如何基于中国数字经济发展的现有模式和产业基础，进一步深化数字产业发展，以此推动各经济产业的"数字化"；尤其是需要凝聚亚太各经济体力量就如何分享数字经济所带来丰厚"红利"的同时，也要充分研讨与"数字经济"相伴而生的新问题、新挑战和相应的体系化规则举措和治理方略，丰富数字经济的理论。

二是针对如何推动和促进各经济体就数字经济的界定、产业构成、运行模式等关键问题进行定期化和机制化的交流与磋商，以"一带一路"为主线，构筑符合"人类命运共同体"内涵要求的亚太数字经济生态圈。其中作为公共物品类的基础设施类制度设计，我国应当集中力量尽快加以深入研究，形成体系化的策略方案，最大限度地发挥中国在亚太数字经济生态共同体建设中的规则引领作用。

三是提升亚太数字经济生态共同体的战略定位，将其与我国的"一带一路"倡议和"人类命运共同体"理念有效对接，推动亚太地区基础设施合作和数字技术联合研发，利用亚太经合组织常规对话机制，开展亚太地区数字合作试点城市和示范项目工作，并形成可执行性的路线图。

亚太数字经济生态共同体建设将涵盖数字经济基础设施、人员和制度的互联互通三个层次，围绕各经济体发展数字经济生态系统连通战略和合作框架进行持续深入的沟通交流，具体如表 5 所示。

表 5　亚太数字经济生态共同体建设蓝图

时间安排	2020—2025 年	2025—2030 年	2030—2035 年	2035—2040 年	2040 年以后
基础设施	①数字经济数据库 ②数字基础设施建设	①数字经济通用型基础设施 ②构建高速、移动、安全、泛在、智能、绿色的新一代信息基础设施 ③建设跨境大数据交易平台	①打造共建共享的产业链、价值链、创新链、技术链、资金链 ②共建数字丝绸之路，实现数字互联互通	打造数字共享平台，形成数据驱动、跨界融合、万物互联、开放协同的数字经济新形态	①形成完善的数字经济共享平台，实现各产业、各区域全面的数字互联互通 ②以亚太地区数字经济平台为基础，将数字经济辐射到地区之外
人员交流	①建立研究人员初步磋商机制 ②建立初步的信息共享与研究成果共享机制 ③以数据流、信息流带动技术流和人才流	①加强国际数据治理政策储备和治理规则研究 ②联合培养"一带一路"数字人才 ③共享数字红利与数字教育和科技跨境培训	①加快推进数字经济引领的新经济形态产业研发合作 ②联合培育多层次、多类型的数字经济人才队伍	①加强基础性、原创性技术研发 ②建立体系化、完备的数据产权保护制度 ③提升亚太区域内全民数字素质	形成亚太地区系统化的数字经济人才培训体系，数字经济技术开发队伍
制度互联	①将数字经济纳入本国、本地区经济社会发展议程 ②完善数字经济对话协商机制 ③研究数字经济领域治理 ④拓展数字经济领域的合作 ⑤数字经济产业规制与风险防范	①跨境数字经济商务规则 ②建立数字经济双边与多边磋商机制 ③加大管控数字经济冲突力度 ④完善规则，妥善处理数字贸易摩擦 ⑤个人隐私数据和知识产权保护制度研究 ⑥打击数字经济和数字金融网络犯罪等	①完善跨境大数据交易、流通和监管机制 ②促进数字经济要素资源创新集聚和高效配置，实现数字经济与产业融合发展 ③实现跨越式发展的制度协调 ④打造数字经济监管协调平台	①构建平等互尊、协同共治、创新发展的数字经济国际合作新秩序 ②数字经济安全治理新模式 ③基本建成共商共治共享的亚太数字经济生态圈	①在数字经济国际合作新秩序下建立规范化的制度措施，实现亚太地区数字经济安全和治理 ②实现亚太数字经济生态圈辐射效应，将数字经济的制度互联扩展到亚太地区之外

参考文献

[1] 俄罗斯联邦政府专家委员会关于发展数字经济计划的提案。2017 年 1 月 23 日，http:// open.gov. ru/events/5515775/.（2017.2.27）.

[2] Erich H Strassner. BEA Advisory Committee. Measuring the Digital Economy［EB / OL］. https: //bea.gov/about/pdf/Measuring%20the%20Digital%20Economy. pdf.

[3] Max Nathan and Anna Rosso. Measuring the UK'S Digital Economy with Big Data. National Institute of Economic and Social Research, 2012.

[4] Australian Government. National Digital Economy Strategy. http://www.nbn.gov.au/ digitaleconomystrategy.

[5] Organization for Economic Co-operation and Development. http://www.oecd.org/daf/ competition/The-Digital-Economy－2012.pdf.

[6] 中国信息化百人会. 2017 中国数字经济发展报告——数字经济：迈向从量变到质变的历史性拐点，2018（3）.

[7] 二十国集团数字经济发展与合作倡议，2016.

[8] 田丽. 各国数字经济概念比较研究[J]. 经济研究参考，2017（40）：101-106，112.

[9] 张亮亮，刘小凤，陈志. 中国数字经济发展的战略思考[J]. 现代管理科学，2018（5）：88-90.

[10] 欧阳优. 数字经济的分散化特征[J]. 企业管理，2018（2）：36-37.

[11] 陈璋，阚凤云，胡国良. OECD 国家数字经济战略的经验和启示[J]. 现代管理科学，2017（3）：12-14.

[12] 孙克. 数字经济时代大幕开启[J]. 世界电信，2017（3）：2-9.

[13] 王登新，王小宁. 数字经济：全球化新经济范式的形成[J]. 有线电视技术，2018（3）：20-23.

[14] 马化腾. 数字经济：中国创新增长新动能[M]. 北京：中信出版集团，2017.

[15] 王灏晨，李舒沁. 全球数字经济新形势与中国的机遇及挑战[J]. 中国经济导刊，2018（5）.

APEC 跨境电子商务的发展及中国参与对策

余 振 李 萌*

摘 要：信息技术和数字经济的发展推动了国际贸易形式的创新，使其逐渐进入数字时代。跨境电子商务凭借其自身特点及优势迅速兴起，并不断发展壮大，受到全球范围内越来越多的关注。随着经济全球化进程的不断推进，APEC 也开始寻求平衡、包容、可持续的经济增长新模式，纵观历年会议议题和成果，可以发现 APEC 对于跨境电子商务领域的关注不断加大。作为世界第二大经济体，中国正积极推动数字经济建设，跨境电子商务发展势头迅猛。2017 年 APEC 越南岘港峰会通过的《APEC 跨境电子商务便利化框架》无疑将为跨境电商的发展带来新的机遇和挑战。在此背景下，中国跨境电子商务应借助其福利效应，制定相应政策，加强合作监管，完善物流运输建设，构建安全交易支付体系，以进一步参与到 APEC 跨境电商合作中。

关键词：APEC；跨境电子商务；中国；对策

近年来，受国际政治、国家关系、区域合作等多重因素的影响，世界经济局势和国际贸易环境发生着深刻而复杂的变化。传统国际贸易形式的弊端日益显露，知识经济时代的互联网和电子信息技术助力了其创新发展，跨境电子商务应运而生，并受到全球各经济体、组织的广泛关注。亚太经济合作组织（Asia-Pacific Economic Cooperation，APEC）成立于 1989 年，自成立之初就一直致力于促进贸易投资自由化和经济技术合作，如今已是亚太地区最为重要的区域经济合作组织，为促进亚太地区经济的繁荣与发展发挥了巨大的作用，而 2008 年全球金融危机的爆发使其意识到仅仅关注贸易和投资合作领域是不够的，对于经济增长战略也应当给予足够的重视。2009 年 APEC 新加坡峰会正式提出要重塑经济增长新模式，此后 APEC 历年会议均将此作为重要议题，并期望借助互联网和信息技术的力量，

* 余振，武汉大学经济与管理学院教授，博士生导师；李萌，武汉大学经济与管理学院国际贸易专业硕士研究生。

实现经济的"创新增长",对于电子商务,尤其是对于跨境电子商务的关注度日益提高。与此同时,作为世界第二大经济体,中国步入了经济发展的新常态,正积极推动开放经济和数字经济建设,寻求新的经济增长点。在此背景下,伴随着经济全球化的日趋深入、信息技术的不断更新、互联网覆盖率的持续上升,电子商务呈现出爆炸式的发展势头。2017年越南 APEC 峰会通过的《APEC 跨境电子商务促进框架》,必将对全球电子商务的发展产生更大影响,为中国电子商务的发展带来新机遇与挑战。

一、现代跨境电子商务的类型及特征

跨境电子商务起源于 2005 年前后,最初为国际贸易中的一种"小额贸易"形式,其交易双方首先利用互联网进行信息交换和沟通协商,在交易意愿方面达成一致后,买方通过第三方支付平台完成订单等相关款项的支付,如主流外贸支付工具 PayPal 等,最后卖方将商品以顺丰国际、联邦快递、联合包裹等国际快递方式运送给买方。在这种形式中,互联网是实现交易的必备条件,而交易对象通常为个人或中小微型企业,交易次数较多,但交易量和交易金额相对较小,与传统外贸方式存在鲜明的区别。

(一)跨境电子商务的概念

跨境电子商务在国际上被广泛称呼为 Cross-border E-commerce,简称跨境电商,其概念可分为广义和狭义两种。

广义的跨境电商可以被看作是外贸电商,本质上是一种在国际范围内进行的贸易活动,贸易双方跨越国境,分别位于不同的国家和地区,并采用电子商务的形式,通过线上电子化的手段进行商品的展示、报价、洽谈、下单、支付等步骤,而后在线下借助快递物流履行合同,实现商品的跨境流通。进一步将内涵和意义进行扩展后,跨境电子商务又可以看作是电子商务在对外贸易中的运用,它将以往进出口贸易的流程加以虚拟化、网络化和数字化等现代化的处理,其中涉及商品信息在线展示、线上商议、电子交易、数据交换、资金划拨、物流追踪等各方面的活动。所以一般在国际范围内发生的运用电子商务方式的贸易都可以被称为跨境电子商务。

狭义的跨境电商主要是指网络跨境零售。网络跨境零售通常说的是交易双方分别属于不同关境内的国家和地区,以互联网为媒介,通过跨境电子商务交易平台实现交易,买家在线支付,卖家利用跨境快递、物流配送商品。大多数消费者所提及的跨境电商主要是指通过网络来消费海外商品,即网络跨境零售,而在海关上它就是指针对消费者进行的网络购物。但是在实际中,跨境电商的交易主体中也会有一些交易规模较小的 B 类(Business)商家,这些交易规模较小的、交易形式较碎片化的 B 类商家与个体消费者(C 类,Customer)具有大致相同的现实意义,没有细致的区分和具体的界限。因而,这些小规模碎片化的 B 类交易也可以被囊括进跨境零售中。

本质上而言，跨境电商是指以互联网为媒介，以电子信息技术为工具，以商业交易活动为目的，将传统宣传、营销、销售、消费、支付等活动转移至在线网络，跨越关境壁垒，实现商品交易、流通全球化的一种新兴模式。

（二）跨境电子商务的主要类型

跨境电子商务的交易环节主要包含了三类参与主体。第一类是在互联网上独立自主建设跨境电子商务交易平台的外贸企业，这些企业既拥有跨境电商平台的所有权，又在这一平台上开展自己的经营活动，进行商业贸易。第二类是通过缴纳一定费用来进驻已建成的跨境电子商务平台，并开展自身商业经营活动的外贸企业，这些企业参与跨境商品交易活动，但不具有自己的跨境电商平台。第三类是建设、维护和运营跨境电子商务网站，为其他外贸企业提供平台、服务，并收取相应费用的专业互联网企业，这些企业具有自己的跨境电商平台，但不参与跨境电子商务交易。

根据跨境电子商务交易主体的属性来划分，跨境电子商务通常可以被分为四种较为典型的类别，用英文字母分别简写为 B2B、B2C、C2C 和 B2G。B2B（Business to Business）是指跨境电商的交易双方主体均为企业，即一种企业之间的交易关系，这种模式主要是企业与企业之间的进出口交易。B2C（Business to Customer）指的是跨境电商的交易双方中一方主体为企业、另一方主体为个体消费者，即一种企业与个体消费者之间的交易关系，这种模式主要是企业对个体消费者的直接销售或个体消费者的全球购。C2C（Customer to Customer），指的是跨境电商的交易双方主体均为个体消费者，即一种个体消费者之间的交易关系，这种模式主要是个体消费者通过互联网交易平台进行直接的消费购买活动，如海外代购、海淘等。B2G（Business to Government）是指跨境电子商务的交易双方中一方主体为企业、另一方主体为政府，即一种企业与政府之间的交易关系，这种模式主要是政府的跨境购买，但是目前各国政府均对这种跨境政府购买有许多政策法律方面的约束。

根据跨境电子商务网站所经营的商品的品类来划分，跨境电子商务可以被分为垂直型电商和综合型电商两种主要类型。垂直型电商是指专注于某种特定领域或某些特定需求的电商企业，这类企业主要提供与其所关注领域、需求有关的全部信息、商品与服务，在商品品类上具有纵向深度大的特点，例如定位为母婴市场的红孩子、商品仅为衣服鞋帽及配饰的凡客诚品、专注于品牌特卖的唯品会等。与垂直型电商相对应，综合型电商在商品和市场上并不局限于特定范围内，其平台上展示和销售的商品种类丰富，涉及各种生活、办公用品，这类企业在商品品类上具有横向范围广的特点，例如淘宝、京东等。

根据建设和运营跨境电子商务网站的对象来划分，跨境电子商务可以被分为平台型电商（或称为"第三方平台电商"）和自营型电商两种主要类型。平台型电商开发、建设第三方电子商务网站，并负责网站的日常运营和维护，这类电商首先通过招商活动，引入各种商品卖家，再由这些卖家来提供商品的销售、物流运输和客户服务，其自身并不参与到商品交易环节中的，因此无须对买家负责，仅为买卖双方提供一个商品展示、磋商和交易的平台或媒介，如淘宝、天猫等。与平台型电商相对应，自营型电商不仅建设和维护电子商务网站，而且在自营网站内参与商品交易，负责商品的采购、销售、物流和客户服务，需要对买家负责，如亚马逊、当当等。

与此同时，可以将以上两种分类标准进行综合，进一步将跨境电商划分为综合平台型——如天猫国际、淘宝全球购等，垂直平台型——如美丽说、海蜜全球购等，综合自营型——如小红书、亚马逊海外购等，垂直自营型——如聚美优品、唯品会等。

（三）跨境电子商务的基本特征

跨境电子商务作为传统贸易模式和新兴电子商务的结合，同时兼具了这两者的特点，其复杂性和基本特征主要表现在如下四个方面。

第一，数字性。传统交易形式多为实物交易，而随着消费者需求日益多样化、个性化，互联网通信和数字信息技术也在不断发展进步，数字化的产品和服务受到越来越多的青睐，越来越多的实物交易对象被数字产品所替代。以书籍这一典型产品为例，传统的书籍产品交易就是指纸质版书籍的排版、印刷、装订、销售和消费，但是在电子商务的交易形式中，消费者仅需通过网络平台购买书籍的有关数据权就可以获得其电子版并阅读。跨境电子商务的发展基础就是依托于互联网的数字化传输活动，因而必然具有数字性特征。跨境电子商务的这一特征在简化交易环节的同时，也给国家的海关、税务等相关部门带来了监管挑战，交易记录、支付凭证等信息都以数字代码的形式储存于互联网，大大增加了有关部门开展有效监管的难度。

第二，全球性。跨境电子商务以互联网为媒介，以电子信息技术为工具，所依托的平台和技术均没有边界，打破了以往的时间限制和空间限制，实现了全球性的商业交易活动。某一国家或地区内的企业、消费者可以利用国际互通的网络寻找所需商品或服务的有关信息，并通过这一平台与另一关境内的卖家沟通协商，最终实现交易。另一方面，卖家无须跨越国家，即可通过互联网找到相应客户，大大降低了交易的时间和资金成本。跨境电子商务的全球性特征给全球范围内的买家和卖家带来了巨大的便利，最大限度地实现了跨国境的信息共享，对于缓解买卖双方间的某些信息不对称问题具有积极的作用，但也存在着一定的弊端和风险，如交易双方因地域差异而产生的政治、文化差异所带来的风险，交易平台的数据风险、支付风险和信用风险等。

第三，虚拟性。由于跨境电子商务活动具有数字性和全球性的特征，其用户的真实身份信息一般难以被有效识别。某些用户利用虚拟性这一特征，隐匿身份信息，规避某些交易风险，并顺利实现交易，导致了道德风险以及权责不对称的问题。跨境电子商务的虚拟性使交易双方所提供的信息真假难辨，用户可以在互联网交易中享受到最大的自由权利，但承担最小的责任风险，这也给国家有关部门的工作带来了许多困难。

第四，时效性。跨境电子商务通过互联网进行信息交流和沟通，无论买卖双方间的实际地理距离和时间差异有多大，信息的传输都是即时的，收发操作几乎同步，基本不存在时间差，时效性非常强。以淘宝网为例，利用它推出的直播功能，卖家可以现场直播自己在海外各大卖场采购的实况，买家也可以进行实时的互动和评论，在某种程度上实现了买卖双方的面对面交流，用户足不出户就可感受到海外卖场的实时情况。跨境电子商务简化了交易环节，减少了传统对外贸易中的批发商、分销商等中间商，商品的生产和销售可以直接联系，降低了有关成本，提高了交易效率，具有时效性的特征。但也因为跨境电子商务这种很强的时效性，交易的双方可以随时开始和终止交易活动，交易的对象也能随时改变，导致交易的真实情况难以被查证，海关、税务等有关部门的工作压力大大增加。

二、全球跨境电子商务的发展情况

随着经济全球化进程的不断推进，各个国家和地区间的贸易往来更加密切，传统国际贸易形式的弊端日益突出。第一，传统的国际贸易受时间和空间的限制大；第二，交易双方发布和获取信息的渠道不足；第三，传统的国际贸易交易成本、运营成本较高。而互联网通信和电子信息技术的发展普及，推动了国际贸易形式的创新，使其逐渐进入了数字时代。跨境电子商务凭借自身周转环节少、交易成本低、数据传输快、贸易效率高等优势，迅速兴起，并不断发展壮大，受到全球范围内越来越多的关注。

（一）全球跨境电子商务的总体发展状况

在过去的十几年，全球互联网和电子商务迅猛发展，并且这种增长趋势仍然十分强劲。目前，全球范围内互联网的普及率已超过半数，达到 54%，网民人数共计 41.6 亿，其中亚太地区的网民总人数在世界范围内的占比最大，约为 49%。在全球 7 个网络购物用户过亿的国家中，中国是最大的市场，其互联网的普及率达到 56%，网络用户约为 7.7 亿人，占全球网络用户总数的 18.57%。2017 年，世界网络零售的成交量为 2.3 万亿美元，同比增长率约为 25%，在世界零售总额中所占的比例从 2016 年的 8.6%增长至 10.2%。预计 2018 年，全球约 16 亿人会至少进行一次网络购物。①

全球跨境电子商务持续快速发展。2016 年国际 B2C 电子商务交易总额达 2.4 万亿美元，在各种支付方式中电子钱包支付的比例为 30.4%，占比第一，多样化的电子支付方式进一步促进了全球电子商务的发展。预计到 2020 年，世界范围内 B2C 模式的跨境电子商务交易规模将达到万亿美元以上。就各地区而言，国际上最大的跨境电子商务市场位于欧洲，而北美地区的跨境电子商务市场也正在蓬勃发展。俄罗斯 2016 年的跨境电子商务交易总规模突破 40 亿美元，且相较其他模式而言，俄罗斯消费者对于海淘更加青睐，其跨境消费的商品约九成来源于中国。2016 年第三季度韩国对外直接线上交易额为 5512 亿韩元（约 5.17 亿美元），同比增长率高达 105.4%，创单季度交易规模的历史新高。2017 年中国的电子商务成交总额约为 29 万亿元，同比增长率为 11.7%，B2C 模式的交易规模和网络购物用户的

---

① 中国国际电子商务中心研究院. 2017 年世界电子商务报告 [R]. 中国国际电子商务中心，2018.

人数规模均排名世界第一,在全球电子商务市场中稳居交易规模最大、活力最强的地位。2016 年美国网络零售的交易规模约为 3897 亿美元,同比增长率为 15%,是目前全球范围内电子商务发展水平最高的国家。2016 年英国互联网的普及率为 93%,电子商务的交易总额在 GDP 中的占比约为 7.2%,在欧洲地区的电子商务市场中规模最大。2016 年巴西电子商务市场交易总额为 534 亿雷亚尔,大幅超越了该地区的其他国家,成为拉丁美洲最大的电子商务市场。①

根据 CEGAFRICA[Global Economic Governance(GEG)Africaprogramme]有关报告②显示,在数字经济规模方面,2015 年美国数字经济规模全球排名第一,约为 9000 亿美元。中国稍逊于美国,但二者差距不大。之后是英国、日本、德国和印度。在其占 GDP 的比重方面,英国数字经济在 GDP 中的占比高达 10%以上,可见数字经济对英国经济总体态势的重要性,其次是中国和韩国,占比分别在 8%上下,日本接近 6%。事实上,所有这些国家在世界范围内的电子商务发展中都表现得非常突出。

虽然美国拥有全球规模最大的数字经济,并且是许多市值极高的数字企业的总部所在地,但它相对而言是国内导向型的。如果从跨境网络购物的角度来看,中国则是全球跨境电子商务中最重要的经济体。据统计,2015 年中国跨国电子商务销售总额约占全球份额的40%,美国仅为中国的一半,占比 20%,英国为 9%,日本为 5%、德国和法国均为 4%,其他国家则处于相对较低的水平。见图 1。

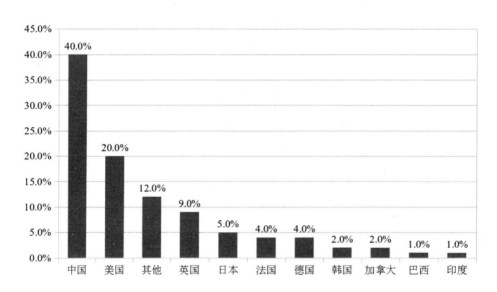

图 1　2015 年主要经济体跨境电子商务销售额占比（单位：%）

资料来源：根据 Global Economic Governance (GEG) Africaprogramme 跨境电子商务销售额占比整理计算所得。

---

① 中国国际电子商务中心研究院. 2017 年世界电子商务报告[R]. 中国国际电子商务中心，2018.

② Jamie Macleod. E-Commerce and the WTO: A Developmental Agenda? [R]. United Kingdom: Global Economic Governance，2017.

总体而言，发达国家数字经济和电子商务的发展起步早，目前已进入了一种较为成熟和发达的状态，长期的增长趋势逐渐减弱，相对来说，广大发展中国家的电子商务尚处于发展的初期阶段，具有一定的后发比较优势，增长势头迅猛。

（二）WTO 跨境电子商务的活动及文件

作为迅速发展的新经济增长点，跨境电子商务也受到了 WTO 的关注，多次召开专题研讨会（如表 1 所示）。1999 年 2 月，电子商务研讨会探讨了发展中国家电子商务的发展潜力、政府层面的基础设施和监管问题；2001 年 6 月，电子商务研讨会的主题为政府对电子商务发展的支持；2002 年 4 月，电子商务研讨会讨论了电子商务的收入影响；2013 年 4 月，电子商务、发展和中小企业研讨会的内容包括电子商务的主要趋势和问题、发展中国家的电子商务模式、如何帮助发展中国家中小企业获得电子商务发展机会；2013 年 6 月，电子商务研讨会研究了通信基础设施、数字贸易壁垒和贸易条款、监管；2016 年 7 月，电子商务研讨会探讨了电子商务和数字经济、发展中国家电子商务发展潜力、中小企业在电子商务中面临的海关和物流问题、数据保护；2016 年 12 月，电子商务促进发展研讨会讨论了发展中国家、最不发达国家电子商务发展的机遇和调整策略；2017 年 3 月，电子商务发展之友（Friends of E-commerce for Development, FED）研讨会的主题为电子支付和金融的包容性；2017 年 7 月，电子商务和投资便利化研讨会的内容包括投资和数字经济、发展中国家数字基础设施的需求、电子商务和投资便利化之间的协同作用。

表 1   WTO 有关跨境电子商务的部长决定

时间	名称	内容
1998 年	日内瓦部长级宣言	通过《全球电子商务宣言》，要求制定电子商务工作计划，以审查与全球电子商务及贸易有关的问题，包括各成员所确定的问题。该工作方案涉及有关机构，并兼顾发展中国家的经济、财政和发展需要。在不影响工作计划的实施结果和成员权利、义务的前提下，将继续不对电子传输征收关税
2001 年	多哈部长级宣言	同意继续开展电子商务工作计划。认为有关工作表明，电子商务为成员在各个发展阶段的交易带来了新的机遇和挑战，意识到创建和维护有利于电子商务未来发展的环境的重要性。宣布各成员方在第五届会议之前不会对电子传输征收关税
2005 年	多哈部长级宣言	同意重振关于电子商务工作计划，包括工作计划下与发展有关的问题，以及讨论电子交付软件等贸易待遇。同意维持工作计划目前的体制安排。宣布在下届会议之前各成员方不会对电子传输征收关税
2009 年	日内瓦部长级宣言	提出工作计划应涵盖与发展相关的问题、世贸组织的基本原则，其中包括非歧视性、可预测性和透明度，以及电子交付软件等贸易待遇。同意维持工作计划目前的体制安排。决定在 2011 年举行下一届会议之前，各成员方不会对电子传输征收关税

时间	名称	内容
2011年	日内瓦部长级宣言	回顾1998年9月25日通过的工作方案，并根据成员在第七届部长会议上分配的任务，集中重振这项工作。内容包括工作方案下与发展有关的问题和贸易待遇等，尤其是电子支付软件。加强互联网连接并获得所有信息、电信技术、公共互联网网站，促进电子商务的发展，特别是发展中国家和最不发达国家的成员，工作计划还应审查中小微型企业（包括小型生产商和供应商）参与电子商务的情况。决定在2013年举行下一届会议之前，各成员方不会对电子传输征收关税
2013年	巴厘岛部长级宣言	提出工作计划应继续审查与贸易有关的方面，其中包括互联网连接的加强、信息和电信技术以及公共互联网网站的获取、移动电话的普及、电子支付软件、云计算、机密数据保护、隐私和消费者保护。工作计划应针对发展中国家尤其是最不发达国家的情况，特别考虑讨论中出现的问题和电子商务的应用，以加强经济发展机会。决定继续审查中小微型企业（包括小型生产商和供应商）参与电子商务的机会和挑战。决定在2015年举行下一届会议之前，各成员方不会对电子传输征收关税
2015年	内罗毕部长级宣言	提出根据现有的任务和指导方针，以及有关成员在WTO相关机构中提交的提案，继续开展自上届会议以来电子商务工作计划下的工作。决定在2017年举行下一届会议之前，各成员方不会对电子传输征收关税
2017年	布宜诺斯艾利斯部长级宣言	提出将根据WT/L/274中规定的现有授权，继续开展电子商务工作计划下的工作，加强有关工作，指示总理事会根据世贸组织有关机构提交的报告，并在之后会议中开展定期审查，并向下届部长级会议提交报告。决定在2019年举行下一届会议之前，各成员方都不会对电子传输征收关税

资料来源：根据WTO官方历年部长级宣言汇总整理得出。

（三）主要国家跨境电商主要平台及比较

欧洲和北美发达国家的数字经济发展起步早，在跨境电子商务领域已取得了一定的成果和经验，其平台和企业建设也处于更为成熟的阶段。下面重点介绍国外三个比较具有代表性的跨境电商平台，在对它们的发展历程、平台类型进行梳理和总结后，进一步比较分析了其优劣势（见表2）。

表2 主要国家跨境电商主要平台比较

名称	平台类型	发展历程	发展优势	发展劣势
亚马逊（Amazon）	综合自营型，以B2C模式为主	1995年成立于美国，初期为专注于书籍网购的电商网站，后逐渐向综合性平台发展，目前为商品品种多的网络零售商。2004年收购了中国的卓越网，以此为切入口打开了中国市场。2014年进驻上海自由贸易区，与"跨境通"达成合作，实现美国商品直邮中国	①渠道范围广而深、效率高、服务能力强；②IT技术强；③品牌知名度高、效应强	①独特的美国模式难以在开拓其他海外市场时加以复制；②进入中国市场较晚，市场份额较低

名称	平台类型	发展历程	发展优势	发展劣势
易趣（eBay）	综合平台型，初期为 C2C 模式，目前以 B2C 模式为主	1995 年成立于美国，初期为专注于糖果盒拍卖的电子商务平台，目前已发展为全球最受欢迎的电商网站、全球最大的电子集市。2003 年收购中国的易趣网，目标群体定位为中国商家，旨在为其提供海外网络直销渠道，以此打入中国市场	①全球范围内站点数量多；②品牌知名度高、效应强	①缺乏在线交流平台；②用户信息泄露问题较大，隐私保护及信息安全有待加强
愿望（Wish）	综合平台型，以 B2C 模式为主	2011 年成立于美国，2013 年才开始逐渐转向跨境电子商务领域，2014 年在上海设立办事处。一个纯粹的在线市场，既重视商品品类，又关注商品垂直 APP，成为新兴跨境电商的代表性企业	①移动用户端受欢迎；②母公司的信息技术基础强；③发展潜力大、动力足	①品牌知名度不高、效应弱；②公司规模小，风险抵御能力弱；③缺乏本地的稳定用户群

三、APEC 跨境电子商务领域的合作进展

APEC 作为全球规模最大的、亚太地区最重要的、影响范围最广的多边区域经贸合作组织，由 21 个成员和 3 个观察员组成，参与成员不仅覆盖面广，而且具有较强的代表性，在全球经济中占据着重要地位。APEC 自成立初期就致力于通过贸易和投资的自由化、便利化以及经济技术合作来推动亚太地区的经济增长及一体化进程，并对跨境电子商务领域有所关注。2008 年金融危机爆发后，国际社会各经济体都面临着诸多挑战，在全球经济联动性日益加强的背景下，高污染、高能耗、拼 GDP 的常规经济增长模式暴露出越来越多的弊端和问题，经济增长战略逐渐成为 APEC 的关注重点和重要议题。随着世界经济格局的变化和信息技术的发展，APEC 各成员也面临着自身经济增长模式转型和产业结构调整优化的重大挑战。在外部经济环境和内部发展压力的双重作用下，APEC 对"创新增长"的探索日趋深入，对跨境电子商务的重视程度也由此不断提高。

（一）APEC 历年会议中的跨境电子商务议题

纵观 APEC 历年会议的议题和成果，我们可以发现自 1989 年成立至今的 28 年时间里，跨境电子商务的发展始终是 APEC 的关注对象，有关其发展的讨论一直在展开，各项具体措施也不断被提出和制定。例如，1998 年马来西亚吉隆坡 APEC 第六次部长级会议通过了《电子商务行动蓝图》，明确提出了无纸贸易的工作目标及完成时间，并在原有电子商务工作的基础上制定新的工作计划，包括对电子商务经济成本的确定、对电子认证模式的研究等；1999 年高官会批准成立 APEC 电子商务指导组，以全面促进 APEC 各成员开展有关电子商务的讨论及合作，促使各成员政府对电子商务发展环境的优化，从而推动亚太地区电子商务的整体发展；2001 年 APEC 第九次领导人非正式会议通过《电子 APEC 战略》，提

出要建立法律框架以应对新技术快速发展所带来的知识产权挑战，并鼓励各经济体采用替代性纠纷解决方案和其他第三方机制来提高消费者对数字交易和电子服务的信任与信心；2012 年 APEC 电子商务指导组数据隐私分组正式启动跨境隐私规制体系，旨在保护跨境电子商务中的个人信息；2014 年 APEC 年度部长级会议通过的《APEC 促进互联网经济合作倡议》强调了推动互联网经济的重要性，鼓励广大成员扩大安全可信的信息通信技术和电子商务环境的应用；2015 年 APEC 部长级会议上，各成员提出了在电子商务全球化中要加强中小企业建设的建议；2016 年 APEC 秘鲁利马峰会提出要充分发挥数字经济的潜力，构建安全、开放、可操作的信息通信技术环境，并将此作为经济增长和繁荣的重要基础。

（二）《APEC 跨境电子商务便利化框架》的主要内容

2017 年 11 月 6 日，APEC 第二十五次领导人非正式会议在越南岘港举行，作为此次会议的重要成果，《APEC 跨境电子商务便利化框架》必将给全球跨境电子商务的发展带来巨大的影响。《APEC 跨境电子商务便利化框架》指出，电子商务可能对刺激亚太地区的经济增长和贸易发展具有显著作用，从 20 年前的几乎零增长至 2016 年底全球估值 1.92 万亿美元，跨境电商成为了国际贸易中增长最快的领域之一，并逐渐成为互联网和数字经济的重要支柱。数据显示，亚太地区作为 2016 年全球跨境电商交易量最大的地区，销售总额达 1440 亿美元，占全球跨境电商销售额的 35.9%，且这一数据在 2020 年将达到 4760 亿美元、占比 47.9%。在此背景下，APEC 提出了要在《APEC 贸易便利化原则》的指导下，兼顾《APEC 电子商务行动蓝图》，通过建立健全电子商务监管生态系统、促进信息通信技术的基础设施发展、鼓励企业尤其是小中微型企业参与全球商务、加强公私部门合作等方式促进 APEC 跨境电商的发展，具体工作内容包括：第一，建立透明、可预测的法律和监管措施，以促进亚太地区的跨境电子商务；第二，加强能力建设，使 APEC 能帮助中小企业增加其跨境电商在全球和区域市场中的参与；第三，进一步贯彻落实现有 APEC 计划，加强跨境数据隐私保护；第四，推动亚太地区的跨境无纸交易；第五，处理跨境电子商务中的新兴和跨领域问题。

可见，APEC 自成立初期就对跨境电商领域有所关注，且随着时代发展，其关注范围逐渐拓宽，关注程度逐渐加深，并力图通过完善基础设施建设、健全有关规章制度、营造良好环境氛围等方式来增强各成员在跨境电子商务领域的信息技术合作、消费者信任度、隐私信息保护，以促进亚太地区跨境电商的发展，进而推动经济的繁荣。

（三）APEC 在跨境电子商务领域的合作意向

纵观 APEC 的有关活动及文件，可以发现其对于跨境电子商务的讨论主要集中于以下几个方面。

第一，数字保护主义。处于发展最初阶段的产业至少需要一段时间的培育，直到它们的效率足以在全球范围内有效地进行竞争。如果限制境内消费者从境外公司进口商品和服务，那么境内企业就可能发展为全球性的生产者。虽然这种保护在某些情况下会成功，但消费者将会面临更高的价格和更劣质的商品、服务。与此同时，所培育的企业可能永远都不能发展成熟，也可能通过寻租来锁定对它的保护。在某些情况下，限制和约束可以使海外公司在一个经济体建立本地存在，例如，要求数据在本地存储和处理可能促使公司建立本地数据中心和处理设施。然而，相关成本可能使某些市场不具吸引力，就业和当地企业的获益可能很小。防止电子商务参与其他部门的竞争，电子商务越来越多地渗透进传统经济部门（例如，新的商业模式能够实现教育、医疗和金融服务的电子销售和交付），各成员希望能防止电子商务打击其他部门，但是这样做会阻碍消费者从这些新部门的新型竞争商业模式中受益。遵循中国模式，中国拥有高度保护的互联网，对跨境数据流不仅有本地化要求，而且会被高度过滤和审查，中国跨境电商企业在发展过程中，利用这个庇护来复制国际竞争对手的商业模式，并加以调整改进。中国现在拥有若干世界上最大的电子商务企业，包括阿里巴巴、百度、微信和腾讯等。尽管如此，中国模式也难以在不具备这种规模经济的小型市场中复制，甚至可能会给小而分散的市场带来误导。

第二，数据控制。控制数据存储通常基于这样一种观念，即数据是一种有价值的原材料，应该进行战略管理。通常将数据比喻为"数字时代的石油"。事实上，与20世纪初的石油巨头一样，数据的价值越大，其所有者在市场中越占主导地位，谷歌、亚马逊和阿里巴巴等企业都享受了数据带来的竞争优势。但是这种比喻也可能具有误导性，与石油不同，数据是非竞争性的，且不是有限的。此外，它是由消费者（通常是偶然的）产生的，而不是从现有的来源中提取。在不理解数据特殊性的情况下，这种观点可能会导致不合适的政策被提出。数据本地化规则和对跨境数据传输的限制可能会使海外公司在本地建立数据中心、租用设备，但这种措施并不会大力推动当地的就业，因为这些数据中心都是高度自动化的，仅需要数量有限的技术人员（例如，苹果在北卡罗来纳州的10亿美元数据中心仅创造了50个全职工作岗位），甚至可能因业务成本的提高而使该市场对海外跨境电商投资者而言变得毫无吸引力。

第三，对中小微企业的威胁和机遇。中小微型企业对发展中成员的经济特别重要。这类企业面临着跨境电子商务崛起的威胁，它们可能缺乏准确识别跨境电商需求和潜在利益的能力，以及不知如何参与其中。同时，大型跨境电商企业的反竞争行为也是一大问题。以亚马逊为例，它既可以作为中间商，又可以提供在线市场，并在这个市场中与其他商家展开直接竞争，但由于"平台能力"的存在，这会导致反竞争威胁，即它所收集的大量数据可以使其充分地了解市场信息，甚至在某些情况下会影响整个市场。另一方面，跨境电子商务平台也可以为中小微型企业提供很多机会，这些企业可以利用跨境电子商务平台获得在线业务，向潜在买家推销其商品和服务，其中一些平台还能提供全方位的便利服务，例如支付处理、客户服务、运输、退货处理和交付等，这些服务的成本往往是中小微型企业难以负担的。此外，信息成本的降低对于连接供应商和跨境采购商方面具有重要意义，例如智利和秘鲁的公司可以通过 eBay 和其他电子商务平台向海外市场销售产品。

四、中国跨境电子商务的发展现状及政策

互联网普及率的快速提高和信息技术的飞速发展带来了电子商务的爆炸式发展，而随着经济全球化在各领域的渗透和深入，借助于数字信息技术的跨境电子商务为经济发展和贸易增长注入了新活力，交易形式的信息化、网络化和数字化特点使其较传统贸易方式而言，效率更高、成本更低、模式更便捷，从而有利于企业或个人拓展国际市场。目前，全球范围内的主要国家都高度重视跨境电子商务对于本国国际贸易发展的重要作用，

当前，世界主要贸易国家都高度重视跨境电子商务对于本国对外贸易的促进作用，并通过各种政策措施扶持其发展。对中国而言，跨境电子商务虽发展时间较晚，但发展速度非常快，发展势头也良好，且存在着巨大的发展潜力，其发展必将成为经贸发展的重要支柱。

（一）中国跨境电商的发展历程

回顾中国跨境电商的发展历程，可发现其发展大致包含了三个阶段。[1]第一阶段（1997—2007 年），这一阶段为中国跨境电子商务的萌芽时期。中国跨境电商于 20 世纪末开始发展，成立初期是旨在通过提供商品信息展示和交易撮合等基础服务来帮助中小企业进行出口贸易，以阿里巴巴（国际站）、中国制造网等为典型代表。第二阶段（2008—2013 年），这一阶段为中国跨境电子商务的发展时期。随着全球互联网覆盖率和使用率的提高，跨境支付、结算和物流运输等服务逐渐完善，中国将国外个体消费者作为目标群体的跨境电商出口模式迅速发展起来，典型代表有帝科思（DX）、阿里速卖通等网站。这一时期，中国跨境电子商务在实现自身发展的同时也对其对外贸易产生了巨大影响，国际贸易的主体、方式开始发生变化，国内大批中小企业和网络商家开始直接参与到国际贸易中。第三阶段（2014 年至今），这一阶段为中国跨境电子商务的爆发时期。这一时期诞生了众多知名跨境电商零售进口平台，如天猫国际、网易考拉、小红书等，整个行业在这一时期迎来了爆发式发展。

（二）中国跨境电商的发展现状

历经 20 年的发展，中国跨境电子商务取得了显著的进步。一方面，跨境电子商务的规模不断扩大。2008—2016 年间中国跨境电子商务交易总额持续扩大（如图 2），由 2008 年的 0.8 万亿元增长至 2016 年的 6.5 万亿元。2010 年中国跨境电商交易规模达 1.3 万亿元，首次突破万亿大关，此后其交易规模不断快速扩大，预计 2020 年将达到 12 万亿元，年均

---

① 阿里跨境电商研究中心. 2016 年中国跨境电商发展报告[R]. 阿里跨境电商研究中心，2016.

增长为 30% 左右。① 跨境电商交易额占进出口贸易总额的比例在进出口贸易总额中所占的比重也不断增大（如图 3），2008—2016 年间从 4.44% 上升为 18.9%，接近进出口贸易总额的 1/5，并于 2015 年达最高值 19.51%，且呈现出继续增长的趋势。这一占比预计到 2020 年会上升至 37.6%。2015 年跨境电商中的进口零售业务增速超过 30%，实现了爆发式增长，2016 年中国跨境电商交易总额为 6.5 万亿元②，可以说跨境电商对于中国经济的增长已经起到了重要的推动作用。

另一方面，结构不断优化。业务模式上中国跨境电子商务以 B2B 模式为主，2015 年前就占据了 90% 以上的业务份额，处于优势主导地位，B2C 模式也在快速发展，虽然目前在跨境电商业务中的规模相对较小，但增长幅度已经超过了 B2B 业务，发展潜力更大；交易对象上，发达国家和地区为中国跨境电商业务的主要交易对象，如美国、欧盟、澳大利亚等国家和地区，与发展中国家的交易在不断增长，如东盟、印度、南非等新兴经济体；交易结构上，中国跨境电商的交易商品中品牌产品交易额占总交易额的 30%，且仍在快速增长；交易主体上，越来越多的传统外贸企业开始通过各种跨境电商平台开展交易活动，中小企业的跨境电商参与显著增加，交易主体不断增多；国内分布上，东部沿海地区的发展水平最高，中部地区的交易规模发展最快，西部地区还有广阔的发展空间。

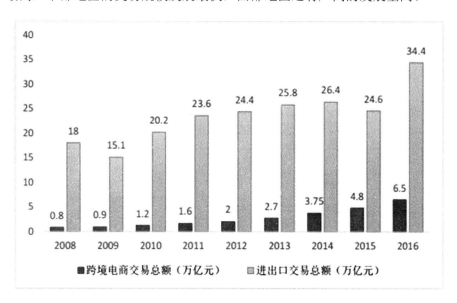

图 2　2008—2016 年中国跨境电商及进出口交易总额（单位：万亿元）

资料来源：根据商务部、海关总署、阿里研究院有关交易数据整理计算所得。

---

① 根据中国电子商务研究中心跨境电商交易数据整理所得。
② 根据商务部、海关总署、艾瑞、阿里研究院跨境电商交易数据所得。

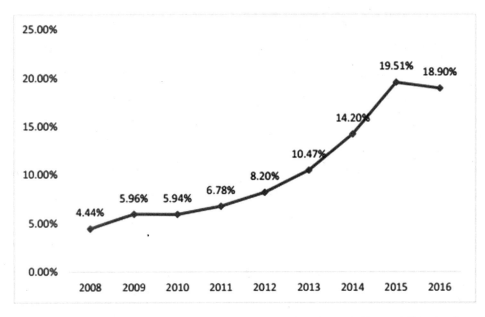

图 3　2008—2016 年中国跨境电子商务交易额占进出口贸易总额的比重（单位：%）

资料来源：根据商务部、海关总署、阿里研究院有关交易数据整理计算所得。

（三）中国跨境电商的政策环境

随着跨境电子商务的应用越来越广泛，在经济发展中的地位和作用日益突出，也越来越受到国家和政府的重视，一系列的政策文件和法律法规由此出台，为中国跨境电子商务的发展提供了必要的制度保障，营造了良好的政策环境。

表 3　中国出台的与跨境电子商务发展相关的政策

出台时间	制定单位	政策名称	内容
2012 年 12 月	发改委、海关总署	中国跨境电子商务服务试点工作部署会	设立郑州、上海、重庆、杭州、宁波 5 所城市为中国跨境贸易电子商务服务试点
2013 年 2 月	国家外汇管理局	《支付机构跨境电子商务外汇支付业务试点指导意见》	设立上海、北京、重庆、杭州、深圳 5 所城市为试点地区，开展支付机构跨境电子商务外汇支付业务
2013 年 8 月	商务部等 9 个部门	《关于实施支持跨境电子商务零售出口有关政策的意见》	提出将跨境电子商务的零售出口业务引入海关的出口贸易统计中，为跨境电子商务的零售出口业务制订了相应的支持政策和出口检验、收结汇等 6 项具体规定
2013 年 12 月	商务部	《关于跨境电子商务零售出口税收政策的通知》	宣布跨境电子商务的零售出口业务可以享受退免税
2014 年 1 月	海关总署	海关总署公告 2014 年第 12 号《关于增列海关监管方式代码的公告》	为跨境电子商务设立了监管方式代码，为"9610"

出台时间	制定单位	政策名称	内容
2014 年 3 月	海关总署	《关于跨境电子商务试点网购保税进口模式有关问题的通知》	明确规定了网购保税进口模式中的商品覆盖范围、购买金额、购买数量、税款征收和企业管理等问题
2014 年 4 月	国家税务总局	《关于外贸综合服务企业出口货物退（免）税有关问题的公告》	明确规定了外贸综合服务企业可作为退税主体的具体情形及有关要求
2014 年 4 月	海关总署	《跨境电子商务服务试点网购保税进口模式问题通知》	明确规定了保税进口商品的种类及金额，提出了保税进口运作模式的规范要求
2014 年 7 月	海关总署	海关总署公告 2014 年第 57 号《关于增列海关监管方式代码的公告》	赋予了跨境电子商务报税进口的合法性，为保税跨境电子商务设立了监管方式代码，为"1210"
2014 年 7 月	海关总署	《关于跨境电子商务进出境货物、物品有关监管事宜的公告》	区别了货物和物品二者的概念，并对其分别采用不同的监管方式，进一步具体细化了对跨境电子商务的海关监管
2015 年 3 月	国务院	《关于同意设立中国（杭州）跨境电子商务综合试验区的批复》	提出打造跨境电子商务的完整产业链和生态链，在跨境电子商务各环节实行"先行先试"方案
2015 年 5 月	国家质检总局	《关于进一步发挥检验检疫职能作用促进跨境电子商务发展的意见》	有针对性地对跨境电子商务的检验检疫工作进行了安排和规定
2015 年 5 月	海关总署	《关于调整跨境贸易电子商务监管海关作业时间和通关时限要求有关事宜的通知》	将海关对跨境电子商务监管的作业时间和通关实现要求调整为"全年（365 天）无休、24 小时内办结海关手续"
2016 年 1 月	国务院	《关于同意在天津等 12 个城市设立跨境电子商务综合试验区的批复》	推广增设跨境电子商务综合实验区，包括天津、上海、重庆、合肥、郑州、广州、成都、大连、宁波、青岛、深圳、苏州 12 所城市
2016 年 3 月	财政部	实施跨境电子商务零售进口税收政策并调整行邮税政策	将单次交易限额由行邮税政策中规定的 1000 元提升至 2000 元，并将个人年度交易限额设定为 20000 元；行邮税率分别调至 15%、30% 和 60%
2016 年 4 月	财政部等 11 个部门	《关于跨境电子商务零售进口税收政策的通知》	将跨境电子商务零售进口关税暂定为 0%；进口环节的增值税和消费税取消免征税额，并暂时定为按 70% 征收；个人的单次交易限额为 2000 元，年度交易限额为 20000 元
2016 年 5 月	海关总署	《关于执行跨境电子商务零售进口新的监管要求有关事宜的通知》	提出了对过渡期内跨境电子商务零售进口商品的具体监管要求，过渡期时长 1 年，截至 2017 年 5 月 11 日（包含 11 日当天）

资料来源：根据商务部、海关总署、财政部、阿里研究院等政策信息汇总整理得出。

五、《APEC 跨境电子商务便利化框架》对中国的机遇与挑战

随着互联网和数字经济的发展，电子商务受到国内外越来越多企业和个人的关注，跨境电商因自身的交易特点而具有高效率、低成本、易操作等优势，作为未来经济发展和贸易增长的一个重要动力，中国高度重视其发展，积极为电子商务的发展创造良好的条件，推动跨境电商走向世界各地。APEC 为亚太地区的经济发展和贸易增长做出了巨大贡献，

在地区经济发展模式和国际经济发展趋势的共同作用下，也开始积极开展各种措施和项目，探寻能实现经济平衡、包容、可持续增长的新发展模式，《APEC 跨境电子商务便利化框架》就是顺应这种潮流发展的一项新成果。它的出台必将为中国的跨境电子商务创造新的发展机遇，注入新活力，但也不可避免地会带来更多挑战。

（一）对中国跨境电商的发展机遇

《APEC 跨境电商促进框架》给中国跨境电商带来的发展机遇主要体现在四个方面。

第一，有利于加强中国跨境电子商务的基础设施建设。《APEC 跨境电商务便利化框架》明确提出要通过促进信息和通信技术基础设施的发展来推动跨境电子商务发展，同时 APEC 始终将基础设施建设作为重点内容，多次将它作为峰会议题，积极寻求基础设施建设资金不足问题的解决方案，而中国跨境电商起步晚，互联网、物流网等基础设施水平有待提高且投资需求较大，在《APEC 跨境电子商务便利化框架》的作用下中国能得到政府、私人企业、投资银行和其他国际组织等多方面的支持，推动跨境电商的基础设施建设，为其发展打下坚实的基础。

第二，有利于提高中国跨境电商的技术水平。作为世界上最大的发展中国家，中国现代化水平还比较低，电子认证技术、信息通信技术和数据隐私保护技术尚不成熟，急需来自外部的支持和帮助，《APEC 跨境电子商务便利化框架》则为中国借鉴、吸收国际先进技术和优秀经验提供了难得的机会。

第三，有利于创新中国跨境电子商务的发展模式。目前中国电子商务在国内领域已取得了一定发展成果，但跨境电子商务相较单纯的国内电商而言面临的挑战更多，诸如语言障碍、配套金融服务、产品质量把控等，这就需要中国创新更加完善的成熟的跨境电商发展模式，《APEC 跨境电子商务便利化框架》鼓励各成员分享跨境电商发展经验和最佳实践，为中国提供了一个交流学习的平台。

第四，有利于中国跨境电子商务拓展海外市场。APEC 自成立以来，成员经济规模不断扩大，在过去的 10 年间实现了经济的跨越式发展，2006 年 GDP 总量为 278303.67 亿美元，占全球 GDP 总量的比重为 54%，2016 年 GDP 总量增长至 445788.07 亿美元，占比上升至 58%，可见其市场潜力十分之大，同时，《APEC 跨境电子商务便利化框架》为各成员在政策方面进行沟通协调创造了良好的外部环境，促使其降低甚至消除跨境电商的贸易壁垒，从而有利于拓展国际市场，发现新的跨境电商交易增长点。

（二）对中国跨境电商的发展挑战

在看到《APEC 跨境电子商务便利化框架》所创造出的诸多发展机遇的同时，也应看到它所带来的一系列挑战。

第一，中国有关法律法规和监管制度尚不完善。《APEC 跨境电子商务便利化框架》虽依托于 APEC，但目前各成员间以自主合作交流为主，联合性相对较小，自由性较强，因而在与其他成员开展跨境电商时，在税收、边界管理、跨境数据隐私保护、货运和清关手续等方面都需要政府出台一系列相应的配套措施和规则，以维护企业和经济体在跨境电子商务中的利益，而目前中国跨境电商的发展尚处于初级阶段，有关法律法规和监管制度还存在缺失、不足之处，"框架"所带来的跨境电商交易规模增长将加大这些压力。

第二，物流运输压力增大。《APEC 跨境电子商务便利化框架》虽提出要认真考虑和处理跨境电子商务中现有的、正在出现的跨领域问题，但并未给出合适的解决方案，而物流运输一直是跨境电子商务中的一大难题，中国跨境电商的物流则普遍存在配送速度慢、物流信息更新不及时、运输难度大、成本高等问题，海关查扣、快递拒收等情况也时常出现，《APEC 跨境电子商务便利化框架》的出台对中国跨境电商的物流运输提出了更高的要求。

第三，交易方式和支付安全存在缺陷。一方面跨境电子商务由于虚拟性的特征，交易的真实性难以得到有效保证，且目前多采用第三方网上平台进行交易，存在着较大的安全隐患，一旦消费者的个人信息数据泄露，就会造成非常大的损失；另一方面由于参与跨境电商的销售者、消费者、生产者可能来自不同的国家或地区，语言交流不畅，支付的方式、习惯和时间也存在着差异，这些都是中国跨境电子商务发展所面临的制约因素，而《APEC 跨境电子商务便利化框架》只能起到协调沟通的作用，无法从根本上解决。

第四，来自国际社会的外部冲击。跨境电子商务的发展不仅受自身因素的影响，更多的是受制于国际政治经济环境，例如中美同为 APEC 的重要成员，但对实施《APEC 跨境电子商务便利化框架》的具体政策、措施也难免存在分歧，且美国退出 TPP、构建"印太"战略框架无疑深化了双方的博弈，会加剧中美在经济贸易方面的竞争，使中美在亚太地区的关系日趋紧张，对中国跨境电子商务的发展形成了新的挑战，同时《APEC 跨境电子商务便利化框架》不仅推动了中国跨境电商走出去，也促进了国外企业商家走进来，加大了竞争压力。

六、推动中国参与 APEC 跨境电商合作的对策建议

历经 20 余年的快速发展，中国跨境电子商务已取得了一定的成果，在 APEC 跨境电子商务合作中也发挥着独特的作用，但也存在着诸多的弊端和不足。《APEC 跨境电子商务便利化框架》的出台不仅为地区跨境电子商务的发展创造了新机遇，而且为各成员的合作交流提供了一个难得的契机。中国跨境电子商务突破发展瓶颈、提高参与度，应当借力《APEC 跨境电子商务便利化框架》，充分利用其政策福利效应，全方位提高中国跨境电子商务的发展水平和对外合作能力。

首先，要在法律法规方面与国际社会接轨。跨境电子商务作为数字经济时代的一种新兴交易方式，与传统国际贸易相比科技含量更高，电子化、信息化的程度更深，涉及的行业和部门更多，因而也更加复杂，与处于成熟期的国内电子商务交易也存在着诸多差异，

需要了解和制定的规章制度也就更多。《APEC 跨境电子商务便利化框架》指出，缺乏统一的政策和规定是跨境电商发展的障碍之一，要促进透明的、可预测的法律措施和监管方法的建立。中国现有的关于跨境电子商务的法律法规仅有《互联网信息服务管理办法》和《电子签名法》等少数几部，不仅数量少，而且针对性不强，对跨境电子商务交易过程中的诸多行为缺乏规范和管理，既让不良分子有了可乘之机，又使消费者合法权益难以保障，难以为中国参与 APEC 跨境电子商务合作提供有效的制度保障。因此，中国应当积极参与 APEC 开展的有关法律和监管问题的对话和互动，就中国在跨境电商监管立法中遇到的问题寻求支持和帮助，学习借鉴其他国家的实践经验、成果，逐渐与国际社会接轨。在重视透明度和可预测性的基础上，参考国际上现有的标准和准则，加快建立完善跨境电子商务的制度体系。

其次，要在监管方面与各成员加强交流。跨境电子商务的数字性、全球性、虚拟性和时效性特征，在简化交易环节、提高交易效率的同时，也存在着一定程度的风险，给各成员的海关、税务等相关部门带来了监管挑战，交易记录、支付凭证等信息都以数字代码的形式储存于互联网，且随时可能发生变更，大大增加了有关部门开展有效监管的压力和难度。跨境电子商务的交易涉及多方主体，若中间任何一个环节存在监管漏洞，则会导致整体利益受损。因此，中国要加强与 APEC 各成员在监管方面的交流合作，进一步完善对跨境电商海关环境、交易支付平台的监督和管理举措，结合实际国情和其他成员的经验建议，尽早建立一个科学合理的行业准则，为中国跨境电商的自身发展与对外合作提供坚实的保障，并带头建立有关的国际准则，以增强中国在国际有关领域的话语权。除此之外，中国海关也应当加强电子口岸建设，完善对跨境电商进出口货物的监督和管理模式，为跨境电商增设专门的业务窗口，调整优化通关环节，必要时可设立试点区进行探索。

再次，要在跨境物流运输方面与各成员增加合作。跨境电子商务的物流运输距离相对较远，且始发地和目的地分别处于不同关境，要想实现跨境电子商务的商品及时、准确地送至消费者手中，必须要求每个成员共同完善物流运输体系，加大对跨境物流运输基础设施建设的投入力度，提高跨境物流运输的服务水平，通过全面的物流体系来加强对商品在跨境运输途中的追踪，以及时更新商品的物流信息。因此，在 APEC 跨境电子商务合作中，中国一方面要学习借鉴其他成员的优秀经验，另一方面要帮扶弱势成员，共同完善对跨境电商进出口港口的建设，提高各港口的物流现代化水平，增强整体的商品集散能力。对于中国的物流运输企业而言，要重新考察现有的跨境物流运输方案，加以整合、调整和优化，借鉴国际上一些发展成熟的现代物流企业的经验，运用现代化信息技术在统一标准下开展跨境物流工作，实现商品包装、装卸、仓储和运输过程中的规范化、数字化、智能化操作，解决当前物流运输中存在的瓶颈问题，从而提高跨境物流的效率与速度。同时，跨境物流企业要注重其在海外的网点分布，通过与海外有关部门、企业合作来设立配送中心，进而构建其跨境物流运输网，在资金充沛的情况下可考虑建立海外仓库。同时，在《APEC 跨境电子商务便利化框架》实施背景下，充分利用 APEC 提供的资源和平台，同各成员开展交流合作，共建跨境物流运输网，促进亚太地区跨境物流运输的互通互联。

最后，要在跨境数据隐私保护方面与各主体展开讨论。一方面，在《APEC 跨境电子商务便利化框架》下，积极参与 APEC 跨境隐私保护规制和隐私认证处理系统，与其他成员就跨界隐私问题和举措展开交流讨论，以确保对数据隐私条例达成协调一致的意见，加强组织整体对跨境电子商务中的信息和数据隐私保护。另一方面，针对中国跨境电商目前采用的交易支付平台，国家应当充分利用现有的国际资源，积极与其他成员就数据保护问题进行交流学习，借鉴其他主体的优秀经验，进行有效的监督和管理，打击有关的违法犯罪行为，保证交易和支付系统的可靠性和安全性，保障消费者的合法权益。同时，鼓励银行等有关机构提供相应的跨国支付和结算服务，打开业务通道，提高跨境电商支付系统的运转效率，加大对电子认证、电子签名等技术的研究开发投入，增强跨境电商交易和支付的技术保障。此外，还应当在国际市场进行消费者调查研究，充分了解其在交易和支付方式、习惯和时间上的偏好，从而优化现有平台、开发新平台，以满足跨境电子商务中消费者在交易和支付上的多样化需求。

参考文献

[1] Harish Patil, Rajiv Divekar. Inventory Management Challenges for B2C E-COMMERCE Retailers[J]. Procedia Economics and Finance, Vol11, 2014: 561-571.

[2] Jamie Macleod. E-Commerce and the WTO: A Developmental Agenda? [R]. United Kingdom: Global Economic Governance, 2017.

[3] Kazuma Edamura, Sho Haneda ect. Impact of Chinese Cross-Border Outbound M&As on Firm Performance: Econometric Analysis Using Firm-Level Data [J]. China Economic Review, Volume 30, Sep 2014: 169-179.

[4] 阿里跨境电商研究中心. 2016 年中国跨境电商发展报告[R]. 阿里跨境电商研究中心，2016.

[5] 弓永钦，王健. APEC 跨境隐私规则体系与中国的对策[J]. 国际贸易，2014（3）：30-35.

[6] 刘禹. 我国跨境电商发展的新思考[J]. 中国流通经济，2017，31（7）：39-45.

[7] 史佳颖. APEC 经济增长议题演进与中国的策略选择[J]. 国际经济合作，2017（2）：16-18.

[8] 童馨，王皓白. 中国跨境电商发展现状及问题研究[J]. 大庆社会科学，2017（3）：60-65.

[9] 徐婧. 中小企业跨境电商运营存在的问题及其对策研究[J]. 经济研究导刊，2017（26）：8-9.

[10] 张夏恒. 跨境电商类型与运作模式[J]. 中国流通经济，2017（1）：76-83.

[11] 中国国际电子商务中心研究院. 2017 年世界电子商务报告[R]. 中国国际电子商务中心，2018.

推进 APEC 互联互通合作问题研究

张靖佳*

摘　要:《APEC 互联互通蓝图 2015—2025》已经从战略展望阶段进入了实际实施阶段。针对各成员的互联互通落实情况，APEC 有必要逐步构建和完善评估及回顾体系。本文对 APEC 互联互通的最新落实情况、评估体系的建立以及实现长远愿景的路径进行了系统分析，从硬件联通、机制联通和人员联通三个方面梳理了各成员落实互联互通蓝图的情况和评价体系范例，并从加强与 APEC 机制内部和外部的国际组织互联互通、加强成员间政治互信和共同发展的共识、加强公私合作机制并通过长效机制解决融资缺口问题三个层面分析了实现互联互通愿景的可能路径。

关键词: APEC；互联互通蓝图；评估机制；愿景

作为 APEC 合作中三大优先合作议题之一，互联互通旨在从硬件、软件和人员交往三大方面促进亚太地区经济的繁荣、包容、增长。APEC 互联互通合作的发展主要包括两大阶段：第一个阶段是战略展望和行动倡议阶段。以 2013 年印度尼西亚领导人非正式会议宣言的附件《APEC 互联互通框架》为标志，该附件明确了三个重点领域的合作目标，即实现基础设施建设互联互通、实现机制衔接互联互通、实现人员交流互联互通①。第二个阶段是战略部署和实际操作阶段。以 2014 年北京 APEC 领导人非正式会议宣言的附件《APEC 互联互通蓝图 2015—2025》为标志，该蓝图明确了 APEC 三大互联互通领域的时间表，即在 2025 年前实现互联互通的远景目标。上述两阶段确定了互联互通的三大领域、时间表以及实现路径。

---

　*张靖佳，南开大学 APEC 研究中心，副研究员。本文为教育部 2017 年度国别和区域研究中心课题（ZX20170183）和南开大学社科基本科研业务费专项资金资助项目（63182014）的研究成果。
　① "APEC Framework on Connectivity", Annex A of the 21st APEC Economic Leaders'Declaration[EB/OL][2013-10-08]. http://www.apec.org/Meeting-Papers/Leaders-Declarations/2013/2013_aelm/2013_aelm_annexA.aspx.

硬件联通的实施路径为《亚太经合组织基础设施公私伙伴合作关系项目实施路线图》和《通过公私伙伴合作关系促进基础设施投资行动计划》，旨在通过公司伙伴合作关系（PPP）进一步推进公司伙伴合作的制度化。机制衔接互联互通以供应链联通为主要目标，以《亚太经合组织供应链联通框架行动计划》和"实施能力建设计划"为主要路径，旨在系统性提高供应链绩效，推进贸易便利化、结构和规制改革、交通及物流便利化。人员交往互联互通的实施路径为《亚太经合组织通过人力资源开发提高就业质量，加强人员交往互联互通工作计划》，主要内容为便利人员跨境流动和创新理念交流，解决商务旅行、跨境教育、旅游便利化和专业技术人才流动等问题。

除上述实施路径之外，官方对话机制也有助于推进 APEC 互联互通的进一步深化。2014年，中国在 APEC 领导人非正式会议前夕举办了"加强互联互通"东道主伙伴对话会，探讨在各国之间构建政策沟通、设施联通、贸易畅通、资金融通、民心相通的互联互通合作体系，并达成了广泛共识。同时，中国还宣布设立丝路基金，通过市场化和国际化的投资基金方式支持"丝绸之路经济带"和"21 世纪海上丝绸之路"（"一带一路"）的融资和建设，这与 APEC 框架下的互联互通合作起到相互支持、彼此促进的作用。

一、APEC 互联互通框架和蓝图的落实情况

2013 年在印度尼西亚巴厘岛召开的第二十一次领导人非正式会议上，APEC 领导人宣言提出了《APEC 互联互通框架》和《APEC 基础设施建设和投资多年期计划》①，从战略规划层面阐述了 APEC 互联互通合作的原则方针和行动纲领。2014 年北京 APEC 第二十二次领导人非正式会议宣言提出了《APEC 互联互通蓝图 2015—2025》，进一步明确了 APEC 三大互联互通领域的时间表，即在 2025 年前实现互联互通的远景目标。

在此之后，2015 年菲律宾马尼拉 APEC 第二十三次领导人非正式会议宣言在加强区域一体化进程部分再次强调了 APEC 将继续推进《APEC 互联互通蓝图 2015—2025》的落实，尤其指出落实蓝图的重点领域包括区域内基础设施建设和融资瓶颈等领域，通过公私合营为基础设施建设互联互通提供长期高质量的投资。②2016 年秘鲁利马 APEC 第二十四次领导人非正式会议宣言在"发展实际有效的区域互联互通"部分明确指出，为了有效落实《APEC 互联互通蓝图 2015—2025》，在 2025 年之前基本实现亚太区域内的互联互通，APEC 鼓励各国进一步推进人员联通、基础设施联通，尤其鼓励通过调动私人部门资源以及运用公私合作机制继续解决基础设施的融资问题。同时，APEC 鼓励各成员在"合作行动计划"（Collaboration Action Plan）的框架下，与 G20 提出的"全球基础设施枢纽"进行对接合作，

---

① 李文韬. 中国参与 APEC 互联互通合作应对战略研究[J]. 南开学报，2014（6）：101-112.

② "Building Inclusive Economies, Building a Better World: A Vision for an Asia-Pacific Community", APEC Economic Leaders' Declaration. [2015-11-19].Manila, Philippian. https://www.apec.org/Meeting-Papers/Leaders-Declarations/2015/2015_aelm.

创造更高质量的投资机会。此外，APEC 希望各成员加强对固体废料处理基础设施问题的改善。在此基础上，机制衔接互联互通主要体现在供应链联通层面。APEC 计划在 2018 年之前建成 APEC 贸易附加值数据库，并且已经发布了《APEC 发展中经济体参与全球价值链报告》。此外，APEC 采纳了《亚太经合组织第二阶段供应链联通框架行动计划 2017—2020》（SCFAP），该计划在《亚太经合组织供应链框架行动计划》基础之上，更加深入地推进 APEC 区域内的供应链联通，加强贸易便利化。①

2017 年 APEC 秘书处发布了《APEC 互联互通蓝图（2015—2025）年度审查框架（2017）》②，系统汇总了 APEC 部分经济体与互联互通相关的提案进展。该报告根据 12 个 APEC 成员和 12 个工作组所提交的资料，从硬件联通、机制联通和人员联通三方面，细致记录了提案的进展和完成情况。总体来看，硬件联通主要包括以下两个内容：① 运输、能源和通信基础设施建设；② 通过改善 APEC 成员的机构、法律监管框架和应对灾害的能力来提高投资环境。机制联通主要内容为：① 统一数据流标准；② 增加国际资本市场深度，提供种类更为丰富的投资机会。人员联通主要内容包括：① 关于发展运输和物流职业标准的提案；② 加强旅游服务；③ 专家学者的人才流动。

（一）APEC 工作组互联互通提案落实情况

从 APEC 工作组的提案进展和完成情况来看，硬件联通的相关提案包括 APEC 区域内的物流、运输、能源、通信等基础设施建设。其中，药品对话（CD）和海洋渔民工作组（OFWG）建立了一个跨工作组的政府与行业持股者对话的机制，创新性地通过建立管理固体垃圾的基础设施来解决海洋垃圾问题。目前，该项目在 2017 年印度尼西亚举办的第一次亚太基础设施伙伴会议、高官会（SOM）的城镇化主席之友会议以及越南举行的可持续旅游高层政策对话（HLPD）中都进行了提案提交，并且 2017 年 9 月在印度尼西亚巴厘岛举行了"加快推进垃圾管理方案实施，减少海洋垃圾"高层会议。

贸易投资委员会（CTI）的工作包括提高基础设施质量，建立以人为中心的投资体系，规范货物贸易等领域。委员会在实施"APEC 基础设施发展和投资的同行评议和能力建设提案"（菲律宾）方面取得了进展，即 APEC 政策支持小组（PSU）发布了同行评议的最终报告，阐释了能力建设的范畴，即包括聚焦生命周期成本、货币价值和价值工程等内容的基础设施建设和技术支持。2017 年在菲律宾马尼拉开展能力建设培训，同时对越南进行第二次同行评议。

CTI 的另一个项目是"加快城镇化方面的高质量投资项目"，其进展包括两个阶段：第

---

① "Quality Growth and Human Development", APEC Economic Leaders' Declaration. [2016-11-20]. https://www.apec.org/Meeting-Papers/Leaders-Declarations/2016/2016_aelm.

② "2017 Yearly Review Framework for APEC Connectivity Blueprint 2015-2025", APEC Secretariat Report, Senior Official's Meeting[R]. 2017.

一阶段是在 SOM3 框架下举办了专家预备会议;第二阶段是 2017 年 10 月在日本东京召开"高质量基础设施建设的高层会议"。参与者就高质量基础设施投资和挑战进行了探讨。

经济委员会(EC)为 2018 年高官会议(SOM)和 APEC 部长会议(AMM)的报告提出了"结构性改革和基础设施建设"的议题,涵盖硬件、机制和人员联通三方面的内容。

应急准备工作组(EPWG)在越南组织了关于通过有效的基础设施投资,建设更好的区域基础设施支持产业来增强农村疾病防治工作的培训,来自澳大利亚、智利、印度尼西亚、日本、墨西哥、新西兰、秘鲁、菲律宾、中国台湾、越南私人部门和学界的 37 人参加了培训。培训的核心是非都市地区的基础设施投资和增强互联互通。在实施"APEC 降低灾难风险框架(DRRF)"方面,中国台湾提出了"增强与自然风险相关的地区电信设施,保护亚太区域商业稳定"的提案。该提案关注与中小型企业、交通和反恐工作组的应急准备相关的大数据和公开数据运用。大数据所涵盖的范围包括土地运用、航空影像或卫星影像、人口状况以及社会经济数据。大数据可以作为商业经营计划和风险控制的投入要素。

能源工作组(EWG)在 2017 年 10 月实行与硬件联通相关的 27 个项目,2017 年已经完成了与能源基础设施发展和高质量电力供应相关的 24 个项目。其他即将完成的项目还包括:① 智利北部和中部电缆的连接项目,使该区域能够更大限度地运用可再生能源。② 经济调度研究(智利和秘鲁间的 220 千伏能源输送),这是各经济体能源联通的重要一步。目前,智利和秘鲁能源部长和政要已经就该研究项目对经济的作用达成一致。③ 移动电气设备培训,该项目在预算管理委员会(BMC)批准的"基础设施和劳工发展"项目下,旨在就区域间陆路交通电气设备基础设施和员工发展等信息及优秀经验进行交流。④ 2017 年智慧能源社区提案(ESCI)优秀奖项目,根据 APEC 计划,在 2035 年前目标是将能源密集度下调至少 45%,该项目已经为区域的绿色增长、可持续发展和长期工作机会的创造做出了很大的贡献。其中知识共享平台(KSP)作为 ESCI 项目的枢纽,旨在建立系统性的知识共享体系。目前,ESCI 项目已经在 2013 年、2015 年和 2017 年举办了三次颁奖仪式,对新方法、新科技和新应用进行奖励。⑤ 石油天然气安全提案(OGSI),该项目旨在实施中国北京召开的第 11 次 APEC 能源部长会议(EMM11)的指示。该提案包括以下三个主要支柱:石油天然气安全演习(OGSE)、石油天然气安全网络(OGSN)、石油天然气安全研究(OGSS)。其中 OGSE 建立了"石油天然气安全演习规范(OGS-EMP)",并在 2017 年 7 月于俄罗斯伊尔库茨克举办第三次石油天然气安全网络论坛。同时,OGSS 小组在论坛上发布了可行的研究领域。⑥ APEC 零净能源建筑(NZEB)最佳案例和能源削减结果比较研究,该项目为各成员减少建筑的能源消费提供深入专业的支持。⑦ APEC 低碳城市(LCMT)项目第六阶段,该项目旨在推进 APEC 的城市低碳技术,减少能源消费和温室气体排放。目前,该项目已实施的内容包括:改进包括 APEC 低碳城市指标(LCT-I)体系的"APEC 地区低碳城市概念";可行性分析;关于低碳城市发展项目的政策评析。目前,菲律宾的宿务市和曼达韦市被选为该项目第六阶段的案例。

由菲律宾引领的投资专家组（IEG）开展了对 APEC 包容性商业（IB）的研究，该研究旨在研究部分 APEC 成员包容性商业的状况，包括市场潜力以及必要的政策约束，以此来建立一个通过 APEC 区域经济合作来指引未来包容性商业工作发展的框架。

电信和信息工作组（TEL）开展了与硬件联通相关的项目提案，包括亚太信息基础设施试验项目的扩展，旨在通过推进区域间网络的互联互通来实现亚太区域信息社会的目标。该项目计划在 2020 年之前完成。此外，该组依照《IPv6 发展策略报告》，要求各成员提交 IPv6 使用策略，通过相互学习来促进 APEC 区域的包容性发展。2017 年 4 月电信和信息工作组第 55 次会议（TEL55）采纳了这一报告。另外，该组在 2017 年 4 月 5 日于墨西哥举办了 APEC 成员小站（Small Cell）发展培训，共享运用小站的监管框架经验。该培训包括"运用小站的政府提案和监管""技术和产品现状""先锋行动和经验"。

运输工作组（TPTWG）也开展了与硬件联通相关的行动，包括：① 2016 年 11 月发布了日本的《关于加强海事联通的研究》，该研究就海事联通问题进行甄别，并呼吁 APEC 加强对海事联通的推进。该研究提出了以下重点领域：港口拥挤、港口基础设施成本、共享船舶信息的单窗口机制、邮船产业升级、简化统一关税和海关监管。② 2016 年 12 月采纳了《通过发展门户码头（Gateway Port）联通机制促进 APEC 区域经济一体化研究》。该研究提出通过加强门户港口功能为贸易提供便利，促进区域经济增长，即通过提高门户港口基础设施增强门户港口竞争力，提高服务效率和联通能力。③ 进行航空服务自由化讨论。该双边讨论机制自 2016 年 9 月 6—9 日的吉隆坡开始，成为运输工作组的长效机制。之后，工作组先后举行了 9 次单独的双边讨论，之后在 2017 年 4 月 25—28 日召开的运输工作组会议中，与会方举行了 11 次双边讨论。④ 采纳《通过基于性能的航行（PBN）加强航空联通和排放辅助项目》，该项目旨在帮助各成员分析航空容量，并在保证安全水平的基础上设法增加航线容量和航站楼运营。

（二）APEC 部分成员互联互通提案落实情况

从各成员对互联互通蓝图的落实情况来看，澳大利亚通过支持多供体投资来推进公私合营机制，鼓励私人部门参与基础设施建设投资。投资项目包括：① 世界银行的全球基础设施便利（GIF），2015—2020 年的五年阶段性投资为 2500 万美元；② 亚洲开发银行亚太项目准备便利（AP3F），2016—2020 年投资 1000 万美元；③ 私营基础设施发展组（PIDG），澳大利亚已经对其投资了 3600 万美元，并将在 2020 年之前再增加 1400 万美元的投资；④ 公私合营基础设施咨询便利（PPIAF），该便利在 2016 年和 2017 年向政府提供技术协助。协助范围包括：对中国湖南省提供地方政府融资的建议；对印尼提供增强地方财政对基础设施建设支持能力的建议；对越南提供发展基于性能的道路维护系统建议。

中国在 2017 年 5 月 14—15 日举办了"一带一路"国际合作高峰论坛，共 29 位国家政府首脑以及来自 140 个经济体和 80 个国际组织的 1600 位代表参加了论坛。这标志着"一带一路"倡议从设想进入了落实阶段。该会议成果包括以下内容：① 提出未来合作的清晰路径；② 规划了"一带一路"倡议的详细路线图；③ 明晰了该倡议可以投资的项目范围，包括 76 个共识。这些共识包含 270 多条细则，涵盖了五大领域，即政治、基础设施、贸易、金融和人员联通。该论坛同时发布了包含 60 个经济体和国际组织的贸易联通"一带一路"合作倡议。为了强化对"一带一路"倡议的融资支持，中国将向丝路基金投入 1000 亿元人民币，并鼓励金融机构建立海外人民币基金业务，该业务规模可达 3000 亿元人民币。

此外，中国引领的另一个项目是"APEC 科学、技术和创新合作联通的国际技术转移（ITT）专家培养项目"。该项目旨在为 APEC 区域内创新经济增长提供支持。通过与 APEC 区域内国际技术转移专家的交流，该项目将发布《跨区域技术转移手册》，为国际技术转移实施者和政府提供资料。

中国对互联互通的落实项目还包括以下内容：① APEC 车辆联网研讨会。该会议于 2017 年 9 月 14—16 日在中国上海举办。该研讨会发布了《车辆联网嘉定宣言》，该宣言包括 17 个倡议，旨在发展人工智能、联通、绿色的车辆生态系统。超过 300 名政府官员、专家和企业家参加了研讨会。② 电信普遍服务补偿试点，旨在于 2020 年之前为没有宽带或宽带容量低于 12 兆的乡镇铺设或升级宽带基础设施。截至 2017 年，该项目已经为 15000 个乡镇铺设了宽带设施，并为 17000 个乡镇进行了宽带设施升级。③ 中国马来西亚港口联盟。该项目旨在通过信息共享、技术支持和其他合作项目的能力建设来加强中马之间的海事互联互通。2017 年 9 月 4 日在吉隆坡召开了第二次中马港口联盟会议，会议上有 5 位新成员加入，目前成员数量达到 21 个。④ 北仑河口自由航行区的自由航行项目。该项目旨在保证北仑河口自由航行区的自由和安全。中国和越南的中央和地方政府为该项目的主要参与者。2017 年 4 月 13 日在北京召开了联合会议的筹备会。中国已经向与会方提供了联合会议的声明起草工作程序以及管理制度草案。⑤ 中国东盟港口城市合作网。来自中国和东盟的港口以及与港口相关的产业高级代表参加了该合作项目。该项目旨在推进贸易自由化和便利化，通过加强经济合作、能力建设和信息人员交流来推进港口和港口相关的产业供应链联通。目前，该项目包含 24 位成员。

印尼运用公私合作机制对至少 100 个基础设施进行融资，推进基础设施互联互通。为了提高基础设施水平，印尼政府将基础设施预算作为继教育之后的第二大预算规模，并将基础设施作为非常重要的国计民生项目。

日本推进互联互通的行动包括：① 为 APEC 区域内快速城镇化的经济体提供高质量基础设施投资的能力建设。该项目通过共享优秀案例，加强政府对高质量基础设施的理解来促进区域的基础设施互联互通。2017 年 10 月 17 日在日本召开了高质量基础设施的高层会议。② 提高电力基础设施质量倡议。该倡议旨在为高质量的电力基础设施提供参考标准。

③ APEC 基础设施发展和投资的同行评议和能力建设参考指南。该指南在 2015 年被 CTI3 和 SOM3 采纳，旨在帮助各经济体在《APEC 互联互通蓝图 2015—2025》框架下加强硬件联通提供参考。④ 日本湄公河联通倡议。该倡议旨在填补湄公河流域东西和南部经济走廊的联通空白，加强经济走廊沿线经济体的联系。该倡议在 2016 年第 8 次湄公河日本高峰会议上获得采纳。⑤ APEC 基础设施发展和投资的多年计划（MYPIDI）。该计划由日本和巴布亚新几内亚共同合作推进，旨在对近期的 APEC 基础设施发展和投资项目进行梳理。

韩国的互联互通落实项目包括：① APEC 运输卡。该项目将向所有 APEC 成员提供无限制的各种形式公共交通服务，有助于人员联通的推进。② 中韩多式联运卡车项目和韩日拖车相互合作试点项目。这些项目为建立无缝物流系统，加强中日韩三方物流合作提供了有效渠道。③ 信息访问中心（IAC）项目。该项目旨在为各成员信息访问中心的发展策略提供更多信息交流。2017 年，该项目在约旦、巴拉圭、秘鲁和塞尔维亚建立了信息访问中心。

马来西亚推进互联互通的具体行动包括：① 东海岸铁路（ECRL）项目。该项目是中国"一带一路"倡议的一部分，对包括巴杭、登嘉楼和吉兰丹三个城市的马来西亚东海岸具有良好的经济衍生效应和积极社会影响。该项目在 2017 年实施，并计划在 2024 年完成。② 吉隆坡新加坡高速铁路（HSR）。该项目旨在实现马新两国首都之间的无缝交通，有效促进基础设施和人员联通。

俄罗斯的互联互通推进行动包括：① APEC 量子技术伙伴合作对话。该会议在 2017 年 12 月 10—15 日于曼谷举行，旨在就量子技术合作的经验和优秀案例进行交流。② 地震洪水监测系统。该系统旨在运用物联网（IOT）监测洪水和地震。③ 落实"缩小落后地区经济发展差距，实现 APEC 区域可持续发展"的倡议。该倡议在 2016 年提出，旨在保证落后区域的社会和经济发展。2017 年 8 月 24 日在胡志明市举行了关于该倡议的政治对话。

新加坡对樟宜机场进行了扩建，以满足日益增长的航空服务需求。扩建项目包括：① 珠宝计划，这是一个能够满足世界级需求的生活方式综合体项目；② 建设 4 号航站楼，以扩大樟宜机场的旅客容量，扩建后的樟宜机场每年将能够容纳 8200 万名旅客，比之前的客容量增加 1600 万名旅客，该项目计划在 2017 年 10 月 31 日完成。此外，新加坡还组织了一个移动网络的小站发展培训，为 APEC 成员提供小站支持无线网络服务和应用的新技术新方法。澳大利亚、中国、日本、韩国、马来西亚、墨西哥、俄罗斯、泰国、美国、越南等成员的官员参加了培训。

中国台北在防灾减灾准备方面开展了相应的互联互通工作，包括：① 提出"加强区域内社区和企业对自然灾害防范的数字化准备"倡议，旨在运用大数据和公开数据进行应急准备；② 建立"APEC 应急准备能力建设中心（EPCC）"；③ 在日本名古屋举办"APEC 弹性和能力建设培训"，旨在加强灾害弹性贸易和投资能力；④ 发布"区域和本地最佳灾后重建案例"。此外，中国台北在宽带建设方面也取得了一定的进展，2016 年，中国台北实施了"数字化+"计划，以扩大创新服务应用。该计划目标是在 2020 年使家庭网络覆盖率达到 90%。

2016 年在加利福尼亚举办的美国-东盟峰会上，美国提出了"美国-东盟联通"的倡议。该倡议旨在加强美国与东盟各成员之间的经济联系。具体行动包括：① 新兴技术和创新型政策制定的三周领导人项目；② 美国电信培训中心的培训项目；③ 基于数字经济的公私对话和能力建设系列项目；④ 降低东盟区域的灾害风险培训项目。

二、APEC 互联互通蓝图的评估和回顾框架

目前，对《APEC 互联互通蓝图 2015—2025》的评估框架仍在持续构建中。根据《APEC 互联互通蓝图 2015—2025》对评估和回顾框架的设想，APEC 部长和高官应每年对各成员的蓝图落实情况和未来目标进行评估和回顾，并且在 2020 年对蓝图的落实情况进行中期评估。2017 年 APEC 高官会议（SOM）提交了第一份对各国互联互通落实情况的回顾文件，即《APEC 互联互通蓝图 2015—2025 的 2017 年回顾框架》。该文件分别对 8 个论坛、11 个成员为实现硬件联通、机制联通和人员联通而实施的具体项目进行了系统的回顾。其中，硬件联通的落实情况主要侧重以下两个主题：① 发展交通、能源和电信的基础设施建设；② 通过加强法律和监管以及应对灾难的弹性机制来优化投资环境。机制联通的落实情况主要侧重以下两个主题：① 数据流通标准一致性；② 深化资本市场，为投资者提供更加丰富的投资机会。人员联通的落实情况主要侧重以下三点：① 关于提高运输和物流工作技能的倡议；② 加强旅游服务；③ 专家学者的流动。

在该回顾文件的基础上，各工作组基于上述三大互联互通支柱领域，就个别项目的具体方法和目标进行评估。评估的内容包括以下四个板块：① 项目目标；② 项目所遇到的问题或阻塞点；③ 具体落实行动；④ 衡量标准及指标构建。在评议过程中，还需要将该项目对互联互通四大支柱领域的支持情况纳入评估体系。目前，中国在 2018 年巴新高官会议上提交了《为实现供应链联通的亚太示范电子口岸网络实施方法》[①]，为评估体系的构建提供了一个较为有效的模板。该报告基于亚太示范电子口岸网络项目，将该项目与供应链联通目标的关系和具体实现措施进行了详细的阐述。评估的内容包括每个支柱领域的目标、阻塞点、具体落实行动以及衡量标准。举例来说，《为实现供应链联通的亚太示范电子口岸网络实施方法》中明确指出了供应链联通（SCFAP）的目标为"减少供应链间的交易成本，提高供应链对亚太区域商业竞争的支持能力"。在此基础上，报告列出了以下四个主要阻塞点：① 缺少更广泛的管理和不发达的清关程序；② 交通基础设施服务质量不高且

---

① "APMEN Implementation Measures for SCFAP II", First Committee on Trade and Investment Meeting: APEC China. [2018]. https://www.apec.org/meeting-papers/annual-ministerial-meetings/2017/2017_amm.

缺乏获得渠道；③ 不可靠的物流服务和高物流成本；④ 有限的监管合作和最优方案。之后，该报告对解决上述四个阻塞点的实际行动进行了汇报，并且提供了衡量行动效果的具体标准。比如，主要目标是识别各海关的进出口清关表格，其实际行动包括：① 开展与信息公开透明相关的贸易便利协定（TFA）的研究；② 提出更加具体的 TFA 相应海关机构的表格和文件要求，为各经济体提出一系列自我评估指标；③ 搜集 TFA 的优秀方案，提出指导原则。衡量指标包括以下两个：① 提出一系列 TFA 评估指标；② 对自愿申报优秀案例进行案例分析。

三、APEC 互联互通合作愿景的实现路径

依据 APEC 互联互通愿景，各成员应通过建设区域高质量交通网络、降低交易成本、提升竞争力和凝聚力等方式，加快和鼓励平衡、安全和包容增长，联通地区增长极。[①] 从实现路径层面来看，该愿景的实现包括以下几方面具体内容。

（一）加强与 APEC 机制内部和外部的国际组织互联互通

目前，APEC 与东盟、太平洋联盟、东亚峰会、二十国集团、亚太经合组织工商咨询理事会（ABAC）及区域和多边开发银行等其他国际组织之间都一定程度上进行了协同配合。从 APEC 机制内部来看，亚太地区已签署并实施的双边自贸协定或多边区域贸易协定超过了 50 个，如北美自由贸易协定、东盟经济共同体协定、澳新紧密经济和贸易关系协定、韩美自由贸易协定、东盟-中国自由贸易协定、东盟-日本紧密经济关系协定等。由于上述协定在贸易标准上并不统一，一定程度上对 APEC 实现互联互通产生了制约作用。因此，APEC 有必要协调和共享上述协定对互联互通三大支柱领域的衡量标准，减少互联互通在推进的过程中遇到的"亚太面条碗效应"。

具体而言，APEC 通过加强与机制内部国际组织和协定的互联互通，可以明显促进区域内诸多区域贸易协议/自由贸易协议（RTA/FTA）的利用效率，减少"贸易的非效率"和"投资门槛"等市场准入壁垒，有效降低贸易与物流成本。

从 APEC 外部机制来看，APEC 与联合国、国际货币基金组织（IMF）、世界银行等国际组织进行了多方位的合作。这些国际组织有着丰富的投融资经验和项目管理机制，对 APEC 区域互联互通项目的运作和评估具有很好的示范作用。同时，这些国际组织的国际标准具有系统性和稳定性，因此对评估衡量标准的制定具有重要的参考作用。目前，APEC 与上述国际组织的合作包括：①"全球基础设施基金"和"全球连通性联盟"，上述基金和联盟由中国、世界银行以及其他国家和多边开发银行联手发起，旨在提供"一带一路"倡

---

① "Resilient Asia-Pacific, Engine of Global Growth", APEC Economic Leaders' Declaration. [2013-10-08]. https://www.apec.org/Meeting-Papers/Leaders-Declarations/2013/2013_aelm.

议框架下的项目准备资金和交易结构咨询建议，以帮助加快项目的准备[①]；② 亚洲基础设施投资银行（AIIB）与境外银行开展的合作，旨在为硬件联通提供有效融资。2016 年 4 月 13 日，亚洲基础设施投资银行与世界银行签订了首个共同融资框架协议，包括中亚南亚和东亚等地区的交通、用水和能源等近 12 个项目。2016 年 5 月 30 日，亚洲基础设施投资银行与欧洲投资银行（EIB）加强合作，共同支持重要基建项目融资。此外，亚洲基础设施投资银行还与亚洲发展银行（ADB）、英国国际发展部（DFID）、欧洲再建设发展银行（EBRD）等机构进行合作融资。[②]

（二）加强成员间政治互信和共同发展的共识

在反全球化的思潮下，APEC 各成员在贸易开放和互联互通等问题上的观点具有一定的变化。在中国提出"一带一路"倡议并成立丝路基金以来，部分成员对我国参与和推进 APEC 区域互联互通的努力具有另一番解读，包括美国和欧盟在内的西方发达国家近期对我国采取的贸易壁垒措施已清晰反映出了其对中国发展道路的质疑和忧虑。除此之外，近几年东北亚国家之间出现了一系列较为突出的政治和安全矛盾，例如朝鲜半岛核问题、韩日及日俄岛屿归属问题，以及中日韩朝海域划分之争等。APEC 区域成员间的政治互信和经济角力削弱了互联互通长远愿景实施的动力，使该进程变得动荡而缓慢。

为了从政治层面更好地解决"以邻为壑"的问题，为 APEC 区域互联互通提供制度保障，APEC 有必要在高官会议层面加强各成员的政治对话和交流，就双方存疑的问题进行更加深入的探讨。同时，通过专家咨询会议对互联互通带来的经济和社会效益进行更加深入的研究，并通过"主席之友"机制向高官会议提交相关成果，为推进互联互通提供更加有效的智库支持。

（三）加强公私合作机制，通过长效机制解决融资缺口问题

APEC 区域内的融资缺口仍是制约互联互通愿景的重要因素，最好的解决办法仍是通过公私合作机制，吸引私人部门参与包括基础设施建设在内的各种项目投资。从最新数据来看，APEC 区域的公私合作机制已经取得了长足的发展，2016 年已经成为世界第二大运用 PPP 机制进行融资的区域。根据世界银行基础设施投资的公私合作数据库统计，亚太地区 2016 年通过 PPP 机制融资的项目达到 80 个，总额为 248 亿美元，占世界 PPP 机制融资规模的 35%，仅次于拉美和加勒比区域，项目范围包括能源（52 个）、交通（9 个）以及污水处理（19 个）。其中大部分项目为中国实施，其余包括菲律宾的 7 个项目、印尼的 5 个项目和泰国的 3 个项目。[③] APEC 区域有必要继续在互联互通三大支柱领域推进 PPP 模

---

① 张旭东. "一带一路"与三大国际组织的战略对接协作[J]. 今日中国（中文版），2017（6）：30-33.

② AIIB News. AIIB and World Bank Sign First Co-Financing Framework Agreement. [2016-04-13]. http://www.aiib.org/html/2016/NEWS_0414/99.html.

③"2016 Private Participation in Infrastructure Annual Update". World Bank Group. [2016]. https://datacatalog.worldbank.org/sites/default/files/dataset_resources/ddhfiles/public/2016-PPI-Update.pdf.

式的项目融资建设。通过建立更加长效的机制，增强项目信息的透明化，推进项目评估机制的完善。同时，对于基础设施建设等融资缺口较大的项目，需要在评估时将收益和公益两方面的因素都纳入考量标准中。

四、结论

目前，对《APEC 互联互通蓝图 2015—2025》的评估框架仍在持续构建中。根据《APEC 互联互通蓝图 2015—2025》对评估和回顾框架的设想，APEC 部长和高官应每年对各成员的蓝图落实情况和未来目标进行评估和回顾，并且在 2020 年对蓝图的落实情况进行中期评估。评估的内容包括以下四个板块：① 项目目标；② 项目所遇到的问题或阻塞点；③ 具体落实行动；④ 衡量标准及指标构建。在评议过程中，还需要将该项目对互联互通四大支柱领域的支持情况纳入评估体系。

从实现路径层面来看，该远愿景的实现包括以下三方面具体内容：① 加强与 APEC 机制内部和外部的国际组织互联互通；② 加强成员间政治互信和共同发展的共识；③ 完善公私合作机制，通过长效机制来解决融资缺口问题。

参考文献

[1] 2016 Private Participation in Infrastructure Annual Update[R]. World Bank Group, 2016.

[2] 2017 Yearly Review Framework for APEC Connectivity Blueprint 2015-2025[R]. APEC Secretariat Report, 2017.

[3] AIIB and World Bank Sign First Co-Financing Framework Agreement[EB/OL]. AIIB News, 2016.

[4] APEC Framework on Connectivity [EB/OL]. Annex A of the 21st APEC Economic Leaders' Declaration, 2013.

[5] APMEN Implementation Measures for SCFAP II[EB/OL]. APEC China, 2018.

[6] Building Inclusive Economies, Building a Better World: A Vision for an Asia-Pacific Community [EB/OL]. Manila: APEC Economic Leaders' Declaration, 2015.

[7] Quality Growth and Human Development [EB/OL]. Lima: APEC Economic Leaders' Declaration, 2016.

[8] Resilient Asia-Pacific, Engine of Global Growth[EB/OL]. APEC Economic Leaders' Declaration, 2013.

[9] 李文韬. 中国参与 APEC 互联互通合作应对战略研究[J]. 南开学报，2014（6）：101-112.

[10] 张旭东. "一带一路"与三大国际组织的战略对接协作[J]. 今日中国（中文版），2017（6）：30-33.

APEC 的教育合作：历史、现状与未来

王　燕*

摘　要： 教育是经济与社会发展的基石，1992 年，APEC 成立教育论坛（后更名为教育网络），自此，APEC 成员开展了各级各类教育合作活动，对亚太地区的教育、经济与社会发展产生了深远的影响。本文围绕 2017 年 APEC 教育合作的进展，重点分析 2016 年至今的 APEC 教育合作情况，并回溯了 APEC 教育合作的相关历史。

关键词： APEC；教育合作；教育网络

一、APEC 教育合作的缘起与演进

（一）教育网络

APEC 是亚太地区最具影响力的经济合作官方论坛。APEC 在经济与技术合作委员会下设置各类专业工作组，以促进和协调相关领域的合作。作为专业工作组之一的人力资源工作组下设三个网络：教育网络（EDNET）、能力建设网络（CBN）和劳动力与社会保护网络（LSPN）。

APEC 教育网络初创于 1992 年 8 月，在美国华盛顿特区召开的第一届 APEC 教育部长会议上成立了 APEC 教育论坛，并于 2000 年重组，正式更名为"教育网络"，是 APEC 专门执行教育政策和项目、协调亚太地区教育活动的机制。教育网络设立之初的主要目的是促进 APEC 经济体之间的信息互通与人员交流，发展至今，其目标定位为：

- 促进 APEC 经济体建立扎实且有活力的学习体系，提高整体教育水平，通过跨境教育合作以强化教育在促进社会、个体、经济和可持续发展中的作用；
- 通过合作研究、发表成果、交换项目和教育培训等来推动教育相关领域、机构或

---

* 王燕，中国教育科学研究院国际交流处处长，APEC 教育网络协调人，副研究员，博士。

多边组织的全球教育合作；

- 为幼儿园幼儿和中小学生提供接受高等教育的机会和环境，并使其快乐、有效地学习；

- 为当代青年提供合适的教育培训、技能培养及参加国际教育的机会，以使其在地方教育体系中获得成功，并在全球化时代具备竞争力。①

APEC 教育网络协调人负责协调 APEC 教育合作的各项事宜，包括与主办方一同筹备年会和部长会议（设置议题、准备文件、组织和主持会议、起草工作总结等）；指导教育项目实施；协调各经济体在教育领域展开合作；代表 EDNET 与人力资源工作组内各经济体或其他工作组沟通等。协调人由所在经济体部委推荐，并由成员经济体一致选出，任期为两年，一般可以连任一届。②

（二）APEC 教育项目合作的方式

APEC 作为一个由成员经济体主导的国际组织，其专业合作主要通过每年的既定会议、各经济体牵头开展的项目、各经济体以项目的形式申请并经过全体经济体成员同意后实施的机制与相应会议来沟通和开展。

1. 会议

APEC 教育领域的会议包括 APEC 教育部长会议、东道主举办的高级别政策对话以及工作组会议和教育网络会议。

教育网络年会：教育网络年会一般回顾既往工作、交流项目进展或成果、磋商项目合作并就新的倡议进行研讨。会议一般由教育网络协调人设计议程，召集各经济体参会，并主持会议。年会在高官会期间召开，由东道主承办，每年召开 1～2 次，会期为 1～2 天。2015 年、2016 年、2017 年、2018 年的年会分别在菲律宾、秘鲁、越南、巴布亚新几内亚召开。依照教育网络年会惯例，教育网络协调人团队负责在会议结束时，准备一份会议纪要，提请全体与会代表审读，通过并达成共识后，作为会后开展项目合作的依据。

专题性年度教育会议：APEC 成员经济体可以召开专题性年度教育会议。例如，俄罗斯举办的 APEC 高等教育国际合作会议，到目前为止已召开七届，会议作为在符拉迪沃斯托克举办的东方经济论坛的组成部分，由俄罗斯联邦教育科学部和俄罗斯远东联邦大学主办，旨在就 APEC 高等教育发展的关键问题进行研讨并达成共识。再如，韩国 2005 年开始举办的 APEC 未来教育论坛，由韩国政府支持下的 APEC 合作教育研究所主办。韩国称其是亚太地区最大规模的学术论坛，迄今为止有 3000 多人参加，包括决策者、学者、专家、教师、企业家与学生。该论坛第一届到第十二届都在韩国召开。第十三届与越南教育与培

---

① APEC Human Resource Working Group. Terms of Reference, 2018.

② 2015 年，经教育部提名，并经过成员经济体批准，中国教育科学研究院国际交流处处长、副研究员王燕博士开始担任教育网络协调人，任期为 2015—2016 年。2016 年底，经成员经济体批准，王燕获得连任，任期为 2017—2018 年。

训部合作，在越南召开，提升了韩国在亚太地区未来教育领域的议题设置能力和引导力。

项目研讨会：APEC 成员经济体在开展 APEC 教育项目（包括 APEC 资助项目与自筹经费项目）期间，也会召开专题性研讨会，就项目的有关问题进行探讨并（或）就项目成果征集成员经济体的意见。例如，2015 年 11 月 30 日至 12 月 3 日，在印度尼西亚首都雅加达举行了由澳大利亚教育与培训部联合印度尼西亚科研、技术和高等教育部共同主办的 APEC 学术流动研讨会，来自中国、美国、日本、澳大利亚、印度尼西亚、新加坡、马来西亚、泰国、越南、菲律宾、巴布亚新几内亚、智利 12 个经济体的 40 余名代表围绕"亚太地区学术流动和跨境教育合作""机构间国际伙伴关系的建立""科研在促进亚太国家经济增长中的作用""科研诚信与学术流动的关系""如何增加亚太地区学术流动"等议题进行了深入研讨。教育网络协调人介绍了 APEC 支持学术流动和跨境教育合作的政策。

再如，2017 年 8 月 7 日至 8 日，作为美国牵头的 APEC 项目"全球素养与经济融合"的一部分，"APEC 全球素养与经济融合研讨会"在美国蒙特雷举办。会议由美国教育部主办，米德尔伯里国际研究院承办。来自智利、印度尼西亚、中国、韩国、秘鲁、菲律宾、泰国等经济体的代表在会议上听取了美国国家联合语言委员会主席关于"全球素养与经济融合"项目的成果报告，其中来自智利、菲律宾、泰国、美国等经济体的代表分享了各自在全球素养领域的经验。

2. 项目

在项目方面，APEC 不同于其他发展援助性的国际组织。其项目经费资助额度较大，申请条件较为宽松，采用形式也较为灵活。尽管近年来由于项目经费有所缩减对项目开展造成了一定困难，但是各成员经济体仍可通过开展自费项目的形式，利用自筹资金以 APEC 的名义举办活动，提升影响力。

2006—2014 年，共实施了 40 个 APEC 教育项目。其中人力资源工作组旗下的教育项目为 26 个，占比约 65%。这些项目由不同的经济体主导，美国牵头实施了 7 个教育项目，澳大利亚负责了 8 个项目，中国开展了 7 个项目，韩国实施了 5 个项目。此外，其他经济体参与主导的项目数量分别为中国香港 3 个、菲律宾 2 个、新加坡 3 个、秘鲁 1 个、印度尼西亚 1 个、日本和泰国 4 个、马来西亚 2 个以及俄罗斯 2 个。教育项目所涵盖的范围广泛，涉及了公共教育、国际教育交流、高等教育、教育培训、能力建设、职业教育、教育合作等领域。

3. 机制

在机制方面，APEC 的特点是可以由经济体动议，在得到某个其他经济体的支持后，即可以项目的形式设立常设机制。APEC 对于常设机制一般没有经费资助，也没有常规工作要求，因此，常设机制在 APEC 教育领域发挥的作用和影响力主要取决于牵头经济体的能力与投入。

2015 年，经中国提议、APEC 领导人宣言授权，依托北京师范大学成立"APEC 高等教育研究中心"，设立国际比较教育研究院。在此之前，韩国依托釜山大学成立 APEC 合作教育研究所，每年政府投入 600 万美元，其"APEC 学习社区建设者项目"的参加人员达到 8000 余人。

（三）历届 APEC 教育部长会

第一至五届教育部长会分别于 1992 年、2000 年、2004 年、2008 年和 2012 年召开。

1992 年在美国首都华盛顿召开了首届 APEC 教育部长会。会议的主题为"面向 21 世纪的教育标准"，APEC 成员经济体的部长一致认可教育对于社会与经济发展的重要性，认为高质量的全民教育对于地区收入的水平的提高与分配以及 APEC 地区人民的生活质量都有积极的影响。有鉴于此，会议同意设立"教育论坛"（教育网络的前称），通过交换信息以及开展与教育相关的人员交流，开发并实施互利互惠的教育合作活动，就关键教育问题进行进一步研讨。会议还明确了包括"课程比较研究、教学实践研究以及教师能力建设"在内的七项优先合作领域。[1] 我国原国家教委副主任滕藤率团出席了此次会议。

2000 年新加坡主办的第二届 APEC 教育部长会议进一步强调了教育对于经济与社会繁荣的重要促进作用，认为教育将通过有效地开发人力与自然资源，助力 APEC 成员经济体实现其可持续增长与平等发展的目标。会议以"教育——建设 21 世纪学习型社会"为主题，强调了信息技术在学习型社会中的应用、改进教学系统、改进教育管理系统以及加强人员与专业交流的重要性，并提出了信息技术、教学质量与专业发展、管理实践以及参与的文化四个教育改革的关键领域，会议决定将"教育论坛"更名为"教育网络"，并确定了教育网络"发展强大的、有生机的学习体系，推进全民教育以及加强教育在促进社会、个体与经济发展中的作用"的使命。[2]我国教育部原部长陈至立率团出席了此次会议。

2004 年智利主办的第三届 APEC 教育部长会以"为迎接挑战培养技能"为主题，重申教育网络是 APEC 教育合作的重要驱动力，通过教育网络促成的工作能够带来更好的教育与培训机会，培养成员经济体迎接 21 世纪挑战所需的人才。会议提出将英语与外语教学、加强数学与科学学习、在教学中应用技术以及教育中的治理与系统改革作为未来的优先合作领域，并通过开展合作研究、交流实践经验、促进学生与专业人员流动来实现合作目标。[3]我国教育部原副部长章新胜率团出席了此次会议。

2008 年秘鲁主办的第四届 APEC 教育部长会议的主题为"优质全民教育：掌握 21 世纪的素养与技能"，目标是确保学生能够接受优质的教育，使其跨越亚太地区各经济体之间的经济鸿沟，改进公民的生活质量，使其能够享受全球化以及地区经济一体化的裨益。会

---

[1] 1992 APEC Education Ministerial Meeting：Washington Declaration—Toward Education Standards for the 21st Century.

[2] Joint Statement from the 2nd APEC Education Ministerial Meeting "Education for Learning Societies in the 21st Century".

[3] Joint Statement from the 3rd APEC Education Ministerial Meeting "Skills for the Coming Challenges".

议认可教育网络基于实证的研究与实践并收集相关信息，提出将"数学与科学教育、职业与技术教育、学习彼此的语言以及信息通信技术"作为未来的优先工作领域，着眼于"教师质量与教学、标准与评估、资源与工具以及政策与研究"来开展教育网络项目。① 我国教育部原副部长章新胜率团出席了此次会议。

2012 年韩国主办的第五届 APEC 教育部长会议的主题为"未来的挑战与教育的回应：发展全球化、创新性、合作型教育"，会议强调随着不断增加的投资、技能型劳动力、知识与技能的流动，教育对于促进地区经济一体化以及增进 APEC 成员经济体之间的繁荣至关重要。会议分析了 APEC 在"全球化与教育""创新与教育"以及"未来的教育合作方面"面临的形势、需求，提出了如何在之前达成共识的优先领域进一步开展合作的举措。会议批准韩国牵头开展"教育合作项目"，在分析 2013—2016 年 APEC 教育合作项目的基础上，形成 APEC 教育合作策略的报告，提交 2016 年的 APEC 教育部长会议。② 我国教育部原部长袁贵仁率团出席了此次会议。

（四）各经济体参与 APEC 教育合作的策略

美国、澳大利亚、日本在教育网络中更多地扮演领导者的角色，在日常工作流程中也为全体经济体代表提供了诸多工作方式方面的咨询，更有发言权。中国、韩国、中国台北、俄罗斯、泰国、秘鲁、菲律宾、马来西亚、印度尼西亚、智利、新西兰为积极参与者，其中中国、韩国、越南以及中国台北为近几年影响力增长较为凸显的几个经济体。

1. 韩国

韩国政府向来重视多边工作，利用各类多边平台，开展教育合作，提升其在东亚及全球教育事务领域的领导作用。2007 年以来，韩国先后派员担任两届教育网络协调人与两届人力资源工作组牵头人。2012 年韩国主办了第五届 APEC 教育部长会，并在会上决定由其牵头开展"教育合作项目"（ECP），此后积极推进 ECP 以及 APEC 教育创新共同体的建设。2017 年，韩国再次派员担任人力资源工作组牵头人。

2. 美国

美国是领导经济体之一，其资金实力和经济体话语权对于 APEC 秘书处的项目判断有着重要影响。这种影响体现在：第一，美国在提案时，争取到的协办经济体较多，基本没有提案被否决的情况；第二，经济体在提出重大提案以及进行重要决策的时候，如果美国赞同且支持，在成员经济体间传阅文件进行审批时就较容易通过，反之则会受到较大阻力；第三，美国的资金雄厚，其项目举办大多数不依赖 APEC 秘书处的项目资金，而是自筹资金，因此在参与项目的过程中更多考虑的是美国自身的利益和要求。

---

① 4th APEC Education Ministerial Meeting Joint Statement.

② 5th APEC Education Ministerial Meeting Joint Statement: Envisioning Together for the Future and Hope.

3. 澳大利亚

澳大利亚借助 APEC 的平台，一是开展调研项目，深入了解亚太教育状况，为其参与亚太教育事务创造条件；二是制定标准性文件，如学术规范准则、资格框架等，发挥在地区治理中的关键作用。澳大利亚在教育网络的参与中较为领先，在文件起草和项目策划方面，澳大利亚的话语权较高，开展项目和协办项目的意愿也较高。

4. 俄罗斯

俄罗斯视 APEC 为连接亚太与世界的纽带，因此高度重视 APEC 的工作。依托符拉迪沃斯托克的远东联邦大学，俄罗斯每年在东方经济论坛期间，举办 APEC 高等教育国际合作会议，此外，俄罗斯曾派员担任人力资源工作组牵头人，并积极派员参与 APEC 教育网络活动。2017 年 9 月 6 日在俄罗斯东方经济论坛上，俄罗斯总统普京特别指出，建设符拉迪沃斯托克自由港、吸引外商投资、完善基础设施并加强与太平洋东西海岸的连接，同时，青年是未来的希望，将责成俄罗斯教育科学部等机构开发课程、开展职业指导，传授给学生劳动力市场所需的技能，提升中等教育质量，创新职业技术教育，建设世界一流大学。

二、APEC 教育合作进展

2015 年以来，在 APEC 教育网络协调人的推动之下，APEC 成员的教育合作方式有所转变，合作内容包括制定面向未来的长远发展规划与行动计划，分享有关教育体系和改革的知识与经验，推出 APEC 教育与学习奖，并开展有关教育与经济发展的合作研究。

（一）第六届教育部长会议

2016 年 10 月 4 日至 6 日，第六届 APEC 教育部长会在秘鲁首都利马召开。教育部国际合作与交流司副司长方军代表陈宝生部长率团出席会议。会议共有澳大利亚、文莱、加拿大、智利、中国、印度尼西亚、日本、韩国、马来西亚、墨西哥、新西兰、秘鲁、菲律宾、俄罗斯、新加坡、泰国、美国、越南等经济体的部长或部长代表参加。

秘鲁总统库琴斯基出席闭幕式并发表讲话，他强调教育应适应社会经济发展的变化，根据时代的需要不断完善现有的教育体制，为年轻人提供优质教育。他还呼吁 APEC 成员加强教育领域的合作，以推动亚洲和太平洋地区的经济合作与发展。

会议通过了《APEC 教育战略》《亚太地区教育现状基线报告》与《部长联合声明》等成果文件。其中，《APEC 教育战略》是 APEC 成立以来第一个中长期教育发展蓝图，也是 APEC 成员经济体第一次以合作的方式联合制定的战略文件。各经济体结合各自教育与经济发展的政策方针，对《APEC 教育战略》对于亚太地区教育发展的意义与价值均给予了高度评价。

会议中，教育部国际司副司长方军代表中国做了题为"在教育与教学实践中推广科学技术与创新"的主题发言，介绍了中国在教育教学实践中推广科学技术创新的经验，包括最新的改革举措、成效与典型案例等。

（二）《APEC 教育战略》

《APEC 教育战略》是由中国最先倡导、各成员经济体共同制定的亚太地区中长期教育发展规划。该战略在 2016 年于秘鲁首都利马举行的第六届 APEC 教育部长会议上得到通过，并纳入 2016 年《APEC 领导人宣言》，成为 APEC 成立以来首个中长期教育发展蓝图，也是第一次 APEC 成员经济体合作制定的战略文件，对于亚太地区未来 4 年及至 2030 年的教育发展有深远的影响。

为制定这一战略，APEC 教育网络成立了特别工作小组，来自澳大利亚、智利、中国、印度尼西亚、日本、韩国、马来西亚、墨西哥、巴布亚新几内亚、秘鲁、菲律宾、俄罗斯、中国台北、泰国、美国等 15 个经济体以及经合组织、世界银行、美洲开发银行的代表通力合作完成了这一重要工作。APEC 的 21 个成员经济体通过筹备会议、协商会议以及会间在线磋商的方式贡献了观点与意见。

《APEC 教育战略》是 APEC 成立以来首个教育领域的愿景规划文件。该文件的制定不仅体现了各经济体对教育发展和交流合作的重视，也说明教育在该地区经济增长和一体化过程中发挥着越来越重要的作用。《APEC 教育战略》确立了当前至 2030 年的教育愿景：

> "到 2030 年，我们将在亚太地区实现全纳优质教育，建成强大而和谐的教育共同体，以促进经济可持续性增长，增进所有 APEC 公民的社会福祉与就业力"。

《APEC 教育战略》还明确了未来一段时间内 APEC 地区教育发展的三大目标，并提出了九大优先行动和具体落实措施：

目标一：适应个人、社会与产业发展的需要，提升公民素养。APEC 各经济体将围绕以下三个方面采取行动：

（1）强化质量保证体系、资格框架和技能认证；

（2）加强跨境教育交流和学术人员流动，拓展同一教育阶段和不同教育阶段之间的个人发展通道；

（3）促进教育体系的现代化。

目标二：加速创新。APEC 各经济体将围绕以下三个方面采取行动：

（1）增加教学过程中教育技术的使用；

（2）促进教育教学实践中的科学、技术与创新；

（3）加强政府-产业-学界在研发和创新方面的合作。

目标三：提高就业能力。APEC 各经济体将围绕以下三个方面采取行动：

（1）促进政府、大学、职业院校、企业与教育培训利益相关方的合作；

（2）培养以就业与创业为导向的 21 世纪素养；

（3）促进从教育到就业的过渡。

专栏一：APEC 教育战略制定的里程碑事件

- 2015 年 5 月 15 日至 16 日，第 31 届 APEC 人力资源开发工作组教育网络会议在菲律宾长滩岛召开。会议通过了制订《APEC 教育战略》的提议。

- 2016 年 1 月 25 日至 26 日，第六届 APEC 教育部长会议第一次筹备会议在中国北京召开。会议确定了将《APEC 教育战略》作为本届教育部长会议的成果文件之一，并讨论通过了教育战略的内容框架。

- 2016 年 5 月 8 日至 9 日，在秘鲁阿雷基帕召开的第 32 届 APEC 人力资源开发工作组教育网络会议上，讨论了由 7 个 APEC 经济体共同起草的《APEC 教育战略》初稿。

- 2016 年 8 月 3 日，在澳大利亚悉尼召开的 APEC 教育战略研讨会上，确定了《APEC 教育战略》文本中三大目标、九大优先行动的主要内容。

- 2016 年 8 月 17 日至 18 日，第六届 APEC 教育部长会议第三次预备会议在秘鲁首都利马召开。会议对草案进行了进一步修订。

- 2016 年 9 月 3 日至 4 日，作为第五届 APEC 高等教育合作会议的组成部分，APEC 教育战略磋商会在俄罗斯符拉迪沃斯托克召开，会议进一步修订了《APEC 教育战略》的内容。

- 2016 年 10 月 5 日，第六届 APEC 教育部长会议在秘鲁首都利马召开。《APEC 教育战略》作为会议重要成果得到一致通过。

- 2016 年 11 月 20 日，APEC 领导人在《领导人宣言》中高度肯定了《APEC 教育战略》，并鼓励各经济体在此框架下开展合作。

（三）《APEC 教育战略行动计划》

为了实施 APEC 教育战略，APEC 成员经济体一致同意共同制定《APEC 教育战略行动计划》（下文简称为《行动计划》）。《行动计划》的起草在越南芽庄举办教育网络年会期间启动，成立了由 APEC 成员经济体代表组成的工作组与咨询委员会，先后在越南河内、中国北京召开两次研讨会，并在美国、俄罗斯举办的相关 APEC 教育会议期间征求了意见，最终在 2018 年最后一次高官会上批准通过，并被写入《联合部长声明》：

"我们认可实施《APEC 教育战略 2016—2030》的进展，并欢迎其

《行动计划》指导我们的工作，以提升 APEC 地区的素养、创新与就业。"

2016 年 5 月 11 日至 12 日，在越南河内第二次高官会期间，召开了 APEC 教育战略行动计划研讨会，来自 17 个经济体以及联合国教科文组织、环太平洋大学联盟与世界教育创新峰会的代表参加了会议。会议就《行动计划》的提纲与要点以及素养、创新与就业三个分主题的内容进行了研讨，经过分组起草、报告、全体审议与修改，最终形成了包含前言、愿景与宗旨、目标与指标、工具与项目以及监测与实施五部分的初稿。初稿提交 APEC 教育网络会议与人力资源工作组会议审议，得到了各经济体代表的高度评价。

2017 年 9 月 25 日至 26 日，在中国北京召开了第二次"APEC 教育战略行动计划研讨会"。来自澳大利亚、智利、中国、印度尼西亚、日本、韩国等 15 个 APEC 成员经济体以及世界银行、经合组织、世界教育创新峰会与环太平洋大学联盟等国际组织的代表参加了会议。会上，代表们听取了 6 份围绕《行动计划》核心内容"素养""创新""就业""监测与评估""目标与指标"及"工具与手段"所做的专项报告，并基于报告中的分析对《行动计划》的内容进行了逐字审阅与修改。为使各经济体就《行动计划》中"目标与指标"等内容达成一致，在常规会议结束后先后 3 次召开了加时会议，并获得与会经济体的积极响应，最终达成共识。

通过 21 个 APEC 经济体的磋商，《行动计划》详述了一个新的合作与战略路径以发展与实施基于《APEC 教育战略》三大支柱的教育项目与倡议。《行动计划》中包括九大目标与三十项指标；基于这些目标与指标的信息共享将成为未来教育合作与政策发展的有益参考。《行动计划》为教育相关的 APEC 项目与经济体层面的项目与倡议的规划与实施提出了工具与方法。此外，《行动计划》中还含有报告机制以监测 APEC 地区的教育改革进程。

专栏二：APEC 教育战略行动计划制定的里程碑事件

- 2017 年 2 月 19 日，APEC 教育战略工作组会议在越南芽庄举行。会议上针对制定《行动计划》的框架、方法以及时间安排做出了决策。

- 2017 年 2 月 21 日至 22 日，第 33 届人力资源工作组教育网络会议在越南芽庄举行。会议认可并通过了《行动计划》概要及其内容提纲。

- 2017 年 3—4 月，成立了来自 17 个经济体及世界银行、经济合作与发展组织、联合国教科文组织、环太平洋大学联盟、世界教育创新峰会等机构专家组成的专门工作组和顾问团队。

- 2017 年 5 月 11 日至 12 日，在越南河内召开的研讨会上，通过了广纳 17 个经济体的意见而制定的《行动计划》初稿。2017 年 5 月 13 日在越南河内召开的第 34 届人

力资源工作组教育网络会议上展示了初稿，并在 5 月 14 日举行的第 41 届人力资源
工作组会议上获得通过。

- 2017 年 8 月 7 日至 8 日，在美国召开的研讨会上将全球素养的相关内容引入《行动
  计划》。

- 2017 年 9 月 5 日至 6 日，在俄罗斯符拉迪沃斯托克召开的第六届 APEC 高等教育国
  际合作会议广泛征求了来自教育领域的专家和从业者关于《行动计划》的建议。

- 2017 年 9 月 25 日至 26 日，在中国北京举行的 APEC 教育战略行动计划研讨会对《行
  动计划》草案进行了修改，并最终确定了计划的主要内容，包括愿景和方法、目标
  和指标、途径和手段等内容。

- 2017 年 9 月 27 日至 28 日，在中国北京召开的 APEC 教育战略对话针对《行动计划》
  在政府、学界、产业等领域的代表中做了进一步征求意见和修改。

- 2017 年 11 月 7 日，《行动计划》获得 2017 年最后一次高官会通过。

（四）教育项目

2015—2017 年，APEC 人力资源发展工作组开展的教育类项目持续增长，已完成的项
目涵盖了 APEC 的 4 个教育重点领域：数学语言与文化、教育合作、信息技术与教师素质、
高等教育与职业教育等。从 2010—2014 年平均每年 8～9 个教育类项目增长至 2015—
2017 年平均每年 16 个教育类项目，各经济体对于 APEC 教育领域合作的投入和成果越来
越多。

2015—2017 年，人力资源工作组共开展了 68 个项目。其中教育网络旗下的教育项目
48 个，占比约 71%。主导项目的经济体多元化，其中澳大利亚开展项目数量为 14 个，中
国为 11 个，美国实施了 9 个项目，俄罗斯牵头了 8 个项目，日本 5 个，泰国、秘鲁、韩国
均 4 个，越南 2 个，新加坡 1 个。这些教育项目所涉及的领域主要包括国际教育合作、职
业教育、全球素养、提升就业机会、能力建设、教育创新、技能培训、网络教育等方面，
较 2015 年之前所实施的项目增加了关于网络教育和在线学习的项目。

例如，美国牵头的"全球素养与经济融合"项目旨在通过调查 APEC 地区的中小型企
业对全球型人才（Global Talent）的定义与要求，形成 APEC 关于全球型人才及其必要素养
的框架；收集并归纳出企业对于全球型人才的要求以及全球型人才对于贸易和地区融合的
价值；通过在部分 APEC 经济体教育部门开展调研，开发测量全球型人才产出方法；形成
APEC 经济体关于加强全球型人才流（Global Talent Stream）的建议，并向 APEC 人力资源
工作组提交上述建议。项目计划在 APEC 经济体的中小型企业中开展关于对全球专业技能
（Global Expertise）就业要求的调查，建设网站，开发关于全球专业技能的就业要求，在高
等教育以及私营部门/非正式教育领域开展关于全球专业人才产出的调研，并形成如何填补

全球型人才空白的政策建议。

在 2012 年举办的第五届 APEC 教育部长会上，韩国提出继续教育计划（ECP），被写入《部长联合声明》并得到批准。项目的目的是扩大 APEC 教育合作的路径，加强 APEC 教育领域合作的实效性与可持续性。会议责成韩国起草一份成果报告，并通过教育网络提交下一届教育部长会议审议。会后，韩国着手开展关于 APEC 教育合作的研究。2015 年，韩国召开 ECP 研讨会，会上韩国 ECP 研究小组组长报告了项目研究成果，分析了过去 10 年来亚太经合组织教育网络项目的特点，例如，重点领域依次为信息技术、数学与科学、高等教育、英语与外语教育以及职业技术教育，研究类项目多于实践类项目等。在此基础上研究小组提出了 APEC 教育合作的模型，以及开展 APEC 学校网络、APEC 教育对话、APEC 教育政策研究等计划。会议以分组讨论的方式征求了参会人员的意见。ECP 最终以下列方式写入《第六届 APEC 教育部长会议联合声明》：

"我们感谢韩国根据第五届 APEC 教育部长会议的意见所提交的教育合作项目及所做出的努力，认可其在 APEC 地区实践者层面的可持续的、实践性的教育合作的重要性。在这方面，我们注意到报告包含加强教育合作的教育合作模式与策略。"

（五）亚太地区教育现状基线报告

亚太地区教育现状基线报告是第六届 APEC 教育部长会的成果之一，反映了各经济体最新的教育状况和亚太地区整体的教育发展情况，旨在通过系统性地共享和更新 APEC 成员经济体在教育发展和教育改革方面的最新信息，为政策改革和创新提供最佳实践的案例，加强各经济体之间的相互理解和相互学习。

为增加 APEC 各经济体合作项目和倡议的协同作用，第六届教育部长会议规划会议决定，各经济体报告的章节中包含六部分，即概述、教育系统图表、教育行政管理体制、教育管理系统、关键教育政策、指标和统计信息。每章的具体安排由各经济体自行决定。该报告反映了各经济体教育情况的动态和发展趋势，为其提高科学决策水平，制定相关政策提供了重要参考。

《第六届 APEC 教育部长会议联合声明》指出，"我们真诚感谢教育网络与 21 个经济体为起草亚太地区教育现状所做出的努力，该报告反映了 APEC 经济体最新的教育状况以及亚太地区的教育发展。我们认可其通过共享系统的、最新的关于教育系统的知识与信息而增进 APEC 成员之间互相理解、互相学习及互相加强教育发展的价值，以及对于提升 APEC 经济体未来合作项目与倡议的合力的意义"。

2016 年发表的经贸与外交部部长声明中写道："我们也欢迎编制亚太教育现状基线报告，作为加强 APEC 成员经济体之间互相理解并借鉴教育发展经验的工具。我们敦促 APEC

官员在必要的情况下更新这一报告。"

（六）高层政策对话

1. "APEC 人力资源能力建设高层政策对话会议"

"APEC 人力资源能力建设高层政策对话会议"是 2015 年菲律宾作为东道主筹办的主要活动，联合了人力资源工作组下设的三个网络（即教育网络、劳动力与社会保障网络、能力建设网络）共同举办，旨在提升亚太地区的人力资源能力建设。

2015 年 5 月，APEC 东道主菲律宾与巴布亚新几内亚合作，以"开发人力资本、建设包容性经济"为主题举办了一次副部长级会议——"APEC 人力资源能力建设高层政策对话会议"。参会人员包括巴布亚新几内亚总理，菲律宾与巴布亚新几内亚的相关部委领导，APEC 人力资源工作组组长，人力资源工作组下设的教育网络、劳动力与社会保护网络、能力建设网络的协调人，以及相关经济体、政府、企业和学界的代表。

会议包含三个主要议题：① 培养 21 世纪劳动力——包容与可持续的经济增长的关键；② 教育经济和产业需求接轨——战略方法；③ 增强中小型企业的生产力——全球价值链与竞争力。会议还对以上议题发布了《联合部长声明》。

2. "高等教育中的科学、技术与创新高层政策对话"

"APEC 高等教育中的科学、技术与创新高层政策对话"于 2015 年 8 月在菲律宾召开。会议的宗旨为，科学技术创新是提高生产力、创造就业机会并推进经济增长的关键驱动力，而高校在推动科学技术创新方面的作用至关重要；会议的目标是加强亚太地区高校科技创新合作，以实现地区经济共同繁荣。菲律宾总统高度重视此次活动，特别委托菲律宾高等教育委员会与科技部联合承办，并在人力资源工作组会议之后召开预备会议，就有关事项进行研讨协商。

会议邀集研究者、大学校长与企业高管三类代表、约 500 人参会，此外，通过推特（Twitter）、脸书（Facebook）与照片墙（Instagram）邀请会场外的相关人员参与。会议邀请了菲律宾、加拿大、日本、泰国、中国、马来西亚、美国、印度尼西亚、澳大利亚等经济体教育部、大学和企业的领导或专家以及联合国粮农组织等国际组织的专家进行大会致辞。澳大利亚、文莱、加拿大、中国、印度尼西亚、日本、韩国、巴布亚新几内亚、秘鲁、泰国、菲律宾、俄罗斯、中国台北、美国派出教育部门或科技部门的代表出席会议。会前菲律宾方面起草了《联合声明》，并征求了 APEC 所有经济体成员的意见，在会上征求与会代表的意见，修改后通过。

会议围绕目前亚太地区科技创新领域的几大主题，即"食品生产与安全""环境、减灾、气候变化与能源""海洋资源 / 系统：经济、生物多样化与保护""智能分析与工程创新"，就科技项目的高等教育运行模式与策略的创新，高等教育科技产品对经济发展的相关性、实用性和贡献度，科技对未来就业的影响等三个方面进行了研讨。

三、未来发展

尽管 APEC 教育合作取得了一系列成果，但也面临着诸多挑战与问题。

（一）前景与困境

一方面，教育网络属于人力资源工作组的二级机构，所能获得的 APEC 项目资金总量少于其他工作组。同时，年度工作会议也与人力资源工作组会议一起召开，会议次数与时间因此受限。此外，APEC 教育网络不能向经济技术合作高官指导委员会（SCE）做工作报告，成果显现度低。因人力资源工作组下设三个网络，各级网络分别对应不同的部门，由于目前的结构，在申请项目或召集会议时，会出现成员经济体不确定是哪一个部门的责任因而缺位的情况。上述问题还有待于在未来 APEC 机构改革中解决。

另一方面，在制定《APEC 教育战略》与《APEC 教育战略行动计划》后，教育网络拟采用各经济体填报相关项目与倡议的方式监测 APEC 地区的教育改革进程，但由于缺乏约束力以及激励机制，各经济体填报不积极。为此，APEC 教育网络协调人牵头并提出了《APEC 教育与经济发展报告》的倡议，希望借此契机，在成员经济体之间共享教育发展的最新信息与最佳经验。

（二）教育创新奖

APEC 教育创新奖（APLE）旨在表彰在亚太地区以创新的方式对教育做出卓越贡献并产生重大影响的个人及合作团体，以此发现并分享亚太地区的教育创新经验。目前，中国、美国、澳大利亚、俄罗斯、泰国、秘鲁等经济体明确表达了对该奖项的设立的支持意向。该奖项的评选机制和赞助机制尚待进一步完善，以期纳入更多经济体的意见，增强该奖项的影响力与凝聚力。

每年的 APLE 主题设置将基于当年 APEC 的主题，经 APEC 东道主经济体提出后，指导该年 APEC 教育创新奖的提名及授予。APLE 共设有两个奖项——APEC 年度教育人物与 APEC 年度教育项目。奖项评估标准为对 APEC 领域教育合作的贡献，项目和成果在 APEC 地区产生重大影响或有产生重大影响的潜力；教育研究和发展方面的突出表现，以证实了的成果和影响为证据；对教学的贡献，尤其考虑其创新性和可复制性。

奖项的评选须经过提名、筛选和评审三个阶段：每年由成员经济体通过其教育网络（EDNET）来提名；然后，由 EDNET 成员通过选举投票的方式对候选人进行排名，确定入围者；最终，由东道主经济体代表、网络协调人、APEC 秘书处的项目主管和赞助机构的外部顾问组成的终审委员会决定获奖名单。

目前，奖项方案还有待最后确认，并将征集赞助方。在此之后，启动评奖，计划在 2019年决出第一届"APEC 年度教育人物"与"APEC 年度教育项目"并予以颁奖。

（三）APEC 教育与经济发展报告

为了解决实施《APEC 教育战略》中遇到的问题，分享成员经济体教育改革与发展的经验，并分析教育与经济发展的关系，2018 年，APEC 教育网络启动了一个新的倡议，即《APEC 教育与经济发展报告》。2018 年 3 月在巴布亚新几内亚召开的第 35 届教育网络会议审议了《APEC 教育与经济发展报告》的概念文件，并就报告的框架、编制方法、时间表等工作达成了一致。

2018 年 5 月 21 日至 22 日，"APEC 教育经济发展报告研讨会"在泰国曼谷召开。研讨会由泰国教育部与中国教育科学研究院联合举办，来自澳大利亚、智利、中国、印度尼西亚、日本、韩国、马来西亚、新西兰、巴布亚新几内亚、菲律宾、俄罗斯、中国台北、泰国与越南等 14 个成员经济体的代表参加了此次会议。

在会议上，代表们就起草《APEC 教育与经济发展报告》的有关事项进行了深入研讨。中国、澳大利亚、印度尼西亚、俄罗斯、泰国的代表分别牵头"跨境教育与学术流动""资格框架与技能开发""数字时代的教育创新""21 世纪素养与教育体制改革"等报告章节的撰写。与会代表还就报告各章节的框架与主要内容、写作方式与规则、时间表以及每一部分的撰写者达成了共识。

《APEC 教育与经济发展报告》采用实证分析的方式，综合《亚太教育现状基线报告》《APEC 教育战略行动计划》监测结果以及成员经济体教育项目报告的信息，并借鉴"联合国可持续发展目标""联合国教科文组织教育 2030"等其他国际组织相关文件，在国际教育发展的参照系内，从经济发展的视角，分析亚太教育的最新发展成果和态势。

为修改完善《APEC 教育与经济发展报告》的初稿，中国计划于 2018 年 10 月举办 APEC 教育与经济发展政策对话，期望报告于 2018 年定稿，并正式发布。

四、结语

APEC 教育合作取得了长足的进步，成员经济体开展的教育项目数量大幅度提升，并且改变了以往单兵作战的做法，采用各成员经济体协作的方式，制定战略规划与行动计划、开展合作研究、设立奖项、分享知识等，不但形成了合力，产生了广泛而深远的影响，还积累了一定的经验。但如前文所述，APEC 教育合作未来仍然面临很多挑战，一方面，取决于目前进行中的 APEC 机构改革；另一方面，也会不同程度地受到 APEC 成员经济体之间双边关系的影响。然而，在以往经验的基础上，采用开放、创新、务实的方式合作，相信未来 APEC 教育合作会取得更多的成就，使所有成员经济体受益，并进一步促进亚太地区社会与经济一体化发展。

参考文献

[1] APEC. Report on Education and Economic Development: Inclusive and Quality Education: Embracing Digital Future [R/OL]. APEC, 2018. https://www.apec.org/Publications/2019/11/APEC-2018-Report-on-Education-and-Economic-Development. [2020-6-22].

[2] APEC. Toward Education Standards for the 21st Century [EB/OL].. APEC, 1992. https://apec.org/~/media/Files/MinisterialStatements/Education/92_edumm_Declaration.pdf. [2020-6-22].

RCEP 谈判最新进展、主要障碍及其对策

李天国　沈铭辉*

摘　要：复杂多变的国际经济形势下，亚太区域内最大的自由贸易协定"区域全面经济伙伴关系（RCEP）"已经进行了 22 轮谈判。本文在分析国际经济环境的基础上，跟踪 RCEP 谈判进程与新进展，指出逆全球化与贸易保护主义思潮的影响、"10+1" FTA 的整合难题、成员国内部的离心力等问题阻碍 RCEP 谈判进程，并提出我国的对策。我国应深入参与 RCEP 内部谈判，承担起协调者的角色，协调东盟各国利益，强调亚太地区经贸合作的重要性，在谈判中发挥更大的作用。中日韩三国在支持 RCEP 本身进程的同时，也要加快三国 FTA 的完成，这将有助于 RCEP 规则的制定与形成。对于 RCEP 背后 CPTPP（全面与进步跨太平洋伙伴关系协定）若隐若现的影子，我国要注意隔离 CPTPP 对 RCEP 的影响，突破保守主义的壁垒，从维护全球贸易规则和区域贸易自由化角度出发，加快推进 RCEP 谈判进程。

关键词：亚太；RCEP；CPTPP；逆全球化；中日韩

自 2017 年美国宣布退出 TPP（跨太平洋伙伴关系协定）以来，国际经济环境出现各种变化，世界范围内出现贸易保护主义抬头趋势。TPP 的挫败使得正在谈判中的亚太地区巨型自由贸易协定、与 TPP 并驾齐驱的 RCEP 再次受到国际社会的瞩目。作为世界上最大的自由贸易协定，RCEP 成员国包括全世界人口的 48%，在生产总值方面占全世界 GDP 的31.6%，对外贸易则占全球贸易的 28.5%，吸引全球 1/5 的外国直接投资。对于发起 RCEP 谈判的 16 国而言，这一区域自由贸易协定谈判的目标是达成一个现代、全面、高质量和互惠的经济伙伴关系协定。到目前为止，RCEP 已经进行了 22 轮谈判。因在一些具体问题上没有达成一致，完成协议的日期一再推迟。尽管 RCEP 谈判仍存在一些待解决的问题，但

* 李天国，中国社会科学院亚太与全球战略研究院助理研究员；沈铭辉，中国社会科学院亚太与全球战略研究院研究员。

各成员国都在尽力推动谈判进程。

一、区域经济合作背景下的 RCEP

（一）RCEP 面临的国际经济环境

在世界多边贸易体制停滞不前的情况下，世界不少国家开始探索区域经济一体化。在部分国家的主导和推动下，巨型区域贸易协定正在酝酿之中，影响着未来全球贸易新规则的制订。2009 年 11 月 14 日，时任美国总统奥巴马在其亚洲之行中正式宣布美国将参与 TPP 谈判，强调将以此促进美国的就业和经济繁荣，为设定 21 世纪贸易协定标准做出重要贡献，要建立一个高标准、体现创新思想、涵盖多领域和范围的亚太地区一体化合作协定。秘鲁、越南和澳大利亚也宣布加入 TPP 谈判，TPP 谈判由此实现重大历史性转变，呈现出亚太地区参与国家进一步扩大的趋势。但是 2017 年随着美国新一任总统特朗普宣布退出 TPP，TPP 面临搁浅局面。面对美国的退出，日本牵头推进协定进程，在越南、新加坡等国的积极配合下，TPP 又得以复活。

2017 年 11 月 11 日，日本经济再生担当大臣茂木敏充与越南工贸部长陈俊英在越南岘港 APEC 峰会上宣布，除美国之外的 11 国已就继续推进 TPP 达成一致，11 国将签署新的自由贸易协定，新协议名称为"全面且先进的跨太平洋伙伴关系协定（Comprehensive and Progressive Agreement for Trans-Pacific Partnership）"，简称 CPTPP。经过几经周折，TPP 又得以复活，可见 TPP 规则在某种角度上具有较强生命力。TPP 以及 CPTPP 作为高标准和高质量自由贸易协定，其发展进程不可避免地会影响东亚国家对外贸易。没有美国参与的 CPTPP 的经济规模比原先的 TPP 大幅缩小，但其在全球 GDP 和全球进出口贸易中的比重仍然无法忽视。由于关系到全球贸易体制的新规则的主导权，东亚国家恐面临边缘化境地。

表 1　CPTPP 与 RCEP 经济影响力比较

分类	CPTPP	RCEP
成员国	11 个成员国（日本、新加坡、文莱、马来西亚、越南、澳大利亚、新西兰、加拿大、墨西哥、秘鲁、智利）	16 个成员国（东盟 10 国，中国、日本、韩国、澳大利亚、新西兰、印度）
东盟国家	4 个成员国（新加坡、文莱、马来西亚、越南）	10 个成员国（东盟所有国家）
人口	5 亿	35 亿
GDP	10 万亿美元	24 万亿美元
占全球 GDP 比重	13%	32%
货物出口	2.4 万亿美元	4.9 万亿美元
向东盟出口	2722 亿美元	6927 亿美元
货物进口	2.4 万亿美元	4.3 万亿美元
从东盟进口	2982 亿美元	6367 亿美元

资料来源：根据世界银行、联合国贸易与发展会议等国际组织的公开信息整理。

（二）RCEP 的主要议题与特点

在全球范围内区域主义兴起的背景下，东盟于 2012 年提出了组建"区域全面经济伙伴关系"的设想，随即得到了中国、日本、韩国、澳大利亚、新西兰、印度等 6 国的积极响应，并于 2012 年 11 月召开领导人会议，商讨具体推进 RCEP 的日程。RCEP 旨在将东盟和 6 个贸易伙伴之间的关税减让措施和贸易便利化措施整合在一起，通过相互开放亚太地区市场、实施区域经济一体化来减少贸易成本，更加快捷地进行贸易与投资活动。根据东盟秘书处发布的声明，RCEP 谈判强调东盟在地区经济一体化中的主导地位，吸引东盟的贸易伙伴支持和促进东盟经济一体化，同时也欢迎所有 RCEP 的成员国公平发展经济。

RCEP 的谈判涵盖货物贸易、服务贸易、投资、竞争政策、争端协调等议题，将所有货物贸易中的关税与非关税壁垒纳入自由化范围，最终实现贸易自由化。RCEP 计划大幅削减服务贸易领域的限制和歧视性措施，并基于现有的服务贸易总协定（GATS）和"10+1"自由贸易协定实现服务贸易自由化承诺。RCEP 将为成员国搭建经济合作平台，在兼顾成员国产业生产能力的前提下，促进成员国之间的竞争，帮助提高生产效率和各国消费者福利。RCEP 也将建立贸易争端解决机制，为成员国的贸易争端提供高效和透明的解决方案。

东盟已经与中国、日本、韩国、印度、澳大利亚和新西兰签订了双边的"10+1"自由贸易协定（FTA）。由于 RCEP 的现实基础是东盟与其他国家之间的双边"10+1"FTA，因此东盟的角色特殊。从"轮轴-辐条"模式的角度，东盟处于"轮轴"的地位，而中国、日本、韩国等 6 国处于"辐条"位置。东盟在 RCEP 参与国家中的独特地位决定了东盟 RCEP 的主导国家角色。从成员国家分布上看，RCEP 不仅涵盖了中国、日本与韩国等西太平洋地区国家，而且也包括了印度等典型印度洋国家以及位于南太平洋和印度洋之间的澳大利亚和新西兰。RCEP 的开放性原则有望进一步凝聚亚洲以及更多太平洋沿岸国家，并成为实现亚太自由贸易区的重要路径。

由于 RCEP 的主要国家是发展中国家，使得 RCEP 具有了"南南合作"的特征。RCEP 不可能一味地追求高标准，而是要充分考虑成员国家的经济发展水平和开放容忍度。在最初的谈判中，RCEP 成立了货物贸易、服务贸易和投资三个工作组，并针对这些议题进行讨论。随着谈判的深入，成员国逐步把磋商的议题扩大至电子商务、知识产权、金融、电信等领域。

（三）RCEP 对地区与全球经贸合作的影响

作为亚太地区最大的自由贸易协定，RCEP 的达成将会给全球贸易带来重要影响。2008 年全球金融危机爆发以来，全球市场需求处于萎缩状态，欧美发达国家经济增长速度放缓，促使这些国家为了国内产业与就业而提高各种对外贸易壁垒，对东亚国家出口造成不利影响。东亚国家大多实行出口导向型发展战略，对外贸易的低迷直接影响东亚国家经济的顺利发展。RCEP 能够给东亚国家提供更加便利和广阔的市场，能为经济的复苏提供良好的外部环境。

虽然东亚地区的各国签订了很多自由贸易协定（FTA），但各国的 FTA 涉及范围相互交叉和重叠，形成错综复杂的 FTA 网络。而这种 FTA 网络因采取不同原产地规则、关税减让标准、例外条款等，会在各国从事实际进出口与投资活动时，带来很高的贸易成本，不利于各国实施贸易与投资便利化原则，也不符合签订自由贸易协定的初衷。东亚区域经济一体化需要加强贸易和投资机制的建设，协调各国之间不同的贸易政策和规则，采用统一标准。

RCEP 不仅对亚太地区内的"面条碗效应"具有改善作用，而且还会加强亚太各国之间的经济贸易联系，促进相互合作与交流，促进整个亚太地区实现经济一体化。RCEP 将促进货物贸易、服务贸易和投资自由化，消除亚太地区贸易与投资壁垒，使各国发挥自身比较优势，获得长期发展机遇。RCEP 各成员国把产业合作作为重要合作内容，有助于缩小各国之间的经济差距，也有助于亚太地区生产网络的发展和壮大，实现区域内国家经济的腾飞。

二、RCEP 谈判进程与最新进展

RCEP 是应对经济全球化和区域经济一体化的发展而提出的。由于推动全球自由贸易的 WTO（世界贸易组织）谈判受阻，面对经济全球化中的一些负面影响，要想在当前世界经济中立于不败之地并有新发展，就必须加强区域经济一体化，为此，部分国家之间实施"零"关税，相互开放市场，密切合作关系，寻求合作发展。自 2013 年 RCEP 进行第一轮谈判以来，由于 RCEP 参与国家的共同努力，尽管在一些领域仍存在分歧，但总体上在大部分领域达成了一些共识（见表 2）。

表 2　2017 年以来 RCEP 谈判主要内容

谈判进度	谈判时间	谈判地点	谈判内容
第 17 轮	2017 年 2 月 27 日—3 月 3 日	日本（神户）	各方讨论商品领域最终共同减让目标、后续减让具体标准以及服务领域开放事宜。继续对原产地、知识产权、货物通关、电子商务等 12 个领域进行谈判
第 18 轮	2017 年 5 月 8 日—12 日	菲律宾（马尼拉）	各方加快推动市场准入条款协商，并提出年内完成谈判的目标。继续讨论商品和服务领域后续减让方案
第 19 轮	2017 年 7 月 24 日—28 日	印度（海德拉巴）	各方为尽快完成 RCEP 谈判而继续讨论商品、服务和投资领域开放事宜
第 20 轮	2017 年 10 月 17 日—28 日	韩国（仁川）	各方按照 9 月部长会议通过的关键要素文件，继续就货物、服务、投资和规则领域展开深入磋商，讨论并形成了拟向领导人提交的联合评估报告草案

续表

谈判进度	谈判时间	谈判地点	谈判内容
第 21 轮	2018 年 2 月 5 日—9 日	印度尼西亚（日惹）	各方按照 2017 年 11 月首次 RCEP 领导人会议的指示，继续就货物、服务、投资和部分规则领域议题展开深入磋商
第 22 轮	2018 年 4 月 28 日—5 月 8 日	新加坡	各方在货物、服务、投资、原产地规则、海关程序与贸易便利化、卫生与植物卫生措施、技术法规与合格评定程序、贸易救济、金融、电信、知识产权、电子商务、法律机制、政府采购等领域都举行了工作组会议

资料来源：作者根据中国商务部网站信息进行整理。

  RCEP 谈判要争取达成一个所有成员国均可接受的、可行的"着陆区"，确保最终协议遵循《RCEP 指导原则和目标》。RCEP 已经达成的 8 项指导性原则包括：与 WTO 保持一致性原则，包括符合关贸总协定（GATT）第 24 条款以及 GATS 条款；在现有"10+1"FTA 的基础上提升开放度，兼顾不同成员国的国情；确保贸易与投资的透明性与便利性，为成员国参与全球供应链提供便利条件；对发展中国家采取适度灵活性，对最不发达国家给予特别优惠待遇；继续维护现有参与国的 FTA 有效性，包括"10+1"FTA 和成员国之间的双边 FTA；保持条款的开放性，可以在谈判过程和谈判结束后，吸收其他贸易伙伴国家，并为新加入国引入相关的条款；向发展中国家提供技术支持和能力建设，使所有成员国都能履行 RCEP 的义务，并能从中获得收益；全面推动货物贸易、服务贸易和投资等领域的谈判，获得均衡的谈判结果。

  2017 年 11 月，RCEP 首次领导人会议在菲律宾首都马尼拉举行，与会各国领导人在会后发表了联合声明。联合声明重申对于"达成一个现代、全面、高质量、互惠的一揽子经济伙伴关系协定"的承诺，在亚太区域营造开放的、促进贸易和投资的环境。为达到此目标，各成员国部长们和谈判团队要在 2018 年加快谈判进程，以完成 RCEP 谈判。[①]

  2018 年 4 月 28 日至 5 月 8 日在新加坡举行的第二十二次谈判中，RCEP 的 16 个参与国重新确认了应对贸易保护主义和亚太地区经济一体化的重要性，希望尽早完成谈判。在这次谈判中，货物、服务、投资、原产地规则、海关程序与贸易便利化、卫生与植物卫生措施、技术法规与合格评定程序、贸易救济、金融、电信、知识产权、电子商务、法律机制、政府采购等领域都举行了工作组会议。各成员国按照 2017 年 11 月首次 RCEP 领导人会议和 2018 年 3 月 3 日部长会议的指示，继续就货物、服务、投资和规则领域议题展开深入磋商，谈判取得积极进展。会议强调各方将按照《RCEP 谈判指导原则》，齐心协力，务实突破，推动尽早结束谈判。[②] RCEP 在货物、服务和投资等三大重点领域取得了重要进

---

  ① 中国自由贸易区服务网. 驱动经济一体化 促进包容性发展：RCEP 谈判领导人联合声明. 区域全面经济伙伴关系协定［2017-11-15］. http://fta.mofcom.gov.cn/article/rcep/rcepnews/201711/36158_1.html.

  ② 中国新闻网. RCEP 第 22 轮谈判取得积极进展.［2018-05-09］. http://www.chinanews.com/cj/2018/05-09/8509967.shtml.

展，在货物贸易初始出价模式、原产地规则、海关程序与贸易便利化、市场准入减让模式、清单形式等方面达成一致。

按照目前达成的意见，RCEP 将包括 18 章内容，除了传统的货物贸易内容以外，还包括投资、金融、人员流动、电信、电子商务、知识产权以及服务贸易等相关章节。从这些章节设定也可以看出，RCEP 讨论了不少现有自由贸易协定未讨论的内容。

RCEP 谈判要想成功推动，需要最大化利用现有"10+1"FTA 内容，加强未签订自由贸易协定的国家之间的经济联系。鉴于部分东盟国家的经济发展水平与产业竞争能力，有必要向这些部分国家额外提供特殊待遇。RCEP 参与国已经同意基于现有自由化水平，推进高水平贸易与投资自由化；降低贸易与投资壁垒，促进竞争，反对垄断；建立贸易争端解决机制；推动服务贸易相关自由化等。

三、RCEP 面对的主要障碍

（一）逆全球化与贸易保护主义思潮的影响

自 2013 年 RCEP 谈判开始以来，至 2018 年，虽历经 5 年谈判之路，但仍然没有达成一致协议。签订自由贸易协定，共同降低关税和非关税壁垒，能够推动自由贸易协定参与国家的贸易与经济是不争的事实。但近些年以美国为代表的部分国家明确反对多边贸易协定，认为自由贸易可能会对成员国带来很多经济和社会问题。因为自由贸易协定关系到不同产业的发展，而自由贸易协定无法保证所有产业都获利，对于一些弱势产业可能会产生较为严重的后果，如降低相关产业收入、提高相关产业工人失业率等。另外，贸易所导致的资源分配问题也有可能拉大特定产业间的收入差距。

2017 年，特朗普担任美国总统以后，提出"美国优先"的口号，顺应于美国国内反对全球化的声音。特朗普贸易政策的核心就是要稳住甚至阻止区域化和全球化进一步发展，将美国企业和产业留在国内，并通过基于实力的双边贸易协定打开外国出口市场，为美国创造更多就业和财富。美国不仅退出了 TPP，还中止了"跨大西洋贸易和投资协定"（TTIP），连美韩自由贸易协定和北美自由贸易协定都面临重新谈判的窘境。

在欧洲，英国内部长期存在对欧盟的作用表示质疑的声音，而欧债危机和欧盟内部移民问题与宏观政策的缺陷，促使英国更加坚定脱欧的决心。脱离欧盟以后，英国获得的利益至少在短期内是显而易见的。英国不仅可以立即省下每年需缴纳给欧盟财政的 80 亿英镑款项，而且英国许多中小企业不受欧盟规章制度的钳制，就业机会可能会因此增多。

美国和英国等国家主张的对外政策表明贸易保护主义和反全球化思潮的回归，对全球区域经济一体化形势造成负面影响。长期以来，亚太区域一体化进程一直将欧洲经济一体化与北美自由贸易区等合作模式作为前进的动力，但欧美地区出现的反全球化思潮与事件给热衷于区域经济一体化的亚太地区国家带来不利影响。美国不断向世界主要贸易伙伴发起贸易保护调查，提高来自这些国家和地区的商品进口关税，造成较为紧张的全球对外贸易氛围。亚太部分国家为了维持对外贸易规模，在亚太区域内展开竞争，导致部分国家在区域内削减关税和进一步开放市场的热情下降。这些都加剧了 RCEP 成员国的谈判博弈，使得谈判进程一拖再拖。

（二）五个"10+1"FTA 整合为"10+6"FTA 并非易事

如前所述，东盟国家已经与中国、日本、韩国、澳大利亚和新西兰以及印度等国家签订 5 个不同的双边"10+1"FTA。因此，RCEP 实际上是通过整合现有"10+1"FTA 条款，形成更大范围内的贸易与投资自由化安排。东盟与 6 国之间都主张贸易和投资便利化，都通过签署自由贸易协定的形式，推动与东盟之间的经贸联系。因此从表面上看，整合现有 5 个"10+1"FTA 条款看似并非难事，只需简单地将双边"10+1"FTA 升级为包含更多成员的"10+6"FTA。然而，事实上"10+6"FTA 意味着更多的不同经济利益诉求，也就导致在某些产业领域更难达成一致意见。

从"10+1"FTA 的条款来看，这些自由贸易协定的平均关税撤销幅度大概维持 91% 的水平，但部分国家的自由化程度具有显著差异（见表 3）。柬埔寨、印度尼西亚、老挝、缅甸和越南等国家在"10+1"FTA 中均维持低于 90% 的贸易自由度。另外，印度与东盟国家签订的自由贸易协定的贸易自由度也明显低于东盟与中国、日本、韩国、澳大利亚及新西兰等国家所签订的"10+1"FTA。在 5 个"10+1"FTA 之中，澳大利亚与新西兰在自由贸易协定中坚持最高比例的贸易自由化。两国在与东盟的"10+1"FTA 中，撤销关税的比例达到 100%。可见，RCEP 成员国对自由贸易的立场存在明显不同，就贸易自由度达成一致意见并非易事。

表 3　"10+1"FTA 的撤销关税范围　　　　　　　　单位：%

国家	AANZFTA	ACFTA	AIFTA	AJCEP	AKFTA	平均
文莱	99.2	98.3	85.3	97.7	99.2	95.9
柬埔寨	89.1	89.9	88.4	85.7	97.1	90.0
印度尼西亚	93.1	92.3	48.7	91.2	91.2	83.4
老挝	91.9	97.6	80.1	86.9	90.0	89.3
马来西亚	97.4	93.4	79.8	94.1	95.5	92.0
缅甸	88.1	94.5	76.6	85.2	92.2	87.3
菲律宾	95.1	93.0	80.9	97.4	99.0	93.1
新加坡	100	100.0	100.0	100.0	100.0	100.0
泰国	98.9	93.5	78.1	96.8	95.6	92.6
越南	94.8	—	79.5	94.4	89.4	89.5
澳大利亚、新西兰	100					
中国		94.1				

国家	AANZFTA	ACFTA	AIFTA	AJCEP	AKFTA	平均
印度			78.8			
日本				91.9		
韩国					90.5	

资料来源: Yoshifumi Fukunaga and Ikumo Isono. Taking ASEAN+1 FTA towards the RCEP: A Mapping Study. ERIA Discussion Paper Series, 2013: 8.

注: 1. 商品按照 HS 6-digit 进行分类。2. ACFTA 中，越南数据因空缺未计入计算；另外，缅甸的 HS01-HS08 数据因空缺未计入计算。

AANZXFTA：东盟-澳大利亚-新西兰自由贸易协定，CAFTA：中国-东盟自由贸易协定，AIFTA：东盟-印度自由贸易协定，AJCEP：日本与东盟经济合作伙伴协议，AKFTA：东盟-韩国自由贸易协定。

如表 4 所示，东盟对外所签订的自由贸易协定中，统一撤销关税的商品类目只有 73.3% 是重叠，占 25.8% 的商品类目采取了不同程度的关税减让方法，表明不同国家对不同产业采取不同策略。如果想要让所有东盟国家采取相同关税撤销办法，则会遇到不小的困难。尤其印度尼西亚、柬埔寨和老挝等国家在东盟国家中同意关税撤销的商品分别占 46%、64.3% 和 68%。但是如果在 RCEP 内部不同国家采取不同关税减让办法，则会导致过于复杂的 RCEP 内部关税表，加上原产地规则等其他条款，则可能会导致规则的低效率。

表 4　"10+1" FTA 关税撤销商品分布　　　　　　　单位：%

国家	"10+1"FTA 中撤销关税的商品类目	各 FTA 中，采取不同关税减让的商品类目	"10+1" FTA 中均未列入关税撤销的商品类目
文莱	84.1	15.9	0
柬埔寨	64.3	35.3	0.4
印度尼西亚	46	52.8	1.2
老挝	68	31.6	0.4
马来西亚	76	22.9	1.1
缅甸	66.6	31.8	1.6
菲律宾	74.6	24.4	1
新加坡	100	0	0
泰国	75.6	24.3	0.1
越南	78.1	19.1	2.8
平均	73.3	25.8	0.9

资料来源: Yoshifumi Fukunaga and Ikumo Isono. Taking ASEAN+1 FTA towards the RCEP: A Mapping Study. ERIA Discussion Paper Series, 2013: 8.

注: 商品按照 HS 6-digit 进行分类。

（三）TPP 影响 RCEP 谈判国家的决策

由于 RCEP 缺乏像 TPP 谈判中美国那样的主力推手，谈判进展比较慢。中日之间的微妙而复杂的关系使得东盟不得不承担起主导者的角色，但东盟的力量在整个谈判中比较有限，其影响力无法在实际谈判中得到完整体现，RCEP 谈判进程不断受到干扰。尽管 TPP

受到重大挫折,但 RCEP 部分参与国家仍然对 TPP 存有幻想,指望美国能够重新回到 TPP。2017 年 11 月 15 日,越南政府总理阮春福在越南首都河内接受《日本经济新闻》采访,在提及针对日本、越南等 11 国参加达成基本协议的跨太平洋伙伴关系协定(TPP)11 时表示,"相信美国回归的可能性,应为此做好准备",显示出与日本合作推动美国参加的想法。他还表示,"针对如何说服特朗普,与安倍首相进行了交流",表示强烈希望说服特朗普。①2018 年 4 月 12 日,特朗普在与美国共和党参议员的会谈中,要求国家经济委员会主席拉里·库德洛和美国贸易代表罗伯特·莱特希泽重新研究一下 TPP 协议。美国白宫副发言人于 2018 年 4 月 12 日也发布声明证实,特朗普要求经贸官员再度研究是否可能达成更好的协定。发言人表示,特朗普 2017 年遵守承诺,退出 TPP 协定,因为这对美国劳工与农民不公平。不过特朗普一向表明,他对于实现"更好的协定"保持开放态度②。尽管美国还未明确示重返 TPP,但这些消息仍然影响着原 TPP 成员国甚至 RCEP 成员国的立场。

美国退出 TPP 后,新推动的 CPTPP 重新又与 RCEP 形成竞争格局。尤其是日本在 RCEP 谈判中表露出希望将更多的 TPP 条款植入到 RCEP 当中的意愿。当前,日本主导的 CPTPP 暂缓了原有 20 个条款的实施,其中涉及知识产权、电信争端、投资等。相对于其他各国希望早日达成协议,日本则倾向于花更长时间制定"高质量的规则"。③

(四)成员国内部存在离心力

从成员构成角度,RCEP 的成员国之间的经济水平差距大于 CPTPP,使得 RCEP 比起 CPTPP 在达成一致协议方面更加困难。尽管 TPP 的成员国之间的经济发展水平差距也很大,越南等国家自身经济规模较小,议价能力弱,无法左右整个谈判格局。这也使 TPP 在短时间内获得各个成员国的一致意见。但作为 RCEP 的主导方的东盟国家成员本身就面临参差不齐的经济发展水平。

东盟成员国之间对 RCEP 的立场也不尽相同,东盟内部还涌动着另一股离心力。马来西亚和泰国从 2017 年开始就提出,打造一个 13 国自由贸易圈,将目前参与 RCEP 谈判的印度、澳大利亚和新西兰排除出去,打造一个排除印度、澳大利亚和新西兰的自由贸易协定。④ 这样一来,两国与坚持 RCEP 框架的印尼等国的分歧开始凸显。⑤

由东盟与日、中、韩组建 13 国自贸区的构想再次被重提,其缘由是 RCEP 谈判进展过于缓慢。除了要保护本国农产品的印度之外,反复强调高水平自由化原则的澳大利亚和新

① 环球网. 越南总理:与日本合作推动美国重返 TPP.[2017-11-17]. http://finance.huanqiu.com/gjcx/2017-11/ 11383824.html.

② 环球网. 什么情况下重返 TPP?特朗普在推特上亮出条件了. [2018-04-13]. http://world.huanqiu.com/exclusive/ 2018-04/11844284.html.

③ 魏建国. RCEP 冲刺面临三难关[N]. 环球时报, 2018-02-26.

④ 参考消息网. 日媒:东盟国家对 RCEP 谈判各有打算 马泰主张剔除印澳新. [2018-04-27]. http://www.cankaoxiaoxi. com/finance/ 20180427/ 2264664.shtml.

⑤ 参考消息网. 日媒:东盟国家对 RCEP 谈判各有打算 马泰主张剔除印澳新. [2018-04-27]. http://www.cankaoxiaoxi. com/finance/20180427/2264664.shtml.

西兰也在与东盟的谈判中表现出态度上的严重分歧。在 RCEP 前途未卜的背景下，泰国已经毫不掩饰加入"TPP11"的意愿。另一方面，此前竭力与日本就加入 TPP 达成共识的越南加入 RCEP 的热情也大大减弱了。东盟能否超越分歧推动谈判取得进展，或将影响多边贸易和世界贸易体制的走向。

（五）各成员国在制定高标准自由贸易协定上的分歧

服务贸易和投资是新时代国际贸易规则的核心内容。由于 WTO 的服务贸易市场准入谈判毫无进展，很多国家将希望寄托在区域自由贸易谈判上。因此，服务贸易和投资自然成为 RCEP 谈判中的重点领域。RCEP 对货物贸易、服务贸易和投资等领域的谈判采取同步进行的方式，因此货物贸易方面必须达成大体一致意见后，服务贸易与投资领域才能有进展。现有的"10+1"FTA 对于服务贸易领域均采取正面清单方式，而对于投资领域则采用负面清单方式。鉴于东盟国家未采用负面清单方式签署服务贸易协定，RCEP 不可能像 TPP 那样采取负面清单方式。而且即使是签订服务贸易协定的"10+1"FTA 也各自采用不同标准和水平，这对于 RCEP 整合服务贸易条款带来较大难度。东盟与澳大利亚和新西兰签订的 FTA 的服务贸易协定采用了最高标准，而东盟同中国和韩国之间的 FTA 则采用相对低水平的开放标准。另外，在东盟内部，印度尼西亚、老挝、越南等国家的服务领域可接受的开放度较低。[1] 印度虽然货物贸易领域开放度并不高，但对于服务贸易主张高水平开放。印度提出在 155 个子部门中开放 120 个子部门，而且自然人的移动方面主张高水平自由度，但东盟国家无法满足这种要求。

四、不同国家对 RCEP 的态度

（一）东盟

东盟虽然是 RCEP 的提出者和主导者，但在整个谈判过程中无法真正起到领导者的作用。2018 年 4 月 28 日，东盟国家在新加坡召开第三十二届东盟峰会。新加坡总理李显龙呼吁东盟加强区域合作和一体化以应对外部压力。东盟国家领导人强调了推进区域贸易谈判的重要性，以及如何确保东盟能够继续保持其在更为广泛的地理合作中的核心区域结构地位。[2] 东盟认识到轮轴地位带来的经济收益，并在 RCEP 中维持核心地位，但东盟自身内部对具体开放领域与投资规则的意见并不统一，因此影响东盟在 RCEP 谈判中的引领作用。印度尼西亚的佐科总统执政以后，主要关注点集中在国内经济改革，而对 RCEP 的关注较少。虽然佐科政府部分缓和了对外国投资者的限制，但保护主义政策倾向仍然阻碍了国际投资活动。

---

① 刘均胜. RCEP 谈判进程及挑战：从区域视角的评估[J]. 国际经济合作，2017（8）：41.

② 中国自由贸易区服务网. 东盟领导人呼吁加强互联互通，加快推进 RCEP 贸易谈判. http://fta.mofcom.gov.cn/article/fzdongtai/201805/37777_1.html.

（二）日本

日本刚开始对于 RCEP 持支持和欢迎态度。但自从 TPP 提上日程以后，日本开始更加热衷于 TPP 谈判。2013 年 3 月，日本宣布参加 TPP 谈判，并且很快成为 TPP 的正式成员国家。日本青睐 TPP 的部分原因在于 TPP 的高标准，它希望通过参与制定 TPP 规则来争夺未来贸易规则制定权。2017 年 1 月 20 日，日本率先通过了对 TPP 的批准，并积极说服美国推动 TPP 生效。即使在美国明确宣布退出 TPP 的情况下，日本仍然不放弃 TPP，筹划 CPTPP。时任日本首相安倍晋三也曾公开表示，如果 TPP 无法实施，日本会将重点转向 RCEP。①因为在 TPP 生效无望的情况下，RCEP 的贸易规则有可能成为"亚洲标准"，日本不希望这个主导权落入中国的手里。

（三）韩国

韩国对 RCEP 比较积极，自 RCEP 第 9 轮谈判开始就承担协调中国、日本、韩国、新西兰和印度等 6 个国家与东盟的立场、承担协商讨论的东南亚自由贸易协定联盟协调者（AFP Facilitator）的角色。韩国希望尽快达成协议，以此缓和区域内贸易保护主义思潮，缩小成员之间的发展差距，实现持续经济增长。②近期美国的贸易保护主义政策使得韩国更加热衷于寻找替代美国的市场，而中国、印度、东盟等都是韩国所较为看重的地区。韩国也希望 RCEP 能够成为高水平的自由贸易协定。韩国以 RCEP 成员国为对象举办韩国引资说明会，强调区域内成员国之间经济合作的重要性，推动 RCEP 协定尽快达成。

（四）印度

印度并未加入 APEC 和 TPP，因此把 RCEP 视为进军日本、澳大利亚和新西兰等国家市场的机会。印度想要借 RCEP 加强与区域内生产网络之间的联系，但可承受的货物贸易自由化程度较低，在谈判中采取保守态度。参与 RCEP 谈判的成员国多数希望大幅减让关税，达到接近 90% 的高比例的自由化率，但印度对多边自由贸易机制仍存怀疑，不愿意快速开放本国相关产业与市场。当前，印度与 RCEP 伙伴国之间的贸易平衡也在恶化。比如，中国在印度出口和进口"篮子"中的占比分别为 3.4% 和 17%，加深了贸易不平衡的程度。③而中国目前尚未与印度通过已运行的区域贸易协定达成深度融合。印度认为通过对于印度的贸易参与者尤其是那些中小型企业（SMEs）推行关税以及其他程序性改革，RCEP 可能给印度带来负面影响，这可能是印度政策制定者的一个重要考虑事项。比起货物贸易，印度更加在意的是 RCEP 带来的服务贸易的扩大，希望从服务贸易自由化尤其是商业服务及专业服务类的贸易自由化中获益。伴随美国工作签证的收紧以及保护主义情绪在全欧洲

---

① 安倍：如果 TPP 失败 将把重点转向 RCEP. [2016-11-15]. http://finance.ifeng.com/a/20161115/15008362_0.shtml.

② 澳大利亚、新西兰和韩国的贸易蓝海：RCEP 必须尽快达成. [2018-05-18]. http://www.etoday.co.kr/news/section/newsview.php?idxno=1624403#csidx495754d67a6d7de8c77a2e4790095c7.

③ Debashis Chakraborty. 印度谨慎推进 RCEP 的理由. 第一财经网，[2018-05-18]. http://www.yicai.com/news/5336482.html.

范围内抬头，印度急需一个新的市场来吸收其服务出口。印度指望服务贸易自由化给自身带来更多收益，并不断要求提高服务贸易自由化水平，但遭到东盟国家反对。

（五）澳大利亚和新西兰

澳大利亚作为外向型经济国家，是全球开放贸易体系的支持者，TPP 和 RCEP 是澳大利亚在亚太地区参与的两大多边自贸协定谈判。由于特朗普宣布美国正式退出 TPP，TPP 前景趋黯，客观上有助于调动澳大利亚对推进 RCEP 谈判的积极性。与奥巴马政府时期实施的重返亚太战略相比，特朗普的亚太战略并不明朗，仍处于形成阶段，作为美国在亚太地区的重要盟友之一，美澳关系面临再定位和再调整。澳大利亚和新西兰都把 RCEP 视为融入亚太地区的重要平台。[①]澳大利亚和新西兰都希望达成高水平的 RCEP。在扩大服务贸易、提高便利化方面，澳大利亚和新西兰提出希望 RCEP 能够体现出更高水平的自由化，提供更多的服务出口机会。

五、对我国的政策建议

（一）抓住东亚区域发展有利形势，推进 RCEP 经贸战略

据东盟与中日韩宏观经济研究办公室日前发布的《2018 年度东亚区域经济展望报告》预测，由于内需强劲、出口增长及通胀稳定，2018 年东亚地区经济将增长 5.4%，2019 年将增长 5.2%。[②]《2018 年度东亚区域经济展望报告》指出，2018 年中国经济将增长 6.6%，韩国增长 2.9%，日本增长 1.3%。增长率较高将使各国对 RCEP 成型后带来的经济增长给予更高期望。[③] 美联储突然加息以及特朗普的贸易战局面升级等均会转化为现实冲击，将导致资本外流、借贷成本增加并损害贸易和投资发展，进而拖累经济增长。RCEP 成员国家要加强经济合作与交流，共同抵御来自全球紧缩金融环境与紧张贸易局势的外部冲击。从经济体的生产国际分工来看，RCEP 成员国处于全球价值链中比较重要的一环。东亚生产网络中，各国间互补性很强，容易形成生产供应网络，形成相互促进和相互补充的生产关系。各国内部需求旺盛也会从侧面推动 RCEP 达成。中国要抓住有利区域发展形势，促进中国与 RCEP 国家之间的贸易投资合作，加快 RCEP 谈判进程。

（二）中国要承担起协调者的角色，在谈判中发挥更重要作用

在当前的国际贸易体系中，以 WTO 为代表的多边贸易体制无法向贸易战略国家提供更多的贸易发展机会。因此，区域贸易体制的发展具有其客观必要性。当前，TPP 的继任者 CPTPP 和 RCEP 都在试图接近新一代国际贸易规则，而对于大力发展对外贸易的外向型

---

① 赵硕刚，张晓兰. 澳大利亚经济形势分析及中澳经贸合作建议. 国家信息中心网站.［2018-03-28］. http://www.sic.gov.cn/News/456/8916.htm.

② 新华网. 报告预测 2018 年东亚经济将增长 5.4%.［2018-05-03］. http://www.xinhuanet.com/2018-05/03/c_1122777612.htm.

③ 新华网. 报告预测 2018 年东亚经济将增长 5.4%.［2018-05-03］. http://www.xinhuanet.com/2018-05/03/c_122777612.htm.

经济体而言是一个扩大区域市场和获得区域市场准入的重要机遇。CPTPP 和 RCEP 都在不同的地区发挥重要的作用。然而，RCEP 多数成员为发展中国家，其开放度和规则标准定位也会比 TPP 要低，对发展中国家而言，更具有现实可操作性。相关各国光顾着打自己的小算盘，没有把实现 RCEP 谈判各国的共同利益放在合适位置。应该看到，RCEP 如果达成，将为各国增加就业，推动可持续增长，促进包容性发展，推动创新，提升各国人民的生活水平。中国作为 RCEP 的重要成员国家，绝大多数成员国对中国在 RCEP 成员间的政策立场与表现表示高度认可。中国应深入参与 RCEP 内部谈判，承担起协调者的角色，协调东盟各国利益，强调亚太地区经贸合作的重要性，在谈判中发挥更大的作用。

（三）中日韩形成合力，推动 RCEP 谈判进程

RCEP 成员国中，中日韩三国是发展模式与贸易利益等方面最为相关的国家，因此中日韩在诸多领域深化合作，对维护地区和平稳定、推动东亚经济共同体建设、构建开放型世界经济具有重要意义。[①] 2018 年又是中日韩领导人会议在东盟与中日韩（10+3）框架外举行 10 周年，2019 年将迎来中日韩合作启动 20 周年。而且近期中日韩三国之间的关系也度过艰难时期，正走向全面改善，这也为中日韩三国在全球事务中加强合作提供良好契机。

当前形势下，中日韩更应坚定地站在一起，维护以规则为基础的多边自由贸易体系，旗帜鲜明地反对保护主义和单边主义做法。中日韩三国的合力，有助于亚太地区自由贸易形势和市场开放，有助于促进区域发展，加快 RCEP 的谈判进程。[②] 中日韩要携手合作，全力支持东盟所提出的提案。另外，考虑到中日韩三国在东亚区域中的地位和作用，中日韩自由贸易协定的签订，也将是 RCEP 进程的重要推动力。中日韩三国在支持 RCEP 本身进程的同时，也要加快中日韩 FTA 的完成，这将有助于 RCEP 规则的制定与形成。

（四）改善 RCEP 谈判方式，灵活运用"特殊和差别条款"

在 RCEP 谈判中，东盟所擅长的"一致性"和"灵活性"原则有时让 RCEP 谈判陷入僵局[③]，贸易与投资条款无法达到升级与提升，甚至在不少谈判场合拉低了 RCEP 的整体贸易规则标准。RCEP 在采用东盟方式的过程中，"一致性"原则经常被单方面强调，而"灵活性"原则却被过分地忽视。RCEP 成员国的经济发展水平原本相差巨大，发达经济体成员和最不发达经济体成员之间的产业竞争力与市场开放容忍度差异也非常大，过度强调"一致性"原则无法实现 RCEP 应有的"高质量"与"高水平"规则标准。可以适当对于不同成员国赋予不同"义务"和"权利"，对于个别无法做出承诺的国家，可以适当限制其"权利"，如在零关税、金融管制以及知识产权等领域实行特殊和差别政策。要让"一致性"和

① 李天国. 后 TPP 时代中日韩 FTA 的机遇与挑战[J]. 东北亚学刊，2018（2）：48-54.

② 中国自由贸易区服务网. 商务部：力争与日韩尽快达成高水平自贸协定. [2018-05-10]. http://dongman.12312.gov.cn/article/fzdongtai/201805/37819_1.html.

③ 竺彩华，冯兴艳，李峰. RCEP 谈判：进程、障碍及推进建议[J]. 国际经济合作，2015（3）：20.

"灵活性"有机结合起来，而不是只强调成员国之间的"一致性"，而忽略了"灵活性"。

（五）注意隔离 CPTPP 对 RCEP 的影响

RCEP 与 CPTT 或者 TPP 在相近的时期内被提出来，并且付诸实际谈判之中。RCEP 和 CPTPP 这两大巨型自由贸易协定的诞生代表着亚太地区走向经济一体化的愿望与期盼。这表明亚太地区国家在通过扩大市场规模、提高贸易与投资便利化来获得经济发展的战略上是一致的。两大巨型自由贸易协定的实施必然会对周边国家产生不同程度的影响。尤其是排他性的贸易条款会在亚太地区内产生一定程度的贸易转移。两大协定的成员国均希望能够通过自由贸易协定的实施来获得更多的经济利益。由于一部分国家同时参与了 CPTPP 和 RCEP 谈判，更是在 RCEP 谈判中因立场不同而产生各种影响。有些国家盯着 RCEP 背后美国若隐若现的影子，对谈判心存疑虑。在当前这个保守主义、贸易保护主义抬头，多边贸易协定被美国不负责任甩到一边的世界，迫切需要 RCEP 尽快谈成，突破保守主义的壁垒，突破美国优先的自私自利，维护全球贸易规则和贸易自由化。

参考文献

[1] 李天国. 后 TPP 时代中日韩 FTA 的机遇与挑战[J]. 东北亚学刊，2018（2）：48-54.

[2] 刘均胜. RCEP 谈判进程及挑战：从区域视角的评估[J]. 国际经济合作，2017（8）：37-44.

[3] 竺彩华，冯兴艳，李峰. RCEP 谈判：进程、障碍及推进建议[J]. 国际经济合作，2015（3）：14-21.

[4] 魏建国. RCEP 冲刺面临三难关[N]. 环球时报，2018-02-26.

CPTPP 及其经济影响的模型分析

孟　猛　郑昭阳[*]

摘　要： 本章运用可计算一般均衡模型，对美国退出 TPP 后亚太地区经济一体化中 CPTPP、RCEP 和 FTAAP 商品贸易自由化和服务贸易自由化所带来的经济效果进行评估。结果表明：① 在 CPTPP 的范围内，无论是商品贸易自由化还是服务贸易自由化对中国的冲击均十分有限；② 即使 RCEP 商品贸易自由化水平低于 CPTPP，中国促成 RCEP 所获得的净福利仍高于中国加入 CPTPP 的净福利；③ 从长远看，FTAAP 仍是对整个亚太地区最有利选择；④ 无论是在 CPTPP、RCEP 还是 FTAAP 中进行服务贸易自由化，对发达国家的经济增长和福利提升的效果都显著高于发展中国家。

关键词： CPTPP；RCEP；FTAAP；可计算一般均衡

一、研究背景和基本结论

2015 年 10 月，美国、日本及加拿大等 12 个国家达成 TPP 协定，需要批准协定的国家 GDP 应占全体签约国 GDP 之和的 85% 以上即可生效。TPP 协定被认为是奥巴马执政期间的重要成果之一。然而，2017 年 1 月，美国总统特朗普上任后签署行政令，正式宣布美国退出 TPP，使得亚太区域经济合作充满了新的变数。2017 年 11 月，不包括美国的 11 个 TPP 成员国就冻结了原 TPP 协议的部分条款，达成了建立"全面与进步跨太平洋伙伴关系协定"（Comprehensive Progressive Trans-Pacific Partnership，CPTPP）。2017 年 11 月，《区域全面经济伙伴关系协定》（RCEP）首次领导人会议在菲律宾首都马尼拉举行，与会各国领导人在会后发表了联合声明，各国领导人指示部长们和谈判团队在 2018 年结束 RCEP 谈判。这样的经济背景使得中国在亚太区域经济合作中的选择变得更加复杂，包括 11 国的

---

*　孟猛，天津师范大学经济学院副教授；郑昭阳，南开大学国际经济研究所副教授。

CPTPP 会给中国带来多大程度的冲击？中国是否需要考虑申请加入 CPTPP？积极推进 RCEP 的建设是否是更加有利的政策选择？长远看，亚太自由贸易区（FTAAP）是否仍然具有吸引力？上述问题的答案对中国参与亚太区域经济合作的战略选择十分重要。

本章主要运用可计算一般均衡模型，对亚太区域经济合作中 CPTPP、RCEP 和 FTAAP 商品贸易自由化的经济效果进行比较，并对这些区域经济一体化组织同时进行商品贸易和服务贸易自由化带来的经济效果进行评估。

结果表明，无论是只包括商品贸易自由化措施还是包括涵盖商品和服务贸易自由化的全部 CPTPP 自由化措施都难以对中国产生实质性冲击。对于中国而言，即使 RCEP 达成的商品贸易和服务贸易自由化水平低于 CPTPP，但由于 RCEP 包括的国家更多，彼此合作潜力更大，中国通过促成 RCEP 获得的收益仍然大于加入 CPTPP 获得的收益。从长远看，即便亚太地区参照 RCEP 商品和服务贸易自由化的水平建立 FTAAP，仍会对包括中国和美国在内的绝大多数亚太国家带来经济增长和福利增加的效果。

对于中国而言，其政策选择的思路应该比较明确，即不必急于加入 CPTPP。中国在亚太区域经济合作中的短期策略是将谈判的精力应用在促成 RCEP 的建立上，长期策略是积极推动 FTAAP 的建设。

二、模型设定

可计算的一般均衡（Computable General Equilibrium，CGE）已在经济效果的分析中得到了广泛的应用，尤其是在分析预测不同政策可能对总体经济以及不同产业的冲击方面更为有效。在对贸易政策变化带来经济影响可计算一般均衡模型中，全球贸易分析模型（GTAP）是应用比较广泛的一个模型。

例如，板仓健和利博友（Itakura and Lee，2012）使用动态 GTAP 模型比较分析了亚太自由贸易区建立不同路径条件下各国福利的变化。其中，中国在通过 RCEP 扩展到 FTAAP 的路径下获得的福利显著高于通过 TPP 扩展到 FTAAP 的结果。

彭支伟和张伯伟（2013）应用 GTAP 模型分析了不包括中国的 TPP、中国加入 TPP 以及亚太自由贸易区的经济效果，研究发现上述三种方案给中国实际 GDP 带来的影响分别为 -0.14%、1.21% 和 1.86%，即如果美国促成不包括中国的 TPP 则会给中国经济带来负面冲击。即使没有东亚地区的经济一体化进程，中国加入 TPP 仍会获得一定的好处。

陈淑梅和倪菊华（2014）模拟分析了 RCEP 完全建成时区域内外主要国家和地区的宏观经济效应、贸易效应以及产业效应，特别是评估了对中国可能产生的影响。该模型分析了 RCEP 成员间全面取消关税壁垒的经济效果，结果发现 RCEP 建成会促进中国 GDP 增长和进出口增加。

本文采用 GTAP 进行分析，但标准的 GTAP 第 9 版中共有 57 个部门以及 140 个国家和地区，在分析中为了集中目标，需要将国家、地区和部门进行汇总。本文的主要目的是分析亚太地区不同区域经济合作组织的经济影响，重点选择 APEC 成员进行研究，而对于其他国家和地区则可以整合。具体而言，本文将 140 个国家和地区合并为 19 个国家和地区，他们是中国、日本、韩国、澳大利亚、新西兰、印度、印度尼西亚、马来西亚、菲律宾、越南、泰国、新加坡、美国、加拿大、墨西哥、智利、俄罗斯、巴西以及世界其他国家。对于模型分析中的部门，本报告将 GTAP 的 57 个部门整合为 21 个部门，其中包括 14 个商品部门和 7 个服务部门。14 个商品部门分别为农业、加工食品和饮料、矿物燃料、矿产品、纺织品、服装鞋帽、木材纸和印刷品、化工产品、金属制品、汽车、其他运输设备、电子产品、机械设备、杂项制成品。对于服务部门，本报告将其整合为与贸易相关的服务、运输服务、金融服务、保险服务、通信服务、其他商业服务以及公共服务 7 个部门。在服务业的 7 个部门中，公共服务部门包括公共事务管理、国防等服务，将其设定为不进行服务贸易自由化的部门，而其他 6 个服务部门可以进行贸易自由化。这样，本文就构造了一个包括 19 个国家和地区以及 21 个部门的可计算一般均衡模型，以进行模拟分析，GTAP 模型中使用的基础数据提取于 GTAP 第 9 版数据库。

由于 CPTPP 和 RCEP 的具体情况存在较大差异，本文为 CPTPP 和 RCEP 设定了不同的商品贸易自由化和服务贸易自由化水平进行模拟分析。其中源于 TPP 协议的 CPTPP 在商品贸易自由化方面设立了较高的水平，但各国仍在关税削减方面保留了一些例外产品。本文在模型分析中设定 CPTPP 国家在商品贸易方面将 95%税号商品的关税削减到零，关税数据提取于联合国贸易和发展会议（UNCTAD）的 TRAINS 数据库。对于 RCEP 国家的商品贸易自由化而言，参考东盟 10 国与其余 6 个国家分别签署自由贸易协定中零关税的比例，认为 RCEP 将 90%税号商品的关税削减到零是近期较为可行的措施。对于亚太自由贸易区的商品贸易自由化水平，我们参照 RCEP 的标准，将 90%税号商品的关税全部削减到零。

由于服务贸易并没有明显的关税壁垒数据，而且在 GTAP 模型的原始数据中也没有服务贸易壁垒的等量关税化数据，在模拟分析前需要对各国各服务贸易部门的等量关税壁垒进行估计。本文首先使用引力模型来估算双边服务贸易金额，再根据实际发生的贸易金额与计量模型估算的贸易金额差的标准化值来衡量服务贸易的等量关税壁垒。由于 CPTPP 和 RCEP 在服务贸易自由化方面也存在明显差异，本文在分析中将 CPTPP 国家服务贸易等量关税壁垒削减 30%，而将 RCEP 国家服务贸易等量关税壁垒削减 15%作为模拟分析的标准。对于亚太自由贸易区，我们也采用削减服务贸易等量关税壁垒 15%的模拟方案。

本文分别从单纯的商品贸易自由化以及商品和服务贸易自由化两个方面来分析不同区域经济合作组织的经济效果，设计如下模拟方案。

方案 1：仅 CPTPP 建成，中国不加入，无 RCEP，仅考虑商品贸易自由化的经济效果。

方案 2：中国加入 CPTPP，无 RCEP，仅考虑商品贸易自由化的经济效果。

方案 3：CPTPP 和 RCEP 都建成，中国不加入 CPTTP，仅考虑商品贸易自由化的经济效果。

方案 4：中国在建成 RCEP 的条件下同时加入 CPTPP，仅考虑商品贸易自由化的经济效果。

方案 5：FTAAP 建成，仅考虑商品贸易自由化的经济效果。

方案 6：仅 CPTPP 建成，中国不加入，无 RCEP，同时考虑商品贸易自由化和服务贸易自由化的经济效果。

方案 7：中国加入 CPTPP，无 RCEP，同时考虑商品贸易自由化和服务贸易自由化的经济效果。

方案 8：CPTPP 和 RCEP 都建成，中国不加入 CPTTP，同时考虑商品贸易自由化和服务贸易自由化的经济效果。

方案 9：中国在建成 RCEP 的条件下加入 CPTPP，同时考虑商品贸易自由化和服务贸易自由化的经济效果。

方案 10：FTAAP 建成，同时考虑商品贸易自由化和服务贸易自由化的经济效果。

三、模拟结果

（一）CPTPP、RCEP 和 FTAAP 商品贸易自由化的模拟结果

表 1 和表 2 列出了在方案 1 至方案 5 的模拟条件下各国净福利、实际 GDP 增长率、出口金额、进口金额和贸易条件的变化。

尽管 CPTPP 在商品贸易自由化方面主要继承了 TPP 的条款，各国都对商品贸易自由化做出了不少的承诺，削减商品贸易关税的范围也较大。然而，由于美国退出后 CPTPP 的经济和贸易规模显著下降，CPTPP 所能产生的经济影响十分有限。即使 CPTPP 在 2018 年签署生效，对中国整体福利水平仅造成 44.24 亿美元的负面冲击，中国的实际 GDP 增长率也仅下降 0.04%。日本作为 CPTPP 的积极推动者，在所有 CPTPP 国家中获得的净福利的绝对值最多，但也仅为 158.96 亿美元。其他的 CPTPP 国家也会获得不同程度的福利增长，一些国家尽管净福利增长的绝对值明显低于日本，但由于经济规模低于日本，其实际 GDP 增长效果要强于日本。其中越南在 CPTPP 中获得的实际 GDP 增长幅度最大，接下来是马来西亚、新西兰、智利和澳大利亚。美国退出 TPP 以后，CPTPP 实施商品贸易自由化尽管会对美国造成负面冲击，美国的净福利会下降 122.19 亿美元，实际 GDP 增长率会略微下降 0.06%，总体来讲影响相对有限。在各国进出口金额和贸易条件的变化方面，CPTPP 的影响仍然有限。中国的进出口金额会受到 CPTPP 的商品贸易自由化的微弱冲击，出口金额和进口金额会分别下降 0.06% 和 0.17%，中国的贸易条件也会下降 0.07%。日本的进出口

贸易会因为 CPTPP 的商品贸易自由化而得到增长，出口金额和进口金额分别上升 0.43%和 1.13%，贸易条件也会上升 0.31%。参与 CPTPP 的多数国家出口金额都会有所增加，除新西兰的出口增加 1.78%以外，其余国家出口增加幅度均小于 1%。对于世界其他国家而言，CPTPP 的影响十分有限，进出口金额、实际 GDP 的影响幅度均小于 0.1%。综合来看，美国退出后的 CPTPP 商品贸易自由化对主要国家的实际影响并不明显。

表 1 TPP、RCEP 与 FTAAP 商品贸易自由化对 GDP 和福利的影响

国家	方案 1：仅 CPTPP		方案 2：中国加入 CPTPP，无 RCEP		方案 3：CPTPP 和 RCEP 都建成，中国不加入 CPTTP		方案 4：中国同时加入 CPTPP 和 RCEP		方案 5：建成 FTAAP	
	净福利（亿美元）	实际 GDP（%）	净福利（亿美元）	实际 GDP（%）	净福利（亿美元）	实际 GDP（%）	净福利（亿美元）	实际 GDP（%）	净福利（亿美元）	实际 GDP（%）
中国	-44.24	-0.04	338.88	0.55	434.84	0.67	533.75	0.79	708.46	1.05
日本	158.96	0.22	752.76	0.99	742.76	0.96	723.19	0.94	631.40	0.84
韩国	-12.22	-0.07	-88.22	-0.49	351.53	2.52	346.79	2.49	402.55	2.99
新加坡	3.36	0.09	31.45	0.69	27.31	0.58	27.70	0.59	15.58	0.32
马来西亚	22.60	0.68	66.75	1.73	53.92	1.40	53.01	1.38	41.75	1.10
泰国	-5.57	-0.09	-24.37	-0.38	68.34	1.64	67.65	1.63	72.62	1.82
菲律宾	-1.43	-0.03	-9.18	-0.21	18.87	0.59	18.36	0.58	21.50	0.69
印度尼西亚	-5.60	-0.05	-26.18	-0.22	58.78	0.50	57.28	0.48	57.69	0.55
越南	48.03	2.75	133.03	7.92	137.96	8.38	136.13	8.29	131.56	7.93
澳大利亚	57.57	0.34	211.50	1.10	239.34	1.21	231.35	1.17	185.09	0.97
新西兰	10.48	0.49	17.66	0.75	17.41	0.74	17.24	0.73	12.84	0.56
印度	-6.82	-0.03	-33.23	-0.12	67.98	0.46	64.98	0.45	-71.05	-0.25
美国	-122.19	-0.06	-483.59	-0.25	-610.30	-0.31	-727.93	-0.38	571.45	0.34
加拿大	19.97	0.10	76.04	0.35	0.32	0.00	67.86	0.32	0.35	0.00
墨西哥	11.45	0.09	32.73	0.26	2.85	0.05	28.27	0.23	2.66	0.10
巴西	-9.09	-0.03	-45.65	-0.15	-56.53	-0.18	-63.87	-0.20	-110.67	-0.35
智利	13.58	0.40	56.66	1.54	6.07	0.21	53.60	1.47	63.94	1.93
俄罗斯	-3.50	-0.02	-14.94	-0.07	-29.33	-0.12	-29.66	-0.12	150.47	0.58
其他国家	-70.67	-0.02	-395.14	-0.11	-624.63	-0.17	-656.90	-0.18	-1147.28	-0.31

资料来源：作者根据 GTAP 模型计算整理。

表 2　TPP、RCEP 与 FTAAP 商品贸易自由化对进出口和贸易条件的影响（单位：%）

国家	出口					进口					贸易条件				
	方案 1	方案 2	方案 3	方案 4	方案 5	方案 1	方案 2	方案 3	方案 4	方案 5	方案 1	方案 2	方案 3	方案 4	方案 5
中国	-0.06	3.04	4.12	4.62	6.08	-0.17	4.81	6.02	6.84	8.32	-0.07	-0.43	-0.43	-0.41	-0.38
日本	0.43	2.70	3.61	3.62	4.48	1.13	5.49	5.66	5.56	4.89	0.31	1.78	1.85	1.79	1.45
韩国	-0.06	-0.74	6.73	6.68	7.53	-0.14	-1.18	9.50	9.42	10.85	-0.07	-0.51	0.80	0.77	0.75
新加坡	0.22	2.48	2.45	2.45	1.71	0.26	2.73	2.55	2.53	1.51	0.03	0.45	0.41	0.40	0.27
马来西亚	0.82	3.37	2.89	2.83	2.47	2.08	6.12	4.96	4.89	3.95	0.05	0.61	0.47	0.45	0.37
泰国	-0.12	-0.32	2.79	2.76	2.99	-0.23	-0.90	6.41	6.38	7.00	-0.10	-0.46	0.45	0.44	0.40
菲律宾	0.05	-0.06	2.04	2.01	2.37	-0.11	-0.98	4.38	4.34	4.81	-0.08	-0.52	0.68	0.65	0.73
印度尼西亚	0.00	-0.07	3.73	3.69	4.06	-0.18	-0.85	5.41	5.34	5.53	-0.41	0.80	0.77	0.58	
越南	-1.26	-2.02	-1.70	-1.72	-1.41	5.56	16.23	17.09	16.91	16.10	0.83	1.81	1.66	1.61	1.64
澳大利亚	0.70	2.84	4.08	4.02	3.44	1.70	5.87	7.18	6.99	5.7	0.39	2.24	2.69	2.60	1.98
新西兰	1.78	3.57	3.94	3.91	3.18	2.40	3.78	4.02	3.98	2.92	0.55	1.17	1.15	1.13	0.81
印度	-0.01	-0.18	4.27	4.24	-0.23	-0.09	-0.49	4.20	4.17	-0.99	-0.04	-0.20	-0.2	-0.23	-0.43
美国	0.07	0.36	0.52	0.49	2.71	-0.29	-1.19	-1.57	-1.78	1.75	-0.09	-0.36	-0.47	-0.55	0.21
加拿大	0.20	0.92	0.12	0.88	0.94	0.27	0.95	-0.23	0.75	0.18	0.05	0.28	-0.02	0.23	0.03
墨西哥	0.25	0.65	0.21	0.64	0.69	0.61	1.26	0.19	1.13	0.56	0.01	0.07	-0.10	0.01	-0.27
巴西	0.06	0.13	0.33	0.26	0.72	-0.22	-1.14	-1.42	-1.58	-2.55	-0.06	-0.35	-0.42	-0.49	-0.83
智利	0.65	2.95	0.35	2.86	2.97	1.45	5.18	0.69	4.90	6.41	0.4	2.04	0.04	1.88	1.72
俄罗斯	0.03	0.07	0.04	0.05	1.39	-0.12	-0.67	-1.08	-1.10	7.28	-0.01	-0.06	-0.22	-0.22	0.48
其他国家	-0.01	-0.18	-0.30	-0.32	-0.41	-0.08	-0.50	-0.75	-0.77	-1.23	-0.01	-0.08	-0.15	-0.16	-0.24

资料来源：作者根据 GTAP 模型计算整理。

在 CPTPP 建成的条件下，在中国选择加入 CPTPP 而没有建成 RCEP 的方案 2 中，如果仅考虑商品贸易自由化的影响，中国可以避免 CPTPP 带来的微弱负面冲击，而且可以获得一定的福利增加和实际 GDP 增长的效果。从机理上来看，中国加入 CPTPP 最大的好处是中国和日本之间可以实现商品贸易自由化，而中国与其他大多数 CPTPP 国家已经存在自由贸易协定，尽管 CPTPP 在商品贸易自由化方面比其中一些自由贸易协定的水平高，但在原有自由贸易协定以外的关税削减带来的额外促进作用相对有限。从日本方面来看，在方案 2 中获得的净福利和实际 GDP 的增长显著高于方案 1。对于其他 CPTPP 国家而言，中国加入 CPTPP 也会给这些国家带来福利增长和实际 GDP 增加的效果。例如，澳大利亚在中国不加入 CPTPP 的情况下，其实际 GDP 增长率和净福利会分别提高 0.34% 和 57.57 亿美元；如果中国加入 CPTPP，上述数值会变为 1.10% 和 211.50 亿美元，提高幅度十分明显。然而，对于只参与 RCEP 谈判而没有参与 CPTPP 的国家，比如韩国、印度尼西亚、泰国等，在 RCEP 没有建成的条件下如果中国加入 CPTPP 会给这些国家带来额外的负面冲击。韩国、泰国和印度尼西亚的实际 GDP 增长率将分别从中国不加入 CPTPP 的 -0.07%、-0.09% 和 -0.05% 下降到 -0.49%、-0.38% 和 -0.22%。对于美国而言，中国加入 CPTPP 的冲击明显大于中国不加入 CPTPP 的冲击。其原因在于中国如果加入 CPTPP，中国不仅在亚洲地区与日本实现贸易自由化，而且会与北美洲的加拿大和墨西哥实现贸易自由化，这两个国家都是美国重要的传统贸易伙伴，中国加入 CPTPP 会加强与上述国家的贸易联系，降低美国的净福利和实际 GDP 增长率。从这个意义上看，即便美国提出的重返 TPP 战略不能实现，美国也不会乐于看到中国加入 CPTPP。在进出口和贸易条件方面，在中国加入 CPTPP 的条件下，中国的出口金额和进口金额会分别提高 3.04% 和 4.81%。由于中国加入 CPTPP 需要较多地削减目前的关税壁垒，中国的贸易条件会下降 0.48%。对于 CPTPP 的其他成员国而言，其中的日本、澳大利亚、新西兰、智利、新加坡和马来西亚的进出口金额都会因为中国加入 CPTPP 而得到明显提升，这些国家的贸易条件也会得到显著改善。

在方案 3 中，如果中国不选择加入 CPTPP 而是促成 RCEP，中国获得的净福利为 434.84 亿美元，显著高于中国加入 CPTPP 的福利所得。也就是说，即使 RCEP 达成自由贸易协定中商品贸易自由化的程度低于 CPTPP，但是由于 RCEP 包括更多的国家，这些国家间贸易自由化带来的资源配置效应会给中国带来更多的收益。对日本而言，无论是中国加入 CPTPP 还是 RCEP 能够建成，事实上都会实现在多数商品上和中国的贸易自由化，日本在两种情况下的福利收益和实际 GDP 增长效果相差不多。对于没有参与 CPTPP 但参与 RCEP 的国家，如泰国、菲律宾、印度尼西亚和印度，建成 RCEP 能够带来明显的福利和经济增长效应。对于既参加 CPTPP 又参加 RCEP 的国家而言，建成 RCEP 和中国加入 CPTPP 对这些国家经济增长和净福利影响的差异不是十分明显。从上面的结果可以看出，RCEP 对参与国而言存在很强的吸引力。由于中国还没有提出加入 CPTPP，所以中国加入 CPTPP 存在很大不确定性。对于已经加入了 CPTPP 同时又参与 RCEP 谈判的国家而言，尽快促成 RCEP 才能更明确地获得区域经济合作的收益。对于美国而言，即使中国不加入 CPTPP 而是促成 RCEP，美国的净福利会减少 610.30 亿美元，其实际 GDP 的增长率也会下降 0.31%。从这个结果看，美国很不愿意看到亚太地区形成将美国排除在外的区域贸易协定。对加拿大和墨西哥而言，RCEP 的建成会减少这两个国家通过 CPTPP 获得的经济增长和净福利效果。

如果中国在建成 RCEP 的条件下同时选择加入 CPTPP，则中国的净福利会从方案 3 的 434.84 亿美元增加到方案 4 的 533.75 亿美元，对中国的实际 GDP 增长的促进作用也会由方案 3 的 0.67% 上升到方案 4 的 0.79%。这主要得益于两方面的效应：一方面，CPTPP 中的一些美洲国家如加拿大和墨西哥与中国没有自由贸易协定,中国加入 CPTPP 会达成与这些国家的自由贸易协定;另一方面,CPTPP 要求的商品贸易自由化的程度要显著高于RCEP,这会使得中国与既参与 CPTPP 又参与 RCEP 的国家间的贸易自由化水平得到提升。在 RCEP 建成的条件下,中国是否加入 CPTPP 对于日本、韩国和东盟国家的净福利和实际GDP 增长影响不大。因此,对于 RCEP 的参与国而言,只要 RCEP 能够顺利达成协议就能够获得充分的利益。对于美洲的加拿大、墨西哥和智利而言,中国加入 CPTPP 可以避免RCEP 建成对上述三国的冲击。对于美国而言,无论是中国加入 CPTPP 还是建成 RCEP,事实上都会实现在东亚地区形成中国和日本的自由贸易协定,都会对美国造成明显的冲击。对美国冲击的排序为 CPTPP 最小;其次是仅建成 RCEP;最后是 CPTPP 和 RCEP 分别建成,中国不加入 CPTPP。对美国冲击最大的情况是 CPTPP 和 RCEP 均建成,且中国加入CPTPP 的方案 4。比较各国在方案 3 和方案 4 条件下贸易变化可以发现,无论是中国还是RCEP 的其他国家,进出口金额和贸易条件变化不大,但加拿大、墨西哥和智利的进出口金额会因为中国加入 CPTPP 而得到明显的提升。

在亚太自由贸易区商品贸易自由化的方案 5 中,中国的净福利和实际 GDP 增长的效果明显大于建成 RCEP 和参与 CPTPP。其中,中国净福利的增长为 708.46 亿美元,实际 GDP增长 1.05%。对东亚和东南亚国家而言,亚太自由贸易区也能带来显著的净福利和实际 GDP增长效果。对美国而言,亚太自由贸易区的商品贸易自由化也会带来显著的净福利增长和实际 GDP 增加的效果。美国的净福利会由方案 4 的-727.93 亿美元变为方案 5 的 571.45 亿美元,实际 GDP 增长率也会由方案 4 的-0.38%变为方案 5 的 0.34%。中美两国分别作为最大的发展中国家和最大的发达国家,两国国内产业间存在着极强的互补性。亚太自由贸易区可以充分发挥两国的优势互补,使两国获得明显的好处。需要指出的是,这是在考虑亚太自由贸易区中包含半数以上的发展中国家,我们假设亚太自由贸易区仅实行较低水平贸易自由化条件下的模拟结果。如果亚太自由贸易区在商品贸易自由化上进一步深化,中美两国获得的好处还会进一步增加。

(二)CPTPP、RCEP 和 FTAAP 商品贸易自由化对中国行业产出[①]的影响

表 3 列出了 CPTPP、RCEP 与 FTAAP 商品贸易自由化对中国不同行业产出的影响,从中可以得到以下基本结论。

第一,在仅有 CPTPP 建成的方案 1 中,由于美国退出后的 CPTPP 规模和影响力大大削弱,中国的行业部门仅会受到微弱的影响,所有行业部门产出的变化均小于 0.1%。其中纺织品、服装鞋帽和汽车行业尽管是受冲击最大的行业,但行业产出下降也小于 0.1%。电子产品行业的产出尽管有所上升,但幅度仅为 0.06%。可以说,CPTPP 对中国各行业部门

---

① 由于行业增加值比行业总产值更能体现各行业的实际产出变化,本部分研究采用行业增加值的指标来衡量产出变化。

的实际产出几乎没有影响。

第二，在 CPTPP 建成的条件下，中国选择加入 CPTPP 或者促成 RCEP 给不同行业部门带来的影响存在差异。如果对比方案 2 和方案 3 对中国行业部门的具体影响，可以发现，除了矿产品行业以外，绝大多数行业的产出都会有所增加，但不同行业部门在两个方案中获得的增加幅度存在差异。其中，纺织品和服装鞋帽两个行业在加入 CPTPP 方案中的产出增加分别为 1.83% 和 1.75%，大于方案 3 中的 0.73% 和 0.45%。这主要得益于方案设计中 CPTPP 关税削减的幅度较大以及将加拿大和墨西哥包含在内。运输设备行业和电子产品行业在促成 RCEP 方案下获得的实际产出分别增加 1.64% 和 1.77%，大于加入 CPTPP 方案中的 0.94% 和 1.13%。

第三，在中国同时加入 CPTPP 和 RCEP 的方案 4 中，绝大多数行业的产出增长幅度略高于中国仅加入 RCEP 的模拟结果，但相对提升幅度不大。这说明对中国的主要制造业行业而言，在 RCEP 建成的条件下再加入 CPTPP 并不能带来显著的产出增加效果。

第四，在建成 FTAAP 的方案 5 中，中国多数行业的产出增长会大于加入 CPTPP 方案和 RCEP 方案。其中，占中国出口总额较大的纺织品行业、服装鞋帽行业、电子产品行业和杂项制成品行业的产出都会有明显的增长。

表 3　CPTPP、RCEP 与 FTAAP 商品贸易自由化对中国产业部门产出的影响　　　单位：%

产业部门	方案 1：仅 CPTPP	方案 2：中国加入 CPTPP 无 RCEP	方案 3：CPTPP 和 RCEP 都建成，中国不加入 CPTTP	方案 4：中国同时加入 CPTPP 和 RCEP	方案 5：建成 FTAAP
农业	−0.01	0.30	0.29	0.30	0.33
加工食品和饮料	−0.01	0.44	0.43	0.52	0.71
矿物燃料	0.03	0.22	0.39	0.37	0.34
矿产品	0.01	−0.62	−0.17	−0.37	−0.29
纺织品	−0.09	1.83	0.73	1.18	2.92
服装鞋帽	−0.10	1.75	0.45	0.75	2.59
木材纸和印刷品	−0.01	0.60	0.59	0.56	0.92
化工产品	0.01	0.09	0.03	0.08	0.03
金属制品	−0.04	0.38	0.79	0.90	0.63
汽车	−0.10	0.17	0.24	0.42	0.43
其他运输设备	−0.07	0.94	1.64	1.83	0.94
电子产品	0.06	1.13	1.77	1.94	2.78
机械设备	0.00	0.02	0.18	0.40	0.30
杂项制成品	−0.03	0.51	0.46	0.78	2.27

资料来源：作者根据 GTAP 模型计算整理。

（三）CPTPP、RCEP 和 FTAAP 商品贸易和服务贸易自由化的模拟结果

方案 6 至方案 10 中不仅考虑单纯的商品贸易自由化,而且考虑目前自由贸易协定中普遍涉及的服务贸易自由化等其他条款,这些也会影响各国在自由贸易协定中的选择。表 4 列出了同时考虑商品和服务贸易自由化条件下各自由贸易协定的模拟结果。

表 4　CPTPP、RCEP 与 FTAAP 商品和服务贸易自由化的模拟结果

国家	方案 6:仅 CPTPP		方案 7:中国加入 CPTPP,无 RCEP		方案 8:CPTPP 和 RCEP 都建成,中国不加入 CPTTP		方案 9:中国同时加入 CPTPP 和 RCEP		方案 10:建成 FTAAP	
	净福利（亿美元）	实际GDP（%）	净福利（亿美元）	实际GDP（%）	净福利（亿美元）	实际GDP（%）	净福利（亿美元）	实际GDP（%）	净福利（亿美元）	实际GDP（%）
中国	-53.64	-0.05	408.63	0.64	479.06	0.73	595.34	0.87	771.43	1.13
日本	189.57	0.27	849.97	1.14	818.57	1.08	797.32	1.06	721.06	0.99
韩国	-14.75	-0.08	-94.14	-0.52	371.97	2.69	366.81	2.66	431.92	3.22
新加坡	20.35	0.38	70.20	1.35	63.54	1.26	63.22	1.26	42.47	0.91
马来西亚	25.35	0.76	71.07	1.87	57.72	1.51	56.77	1.49	45.78	1.22
泰国	-6.59	-0.11	-27.04	-0.42	72.57	1.74	71.77	1.73	80.14	1.98
菲律宾	-1.94	-0.05	-10.39	-0.24	19.92	0.63	19.36	0.62	23.52	0.75
印度尼西亚	-7.21	-0.06	-29.98	-0.24	57.94	0.5	56.39	0.48	57.32	0.56
越南	50.05	2.87	135.35	8.07	139.85	8.5	138.00	8.41	134.12	8.09
澳大利亚	96.19	0.6	281.66	1.57	297.85	1.6	269.21	1.56	229.49	1.27
新西兰	18.86	0.94	26.87	1.25	26.59	1.24	26.41	1.23	18.58	0.88
印度	-9.50	-0.04	-42.49	-0.16	95.85	0.58	91.18	0.57	-91.43	-0.32
美国	-156.35	-0.08	-583.64	-0.3	-705.51	-0.36	-843.66	-0.44	905.52	0.54
加拿大	37.30	0.19	123.22	0.59	13.87	0.08	114.54	0.55	69.47	0.36
墨西哥	12.17	0.1	36.41	0.27	2.98	0.05	31.91	0.25	7.42	0.13
巴西	-11.29	-0.04	-52.42	-0.17	-63.59	-0.21	-71.56	-0.23	-129.98	-0.42
智利	15.69	0.47	60.05	1.66	7.94	0.28	56.88	1.59	66.16	2.02
俄罗斯	-3.88	-0.02	-16.59	-0.08	-31.02	-0.13	-31.18	-0.13	154.37	0.59
其他国家	-96.63	-0.03	-471.89	-0.13	-708.75	-0.19	-750.21	-0.2	-1329.07	-0.36

资料来源: 作者根据 GTAP 模型计算整理。

在方案 6 中,如果 CPTPP 在商品贸易自由化的基础上进一步进行服务贸易自由化,对各国的影响会有所扩大。对中国而言,尽管在方案 6 中所受到的冲击大于方案 1,但净福利也只是下降 53.64 亿美元,实际 GDP 增长率下降 0.05%,总体影响仍然十分有限。因此,即使 CPTPP 商品贸易自由化和服务贸易自由化条款都得到落实,对中国而言仍然不需要过分担心。在 CPTPP 的国家中,经济发展水平较高的新加坡、澳大利亚、新西兰和加拿大在

服务贸易自由化中获得了比较明显的收益。日本尽管经济发展水平较高，但服务贸易并非其出口强项，日本在 CPTPP 的服务贸易自由化中获得的净福利增长率低于上述四国。

在方案 7 中，如果中国加入 CPTPP 并接受服务贸易自由化的条款，中国的净福利和经济增长效果会略高于方案 2。这意味着中国在考虑 CPTPP 时也不必过于担心其中的服务贸易自由化条款。如果对比 CPTPP 各国在单纯商品贸易自由化、商品和服务贸易都自由化方面的不同经济效果，可以发现发达国家在服务贸易自由化方面获得的额外好处更大，而发展中国家获得的相对收益有限。例如，新加坡在方案 6 中获得的实际 GDP 增长效果超过方案 1 中的两倍，在方案 7 中获得的实际 GDP 增长超过方案 2 中的两倍。然而，中国和越南在方案 6 中获得的净福利和实际 GDP 增长与方案 1 接近，而在方案 7 中获得的净福利和实际 GDP 增长与方案 2 接近。其他发达国家和发展中国家的对比与此结果类似。由此可见，CPTPP 服务贸易自由化条款的经济效果更有利于服务业相对发达的国家。

如果 RCEP 和 FTAAP 也进行服务贸易自由化，其福利影响和经济增长效果也会有所扩大。在方案 8 中，如果 CPTPP 和 RCEP 都实行商品贸易和服务贸易自由化，中国可以获得的净福利为 479.06 亿美元，高于方案 3 的水平。这个模拟结果存在如下政策含义，即中国在 RCEP 谈判中可以促成相关服务贸易自由化措施，即使达成较低程度的服务贸易自由化协定也是有利的。对比方案 4 和方案 9 的模拟结果可以发现，在中国促成 RCEP 的条件下，如果选择加入 CPTPP 并接受较高的服务贸易自由化要求，中国的整体福利和产出仍会比单纯的商品贸易自由化有所提高，但相对幅度不大。

如果 FTAAP 在商品贸易自由化基础上加入服务贸易自由化条款，亚太国家的净福利和经济增长效果也会有不同程度的提升。然而，亚太国家在服务贸易自由化方面获得的额外好处相差巨大。通过对比中国和美国在方案 5 和方案 10 中所获得的收益可以发现，即使在亚太自由贸易区中仅削减 15%的服务贸易等量关税壁垒，美国所获得的净福利就会由方案 5 的 571.45 亿美元上升到方案 10 的 905.52 亿美元，上升幅度高达 58%。相比之下，中国在考虑服务贸易自由化的方案 10 中获得的净福利为 771.43 亿美元，仅比方案 5 的 708.46 亿美元提高了 9%。以美国为代表的发达国家在服务贸易自由化方面获得的好处明显大于以中国为代表的发展中国家。其中，印度尼西亚在方案 10 中获得的净福利还略低于方案 5，意味着服务贸易自由化降低了该国的整体福利。

通过上述分析，我们认为中国在亚太地区的商品贸易和服务贸易自由化中应采取如下策略。

一方面，在 RCEP 中可以采取比较积极的态度开放服务贸易。尽管新加坡、澳大利亚、新西兰等国在 RCEP 的服务贸易开放中可以获得更多的相对利益，但这些国家经济规模较小，通过服务贸易的开放给中国服务业带来的冲击相对有限。在 RCEP 国家中，尽管日本的经济总量较大、经济发展水平较高，但日本在服务贸易出口方面的优势不明显，在 RCEP

的服务贸易自由化中对中国的冲击也不大。上述模拟结果的政策含义是中国可以在 RCEP 中试行服务贸易自由化条款，不仅有利于整体福利水平的提升还可以增加相应部门的开放经验。

另一方面，在范围更大的亚太自由贸易区中进行服务贸易自由化，对中国的压力就会显著增强。中国的立场应是以商品贸易自由化为主，在服务贸易自由化方面与多数发展中国家一起处于守势。在亚太自由贸易区中包含了服务贸易极具竞争力的美国，一旦亚太自由贸易区建设进入谈判阶段，美国不可避免地会在服务贸易自由化方面提出较高的要价。从本文的模拟结果可以看出，受到服务贸易开放压力的不仅仅有中国，大量亚太地区的发展中国家都面临类似的开放压力。

参考文献

[1] Ken Itakura and Hiro Lee. Welfare Changes and Sectoral Adjustments of Asia-Pacific Countries under Alternative Sequencings of Free Trade Agreements[M]. Manuscript, 2012.

[2] 陈淑梅，倪菊华. 中国加入"区域全面经济伙伴关系"的经济效应——基于 GTAP 模型的模拟分析[J]. 亚太经济，2014（2）：125-133.

[3] 彭支伟，张伯伟. TPP 和亚太自由贸易区的经济效应及中国的对策[J]. 国际贸易问题，2013（4）：83-95.

东亚经济共同体建设与中国的策略分析

李荣林　王晓林　董　燕*

摘　要：东亚经济共同体经历了长期的发展过程，人们对其基本内涵具有不同的理解。东亚共同体作为东亚国家的一个共同的愿景，既包括经济领域的合作，也包括非经济领域的合作；既具有开放的地区主义特征，同时也具有一定的机制性基础。"10+3"合作是东亚共同体的主体，而三个"10+1"和"东盟+中日韩"构成东亚共同体发展的两条路径。目前东亚共同体建设仍然面临诸多的困难，加强各主要国家和经济体之间的政治互信，确立地区发展的主导权，排除域外因素特别是美国因素的影响，并明晰共同体的发展目标，是东亚经济共同体建设取得实质性进展必须解决的几个重要问题。中国应当将成立"东亚自由贸易区"作为具体目标，坚持以东盟为主导，不断加强和深化与东盟国家之间的贸易投资合作，为实现东亚共同体的长远愿景目标创造条件。

关键词：东亚经济共同体；区域经济合作；中国策略

一、东亚经济共同体的发展阶段与特点

（一）东亚经济共同体的发展阶段

东亚经济共同体（又被称为"东亚共同体"）经历了长期的发展过程，概括起来可以分为以下三个发展阶段。

1. 酝酿阶段（1990—1996年）

1990年12月10日，马来西亚时任总理马哈蒂尔在欢迎中国时任总理李鹏来访的晚宴上，正式提出由东盟和中日韩三国组建"东亚经济集团"（East Asia Economic Group, EAEG）的构想。这可以视为东亚共同体构想的开端。因马哈蒂尔主张的"东亚经济集团"成员不

---

* 李荣林，南开大学国际经济研究所教授；王晓林、董燕，南开大学国际经济研究所研究生。

包括美国、澳大利亚和新西兰，故而美国对此提议表示了强烈的反对，认为建立这样一个集团将对美国的利益构成威胁与挑战，并严重危及美国在亚洲的主导地位。由于当时东亚各国经济联合的条件尚不成熟，"集团"一词本身又具有封闭性与排他性，因此为了体现开放平等和非歧视性原则，1992 年 10 月东盟将该设想更名为"东亚经济核心论坛"，试图淡化其地域性质并以此来取得美日澳等国的支持。然而，由于美国的反对，以及日本和韩国的暧昧回避，东亚的第一个合作计划被束之高阁，并最终流产。虽然如此，随着世界范围内区域经济一体化合作进程的快速发展，马哈蒂尔提出的"东亚经济集团"的构想对东亚合作产生了积极的促进作用。

2. 启动阶段（1997—2004 年）

1997 年的亚洲金融风暴成为东亚区域合作的转折点。经历那次金融危机之后，东亚各国逐步认识到区域内经济合作的重要性，构建"东亚共同体"的进程开始进入实质性启动阶段。1997 年 12 月，东盟与中日韩三国领导人的首次会议在吉隆坡举行，并提出了以经济合作为突破口进而进行全方位的"10+3"合作的构想。在 1999 年 11 月第三次"10+3"领导人会议上，韩国时任总统金大中倡议成立"东亚展望小组 1"，对东亚合作进程与目标进行规划。在第五次"10+3"领导人会议上，东亚展望小组提交了《东亚展望小组报告》，建议由"10+3"框架向东亚机制过渡，把建立"东亚共同体"作为东亚合作的长期目标。之后，在 2004 年 11 月召开的第八次"10+3"领导人会议上，这一目标得到进一步的确认。至此，"东亚共同体"的构建逐渐成为各方共识，各国对其发展前景都充满了期待。这一时期的东亚合作是以东盟为主导的。然而，由于东盟无力为东亚合作提供必要的公共产品，因此随着东盟区域性机制的日益增加，其重心逐步转向东盟内部的合作，东亚共同体的建设并没有取得实质性的进展。

3. 发展阶段（2005 年至今）

2005 年 12 月，在第九次"10+3"领导人会议上发表的《吉隆坡宣言》中明确指出"10+3"是实现东亚共同体的主要途径。在同时举行的首届"东亚峰会"（East Asia Summit，EAS）上也明确提出，要建立一个开放的、透明的、包容的、具有普遍价值的东亚共同体。2009 年 9 月，日本时任首相鸠山由纪夫在对外关系方面强调以"友爱"精神建立"东亚共同体"，被称之为"鸠山构想"，并提出以中日韩为核心推动东亚共同体的建设。2009 年 10 月 25 日，时任中国总理温家宝在第四届东亚峰会上发表讲话时提出，在东亚共同体的建设中"各国要秉持相互尊重、睦邻友好的原则""朝着建立东亚共同体的长远目标不断迈进"。

面对东亚合作新形势，2011 年在韩国的倡导下，成立了"东亚展望小组 2"，并于 2012 年向"10+3"（东盟+中日韩）机制提交研究报告，建议将"2020 年实现东亚经济共同体"作为新愿景的主要支柱。2012 年召开的东盟领导人会议采纳了这一建议。根据建议，东亚经济共同体将主要由四个要素组成：一是形成单一市场和生产基地；二是保持金融稳定、食品和能源安全；三是实现公平和可持续发展；四是对全球经济做出建设性贡献[①]。

从上述发展历程来看，自 2001 年"东亚展望小组 1"的研究报告提出将"东亚共同体"建设作为东亚合作的长远目标后，在历次东盟系列领导人会议上这一目标不断得到确认。这说明"东亚共同体"构想得到了东亚主要国家的普遍认同[②]。

（二）东亚经济共同体的内涵和特点

1. 东亚经济共同体的内涵

从"东亚共同体"的发展历程看，其应当包括两方面的基本内涵：其一，从区域角度来看，其包括东北亚的中国、日本、韩国和东盟十国。也就是说其是以"10+3"为基础的合作，不包括东北亚的朝鲜、蒙古国和东南亚的新兴国家东帝汶，也不包括任何域外国家。其二，从现实的合作领域来看，其主要是经济领域的初级一体化合作，虽然人们对这一概念中"共同体"的内涵具有更加广泛的理解。

2. 东亚经济共同体的特点

对于东亚经济共同体的特点，学者们普遍认为区域整合的进程由于地区的复杂性导致其特点的多元化，主要体现在五个方面[③]：① 在经济整合方面，东亚区域内国家间的合作还处在一个初步发展的阶段，并没有达到一个完善的整体；② 在机制方面，至今还是一个缺乏约束力的松散联盟；③ 在权利结构方面，以小国为核心动力明显不足；④ 在宗教文化方面，东亚的国家之间由于本国的风土人情和传统风俗，导致各国之间的差别很大，出现了很多不同的形态；⑤ 在外部环境方面，东亚经济共同体发展的过程中，对其有严重的影响和制衡的力量来源于美国，美国一直试图在亚太地区博得一席之地，必然会让整合之路难以顺利。除此之外，我们认为"东亚共同体"还具有以下几个方面的主要特征。

第一，东亚共同体是一种愿景。"东亚共同体"的提出是多种因素的相互作用和共同推动的结果，是东亚国家渴望和平共处、共同发展的美好愿景。当前，在反全球化声音高涨、多边化和区域化双双受挫的背景下，以东亚共同体建设为愿景的东亚区域经济一体化，在很大程度上重新解读了共同体的概念，体现了开放性和包容性的特点。

第二，东亚共同体强调经济领域的合作。2001 年"东亚展望小组 1"提交的《迈向东亚共同体：和平、繁荣与进步的地区》的研究报告[④]，其中强调"贸易、投资和金融等经济领域的合作是东亚一体化进程的重要催化剂"，认为东亚共同体建设的突破口在经济合作领域。这是因为东亚各国间的经贸关系随着经济的迅速发展而进一步密切，这将使东亚更容易形成一个经济共同体。

① 竺彩华，冯兴艳. 东亚经济共同体：愿景与现实[J]. 和平与发展，2016（6）：70-85.
② 宋均营，虞少华. 对"东亚共同体"建设的再思考[J]. 国际问题研究，2014（2）：5-6.
③ 李丹. 东亚一体化的进程与特点[J]. 学术评论，2014（2）：57-63.
④ http://www.aseansec.org/viewpdf.asp?file=/pdf/easg.pdf.

第三，东亚经济共同体是一种开放的区域一体化安排。提及经济共同体，人们往往首先会想到欧洲经济共同体，并以此来衡量其他地区的共同体建设。然而，从现有的发展来看，东亚共同体建设并没有提出明确的区域经济一体化目标，即由自由贸易区起步走向关税同盟，进而发展为商品、资本和劳动可以自由流通的经济共同体，反而看上去更像是开放性的和非排他性的安排。因此，共同体建设的路径和模式与传统意义上的共同体建设有很大不同，其更多体现的是一种开放而非封闭的地区主义。

第四，东亚经济共同体的建设符合我国领导人倡议的"人类命运共同体"的理念。当然，与"东亚共同体"不同，"人类命运共同体"指相互依存的国际权力观、共同利益观、可持续发展观和全球治理观这一全球价值观，要求在追求本国利益时兼顾他国合理关切，在谋求本国发展中促进各国共同发展。

2018 年 5 月 4 日，在纪念马克思诞辰 200 周年大会上，中共中央总书记、国家主席、中央军委主席习近平发表讲话强调，我们要站在世界历史的高度审视当今世界发展趋势和面临的重大问题，坚持和平发展道路，同各国人民一道努力构建人类命运共同体，把世界建设得更加美好。在十九大报告中，习近平总书记就推进中国特色大国外交、推动构建人类命运共同体问题进行了精辟的论述。2018 年 3 月 11 日，经十三届全国人大一次会议第三次全体会议表决通过的《中华人民共和国宪法修正案》规定："中国的前途是同世界的前途紧密地联系在一起的。中国坚持独立自主的对外政策，坚持互相尊重主权和领土完整、互不侵犯、互不干涉内政、平等互利、和平共处的五项原则，坚持和平发展道路，坚持互利共赢开放战略，发展同各国的外交关系和经济、文化交流，推动构建人类命运共同体……"。① 推动构建人类命运共同体的理念由此上升为神圣的国家意志。人类命运共同体这一倡议的世界影响力也越来越大。

构建"东亚共同体"的愿景符合"人类命运共同体"的理念。人类社会虽然始终存在多种发展路径，各个国家总是处于不同发展阶段，但归根结底是命运相关、休戚与共的整体。人类文明尽管存在各种各样的差异和矛盾，常常出现对立和冲突，但本质上是彼此牵连、无法割舍和互通互鉴的。在世界多极化、经济全球化、信息社会化、发展多样化的今天，各国人民在经济、文化、安全等领域，早就自觉不自觉地建立起相互依存、彼此借重的密切联系，早就别无选择地成为同一个"地球村"的"村民"，早就在同一个历史时空中形成了你中有我、我中有你的特殊关系。这种关系的实质就是命运共同体。

---

① 参见《中华人民共和国宪法修正案》，2018 年 3 月。

二、东亚经济共同体的发展现状及面临的主要问题

（一）东亚经济共同体的发展现状

"东亚共同体"是东亚国家顺应全球区域一体化发展的潮流，在"10+3"合作框架的基础上提出的一个东亚区域经济一体化的长期目标。在"东亚共同体"构想的引领下，各种合作机制相互协调补充，东亚各国在政治、经济、安全等多领域的交流与合作不断拓宽和加深。但是目前东亚共同体建设面临诸多的挑战，处于停滞不前的状态。

从官方层面来看，"东亚共同体"建设各方的推动力日渐减弱。日本一直是"东亚共同体"的积极倡议者，在 20 世纪 90 年代日本两次试图推动东亚经济合作，但都因美国强烈反对而作罢。进入 21 世纪，"东亚共同体"在各方努力下再次被提上日程。但在 2005 年首届东亚峰会上，中日两国在会议共同宣言的起草上对"东亚共同体"是以"10+3"还是以"10+6"为主的问题上出现了较大分歧。这一分歧主要体现在"东亚共同体"是走东亚自由贸易区（EAFTA）道路，还是选择"东亚全面经济伙伴关系协定"（CEPEA）①的方向。EAFTA（"10+3"）得到了中国和东亚各国的积极响应。在"10+3"经济部长会议的指示下，EAFTA 可行性研究专家组于 2004 年就已经成立。2004－2009 年，中、韩分别牵头组织了第一、二期的研究，其报告都认为，未来东亚应以"10+3"为基础，通过整合东盟-中国、东盟-日本、东盟-韩国 3 个"10+1"来建立东亚自由贸易区。然而，该建议遭到了日本的反对。这种竞争一直延续到 2011 年中日共同提议建立区域性自由贸易区，并被纳入东盟主导倡议的"区域全面经济伙伴关系协定"（RCEP）。但与此同时，伴随 TPP 的出现，日本及相关国家对"东亚共同体"的态度开始摇摆。尤其是"东亚展望小组 2"关于 2020 年实现"东亚经济共同体"的建议并没有被各方积极推进。从各种官方表态来看，除了中国非常积极外，其他各方在官方层面上的推动相对较少。

在民间层面，媒体和学术界对东亚共同体的探讨也由热趋冷。日本嘉悦大学学者徐一睿在英国金融时报网站上发表题为"从东亚共同体到 TPP：日中渐行渐远"的文章中说，东亚共同体在日本已经成为一个死语，日趋冷门②。作者通过对《日本经济新闻》的搜索，发现有关"东亚共同体"的相关文章在 2010－2014 年的新闻中共有 352 篇，而 2013－2014 年总共只有 4 篇。对比之下，TPP 则备受关注，相关文章在这 5 年中一共可以找到 5033 篇之多。通过国外谷歌网站搜索后也发现，对于"东亚经济共同体 2020"进行探讨的新闻主要来自中国，相关国家在学术层面的探讨更是少之又少。

从上述两个方面可以明显感受到，目前"东亚经济共同体"建设停滞不前，确实处在

---

① 东亚全面经济伙伴关系（Close Economic Partnership of East Asia, CEPEA）是一个由日本提出的东亚自由贸易协定，其成员国由东亚峰会（EAS）的成员国组成，包括东盟、中国、日本、韩国，以及印度、澳大利亚和新西兰。

② 徐一睿. 日本：从东亚共同体到 TPP[J]. 英国金融时报，2014（8）：4.

一个相对低潮期。

（二）东亚经济共同体建设中面临的主要问题

"东亚共同体"建设过程中面临诸多的挑战和不确定因素，这些挑战和不确定性既来自域内，也来自域外；既有经济方面的原因，也有政治方面的原因。

1. 东亚各国之间的经济发展水平不同

从历史经验来看，区域共同体的构建一般都是从经济领域起步，进而走向政治、安全、社会的一体化。欧盟的成功正是建构在欧洲各国经济一体化的基础之上。但是东亚地区经济发展不均衡，严重制约了东亚共同体的深入发展。

首先，各国经济发展水平差距较大。第二次世界大战结束以后，东亚地区经济得到了迅速恢复和发展，发达国家与不发达国家并存。日本与韩国先后于 20 世纪 70 和 80 年代实现了经济腾飞；中国通过近 40 年的改革开放获得了巨大成功，综合国力有了很大提升；东盟各国经济也得到了一定的发展。但当前东亚经济"雁形模式"已难以为继，1997 年亚洲金融危机与 2008 年经济危机使东亚各国之间的经济发展水平进一步产生差距。根据有关经济数据，日本人均 GDP 约 3.8 万美元，韩国 2.6 万美元，老挝 1534 美元，而柬埔寨则仅有 1036 美元。

其次，各国经济战略差异性较大。尽管东亚地区已经成为世界经济发展最快的地区之一，各国经济交流也日趋频繁，但彼此间的竞争也影响了东亚区域合作的实际进展。东亚国家间的经济"鸿沟"与摩擦日益凸显出各国经济战略的差异性。例如，多年来日韩在贸易逆差、技术转让等方面引起的贸易摩擦不断，根本原因在于日本企图构建以己为主导的亚太经济格局，而韩国则是想实现国际经济水平分工，并在区域经济合作中发挥主导作用。[①] 而东亚地区小国也担心被强势经济圈所蚕食，在一体化过程中逐步沦为区域内大国的附庸，在经济合作时经常出现左右摇摆之势。

最后，各国相互依存的不对称性。基欧汉和奈认为，相互依存是指国际社会中不同角色之间的相互影响和制约关系，这种相互影响和制约关系分为对称性的和不对称性的，其程度取决于角色对外部环境的敏感性与脆弱性。[②] 在不对称性相互依赖关系中，依赖较少的行为体会把相互依赖关系作为在某一领域进行讨价还价的有效筹码。例如，日本就经常依仗经济实力，刻意利用别国资金、技术等方面的劣势获取额外利益，造成了不平等的主体性权力分配关系，进而导致主体利益性差异和冲突。[③]

2. 东亚区域合作缺乏主导力量

近年来，东亚共同体到底该由谁来主导一直是各国学术界广泛争论的议题。卡尔·多

---

① 闫兴，孙哲. 浅析冷战结束后日本、美国与东亚的关系[J]. 法制与社会，2011（3）：200-201.
② ［美］罗伯特·基欧汉，约瑟夫·奈. 权力与相互依赖[M]. 门洪华，译. 北京：北京大学出版社，2002：11-20.
③ 彭述华. 试析东亚经济一体化的内部制约因素——国际政治经济的视角[J]. 国际论坛，2006（4）：47-52.

伊奇认为："一体化就是个体之间的一种关系，在这种关系中它们相互依存并共同产生出它们单独时所不具备的系统性能。"①在欧洲和北美的区域一体化进程中，法国、德国和美国分别承担了"领航员"的角色，这表明强有力的主导力量是保证区域一体化进程顺利发展的基本要素。一般来看，区域合作的主导力量必须满足以下条件：① 以地区共有利益为目标，具有开放、包容的社会精神和文化；② 必须在区域内具备一定程度的领导能力且国际形象良好，具有较大话语权和政治影响力；③ 必须具备为整个地区提供从市场到制度等各种"公共产品"的能力，其主导权得到区域内其他成员国的认可。不可否认的是，每个国家都希望能成为主导者，以便为本国谋取最大利益。

当前东亚共同体领导权确立过程中的主要矛盾，是本区域对领导能力的要求与各国的客观实力以及主观愿望之间的矛盾。参考欧盟的成功经验，如果中日两国能如法德一样，那么东亚合作将会处于强有力的领导之下。但现实是，中国目前仍然处在经济发展阶段，加之产业结构升级等问题，尚不具备在整个区域内协调全局的能力。中国虽然一再支持由东盟担任地区合作的主导者，但近年来中国的迅速崛起和积极参与东亚合作的态度，使得外界对中国是否将主导东亚地区及其参与诚意产生疑问。日本就对中国的快速崛起具有强烈的恐惧感与抵触感，同时中日和韩日之间的海岛主权之争，以及日本不顾历史的"右"倾言行极大伤害了彼此之间的政治互信。在 2010 年鸠山由纪夫辞职，次年决定加入 TPP 谈判之后，日本推动东亚共同体的势头也随之骤减。在此情况下，中日在短期内联手推动东亚合作难以实现。而韩国也试图在其中占有重要一席，并一直将中国作为潜在竞争对手来加以防范，但由于自身实力所限，也难以在其中担当主导大任。在这种条件下，力量相对弱小的东盟被置于东亚合作的主导地位。但随着合作的深化，不管是在合作议题与议程设置方面，还是在提供地区公共产品方面，东盟都开始逐步显得捉襟见肘、难以为继。

3. 东亚各国的文化和意识形态差异导致身份认同感不强

亚历山大·温特认为："人类关系的结构主要是由共有观念，而不是由物质力量决定的；有目的行为体身份和利益是由这些共有观念建构而成的，而非天然固有的。"②东亚共同体在构建过程中各国的文化差异明显，意识形态各有不同，缺乏必要的身份认同感。

首先，东亚作为一个多民族国家的地区，在长期的历史发展过程中形成了不同的伦理道德、价值取向、思维方式和行为准则，在宗教信仰、民族性格和民族文化上也都存在着不同程度的差异性。以宗教为例，中日韩三国主要信奉大乘佛教，而东南亚的宗教状况则较为复杂，泰国、老挝、缅甸、柬埔寨和越南主要信奉佛教，马来西亚、印度尼西亚和文莱主要信奉伊斯兰教，菲律宾主要信奉天主教，新加坡的主要宗教则是佛教与道教。

其次，各国的意识形态也各有不同。在历史上，东亚地区形成过以中国传统文化为中

① [美] 卡尔·多伊奇. 国际关系分析[M]. 周启朋，等译. 北京: 世界知识出版社，1992: 2-67.
② [美] 亚历山大·温特. 国际政治的社会理论[M]. 秦亚青，译. 上海: 世纪出版集团，2008.

心的"东亚文化圈",中国、朝鲜半岛与日本列岛是其核心部分,而东南亚则构成其外环地区。但进入近代以来,东亚思想开始进入多元化时代,在政治制度和意识形态方面,东亚各国存在着社会主义、资本主义、民族主义等众多类型,甚至同等类型国家间也保持着各自的独立性与特殊性。政治制度和意识形态的多样性及其价值观念的不同和冲突,也使东亚区域合作面临着更多的障碍与曲折。这种差异性在经济合作起步阶段不会构成大的障碍,但一旦进入政治、安全共同体建设阶段,就将成为一道巨大的鸿沟。亨廷顿认为:"只有在地理与文化一致时,区域才可能作为国家之间合作的基础""区域组织的整体效果一般来说与成员国之间文明的多样性成反向变化"。①虽然东亚文化与意识形态的复杂性还未达到"文明的冲突"的地步,但这已经成为该地区主要行为体身份认同的一大障碍,对于东亚合作的未来必然产生消极影响。加之日本与周边多国愈演愈烈的历史问题和民族矛盾也决定了东亚合作中共有观念与身份认同的建构将是一个长期的过程。

4. 美国发挥着重要影响

东亚既是诸多历史和现实问题集中之地,也是大国利益相互交织之所。美国作为在东亚地区有着重大现实利益的域外国家,是影响东亚地区合作进程的最主要的外部变量。一直以来,美国不仅是东亚工业产品的最主要销售市场,也是东亚国家获取资金和技术的重要来源,并在政治、外交、安全等诸多方面对东亚地区都产生巨大影响。而美国东亚政策的核心目标就是防止地区大国的崛起,防止独立的排他性的地区合作,维持美国对东亚事务的主导权。

对于东亚合作,美国长期持警惕与反对立场,既不赞成亚洲搞共同体,也不赞成亚洲搞共同货币。早年的"东亚经济集团"主张在一定程度上就是由于美国的极力反对而最终流产。2009 年,美国提出的"重返亚太"战略,旨在重新确立和提升美国在亚洲的主导地位。奥巴马总统当年在东京的一次演讲中称"美国是一个太平洋国家,自己是美国的第一位'太平洋总统'……不会放弃其在亚洲的战略地位"。在奥巴马执政时期,美国利用强大军事和经济优势,在"重返亚太"战略的指引下,进一步密切美日、美韩同盟,积极介入如"天安号事件""延坪岛事件""钓鱼岛事件""南海问题"等东亚国家间的争端,并大力推动 TPP 进程,这一系列举措都在客观上起到消解东亚共同体的作用。虽然特朗普政府出于美国本身的利益退出了 TPP,但其对东亚的关注一如既往。美国在南海的频繁动作和所谓的"印太战略"仍将给东亚共同体的未来发展产生消极影响并投下不确定因素。

---

① [美] 塞缪尔·P. 亨廷顿. 文明的冲突与世界秩序的重建[M]. 周琪, 译. 北京: 新华出版社, 2002.

三、东亚经济共同体的动因与合作机制

（一）构建东亚经济共同体的动因

对于构建东亚经济共同体的动因，有学者认为东亚共同体的整合不是由单一的某一种因素决定的，而是由内外因素共同作用的结果。其中主要有两个方面的原因：一是为了谋求经济的快速发展，这是东亚区域经济内在因素；二是东亚地区周边环境的稳定和平、区域内各个国家间良性的交往和健全的安全体制为区域合作提供了政治保障。[①] 邵峰认为，东亚区域间的整合是由于经济市场化成为全球范围内主流的改革趋向，为区域经济整合的开展打下基础。同时，世贸组织这个全球多边贸易体制本身存在天然的局限性，导致近年来多边贸易谈判裹足不前，进而刺激了区域经济整合的发展。[②] 另外，竺彩华的分析则把侧重点放在了中国经济快速发展上，他认为中国国力的增强对区域经济发展发挥着凝聚力的作用。[③]

麻陆东也认为东亚区域经济合作的外部因素很重要，金融危机的发生让东亚区域内各国开始觉醒，认识到区域合作的重要性；区域内的国家也开始考虑自身的经济发展是否会凭借区域经济合作而更加繁荣；同时其地区经济的快速发展也刺激着东亚区域国家走向合作发展。他还以西方的新现实主义为基础进行了分析，认为区域内的权利均衡也是主要的原因之一。对于东盟来说，保证自身在区域内国家之间发挥重要的作用，主要是为了牵制某一个国家在东亚地区的蓬勃发展。在冷战结束后，东盟实施的权利均衡政策也在不停发展，在均衡中国和日本的影响中主要还是依靠美国的力量。[④] 另外，刘兴华运用建构主义所做的分析显示出，东亚地区内的国家产生了一定的地区认同感，认识到地区的兴盛不仅仅是依靠其中几个国家的带动，而是依靠整个地区的发展、整个区域内经济的繁盛，这种认同感使得东亚区域内的经贸开展更加顺畅，同时程度也在逐步加深。[⑤]

国外学者都是从宏观层面，把构建东亚共同体问题放在国际大环境下进行分析，这些看法从不同的侧面揭示了构建东亚共同体的动因。米罗斯拉夫·N. 约万诺维奇（Miroslav N. Jovanovic）认为东亚经济共同体是借鉴欧盟和北美经济一体化而萌生，但是由于东亚区域内的国家相似又不同，所以在很多产业结构和经济战略等方面，互补性远远不如欧美地区。加之社会体制的不同，国家之间的主导权和历史矛盾的问题，使得东亚区域内的国家必须要相互结合起来，需要利用自身优势，更好地发展经济共同体。[⑥]

① 张蕴岭. 日本的亚太与东亚区域经济战略解析[J]. 日本学刊，2017（3）：4-11.

② 邵峰. 互联互通战略与东亚区域一体化的推进[J]. 人民论坛，2017（34）：2.

③ 竺彩华. 对东亚经济共同体建设的思考[J]. 和平与发展，2016（3）：74-79.

④ 麻陆东. 东亚地区主义：源起、动因及未来走向[J]. 东南亚纵横，2015（5）：4-5.

⑤ 刘兴华. 地区认同与东亚地区主义[J]. 现代国际关系，2004（5）：3-4.

⑥ Miroslav N Jovanovich. International Economic Integration Rout I edge (UK) [M]. New York: Anderson Wesley, 1998.

日本学者木下俊彦（Toshihiko Kinoshita）指出了三个方面的原因①：第一，东亚经济的整合并不是偶然事情，而是必然事件，正是因为经济全球化潮流的推动，东亚各国才意识到经济整合的重要性；第二，东亚地区国家很多，但是经济发展水平参差不齐，导致各国发展不均衡，虽然政治的交流很频繁，但是无法从经济上体现出一个地区的凝聚力；第三，地区间的产品、资源、人员的相互流通，可以大大降低成本，不用再依靠其他地区的进口，这是经济整合最有成效的结果。

上述国内外学者的分析从不同的侧面分析了东亚共同体产生和发展的原因，对我们全面地认识和看待东亚共同体问题具有借鉴意义。

（二）东亚经济共同体的合作机制和路径

如前所述，东亚经济共同体的成员国范围主要包括中日韩和东盟 10 国，其他东亚国家还没有参加进来。从合作的构想来看，合作领域既包括经济领域的合作，也包括政治和安全领域等的合作。其中经济领域的合作目标是构建一个包括所有国家在内的一体化组织，以促进成员国之间的贸易投资自由化和便利化。目前在东亚地区存在五个主要的合作机制，即中日韩分别与东盟之间的三个"10+1"合作，中日韩与东盟之间的"10+3"合作，以及中日韩三国之间的合作，此外，还有更加广泛的区域全面经济伙伴关系（RCEP）等机制。这些合作机制为东亚经济共同体建设奠定了基础，也将影响着共同体建设的未来发展。

首先，中日韩已经分别与东盟签订了自由贸易协定。中国与东盟之间的经济融合不断深化。2016 年，中国-东盟迎来建立对话关系 25 周年。这一年也是双方战略伙伴关系新一个五年《行动计划》的开局之年，双方合作从快速发展的"成长期"加快迈入提质升级的"成熟期"。同年，中国-东盟自贸区的升级议定书生效。目前，双方正积极推进落实中国-东盟战略伙伴关系第三份《行动计划》。在中国-东盟"10+1"合作机制下，双方确定了互联互通、金融、海上、农业、信息通信技术、人力资源开发、相互投资、湄公河流域开发、交通、能源、文化、旅游、公共卫生、环境等 20 多个领域的合作。日本、韩国与东盟的合作也在不断深化。东亚国家在三个"10+1"合作机制上所取得的实质性进展构成了东亚共同体发展的基础。

其次，"10+3"合作也取得了一定的进展。"10+3"是东盟 10 国和中日韩 3 国合作机制的简称，被认为是建设东亚经济共同体、推进东亚合作的主渠道。1997 年，首次东盟-中日韩领导人非正式会议在马来西亚举行，东盟各国和中日韩三国领导人就 21 世纪东亚地区的前景、发展与合作问题坦诚、深入地交换了意见，并取得广泛共识。"10+3"合作进程由此启动。截至目前，"10+3"合作已在财政金融、粮食、减贫、灾害管理等 24 个领域开展了务实合作，建立了 65 个对话与合作机制，形成了以领导人会议为核心，以部长

---

① Kinoshita, Toshihiko. Economic Integration in East Asia and Japan's Role: Abridged Version [C]. SPFUSA Seminar "Asian Voices" in Washington, D.C. on June 24, 2004.

会议、高官会、东盟常驻代表委员会与东盟大使会议和工作组会议为支撑的合作体系。"10+3"领导人会议是"10+3"合作机制最高层级机制，每年举行一次，主要对"10+3"发展做出战略规划和指导。如果"10+3"合作最终能够达成具有约束力的自由贸易协定，东亚共同体建设将迈出坚实的一步。

最后，中日韩三方合作的发展情况。东亚共同体建设实际上在沿着两条路径在发展。一条是以三个"10+1"为基础的"10+3"合作，这被认为是主渠道；另一条是以中日韩为基础的"10+3"合作，也就是说中日韩先达成自由贸易协定，然后再与东盟开展"10+3"合作，最终形成包括 13 国在内的东亚一体化合作。

早在 2003 年，中日韩三国就启动了自由贸易区的共同研究。2013 年 3 月启动第一轮谈判，截至 2018 年 5 月 10 日，已举行了 13 轮谈判。三方就货物贸易、服务贸易、投资、规则等领域深入交换了意见，谈判取得了一定的进展。然而，中日韩谈判时间长，过程曲折，进展缓慢。这主要是由于政治和经济两方面的原因：

第一，中日之间政治互信缺失。中日两国在资源、市场、资金、技术等方面具有较强的互补性，但总体而言，中日双向投资现状落后于两国的经济现实，两国投资关系并不是非常成熟，呈高度不稳定状态。许多日本企业对开展中国业务犹豫不决，对华投资的愿望不肯轻易转化为实际行动。日本对华直接投资占全部日本对外直接投资和中国吸引外资的比重都不足 5%。自 2012 年起，日本对华投资连续下滑，这固然受到中国的内需不振和日元贬值的影响，但一个重要因素是两国政治关系陷入僵局。虽然发展经济关系，核心因素是市场力量，但也不可否认，国与国之间的经济关系从来与政治关系不可分割。历史问题、领土纠纷仍是困扰中日韩合作的最主要和最关键问题。

第二，敏感部门的开放。在经济方面，中日韩发展水平和利益诉求差异较大。具体而言，日本的敏感产业有农业、钢铁产业、能源产业、造船产业。韩国的敏感产业有农业、能源产业、服装和纺织等加工工业。中国的敏感产业为化工产业、汽车产业、电子信息产业、机械设备产业、金融业、零售业、中高端制造业和运输设备。其中农业因素是中日韩自贸区谈判中的头等难题。由于经营规模小、生产成本高，日本农产品缺乏国际竞争力，多年来一直依靠政府的补助金和贸易保护。在与新加坡的谈判中，日本完全把农产品排除在关税减让议题之外。日澳经济伙伴关系协定（EPA）是日本与农产品出口大国签订的经贸协定。澳大利亚同意将大米列为免除关税减让的品种。作为交换，日本同意冷冻牛肉和冷藏牛肉的进口关税逐年递减。日本虽然保住了大米免除关税减让品种这一核心利益，但在其他敏感农产品问题上做出了较大让步。日澳 EPA 协定的签署，意味着日本在农产品市场开放迈出了重要一步。但是在中日韩合作中，农业问题仍然是重要的障碍之一。

另外，东亚国家还与印度、澳大利亚和新西兰进行 RCEP 谈判，在一定程度上影响到东亚经济共同体的建设，分散了对东亚内部合作的关注度，或者泛化了东亚合作的内涵。

东盟在进入 21 世纪后先后与中国、日本、韩国、印度及澳大利亚和新西兰签订了 5 个 "10+1" 自由贸易区协议，构建了以其为轴心的、覆盖所有周边国家的双边自由贸易区网络。除了双边自由贸易区外，更广范围的东亚自由贸易区（East Asian Free Frade Agreement, EAFTA）和东亚全面经济伙伴关系（Comprehensive Economic Partnership for East Asia, CEPEA）也相继被提出。在 2011 年 8 月举行的东亚峰会经贸部长非正式会议上，东亚国家提出了 "东亚全面经济伙伴关系"（CEPEA），建议通过 "10++" 的形式，以便打破东亚地区区域经济合作的僵持状态，这为 RCEP 的提出奠定了基础。在 2011 年 11 月，东盟成员中的新加坡、文莱、马来西亚和越南四国加入 TPP 之后，东盟为了维护其在东亚区域经济合作中的主导地位而在东盟峰会上正式通过了 RCEP。截至 2018 年 5 月，RCEP 谈判已进行了 22 轮。截至目前，已完成了经济合作章节和中小企业两个章节的谈判。

多元合作机制的并存是东亚区域经济合作的一个重要特点，如何实现各种合作机制彼此之间的相互融合是东亚共同体建设中面临的一个重要挑战。

四、主要国家对东亚经济共同体的态度

自从 1990 年马来西亚前总理马哈蒂尔提出建设 "东亚经济集团" 的构想以来，在东亚地区引起了积极的响应，各国都纷纷提出了自己关于 "东亚共同体" 的构想，并表现出不同的态度。

（一）东盟国家的态度

东亚合作一直坚持以东盟为主导，并取得了丰硕的成果。但目前这种状况面临挑战。东盟 10 国都是中小国家，总体实力较弱，10 国 GDP 总量加起来只占东亚 13 国总量的 10% 左右，因此其所能提供的区域公共产品有限。随着区域合作的深化，对区域公共产品的要求也越来越高，东盟在这方面明显力不从心。

东盟为发挥其中心作用，一直奉行大国平衡的战略。随着中国影响力的上升，东盟感受到威胁。随着中日韩领导人对话合作的不断加深，东盟又担心中日韩主导东亚进程会进一步弱化自己的领导力。根据日本贸易振兴会的一个调查发现：东盟虽然欢迎 "东亚共同体"，但是担心中日韩主导使其边缘化，同时不希望排除美国。实际上，相对于 "东亚共同体"，东盟对于自身 "东盟共同体" 的建设处于优先地位。这给 "东亚共同体" 的建设带来了更多的变数。

（二）日本的态度

1990 年马来西亚总理马哈蒂尔提出建立 "东亚经济集团" 时，日本考虑到该机制可能带有对抗美国的意图，因而没有给予支持。直到 1997 年东南亚金融危机后，日本开始急于构建东亚经济圈，并提出建立 "亚洲货币基金" 方案。在该方案被否决后，日本又制定了单独的 "宫泽援助计划"。当东盟提出邀请中日韩对话合作时，日本与中韩一起给予了积极

回应，从此开启了以"10+3"为基础的东亚经济合作进程。

2001 年，东亚展望小组（EAVG）发表《迈向东亚共同体：和平、繁荣与进步的地区》的报告后①，小泉纯一郎表态支持建设东亚共同体。2003 年，日本邀请东盟领导人到东京参会，发表《东京宣言》，明确提出共建东亚共同体。2005 年，日本发表官方文件，对东亚共同体给予清晰定位，坚持开放的东亚区域主义。此后，福田康夫和鸠山由纪夫当政时期，日本官方明确表示过坚持推进东亚共同体建设。

日本政府对于东亚共同体的态度有一个不断变化的过程。小泉和鸠山两届内阁提出的"东亚共同体"构想存在极大的差异。但有一点是一致的，即都希望通过东亚共同体来实现日本从经济大国向政治大国的转变，以此改变长期以来的日美关系，同时更好地应对中国的崛起。② 由于日本首相小泉纯一郎将"东亚共同体"构想视为遏制中国崛起的政治工具，表现出明显的对外依附美国而对内争夺共同体领导权的政治意图，使得亚洲各国尤其是中韩两国难以认同。在这一时期，尽管小泉政府反复鼓吹，东亚各国尤其是中韩两国对日本倡导的"东亚共同体"构想疑虑重重。2009 年鸠山内阁吸取了小泉政府的教训，提出要建设以"友爱"精神为核心的东亚共同体，主张立足于东亚，强化同中国、韩国的合作，构建稳定的地区经贸与安保合作体系。鸠山内阁的"东亚共同体"构想受到东亚各国的欢迎，中日韩和东盟各国对此进行了频繁的外交活动，取得了一定的进展。然而，鸠山大力推进"东亚共同体"，使美国感受到了在东亚地区丧失主导影响力的危险，在美国的干预下鸠山内阁在短短的一年内便陷入瓦解。③ 继任的营直人内阁、野田佳彦内阁逐渐淡化了"东亚共同体"的热度，转而积极参与 TPP。2011 年，日本对东亚区域合作的政策定位进行了调整，采取了亚太与东亚并举的策略，并且将加入美国主导的 TPP 置于优先地位。2012 年安倍晋三再次上台以后，很少听到日本官方提及建设东亚共同体了。

日本一直将经济上崛起的中国视为其在亚洲的最大威胁，担心中国会主导东亚合作进程，因此其借助美国及其他外部力量牵制中国的意图非常明显。2002 年东亚展望小组为构建"东亚共同体"的长远目标，提议建立由东盟和中日韩三国组成的"东亚自由贸易区"之后，日本在 2006 年就提议在"10+3"的基础上，引入印度、澳大利亚和新西兰，构成"10+6"模式。其目的就是希望通过引入上述三国，来稀释中国的影响，达到制约中国的目的。

从经济利益角度看，东亚共同体的建设有助于日本获得东亚各国的市场和资源来提振本国经济。但日本担心的是东亚共同体的建设会使中国成为最大受益者，从而威胁到日本在东亚的地位。因此日本更希望建立起以日本为主导的东亚共同体，如果这种希望不可能

---

① http://www.aseansec.org/viewpdf.asp?file=/pdf/easg.pdf.

② 郭定平. 东亚共同体建设的理论与实践[M]. 上海：复旦大学出版社，2008.

③ 张蕴岭. 日本的亚太与东亚区域经济战略解析[J]. 日本学刊，2017（3）：11.

实现，它就没有动力去积极推进。因此，对于日本来说，与其积极推进自己不能主导的东亚共同体建设，不如发展复杂交错的东亚经济区域合作的关系，既参与"10+3"等东亚主导的贸易协定，也参与美国主要的 TPP 以及其他更加广泛的区域贸易合作。此外，日本在战略上常常追随美国，而美国是不愿意看到一个不包括美国在内的经济共同体的。因此，不阻挠，但绝不推进，可以说是日本当前的基本态度。

（三）美国的态度

"9·11"之后，美国忙于反恐，无暇顾及东亚合作。到小布什政权后期以及奥巴马执政后，美国开始重返亚太，积极参与甚至主导东亚合作进程。布什政府时期，国务卿赖斯两次缺席东盟地区论坛（ARF），被认为轻视亚洲。2009 年 7 月，国务卿希拉里在曼谷宣布"美国回来了"，标志着美国重返东南亚。同年 7 月，同东盟签订了《东南亚和平友好条约》。同年 11 月 14 日，奥巴马在东京宣布是首位"心系太平洋"的总统，15 日召开了首届美国-东盟峰会。2010 年 1 月，希拉里在夏威夷发表演说，强调美国在亚洲不是一个"过客"，而是"常住国家"。[①]

美国在亚洲有传统的军事和经济利益，最担心亚洲国家在太平洋上划界，绝不允许任何排他性集团的出现。从反对马哈蒂尔的"东亚经济集团"主张和日本的"亚洲货币基金"倡议，到对鸠山"东亚共同体"构想高度警惕，都反映了其一贯立场。美国担心日本和中国成为主导东亚经济的国家，这样它将失去在东亚地区的地位，对于其全球霸权策略显然是不利的。

目前东亚和亚太地区合作机制呈现出多层次、多渠道的特征，既相互竞争又相互融合。跨区域机制有 ARF、APEC 和东亚峰会；区域层次的有东盟、"10+1"、"10+3"、中日韩三国领导人会议。合作倡议有鸠山的"东亚共同体"，陆克文的"亚太共同体"，美国的"亚太自由贸易区（FTAAP）"，"10+3"基础上的"东亚自贸区（EAFTA）"，"10+6"基础上的"东亚全面经济伙伴关系协定（CEPEA）""跨太平洋伙伴协定（TPP）"等。其中，以美国主导的 TPP 是影响东亚经济合作最大的域外因素，其影响具体体现在以下几个方面。

首先，TPP 的 12 个成员覆盖了亚洲、美洲和大洋洲，今后随着新成员的加入，地域范围将会更广，明显摆脱地缘关系的束缚。此外，TPP 的成员里有 6 个是"东盟+N"的成员（文莱、马来西亚、新加坡、越南、日本、新西兰），这在一定程度上扰乱了东亚区域内的合作关系。若未来泰国、菲律宾、韩国和印度尼西亚也加入 TPP，那么"东盟+N"队伍将面临瓦解。

其次，TPP 还在一定程度上阻碍了中日韩自贸协定的谈判。日本为 TPP 谈判的成员，韩国未来也可能加入进去，这无疑会进一步牵制日本、韩国和中国的关系，增加中日自

① 宋均营. 鸠山"东亚共同体"构想评析[J]. 全球视野，2010（6）：139-143.

贸协定的谈判变数。同时，由于中日韩三国的区域合作是建设东亚共同体的核心力量，因此，TPP 对于构建东亚共同体具有不利的影响。

再次，TPP 可能会削弱东盟在东亚一体化中的中心作用。目前并不是所有东盟成员国都加入了 TPP，这在一定程度上会影响东盟内部的团结以及其在地区一体化进程中的领导作用。

最后，TPP 倡导的高标准和新规则可能会影响东亚经济和社会秩序。这些高标准和新规则对于处于当前发展阶段的许多东亚国家而言不切实际，而强行推进其规则可能会给东亚地区经济社会秩序带来负面影响。就中国而言，面临高标准的 TPP 也是进退两难，选择加入将会增加国内经济转型升级的负担，不加入则有被边缘化和孤立于亚太区域经济合作之外的风险。

特朗普当选后，考虑到其竞选承诺以及为保障美国国内中低端产业的就业，采取"美国优先"的对外贸易政策，在经济领域退出了奥巴马政府推动的 TPP 协议，这会暂时性削弱美国在亚太区域经济中的地位。但可以肯定的是，美国并不会放弃参与亚太区域经济的事务，而且存在重新加入 TPP 的可能性。美国通过亚太区域合作制衡中国的政策不会变，阻挠中国主导东亚经济合作的政策不会变，维护其在东亚的霸权的政策不会变。因此，无论现阶段美国对其贸易政策进行了怎样的调整，美国仍旧是构建东亚共同体最大的域外阻碍因素。

五、构建东亚共同体建设面临的困境

纵观各国的态度，对东亚共同体的构建各有各的心思和想法。这些不一致是东亚共同体自提出至今进展缓慢的原因。共建区域性合作，需要的是成员之间的协同一致，求同存异，成员国的基本态度和愿望是一致的才可行。反观现今各国对构建东亚共同体的态度，其差异大于共同诉求，主要可表现为如下三个主要方面。

（一）东亚共同体的领导权之争

世界上成功的区域经济合作大都是在核心国家的推动下达成的。欧洲的德国和法国、北美的美国以及东盟的印度尼西亚。然而，一直以来，东亚共同体建设存在着"领导权"之争。东盟作为东亚共同体的提出者，曾经起着领导和推进作用，但由于东盟成员国多以经济实力小的发展中国家为主，且其成员国内部经济发展差异巨大，进而实际上无法承担主导东亚经济的重担。日本曾一度想挑起这个大梁，构建以日本为主导的东亚共同体，借以提升其政治大国的形象。但日本想积极推进的是一种局限的或者说已经偏离了东亚共同体构建初衷的区域经济合作，很难获得普遍的认同，同样缺乏号召力。对于崛起中的中国，我国支持东盟主导，并积极推进和支持东亚共同体的建设，这是因为就当前的经济和政治影响力而言，中国难以以一己之力主导东亚共同体的进程。因此，东亚共同体的"领导权"

之争是当前面临的困境之一。

（二）东亚共同体建设中的域外因素

东亚共同体建设不仅面临内部的领导权之争，而且也受到域外因素的影响，主要包括两个方面：一是美国因素；二是 TPP 以及其他更广泛的区域经济合作机制的影响。

美国的影响来自经济和地缘政治两个方面。从经济上看，无论是中国、日本和韩国，还是东盟，都在贸易和投资领域与美国具有密切的联系。虽然中国已经成为东亚国家的主要经济伙伴，但东亚各国以及经济体对外部市场特别是美国市场仍然具有较大的依赖，远没有达到像欧盟和北美自由贸易区那样的内部化程度。因此，东亚经济实际上是一种"外向型"经济，美国能够凭此对东亚施加经济影响。这的确是美国的一种战略利益，而且会极力加以维护。从地缘政治上看，日本、韩国和部分东盟国家是美国的盟友，而且美国目前在这些国家中仍然保留着大量的驻军，是美国遏制中国崛起和维持其在亚洲霸权的重要手段。因此，美国会极力施加影响，避免任何将美国排除在外的、包含经济和安全考虑在内的区域机制的形成。这可能是东亚共同体发展中一个最大的外部障碍因素。

从另一方面来看，围绕东亚地区存在诸多现实的和推进中的区域经济一体化协定和机制，比如 TPP、FTAAP 以及 RCEP。这些制度安排都包括域外国家，而且远远超出了东亚范畴。其中 TPP 和 FTAAP 是典型的"亚太模式"，而 RCEP 则是"亚洲模式"。因此，建立东亚共同体不仅涉及与环太平洋国家的关系，而且也涉及与亚洲内部其他国家的关系。这些机制相互重合，一方面会弱化东亚共同体可能带来的经济利益，另一方面会增加各成员国政策协调上的难度。这些域外因素增加了东亚共同体建设的难度。

（三）东亚共同体建设中协商一致原则与机制化目标之间的矛盾

东亚区域合作不仅面临"亚太模式"和"东亚模式"的困扰，而且还面临协商一致原则和机制化目标之间的矛盾。亚洲国家之间在经济发展水平以及其他方面存在巨大差异，有着不同的利益诉求，因此在区域经济合作中坚持协商一致和灵活性，这构成"东亚模式"的一个重要特点。东亚共同体建设也是建立在共同意愿的基础上的。以协商一致为基础的合作将使东亚合作具有非机制化和松散性特征，其好处是可以满足各方面的需要，缺陷是不利于合作目标的实现。比如 APEC 的茂物目标就因为缺乏约束性的机制化安排而流产。因此，如果东亚共同体建设的目标是要建立一个封闭性的经济共同体的话，就只能经过谈判逐步达成自由贸易区协定，然后再向关税同盟，进而向经济共同体迈进。如果目标不是朝机制化的区域经济一体化组织发展的话，那么就只能是一种松散的、自愿参加的合作。各国可以在这个平台上交流看法，在协商一致的领域采取共同的行动。因此，东亚共同体的建设需要设定明确的目标，只有如此才能确定推进的方式和路径。

六、中国参与东亚共同体建设的策略

基于以上分析，中国要推动东亚共同体建设，在策略上要处理好以下几个方面的问题。

第一，要明确共同体建设的目标。目前对经济共同体或者共同体的理解是存在较大差异的。狭义的理解就是区域经济一体化的五种形式之一，而且是一个比较高级的形式，需要各成员之间不仅要实现货物和服务贸易的自由化，达成自由贸易协定；而且还要求各成员或者经济体对第三方保持相同的关税水平，形成关税同盟；不仅如此，还要实现资本和劳动要素的自由流动，即投资的自由化和人员的自由往来。从东亚的现实情况来看，这在短期内是不可能达到的目标。正因如此，很多人是从十分宽泛的意义上看待东亚共同体的。如前文所说，东亚共同体被看作是一种共同的合作发展愿景，在这种共同的意愿之下，成员之间在任何领域、以任何形式开展的合作都可以包含在这个广义的共同体概念之中。对东亚共同体的广义理解有助于形成共识，也有助于搭建一个共同的平台，在尽可能多的领域加强成员之间的交流与合作。但是由于合作的领域过于宽泛，因此缺乏一个明确的目标，也难以产生实质性的结果。对东亚共同体做上述狭义和广义的理解都具有明显的局限性。我们认为东亚共同体建设应当从经济领域逐步扩大到其他领域，并确定具体目标和愿景目标。具体目标就是建立"东亚自由贸易区"，初期主要经济体包括东盟和中日韩，其他东亚国家在条件成熟时再逐步加入。愿景目标就是实现"东亚共同体"，在经济上朝着商品和要素自由流动的方向努力；在政治和安全上积极开展对话，加强互信，逐步建立机制化的地区合作框架。"千里之行，始于足下"。东亚共同体的建设应当从现实起步，逐步接近美好的愿景。

第二，要选择好实现具体目标的路径。如果将东亚经济共同体的建设目标确定为"东亚自由贸易区"，那么通过什么途径实现这个目标就是需要解决的问题。如上文所述，目前存在两个途径：一个是以三个"10+1"为基础整合成为东亚自由贸易区；另一个是以"中日韩自由贸易区"为基础再与东盟共同谈判组成东亚自由贸易区。我们认为中国应当选择前者，而不是后者。首先，以"10+1"为基础的路径更加容易实现目标。三个"10+1"已经存在，整合起来比较容易。三个"10+1"的差异将构成谈判的重点，问题比较集中。而后一种路径是两个自由贸易区的融合，需要对所有的条款进行谈判。其次，以"10+1"为基础的路径是一种东盟为主导的发展路径，更容易获得东盟国家的支持。最后，中日韩自由贸易区谈判仍然还具有一定的不确定性，如果谈判进展不顺利，东亚自由贸易区建设也必将受到影响。中日韩三国的经济发展水平相对较高，达成自由贸易协定的质量也会较高，因此可能更加费时，同时再与东盟自由贸易区相互融合时也会相对困难。因此，我们可以将中日韩自由贸易区作为另一个独立的区域贸易安排来对待，并与"东亚自由贸易区"并行推进。

第三，要处理好与其他机制的关系。如果确定以"10+1"的路径来实现东亚自由贸易区，那么就可以比较清晰地处理与区域内其他各种经济一体化安排的关系。首先，我们在结束中国与东盟自由贸易协定的升级版谈判之后，应当将中日韩自由贸易区的谈判放在首位，这样无论将来东亚共同体建设走哪条路径，都会有备无患。其次是积极参加而不主动地推动"区域全面经济伙伴关系协定"（即 RCEP 或"10+6"）的谈判。RCEP 超出了东亚范畴，虽然其被称为"10+6"，仍以东盟为主导，但澳大利亚、新西兰和印度的加入应该看作是稀释中国影响的因素，而且是比"东盟＋中日韩"（"10+3"）更加困难的谈判，特别是印度并未与中国签订自由贸易协定，这也会增加不确定性。另外，虽然美国退出了 TPP，但其他 11 个国家已经达成协议，如果美国重新回归 TPP 的话，也不排除会有更多的东盟国家跟进加入。这当然会对东亚共同体建设产生消极的影响。因此，"亚太模式"和"东亚模式"的竞争仍然在继续。如果以"10+3"为主体的东亚自由贸易区不能实现的话，"亚太模式"将主导东亚以至于亚洲的区域经济一体化。最后，我们在处理这些不同的合作机制时，不仅要有轻重缓急，而且还应当注意彼此之间的关联性，尽可能地使我们的谈判内容彼此兼容和相互适应，以减少潜在的谈判成本。

第四，要明确中国应发挥的作用。无论是从彼此的经济联系来看，还是从东亚的地缘政治的角度考虑，中国都应当继续支持东盟来主导东亚共同体的建设，以此来减少日本以及域外国家对中国的戒心。东盟无力提供的公共产品可以由中国来提供，逐步形成一个以"东盟＋中国"为主导的东亚领导模式，以此充分发挥中国的影响力。由于东亚国家都是外向型经济，都对美国市场具有依赖性。因此，采取"东盟＋中国"这种模式，通过中国市场的开放及中国与东盟之间的贸易和投资自由化，可以逐步增强东亚经济的内向性，从而为东亚共同体建设奠定坚实的经济基础。

参考文献

[1] Kinoshita, Toshihiko. Economic Integration in East Asia and Japan's Role: Abridged Version [C]. SPFUSA Seminar "Asian Voices" in Washington, D.C. on June 24, 2004.

[2] Miroslav N Jovanovich. International Economic Integration Rout I edge (UK) [M]. New York: Anderson Wesley, 1998.

[3] Ralhp A. Cossa and Akihiko Tanaka. An East Asian Community and the United States, CSIS Press, 2007.

[4] Toshi Wko Kinoshita. International Integration in East Asia and Japan's Role, SPFUSA Seminar "Asia Voice " in Washington D.C, 2004, www.spfusa.org.

[5] 郭力萌，朱启超. "一带一路"背景下推动日本参与东亚命运共同体建设的前景展望[J]. 和平与发展，2017（5）：103-123.

[6] 郭定平. 东亚共同体建设的理论与实践[M]. 上海：复旦大学出版社，2008.

[7] 卡尔·多伊奇. 国际关系分析[M]. 周启朋，等译. 北京：世界知识出版社，1992：2-67.

[8] 李丹. 东亚一体化的进程与特点[J]. 学术评论，2014（2）：57-63.

[9] 刘阿明. 东亚经济共同体建设——关于现状与问题的思考[J]. 东南亚研究，2010（1）：49-57.

[10] 刘兴华. 地区认同与东亚地区主义[J]. 现代国际关系，2004（5）：5-6.

[11] 罗伯特·基欧汉，约瑟夫·奈. 权力与相互依赖[M]. 门洪华，译. 北京：北京大学出版社，2002：11-20.

[12] 麻陆东.东亚地区主义：源起、动因及未来走向[J]. 东南亚纵横，2015（5）：3-4.

[13] 彭述华. 试析东亚经济一体化的内部制约因素——国际政治经济的视角[J]. 国际论坛，2006（4）：47-52.

[14] 塞缪尔·P. 亨廷顿. 文明的冲突与世界秩序的重建[M]. 周琪，译. 北京：新华出版社，2002.

[15] 邵峰. 互联互通战略与东亚区域一体化的推进[J]. 人民论坛，2014（34）：2.

[16] 宋均营. 鸠山"东亚共同体"构想评析[J]. 全球视野，2010（6）：139-143.

[17] 宋均营，虞少华. 对"东亚共同体"建设的再思考[J]. 国际问题研究，2014（2）：4-6.

[18] 徐一睿. 日本：从东亚共同体到 TPP：日中渐行渐远[N]. 英国金融时报，2014-08-27.

[19] 亚历山大·温特. 国际政治的社会理论[M]. 秦亚青，译. 上海：世纪出版集团，2008：1.

[20] 闫兴，孙哲. 浅析冷战结束后日本、美国与东亚的关系[J]. 法制与社会，2011（3）：200.

[21] 张蕴岭. 日本的亚太与东亚区域经济战略解析[J].日本学刊，2017（3）：4-11.

[22] 庄媛媛，李磊，李荣林. 政治经济形势变化下的东亚合作趋势[J]. 亚太经济，2014（1）：16-22.

[23] 竺彩华. 对东亚经济共同体建设的思考[J]. 和平与发展，2016（3）：74-79.

逆全球化背景下的亚太区域经济一体化进程

盛　斌　靳晨鑫*

摘　要：随着全球化的深入、全球生产价值链的演进以及新兴市场的崛起，发达国家国内产业空心化、劳动力市场冲击与收入分配不平等等问题进一步恶化。以美国特朗普政府为代表的保护主义、孤立主义和民粹主义势力日趋抬头，逆全球化趋势愈演愈烈。在这种背景下，美国退出 TPP、RCEP 谈判受阻，FTAAP 进展缓慢，使亚太区域经济一体化进程遭受较严重的阻碍。与此同时，中国则通过倡导 FTAAP、发起"一带一路"倡议等积极维护"开放型世界经济"，并日益成为亚太区域经济一体化的决定性因素。

关键词：逆全球化；亚太区域经济一体化；中国的作用

一、逆全球化产生的背景与原因

"逆全球化"，又称"去全球化"，是指在世界经济复苏乏力、全球贸易持续低迷的情况下，部分国家出现的以保护主义、孤立主义和民粹主义为代表的，与 20 世纪 90 年代以来经济全球化潮流反向而行的思潮与行动。自 20 世纪 90 年代开始，经济全球化和贸易自由化快速发展，促进了商品、服务、资本、技术、劳动力等产品与生产要素在全球范围内的更自由流动和更有效配置。在这一过程中，智能制造、高科技、金融等日益成为西方发达国家的主导性跨国产业，发达国家的传统制造业等中低端产业则逐渐转移至新兴市场与发展中国家，从而导致前者国内出现贸易逆差、制造业空心化、失业率上升、社会贫富差距加大。在此背景之下，美国等一些西方国家内反全球化的势力抬头，他们将本国出现的一系列经济与社会问题归咎于全球化的冲击，特别是不公平贸易行为，鼓吹并采取贸易保护政策，乃至发动贸易战。依据 WTO 的《2018 年国际贸易环境发展报告》，2016 年 8 月至

* 盛斌，南开大学 APEC 研究中心教授；靳晨鑫，南开大学经济学院国际经济研究所博士研究生。基金项目：本文由中央高校基本科研业务费专项资金（63182014）资助。

2017 年 8 月期间，WTO 成员出台的各项贸易保护措施多达 108 项，相当于每月出台 9 项限制举措，受影响贸易总额高达 790 亿美元；同期，WTO 成员共实施了 301 项贸易救济措施，涉案金额共计 706 亿美元。[①] 这其中最为典型的逆全球化事件就是英国"脱欧"与美国特朗普上台以及随后所采取的一系列贸易保护主义措施。

（一）英国"脱欧"

2008 年金融危机在欧洲演变为 2009 年的"欧债危机"，造成了欧盟各成员国的经济衰退。加之美国对西亚和北非的军事干预，造成部分伊斯兰国家内部长时期的战乱，致使来自西亚和北非的难民外逃，引发了 2015 年大规模的欧洲难民潮。来自叙利亚等国的难民在欧盟国家内部流动，给各主要欧盟国家增添了巨大的社会不稳定因素。2016 年 6 月 24 日，英国就是否留在欧盟内的重大抉择问题举行全民公投，脱欧派以 51.9%的选票比例胜出，英国随后启动"脱欧"进程。经过了曲折的谈判历程，最终欧盟首席"脱欧"谈判代表巴尼耶和英国"脱欧"事务大臣戴维斯于 2018 年 3 月 19 日在布鲁塞尔举行发布会，公布了英国"脱欧"的协议草案。英国的"脱欧"过渡期将从 2019 年 3 月 29 日开始，持续 21 个月，至 2020 年 12 月 31 日结束。在过渡期内，英国将继续留在欧盟关税同盟和欧洲共同市场内，需要接受欧盟法律的管辖，但不能参与欧盟的内部决策，可以与其他贸易伙伴签署新自贸协定，但需待过渡期结束后方能生效。

在过去 60 年中，欧洲始终是推动全球和平与发展的重要力量，欧盟协调成员间利益并维系着区域经济一体化的基本格局。英国"脱欧"使欧盟一体化进程正面临严峻挑战，使欧洲正站在历史的关键节点。英国机构益普索（IPSOS）的民调显示，除英国之外，希腊、意大利、法国和葡萄牙等国脱欧的民调支持率也均超过 40%，一旦英国"脱欧"得到这些国家的仿效，"脱欧"的民众支持率很可能会超过 50%，欧盟的解体危险将成为逆全球化的重要推动力量。

（二）美国特朗普政府的贸易保护主义

特朗普作为美国"非建制派"政治势力与民粹势力的代表人物，凭借其"美国优先"的理念与主张赢得总统选举。当选后他很快便推出了"百日新政"计划，其中实施贸易保护主义是一项重要内容，包括：促进工作岗位回到美国并减少岗位流失；强调市场准入的"互惠互利"；扭转巨额贸易赤字；强调"公平"与"对等"贸易；以及更严厉的贸易法执法和维护美国在贸易协议中的权利。[②]

特朗普在竞选中曾多次抨击"跨太平洋伙伴关系协定"（TPP）将"摧毁"美国制造业，承诺当选后不再签署大型区域贸易协定，而是注重一对一的双边贸易协定谈判。2016 年 11

---

① WTO. Overview of Developments in the International Trading Environment. Trade Policy Review Body, 17-5951, ［2018-06-06］. https://www.wto.org/english/news_e/news17_e/trdev_04dec17_e.pdf.

② 盛斌，宗伟. 特朗普主义与反全球化迷思[J]. 南开学报，2017（5）：38-49.

月，特朗普在其发布的"百日新政"计划中将 TPP 称为"对美国的一个潜在威胁"，并表示将"展开公平的双边贸易协定谈判以让工作和工业重返美国"。2017 年 1 月 23 日，特朗普到白宫上任的第一天就签署行政命令，正式宣布美国退出 TPP。

随后，美国于 2017 年 4 月启动了针对进口钢铁和铝的"232"调查；2017 年 8 月启动了"北美自由贸易协定"（NAFTA）的重新谈判；2018 年 1 月，又启动美韩自由贸易协定的重新谈判；2018 年 2 月对中、印、韩等国开启新一轮的反倾销与反补贴调查。2018 年 3 月下旬以来，美国与中国之间的贸易摩擦愈演愈烈。美国 3 月 8 日宣布，依据 1962 年《贸易扩大法案》"232 条款"，将从 3 月 28 日起对包括中国在内的进口钢铁和铝制品分别征收 25% 和 10% 的关税。美国 3 月 23 日宣布根据"301 条款"调查结果，拟对价值 500 亿美元的中国出口产品加征 25% 的惩罚性关税，并对中国在美国涉及敏感技术的投资进行限制，同时还将中国侵犯知识产权（主要针对中国所谓"强制性技术转让"）的法律、政策和做法诉诸 WTO 争端解决机制。4 月 4 日，美国公布了对中国出口的 1333 项 500 亿美元的商品加征 25% 的建议清单，并计划在征询公众意见与评估后实施。4 月 5 日特朗普称将"考虑"额外对 1000 亿美元从中国进口的商品加征关税。4 月 16 日，美国宣布对中国中兴公司进行制裁。2018 年 6 月 15 日，白宫发表声明，宣布启动对 500 亿美元中国商品征收 25% 的关税，其中对约 340 亿美元商品自 2018 年 7 月 6 日起实施加征关税，对其余约 160 亿美元商品加征关税开始征求公众意见。此后，特朗普又再次"加码"，于 6 月 18 日发布声明称，已指示美国贸易谈判代表制定清单，对价值 2000 亿美元的中国商品加征 10% 的额外关税。如果中国再次采取反击措施，美国将对另外 2000 亿美元的商品加征关税。

（三）逆全球化产生的原因

2008 年美国金融危机和 2009 年欧洲主权债务危机爆发后，全球经济增长陷入持续结构性低迷，失业、收入分配不均、社会两极分化等问题开始在发达国家内部持续发酵。而这些国家的政府却未能做出及时有效调整，反而强化了这一现实，致使处于经济与社会边缘地位的中下层民众日益不满。他们认为高科技、金融和互联网精英阶层都是全球化的主要受益者，而产业工人、农民和低技能服务业者则因大量资本外流和进口冲击遭受严重冲击。其实，贸易、投资与开放只是造成上述一系列社会问题的次要原因，成为失败的国内政策的"替罪羊"。具体表现为以下几点。

第一，收入分配恶化催化了发达国家内部的社会矛盾，成为逆全球化潮流的根本性因素。美国社会收入的不平等并非单纯由金融危机所引发。事实上，收入差距的扩大是在过去近 30 多年内累积形成的。从 1980—2014 年，美国成年人人均国民收入虽增长了 61%，但个人收入处在底部的 50% 人群的平均税前收入在考虑通货膨胀调整后仍停滞在人均 16000 美元左右；而相比之下，收入分布在前 10% 人群的收入则上升了 121%，收入排在前

1%的人群上升了 205%，前 0.001%的人群收入竟上升了 636%。[①] 2009 年的金融危机爆发以后，美国政府采取的救市措施并未给大众阶层提供足够的失业安全网救济与补助，相反，金融救助计划的实施事实上为以金融家为首的少数高收入人群提供了补贴，从而加剧了社会收入的不平等程度。另外，根据皮尤研究中心的研究，美国中等收入群体的人口比例在不断缩小，从 1971 年的 61%降为 2015 年的 50%。

第二，技术进步是造成收入分配恶化的重要市场力量。经济增长归根结底依赖于技术进步和生产效率的提高。在过去几十年中，美国制造业生产效率的增速远高于其他经济部门，这意味着其中存在着一种失衡：与其他行业相比，制造业的生产率提高相对越快，那么制造业产品的相对价格则会越低。一方面，更高的生产效率意味着只需要更少的工人去生产特定数量的产品，因此制造业的工作岗位会减少。另一方面，技术进步所带来的经济增长会提高居民的实际收入水平，但这种收入的增长能否带来制造业就业机会的增加则取决于居民如何运用增加的收入进行消费。如果需求端富有弹性，那么当价格降低的时候，需求会大量增加，同时会提高对于制造业工人数量的需求；但实际上制造业产品整体上缺乏弹性。彼帕特（Boppart）已证实，当收入增长时人们用于消费制造业产品的金额占比会减少。[②]因此，制造业的技术进步会导致制造业产品消费额占比减小，从而减少就业机会。结合以上两点，劳伦斯（Lawrence）指出，美国制造业行业生产率较快增长，而制造业产品需求缺乏弹性，是二者的相互作用共同导致了美国制造业工人的大量失业。而这种看似是贸易导致的失业现象又加剧了发达国家内部收入分配不平等的矛盾，为逆全球化趋势推波助澜。[③]

第三，发达国家部分群体倾向于将经济危机以来尚未解决的各类社会问题归因于全球化，并表现出日益强烈和情绪化的民族主义、保护主义、反建制主义和民粹主义。这些群体希望在市场力量之外寻求社会保护而诉诸政治力量。而特朗普主义的一些主张和承诺恰好迎合了这些政治需求。特朗普强调正是那些"不公平"的贸易协定扩大了贸易赤字，从而导致了美国人民的失业。然而这样的论点缺乏有力的事实依据，研究证明贸易赤字只是导致制造业工人失业和社会财富分配不均的一部分原因。例如，希克斯和德瓦拉（Hicks and Devaraj）的测算表明，在 2000—2010 年之间，只有 13.4%的制造业岗位的减少能够归因于贸易因素。[④] 所以进口并不是造成制造业工人失业的主要原因，简单地通过贸易保护的办法

① Thomas Piketty, Emmanuel Saez and Gabriel Zucman. Economic Growth in the United States: A Tale of Two Countries, [2018-06-06]. http://equita-blegrowth.org/research-analysis/economic-growth-in-the-united-states-a-tale-of-two-countries.

② Timo Boppart. Structural Change and the Kaldor Facts in a Growth Model with Relative Price Effects and Non-Gorman Preferences. Econometrica 82, 2014, No. 6: 2167-96.

③ Robert Z Lawrence. Recent Manufacturing Employment Growth: The Exception that Proves the Rule. NBER Working Paper 24151, 2017.

④ Michael Hick and Srikant Devaraj. The Myth and the Reality of Manufacturing in America. Working Paper 2017/8/14, Center for Business and Economic Research, Ball State University, 2017.

并无法真正解决本国失业与收入分配不平衡的社会问题。

二、逆全球化对亚太区域经济一体化的影响

根据亚太经合组织（Asia-Pacific Economic Cooperation，APEC）于 2018 年 5 月公布的一份研究报告[①]，APEC 经济体经济在过去几年得到了持续的发展，但仍需加快市场开放和一体化建设步伐，以保证可持续经济增长以及更加公平的贸易与投资利益分配。该报告预测，APEC 经济体平均经济增长率在 2017 年达到 4.1%，预计 2018 年仍将维持在这一较高水平，2019 年平均增长率预计为 4%。目前 APEC 成员经济总和占到全球 GDP 的 60%，其贸易量也占到全球贸易的一半以上。不过，报告也指出，由于贸易保护主义盛行，各经济体采取了许多贸易和投资限制措施，这有可能阻碍全球与地区的贸易增长。数据显示，APEC 经济体之间的贸易在 2016 年减少了 3.9%。

亚太地区作为全球经济增长最有活力的区域，虽然在经济发展和消除贫困方面取得了令人瞩目的成绩，增长势头良好，但不能忽视的是，全球范围内贸易保护主义和逆全球化势力的抬头无疑将会给亚太地区的区域经济一体化和长期稳定发展带来潜在的风险。

（一）贸易协定数量增速减缓，质量下降

逆全球化潮流使得全球范围内贸易协定的增速不断下降。如图 1 所示，在 1990—2010 年之间，世界各国共签署了 500 多个贸易协议，是 1990 年之前 20 年总和的三倍之多，这些贸易协定的签订使全球贸易保护水平大幅下降。然而，在逆全球化趋势的影响下，近年来贸易自由化的总体步伐不断减缓，各国之间签订的贸易协定的数量明显减少，2016 年以来仅为个位数。而与此同时，全球的贸易保护措施则在不断加强，根据全球贸易预警数据库的数据显示，自 2012 年起，G20 经济体所公布的歧视性贸易措施数量不断增加，其中反倾销和临时提高进口关税是最主要的两类贸易保护手段，占全球贸易保护措施数量的 30%。[②]

在亚太地区，贸易协定的退步主要体现在美国退出 TPP 和 RCEP 的缓慢进展。美国宣布退出 TPP 后，剩余的 11 个国家在日本的主导下继续推动达成了 CPTPP 的签订。虽然其所包含的条款大部分来源于 TPP 协定，但冻结了部分与投资、知识产权、争端解决机制相关的条款，从一定程度上降低了 TPP 协定所标榜的"高水平、高质量、高标准"的特点。同样备受关注的 RCEP 谈判进程也因部分成员（如印度）因拒绝承诺提高本国的市场准入水平而陷入僵局。如果个别成员顽固坚持保守意见，RCEP 若想在短时间内取得谈判成果，则不得不采取"保留差异的特殊条款"的形式，这势必会将降低 RCEP 的自由化水平。

---

① APEC, APEC Regional Trends Analysis: Trade, Policy, and the Pursuit of Inclusion, [2018-06-05]. https://www.apec.org/Publications/2018/05/APEC-Regional-Trends-Analysis, APEC#218-SE-01.6.

② Global Trade Alert, https://www.globaltradealert.org/data_extraction.

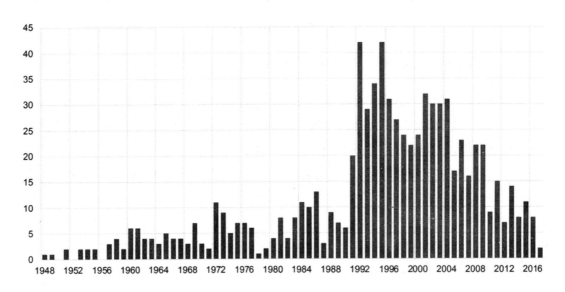

图 1　1948—2016 年间全球每年签订的贸易协定数目

资料来源：European Central Bank. Economic Bulletin. https://www.ecb.europa.eu/pub/pdf/ecbu/eb201803.en.pdf?a002c6f56b79f07df 072d758fca1025b，Issue3/2018.

（二）拖缓亚太经济复苏进程，破坏亚太区域生产网络

近年来全球经济逐步稳定与复苏，2017 年更是实现了难得的各区域同步复苏态势。但美国特朗普政府上台后，奉行"美国优先"的政策，并与各国产生了较为强烈的贸易摩擦，使包括亚太地区在内的全球经济的良性复苏蒙上严重的阴影。欧洲央行于 2018 年 5 月发布的《经济公报》明确指出，美国引发的全球贸易紧张局势导致了全球贸易自由化步伐放缓，从而威胁全球经济的复苏。美国库布鲁金斯学会的研究显示，如果全球爆发小型贸易战，即关税增加 10%，则大多数经济体国内生产总值将减少 1%～4.5%，其中美国 GDP 将损失1.3%；如果全球爆发严重贸易战，即关税增加 40%，则全球经济将重现 20 世纪 30 年代的大萧条。[①]

对于亚太地区，在逆全球化思潮的影响下，贸易保护主义的泛滥无疑将破坏亚太地区基于良好市场基础的价值链体系以及区域自由贸易安排。美国的制造业回流政策可能会导致已经构建起来的亚太生产网络被撕裂与重组，亚太地区产业链条的分工与布局将可能会被扭曲。具体而言，美国一方面实行大规模减税政策，引诱企业和资金回流，另一方面对将生产线和就业岗位转出美国的跨国公司实行征收高额税收的惩罚措施，被威逼利诱下的美国跨国公司不仅会放慢推动产业转移的步伐，甚至有可能会导致一部分跨国公司将部分制造业环节"回流"至美国，使全球产业链的完整性遭到破坏，全球要素分工的进一步深

---

① Warwick J McKibbin. How Countries Could Respond to President Trump's Trade？[2018-03-05]. https://www.brookings.edu/opinions/how-countries-could-respond-to-president-trumps-trade-war/.

入发展也会因此而遭到阻碍甚至发生逆转，从而拖缓亚太区域经济一体化的进程。

（三）亚太各经济体疲于应对贸易摩擦与贸易战，诱使区域内贸易关系恶化

2017 年 3 月二十国集团财长会议发表的联合声明和同年 5 月 APEC 贸易部长会议发表的声明都因美国的反对而最终放弃了"反对一切形式的保护主义"和"对抗贸易保护主义"等表述。这也是近 10 年来 APEC 贸易部长会议声明首次未出现反对贸易保护主义的措辞。

美国特朗普政府上台后提出的一系列贸易保护措施已引发包括 APEC 成员在内的其他经济体的强烈不满与抵触，并使他们采取类似的报复性措施，或可能效仿美国采取贸易保护措施抵御来自其他经济体的进口冲击（尤其是由于全球最大市场——美国率先进行贸易保护而引发的出口方向转移）。这一趋势在亚太经济体中已显露无遗。

2018 年 6 月 1 日，美国商务部长罗斯宣布，美国对包括加拿大、日本、墨西哥在内的钢铁和铝制品分别征收 25% 和 10% 的惩罚性关税。针对这一举措，加拿大政府宣布从 2018 年 7 月 1 日起将对美国的钢铁、铝和其他产品征收 166 亿加元的报复性关税，只要美国关税保持不变，加拿大政府将继续实施关税，并在世界贸易组织框架下使用法律手段维权；墨西哥也表明要对来自美国的多种产品实施同等规模的对等措施，这些产品包括扁材钢、灯具、猪腿和猪肩肉、香肠和食物制剂、苹果、葡萄、蓝莓、奶酪等；同样未能获得钢、铝关税豁免的日本也考虑对美国加收 450 亿日元关税；印度此前也向 WTO 提交了备忘文件，拟对美国价值 35 亿美元的商品征税。而在此之前，未获得美国征税豁免的中国早在 2018 年 3 月 23 日就宣布从 4 月 2 日起对自美国进口水果、猪肉等价值 30 亿美元产品分别加征 15%、25% 的关税。此外，中国针对美国的"301 条款"制裁也给予了强硬的回击，中国 2018 年 3 月 23 日宣布同等规模、同等力度报复措施清单，对原产于美国的大豆、汽车、化工品等 14 类 106 项约 500 亿美元商品加征 25% 的关税（实施时间另行公告）。虽然中国、加拿大、日本、墨西哥等国在内的亚太国家均在与美国贸易保护主义的较量之中用尽解数，但就目前的状况而言，这些举措都没有对特朗普的贸易保护主义行为实现有效的遏制，反而让其有愈演愈烈的趋势。

（四）美国"重双边轻多边"，给各国贸易政策带来不确定性

美国特朗普政府在宣布退出 TPP 之后，又提出了发展双边贸易的主张。事实上，早在竞选时期，特朗普就曾多次抨击 TPP 将"摧毁"美国制造业，并承诺当选后将不再签署大型区域贸易协定，而是注重一对一的双边贸易协定谈判。美国认为，与多边贸易协定相比，双边贸易协定可以更有力地反击违反国际贸易规则或利用规则漏洞的破坏性贸易行为，更有效地克服诉诸效率低下的第三方国际机构（如 WTO）的缺陷，更好地发挥美国的政治、经济与谈判优势。在过去一年多，美国开展了一系列以"美国利益"为主线的双边贸易协定谈判。具体而言，针对日本，2017 年 3 月美国贸易代表办公室在发布特朗普上台后的首个《外国贸易壁垒报告》中指出：日本的农产品市场"存在重大壁垒"，汽车市场存在"各

种非关税壁垒"，美国必须削减对日本的巨额贸易逆差。2018 年 4 月中旬时任日本首相安倍晋三访美时与特朗普商定就日美双边贸易协定开始新一轮双边磋商。针对加拿大和墨西哥，特朗普宣布重谈 1994 年生效的《北美自由贸易协定》（NAFTA）。他坚持认为该协定导致了美国制造业外流以及美墨之间存在严重的贸易失衡。新一轮的谈判由于三国在知识产权、能源和劳工问题上的重大分歧，暂时还没能取得突破性进展，已错过当年提交美国国会的最后时限，三国均同意在原定期限过后继续进行谈判。回顾特朗普上台后美国的一系列贸易举措，区域贸易体制逐渐被以"美国利益"为主线的双边贸易体制替代。

美国"重双边轻多边"的战略将会为亚太地区现有的区域贸易一体化进程注入离心力。各国在考虑是否要加入区域贸易协定或者进一步深入协商的时候不得不受到美国的牵制。例如，对于墨西哥和加拿大而言，一边参与一个没有美国存在的 CPTPP，一边与美国展开新的 NAFTA 谈判是一项棘手的任务。它们在 CPTPP 中的立场可能被美国视为 NAFTA 谈判的筹码。据《日本经济新闻》报道，在越南岘港的谈判中，加拿大要求日本重新审视关于汽车产品的贸易规则，希望能够更多地进入日本汽车市场，但同时加拿大又担心 CPTPP 在汽车领域的条款将使 NAFTA 的谈判复杂化——由于美国对原有的 TPP 持批判态度，如果新版的 CPTPP 成立，则有可能会动摇美国所坚持的"美国和其他国家缔结双边自由贸易协定"的基础。美国态度使加拿大等国陷入了一个艰难选择：是扮演好的全球角色、捍卫国际秩序，还是屈服于更狭隘的利己主义。

三、逆全球化背景下亚太区域经济一体化的前景

目前，亚太区域经济一体化进程主要由 CPTPP、RCEP 和亚太自由贸易区（FTAAP）三个巨型区域贸易协定谈判及构想推动。随着逆全球化趋势蔓延以及美国于 2017 年初宣布退出 TPP 协定，亚太区域经济一体化进程严重受挫。但是 APEC 作为亚太地区最重要的区域一体化合作机制，始终强调国际贸易对于推动经济增长、创造就业以及促进繁荣与发展的重要性，并积极敦促各成员致力于发展自由、开放、公正和基于规则的多边贸易，强调贸易自由化和便利化对于全球可持续增长的重要性。[①] 因此，FTAAP 倡议在中长期依然具有吸引力。此外，中国、日本、澳大利亚等国也在继续积极推动区域经济一体化进程，使 CPTPP 和 RCEP 得以发展前进。研究表明，无论是 CPTPP 还是 RCEP，都将为亚太地区各经济体释放出较大的经济与贸易红利。如表 1 所示，美国彼得森国际经济研究所 2017 年利用可计算的一般均衡模型完成的模拟估算研究[②]结果表明：若 TPP 11 个经济体（CPTPP）

---

① APEC. Statement of the Chair on Supporting the Multilateral Trading System, Port Moresby, Papua New Guinea, [2018-05-26].

② Peter A Petri and Michael G Plummer. Going it Alone in the Asia-Pacific: Regional Trade Agreements without the United States, Working Paper 17-10, Peterson Institute for International Economics, 2017.

能够在 2018 年达成协议并付诸实施，那么日本将成为该协定的最大受益国，比 2015 年基线收入水平增长 0.9%；就亚洲和其他太平洋两个区域总体而言，预计 2030 年收入将增加 840 亿美元，比 2015 年基线收入水平增长 0.16%；由于贸易转移效应，预计 2030 年美国和中国的收入会因退出 TPP 或非 CPTPP 成员而分别减少 20 亿和 100 亿美元，但总体上不受影响。该研究还表明，若 RCEP 能在 2018 年得以实施，所有亚太经济体都将从 RCEP 中获益，其中中国将成为最大受益国，比 2015 年基线收入水平增长 0.4%；亚洲国家收入增加额为 2530 亿美元，远超 CPTPP 的影响。

表 1　CPTPP 和 RCEP 对主要经济体 2030 年收入水平的影响　　单位：10 亿美元

国家/地区	2030 年收入（以 2015 年美元为基准）	收入增加额		收入增长率（%）	
		TPP 11（CPTPP）	RCEP	TPP 11（CPTPP）	RCEP
美国	25754	−2	1	0	0
中国	27839	−10	101	0	0.4
日本	4924	46	56	0.9	1.1
韩国	2243	−3	24	−0.1	1.1
印度	5487	−4	57	−0.1	1.0
澳大利亚	2590	12	5	0.5	0.2
新西兰	264	3	2	1.1	0.6
亚洲国家或地区	50659	69	253	0.1	0.5
其他太平洋国家	2854	15	7	0.5	0.2

资料来源：Peter A Petri and Michael G Plummer. Going it Alone in the Asia-Pacific: Regional Trade Agreements Without the United States, Working Paper 17-10, Peterson Institute for International Economics, 2017。

以下分别阐述与分析 CPTPP、RCEP 和 FTAAP 的进展与前景。

（一）TPP 与 CPTPP 的进展、困难与挑战

在美国退出 TPP 之后，日本牵头剩余的 11 个国家继续展开谈判，最终在 2018 年 1 月敲定了经修订的 TPP 协定——CPTPP，并于同年 3 月 8 日在智利圣地亚哥正式签署。CPTPP 与 TPP 协定的差别主要体现在以下几个方面。

首先，从经济体量上看，CPTPP 比 TPP 的规模与影响要小许多。CPTPP 11 个成员的经济规模总计约为 13 万亿美元，占全球 13.5%。而 TPP 协定由于包括世界最大经济体——美国，其经济规模占全球的 40%。原本想借助 TPP 更多进入美国市场的国家的商业期望落空，而主导 CPTPP 的日本一直是一个以农产品贸易壁垒高和国内规制隐蔽而著称的经济体，其市场容量和开放度无法与美国相媲美。

其次，从协议内容上看，通过搁置争议的做法，CPTPP 成为一个"缩水版"TPP，在一定程度上降低了协定的质量和门槛。目前公布的 CPTPP 文本共有 30 章条款，从形式上涵盖了 TPP 的所有章节，并基本保留了 TPP 超过 95%的内容。根据新西兰政府网站公布

的"搁置条款"的内容分析来看,原 TPP 协定中的 22 项条款被"暂时冻结"。其中 11 项同知识产权有关,包括专利、专利期限调整、版权及相关权利保护期限、数据的保护、生物制品、技术保护措施等。① 例如,CPTPP 修改了关于版权保护的条款,原 TPP 中规定工作或表演的版权保护期间为不短于作者去世后的 70 年时间,而 CPTPP 将这一时间段缩减为 50 年;此外,CPTPP 还终止了对生物中提取新型药剂的测试数据实行 5~8 年不等的保护政策。此外,CPTPP 将原来 TPP 中的"投资协议""投资授权"等条款暂停适用,其核心要求是东道国违反投资协议或投资授权的行为不再通过 ISDS 机制解决。② 最后,在环境规制方面,CPTPP 冻结了 TPP 中原有的"保护与贸易"条款,使得非法获取野生动植物并进行贸易的行为不再受到非缔约方国家法律的制裁。

再次,从生效条件上看,CPTPP 的门槛比 TPP 低很多。CPTPP 要求 11 国中的 6 国完成国内程序后即可生效,而先前的 TPP 协定规定批准协定的国家国内生产总值应占全体签约国 GDP 总和的 85%以上。目前,墨西哥已于 2018 年 5 月正式通过 CPTTP,成为该协定 11 个成员中首个承诺执行协定的国家。随后,日本众院全体会议于 5 月 18 日表决通过了 CPTPP 批准案。根据日本宪法规定,批准案在送交参议院 30 天后将自动通过。越南则表示,尽管 CPTPP 没有美国参加,许多承诺条款与 TPP 相比也做了修改,但执行 CPTPP 对于越南的挑战丝毫不亚于 TPP。③ 由此可见,余下国家能否顺利完成国内程序审议并通过 CPTPP 协定,仍存在不确定性。

最后,CPTPP 协定中的一个重要创新条款是允许其他国家在自愿的基础上加入 TPP,包括亚太地区以外的国家也可以加入该协定,这意味着未来的 CPTPP 将不只有 11 个缔约国,任何国家都可以通过谈判加入。日本也多次公开强调 CPTPP 的"开放性",并认为 CPTPP 将成为遏制本地区贸易保护主义的有力武器,并希望美国能够重返 TPP。对此,特朗普已于 2018 年 4 月 12 日在白宫会议上指示经济部门官员对美国重返 TPP 的可行性进行评估。但他强调,美国重返 TPP 的前提条件是对部分条款要进行重新谈判,从而使得该协定的内容质量"显著提升"。目前来看,CPTPP 现有成员对于美国提出的要求并没有给予积极的回应。总之,虽然 CPTPP 从经济影响力和协定质量上看均不及 TPP,并且在协定的落实与实施方面也充满了不确定性,但它释放出的促进亚太区域经济一体化的正面信号是不容忽

---

① New Zealand Ministry of Foreign Affairs and Trade. CPTPP vs TPP. https://www.mfat.govt.nz/en/trade/free-trade-agreements/ free-trade-agreements-concluded-but-not-in-force/cptpp/tpp-and-cptpp-the-differences-explained/.

② "投资授权"指缔约一方的外国投资当局(外国投资主管部门)给予缔约另一方的涵盖投资或投资者的授权。与其他国家相比,在美国联邦政府层面不存在外国投资主管部门,美国联邦政府当局在实践中作为投资者或是合同一方,与另一缔约国签订的投资协议少之甚少,美国大多都以私人企业或者跨国公司的名义在海外进行投资,如果缔约国双方产生的投资纠纷提交至国际仲裁,那么违约责任的约束力只对另一缔约方国家产生,而并不对美国政府有效。因此,这一条款在美国"缺席"的 CPTPP 中被暂停。

③ 中华人民共和国商务部官方网站. 越媒认为加入 CPTPP 面临的挑战不亚于 TPP.[2018-06-06]. http://www.mofcom.gov.cn/article/ i/jyjl/j/201805/20180502747278.shtml.

视的。它保留了未来深化亚太地区经贸合作的高水平轨道（FTAAP 的可选路径之一），同时也将继续对 RCEP 构成压力与竞争。

（二）RCEP 的进展、困难与挑战

RCEP 谈判于 2012 年由东盟发起，成员包括东盟 10 国、中国、日本、韩国、印度、澳大利亚和新西兰共 16 个国家。根据 2016 年的统计数据，RCEP 16 国人口约占全球人口的一半，产出占全球的 31.6%，贸易额占全球的 28.5%，吸引了全球 20% 的外国直接投资。[①]目前，RCEP 已举行过一次领导人会议、十次经贸部长会议及 22 轮谈判。

2018 年 3 月 3 日，RCEP 在新加坡成功举行了第四次贸易部长会议，并发布公开声明。目前，经济技术合作与中小企业议题已完成谈判。但在关税议题上，各国仍需就降低货物贸易的关税进行进一步的磋商。对于服务贸易，各国还需进一步简化本国的负面清单，尽快解决各项悬而未决的敏感问题。在投资领域，谈判则取得了比较显著的进展，但在保留措施、负面准入清单等方面还需要进一步改进。此外，各国针对各议题所表现出的雄心不同，各国需要就过渡期问题和能力建设问题达成有创造性的、符合各方需求的成果，从而使 RCEP 成为一个现代的、全面的、高质量的、共赢的区域贸易协定。总体上说，各国在开放程度上的报价还存在争议，经济较发达的国家希望 RCEP 能够体现更高水平的自由化，并希望发展中国家继续加大市场开放。但后者尤其是印度由于惧怕中国对其制造业造成冲击，市场准入承诺始终有所保留。

随后，RCEP 第 22 轮谈判于 2018 年 4 月 28 日至 5 月 8 日在新加坡举行，各国分别就货物、服务、投资、原产地规则、海关程序与贸易便利化、卫生与植物卫生措施、技术法规与合格评定程序、贸易救济、金融、电信、知识产权、电子商务、法律机制、政府采购等议题并行举行了工作组会议。[②]本轮谈判的焦点问题主要集中在市场准入层面：在货物贸易领域，日本和澳大利亚提出了较高的开放标准，而印度表示开放压力大，很难接受高水平的谈判要求；在服务业领域，印度希望各国能够进一步扩大市场开放，尤其是其优势产业所在领域，如医疗、制药、软件等，以此平衡印度在货物贸易领域可能面临的冲击与损失。此外，各方在规则与标准方面也存在一些分歧，如就知识产权的标准制定难以达成一致，日本和澳大利亚希望达到较高标准，而印度目前的国内市场难以接受较高水平的知识产权保护条款。

从目前的进展来讲，尽管 RCEP 谈判按时顺利举行，但各国仍旧面临较大的分歧，RCEP 谈判在短期内难以结束。在货物贸易方面，参与 RCEP 谈判的各国均同意就货物贸易做出

---

① 中国自由贸易区服务网. RCEP 谈判领导人联合声明.［2018-06-06］. http://fta.mofcom.gov.cn/article/rcep/rcepnews/201711/36158_1.html.

② 中华人民共和国商务部官方网站. 区域全面经济伙伴关系协定（RCEP）第 22 轮谈判在新加坡举行.［2018-06-06］. http://fta.mofcom.gov.cn/article/zhengwugk/201805/37804_1.html.

更大的减税承诺。目前，日本、澳大利亚、新西兰都在追求 90% 以上的贸易自由化率，但印度一直以来对谈判心存疑虑，不太主张快速开放，只希望维持 70% 左右的自由化率，与其他国家差距明显。卡内基国际和平基金会副会长包道格曾表示，RCEP 至今尚未签署的原因，"第一是印度，第二是印度，第三还是印度！"[①]为了应对市场开放问题，印度曾提议 RCEP 采取"分级关税制度"，但遭到反对。其他实力相对较弱的国家对制成品的零关税也十分恐惧，力争在谈判中尽量压低工业制造领域的开放程度，并试图对汽车、家电及信息技术产品保留较长的过渡期。由此可见，如果以上国家顽固坚持保守意见，RCEP 则难以达成全面降低关税水平的目标。在投资和服务贸易方面，澳大利亚和日本都希望能够把部分 CPTPP 条款（如棘轮条款[②]和自动最惠国待遇）移植到 RCEP 当中，从而使之体现出更高水平的自由化，提供更多的服务贸易出口机会，但这些高标准条款使得部分东盟国家难以接受。

虽然 RCEP 谈判目前仍存在较大分歧，难以在短时间内实现"求同存异"。但在美国特朗普政府推动的逆全球化浪潮下，RCEP 各成员方均对尽快完成谈判表现出积极的态度，希望能够维护以规则为基础的全球多边自由贸易体制来反对某些国家的贸易保护主义和单边主义做法。值得一提的是，中、日、韩三国政府领导人于 2018 年 5 月 9 日在东京举行了第七次领导人会议，三国均表示有意愿携手发挥亚洲经济"火车头"的作用，促进东亚乃至整个亚洲地区贸易投资自由化和便利化，与其他成员一道，共同推动 RCEP 谈判早日结束，为促进本地区和世界经济发展，应对全球性课题发挥负责任的作用。[③] 中、日、韩三国作为 RCEP 的核心参与国，在这一关键时期的领导人会晤和对自由贸易的大力声援无疑将进一步推动 RCEP 的谈判进程。

RCEP 谈判如能够在短期内结束，对于亚太区域经济一体化进程将起到极大的促进作用。RCEP 与 CPTPP 不同，后者的成员主要是贸易自由化程度原本就较高的发达国家与新兴市场国家，其优势在于能够促进 21 世纪新型贸易规则的不断发展与完善，CPTPP 达成的主要价值在于催化成员国在现有基础上进一步开放本国的服务贸易与投资市场，并对"边界后"措施进行规制融合。而对于 RCEP，其主要成员为东盟等发展中国家，其谈判的重点在于推动各国"边界上"措施的改革，促使各国开放现有的国内市场准入，提升自由化程度与改革空间，使更多的发展中国家能尽快纳入亚太区域经济一体化，从而促进区域内价值链的整合与结构转型升级。

① 中华人民共和国商务部官方网站. 忧开放市场，印度可能考虑退出 RCEP. [2018-06-06]. http://trb.mofcom.gov.cn/article/zuixindt/ 201704/20170402560539.shtml.

② "棘轮条款"是指将一国的现有自由化水平锁定，未来服务贸易自由化水平只能比现有水平更高，并且自动将新出现的服务部门锁定在自由化范围内。

③ 中华人民共和国外交部官方网站. 李克强出席第七次中日韩领导人会议. [2018-06-06]. http://www.fmprc.gov.cn/web/wjdt_674879/ gjldrhd_674881/t1558075.shtml.

（三）FTAAP 的进展、困难与挑战

FTAAP 的概念最早由 APEC 工商咨询理事会于 2004 年提出，倡议"建立亚太自贸区以巩固并加速实现 APEC 的茂物目标"。在 2006 年的 APEC 越南河内会议上，时任美国总统乔治·沃克·布什表示"应对亚太自贸区的倡议予以仔细考虑"。当年的 APEC 峰会指示"APEC 应就如何促进区域经济一体化展开更多系统的研究，包括 FTAAP"。此项研究在 2009 年由太平洋经济合作理事会（PECC）完成，建议"APEC 应将一份高质量、全面的 FTAAP 定为目标"。然而，当时由于部分成员经济体对 FTAAP 的必要性和可行性持保留态度，各国暂时未能就启动 FTAAP 可行性研究达成共识。美国在 2009 年加入 TPP 谈判后也逐渐对 FTAAP 失去了兴趣，转而寻求通过 TPP 谈判来实现符合自己意愿与目标的亚太区域经济一体化。

2010 年，APEC 领导人非正式会议发表了《茂物及后茂物时代的横滨远景宣言》，其中特别强调"将朝着实现 FTAAP 采取具体行动，以推进 APEC 区域经济一体化""FTAAP 应是一个全面的自由贸易协定，可建立在 10+3、10+6 和 TPP 等现有区域内自由贸易安排的基础之上"。2011 年，APEC 领导人在《檀香山宣言》中再次强调"FTAAP 是应对下一代贸易和投资议题并深化亚太地区经济一体化的主要渠道"。2012 年，APEC 领导人进一步指示 APEC 应发挥"孵化器"作用，为实现 FTAAP 提供具体的技术指导与智力支持。在 2013 年召开的 APEC 印尼会议上，强调"APEC 应在信息共享、透明度和能力建设方面发挥重要的协调作用，并就现有的自由贸易安排开展政策对话，同时提升各经济体参与实质性谈判的能力"。

2014 年，中国作为 APEC 会议的主办方再次将 FTAAP 问题列为推进 APEC 合作的重要议题。2014 年 11 月，APEC 领导人北京峰会发表了《北京纲领：构建融合、创新、互联的亚太——亚太经合组织领导人宣言》（简称《北京纲领》）[①]和《共建面向未来的亚太伙伴关系——亚太经合组织成立 25 周年声明》[②]两份成果文件。其中，《北京纲领》肯定了以 APEC 作为孵化器，将 FTAAP 从愿景变为现实的重要性，并以附属文件的形式发布了《亚太经合组织推动实现亚太自贸区北京路线图》[③]，提出：在现有区域 FTA 安排基础上，尽早建成 FTAAP；同意在 APEC 贸易投资委员会下建立一个由中美联袂主持的"关于加强区域经济一体化和推动 FTAAP 建设的'主席之友'工作组"，并启动"实现 FTAAP 有关问题的联合战略研究"；指示官员们进行研究，咨询相关利益方，并在 2016 年底前向 APEC 领导人报告研究成果。

---

① APEC. Beijing Agenda for an Integrated, Innovative and Interconnected. ［2018-06-06］. Asia-Pacific，http://www.apec.org/Meeting-Papers/ Leaders-Declarations/2014/2014_aelm/2014_aelm_25th.aspx.

② APEC. Statement on the 25th Anniversary of APEC—Shaping the Future through Asia-Pacific Partnership. ［2018-06-06］.

③ APEC. The Beijing Roadmap for APEC's Contribution to the Realization of the FTAAP [R]. ［2018-06-06］. http://mddb.apec.org/Documents/ 2014/MM/AMM/14_amm_012app01.pdf.

　　2015 年 2 月，APEC 批准了贸易投资委员会拟定的《FTAAP 联合战略研究的工作计划》，确定了研究计划的工作方针和具体行动方案。随后，在 2015 年 11 月 19 日举行的第 23 次 APEC 领导人非正式会议上，各经济体领导人指示要继续全面推进《APEC 推动实现亚太自贸区北京路线图》，包括：按时完成"FTAAP 有关问题的联合战略研究"；建立更为完善的信息共享机制①；继续推进第二期亚太自贸区能力建设行动计划，并期待 2016 年在秘鲁 APEC 领导人会议上能够看到集体战略研究的成果和相关建议。随后，APEC 于 2016 年顺利完成了《亚太自贸区集体战略研究报告》②，该研究报告评估了亚太自贸区潜在的经济影响和社会效益，盘点了实现亚太自贸区的各种可能路径，指出了尚存的各种贸易与投资壁垒，并进一步明确了把实现亚太自贸区作为下一阶段亚太区域经济一体化的主要目标。该报告最终获得了 APEC 领导人会议的批准，并被写入《利马宣言》。

　　中国于 2017 年 5 月举行的 APEC 贸易部长会议上提交了《关于 APEC"后 2020"贸易投资合作愿景的非文件》，呼吁 APEC 经济体共同树立"共商、共建、共享"的区域合作新理念，推动实现全面、高质量的亚太自贸区，构建全方位贸易互联互通网络，打造更具包容性的亚太全球价值链，培育新的经济增长源泉。③这试图使 FTAAP 建设走入务实的轨道。2017 年 11 月，APEC 在越南召开的领导人非正式会议上发表宣言，重申了 APEC 致力于全面系统推进并最终实现亚太自由贸易区的决心；高度赞扬了各经济体推动实现亚太自由贸易区的努力，包括能力建设倡议④和信息共享机制；鼓励各经济体制定相关工作规划，推动取得新进展，同时提升本国未来参与高质量、全面的自由贸易协定谈判的能力。2018 年 5 月在巴布亚新几内亚举行的 APEC 第 24 届贸易部长会议发表了声明，要求"积极推进 FTAAP，尽快制订'后 2020 愿景'，打造亚太命运共同体"，同时再次明确表示"FTAAP 将成为一个全面的、高质量的贸易协定，RCEP 和 CPTPP 将是实现 FTAAP 的两种潜在路径。"⑤

　　通过回顾 FTAPP 的发展历程，不难看出，它经历了"提出—低谷—高潮—停滞"的发展阶段。自联合战略研究完成之后的这一年半以来，FTAAP 的发展基本停留在"宣言""声

---

　　① APEC 设立了基于 FTAs/RTAs 的区域贸易协定信息共享机制，倡导通过政策对话的形式促使各国共同探讨在贸易协定谈判中新出现的 WTO+条款，旨在深化各国对于高水平 FTAs/RTAs 条款的理解，从而为 FTAAP 的最终实现做好准备。

　　② APEC. Collective Strategic Study on Issues Related to the Realization of the FTAAP. [2018-06-06]. http://www.apec.org/~/media/ Files/Groups/CTI/2016/Appendix%2006%20-%20FTAAP%20Study.pdf.

　　③ 中华人民共和国商务部. 中国关于 APEC"后 2020"贸易投资合作愿景的非文件. [2017-05-24]. http://gjs.mofcom.gov.cn/article/af/ae/201705/20170502580813.shtml.

　　④ 亚太自贸区能力建设行动计划（CBNI）自 2012 年开始实施，旨在帮助发展中国家进一步了解 FTAs/RTAs 并帮助他们提高参与全面高水平贸易协定谈判的能力，尤其是对新一代贸易议题的把握。这类能力建设计划将有利于 FTAAP 的最终实现。目前，第一期（2012—2014 年）和第二期（2015—2017 年）的能力建设计划已经完成，第三期能力建设计划从 2018 年开始继续深入实施。[2018-06-06]. https://aimp2.apec.org/sites/PDB/FormServerTemplates/BasicSearch.aspx.

　　⑤ APEC. The 24th Meeting of APEC Ministers Responsible for Trade Statement. [2018-06-06]. https://www.apec.org/Meeting-Papers/ Sectoral-Ministerial-Meetings/Trade/2018_trade.

明"和"倡议"层面，缺乏切实有效的行动计划和推进方案。产生这种状况的原因主要包括以下三方面因素。

第一，美国对于区域性贸易协定立场的转变。美国曾是全球化的发起者和倡导者，也被视为 FTAAP 潜在实现路径的 TTP 的重要推动力量。但随着美国政府的更替，特朗普先是宣布退出 TPP，而后又在 2017 年 11 月举办的 APEC 工商领导人峰会上发表演讲，强烈谴责现有的全球贸易体系，称美国不能再容忍长期存在的"贸易舞弊行为"，也不会再签署束缚手脚的多边贸易协议。相反，特朗普称美国已经准备好与印度洋-太平洋地区的任何国家基于"互相尊重和互惠互利"的原则签署双边协议。这一信号明确披露出美国的对外贸易政策已从"多边"转向"双边"，因此，这任美国政府对 FTAAP 甚至 APEC 已无兴趣。而当 FTAAP 缺少了世界经济体量最大和全球经济影响力最显著的美国的支持，其发展动力不足、前景不明朗等问题也就顺势而生了。

第二，CPTPP 和 RCEP 的发展均处于关键时期，分散各国对 FTAAP 的关注与投入。美国退出后剩余的 11 个 TPP 成员在日本的带领下经历了复杂而焦灼的谈判历程，终于重新达成了 CPTPP，而新的协定能否获得批准还需各国政府继续做出努力。与此同时，RCEP 的谈判再次推迟了协定达成的最后期限，各个议题的谈判也逐渐进入了关键时期。各国考虑到外交精力与谈判人力资源有限等问题，不得不将 FTAAP 的推进工作放置于次要地位。

第三，FTAAP 可能要等到 CPTPP 和 RCEP 有最终结果后才能真正启动实质性工作。从目前的发展态势看，RCEP 和 CPTPP 均是实现 FTAAP 的重要潜在路径，二者的不断推进和最终达成都将为 FTAAP 的实现带来基础，其"分步推进"和"最终弥合"方式将成为亚太区域经济一体化的最优选择。

四、中国的角色与作用

当前，全球经济复苏尚不稳健，经济全球化与贸易自由化正面临严峻挑战。面对亚太区域内逐渐显现的逆全球化趋势，中国应积极维护并促进亚太区域经济一体化的方向与进程。经济全球化和贸易自由化是生产力发展的客观要求。国际货币基金组织在其研究报告中指出，贸易自由化是各国促进经济增长、推动发展和减贫的有力手段。贸易自由化带来的收入超过其成本的 10 倍以上，贸易自由化还可以减少国民开支，满足更多穷人的消费需求。①当然，逆全球化潮流也告诫各国要适度控制全球化与区域一体化的速度，巩固民族国家的国内治理体系，关注包容性、平等性与共享性，强化社会安全网络与安全阀，增强教育与就业市场的灵活性。

应对新的逆全球化与去区域化冲击，中国应坚决反对贸易保护主义，拥护多边贸易体

---

① IMF. Making Trade an Engine of Growth for All: The Case for Trade and for Policies to Facilitate Adjustment，Policy Paper. ［2018-06-06］. http://www.imf.org/en/Publications/Policy-Papers/ Issues/2017/04/08/ making-trade- an-engine-of-growth-for-all.

系，维护开放型世界经济，积极推进亚太区域经济一体化，积极参与全球经济治理改革，贡献中国智慧、中国力量与中国方案。具体建议如下。

第一，中国应坚决应对贸易摩擦与贸易战，在中美贸易战中做到既不"惧怕"也不"激化"。

首先，中国要加强与美方沟通与"要价"谈判，包括协调双边贸易差额统计口径与数额，构筑中美全球价值链合作，督促美国放松出口控制，增强美国对外资审查的透明度与公正性，给予中国市场经济国地位与待遇，化解产能过剩出口。其次，中国要进一步深化国内自身改革开放，包括实施贸易自由化与便利化，扩大进口贸易，积极有选择地开放服务业（金融，电信等），解除强制性技术转让要求，加强知识产权保护立法与执法，早日重启中美双边投资谈判，加快核心技术、软件、零部件、材料、设备创新。最后，要为贸易战做好进一步准备，可选择的措施包括：中止对美国实施实质相等的减让和其他义务，公布加征关税的报复产品清单，限制国有企业与美国公司开展业务（金融、电子支付、软件、数据交换等），限制重要资源品与中间品出口（如矿产品），中止或减少购买美国特定产品（大豆、飞机、汽车等），减少新购或减持美国政府国债，将争端诉之 WTO 争端解决机制，限制美国在华投资与经营等。针对美方在经贸谈判中的勒索行为，应当断然拒绝，维护自身权益。美国彼得森国际经济研究所模拟了中国对美采取反制措施带来的影响，中国停止从美国进口飞机将导致美国 17900 人失业，中国国有企业停止采购美国商品将导致美国 85000 人失业，停止从美国进口大豆将导致美国 21 个农业县失去 10%的就业岗位。[①]

第二，中国应尽快推动结束 RCEP 谈判，倡导实现 FTAAP。

截至 2018 年 6 月 6 日，中国已经签署的双边和区域自贸协定共 16 个，涉及 24 个国家和地区；正在谈判中的有 11 个；另有 11 个尚处于研究阶段。[②]面对区域主义发展的新变化，尤其是日本主导的 CPTPP 已经达成，中国应当积极推进 RCEP 谈判，力争使 RCEP 谈判能在 2018 年年内顺利结束。中国首先应协调与东盟的立场，从形式上全力支持东盟"功能性"主导谈判进程，激发东盟在谈判进程上的主动性和创造性；其次，要在 RCEP 谈判中展现大国姿态，实施"全面开放"，尽量兼顾各成员的利益诉求，促使 RCEP 谈判尽可能达成对成员具有足够吸引力的条款；再次，要创造良好的外部环境，通过领导人或政府高级官员定期会晤等形式妥善处理成员方之间在政治、经贸、社会意识形态、文化等各方面的差异和摩擦[③]；最后，要抓住美国暂时放弃企图控制亚太地区经济一体化的重要历史契机，尽快推动 RCEP 在分歧较少的领域先行达成协议，掌握未来的主导权。对于 FTAAP，中国应

① Marcus Noland, Gary Clyde Hufbauer, Sherman Robinson and Tyler Moran. Assessing Trade Agendas in the US Presidential Campaign，PIIE Briefing 16-6，2016，［2018-06-06］.

② 中国自贸协定网．［2018-06-06］. http://fta.mofcom.gov.cn/.

③ 张彬，李畅，杨勇. 多边化区域主义的新发展与中国的对策选择[J]. 亚太经济，2017（5）：5-13.

督促"北京路线图"的实施，促成早日启动 FTAAP 的可行性研究，积极参与第三期能力建设工作并组织完善现有的信息共享机制，与发展中经济体分享本国在以往国际贸易协定谈判中的经验，以加深其对新一代贸易条款的理解，提高其参与区域贸易谈判的能力，为未来 FTAAP 的实现铺平道路。

第三，中国应作为区域经济一体化的积极贡献倡导者，推进"一带一路"倡议实施，提供区域性公共产品。

"一带一路"倡议在本质上是加快中国进一步深度参与世界经济、完善全球经济治理体系、引领发展导向的新全球化、提高中国国际制度性话语权的重要平台。博鳌亚洲论坛于 2018 年 4 月发布的《亚洲竞争力 2018 年度报告》指出，"一带一路"倡议的红利已集中显现，夯实了亚洲区域经济一体化的社会基础，包括提供了更完善的基础设施、更多就业岗位和更高的收入。目前，中国已经在 20 多个"一带一路"沿线国家成立与建设 56 个经贸合作区，为有关国家创造近 11 亿美元税收和近 18 万个就业岗位。[①] 在"一带一路"倡议的推动下，亚洲区域统一大市场正在加速形成。中国也通过"一带一路"将过去 40 年改革开放积累的开放发展成熟模式得以国际推广，包括政府主导的市场化、基础设施先行的工业化、开发性金融、经济园区与产业集聚、发展新经济（如自主创新、互联网、电商、绿色金融等）。此外，中国还应通过将上海合作组织、中国-中东欧"16+1"合作机制、中日韩自由贸易合作机制、中国-东盟"10+1"、亚太经合组织、中阿合作论坛等多边合作机制与"一带一路"倡议对接，形成以"一带一路"为骨干的、涵盖亚太区域在内的更大范围内的自由贸易区腹地。此外，中国还应主动提供区域性公共产品，通过亚投行、亚开行和金砖国家开发银行等机制，将区域性公共产品系统化、规范化，加强同其他供给方的协调，巩固"一带一路"沿线区域合作，为亚太区域经济一体化发展注入更大动力。

第四，中国应成为新型国际贸易规则的引领者。

逆全球化必定会导致国际经贸规则的重构。[②]国际贸易规则制定过程中的话语权、主导权直接影响到贸易治理结构的构建方向，进而影响各经济体的贸易利益所得。中国作为全球第二大经济体和货物进出口最大国，应积极参与全球贸易治理，成为未来贸易规则体系制定的参与者和引领者。一方面，要密切关注国际经贸规则变革进程，深入研究国际经贸规则重构的内容，在坚持多边贸易体制的前提下，对正在构建中的新型多边协定持开放态度，密切关注新协定与新规则的调整变化；另一方面，要积极参与 WTO、APEC 等国际多边组织的改革，在相关规则修改、制定过程中发出中国声音，维护发展中国家和自身经济利益，在加工贸易、出口限制、电子商务、中小企业、贸易融资、基础设施与互联互通、

① 中国"一带一路"网. 亚洲竞争力 2018 年度报告："一带一路"推动亚洲区域经济一体化逆势发展. ［2018-06-06］. https://www.yidaiyilu.gov.cn/xwzx/gnxw/52180.htm.

② 李向阳. 国际金融危机与国际贸易、国际金融秩序的发展方向[J]. 经济研究，2009（11）：47-54.

包容性创新、部门倡议（IT、钢铁、建筑、旅游）等领域主动引领与推进新规则，积极争取全球经济治理的"制度性权利"。①

参考文献

[1] APEC, APEC Regional Trends Analysis: Trade, Policy, and the Pursuit of Inclusion, [2018-06-05]. https://www.apec.org/Publications/2018/05/APEC-Regional-Trends-Analysis, APEC#218-SE-01.6.

[2] APEC，The Beijing Roadmap for APEC's Contribution to the Realization of the FTAAP [R]. [2018-06-06]. http://mddb.apec.org/Documents/ 2014/MM/AMM/14_amm_012app01.pdf.

[3] IMF，Making Trade an Engine of Growth for All: The Case for Trade and for Policies to Facilitate Adjustment, Policy Paper, [2018-06-06]. http://www.imf.org/en/Publications/ Policy-Papers/Issues/2017/04/08/making-trade-an-engine-of-growth-for-all.

[4] Marcus Noland, Gary Clyde Hufbauer, Sherman Robinson, and Tyler Moran. Assessing Trade Agendas in the US Presidential Campaign, PIIE Briefing 16-6, 2016, [2018-06-06].

[5] Michael Hick and Srikant Devaraj, The Myth and the Reality of Manufacturing in America. Working Paper 2017/8/14, Center for Business and Economic Research, Ball State University, 2017.

[6] Robert Z. Lawrence, Recent Manufacturing Employment Growth: The Exception that Proves the Rule. NBER Working Paper 24151, 2017.

[7] Thomas Piketty, Emmanuel Saez and Gabriel Zucman, Economic Growth in the United States: A Tale of Two Countries, [2018-06-06]. http://equita-blegrowth.org/research-analysis/ economic-growth-in-the-united-states-a-tale-of-two-countries.

[8] Timo Boppart, Structural Change and the Kaldor Facts in a Growth Model with Relative Price Effects and Non-Gorman Preferences. Econometrica 82, 2014, No. 6: 2167-96.

[9] WTO. Overview of Developments in the International Trading Environment. Trade Policy Review Body, 17-5951, [2018-06-06]. https://www.wto.org/english/news_e/news17_e/trdev_ 04dec17_e.pdf.

[10] Warwick J. McKibbin, How Countries could Respond to President Trump's Trade? [2018-03-05]. https://www.brookings.edu/opinions/how-countries-could-respond-to-president- trumps-trade-war/.

---

① 陈琪，管传靖. 国际制度设计的领导权分析[J]. 世界经济与政治，2015（8）：4-28.

[11] 张彬，李畅，杨勇. 多边化区域主义的新发展与中国的对策选择[J]. 亚太经济，2017（5）：5-13.

[12] 李向阳. 国际金融危机与国际贸易、国际金融秩序的发展方向[J]. 经济研究，2009（11）：47-54.

[13] 盛斌，宗伟. 特朗普主义与反全球化迷思[J]. 南开学报，2017（5）：38-49.

APEC 与全球经济治理：地位、挑战及中国的作用

许家云[*]

摘　要：作为具有全球属性的地区性合作组织，亚太经济合作组织（APEC）因其成员构成和地缘政治经济因素，已成为全球经济治理格局中的一支关键力量。2008 年金融危机以来，全球经济形势已发生深刻、复杂的变化，全球的战略与经济中心正转向亚太地区。与此同时，各国经济实力的消长激活了新旧治理平台背后的利益纷争，贸易与投资的深度调整也导致了新旧规则的博弈。这一系列变化加速了全球经济治理格局的调整，并在全球层面和区域层面带来了新一轮的战略合作调整，APEC 的发展正面临新的挑战。基于上述背景，本文试图分析和研究 APEC 在全球经济治理格局中的地位和面临的挑战，并在此基础上提出 APEC 未来的合作前景和中国将要发挥的作用。

关键词：APEC；全球经济治理；地位；挑战；中国作用

一、全球经济治理格局的演变：现状与动因

经济全球化的加速发展及其后果的日益显现，使"全球经济治理"（Global Economic Governance）成为各国关注的重要议题。随着大国经济实力的日新月异，其必然会引起全球经济格局中大国之间地位的相互转移，因此全球经济治理格局也逐渐开始演变。其演变进程始于第二次世界大战后布雷顿森林体系的确立，其创立的三大国际经济组织（包括国际货币基金组织、世界银行与关贸总协定（GATT））为战后世界经济的恢复与稳定做出了巨大贡献。第二阶段开始于 2008 年全球金融危机后召开的二十国集团（G20）首脑峰会，由于 G20 体现了发达国家与新兴大国对全球经济的共同治理，因而这是全球经济治理结构演变的一个重要转折点。

＊ 许家云，南开大学 APEC 研究中心助理研究员。本文为南开大学国别和区域研究中心建设专项项目（63182013）的研究成果。

（一）全球经济治理格局的现状和特点

全球经济治理体系是针对国际贸易、国际投资、国际金融等跨境经济活动而形成的由价值观、国际规则和国际组织构成的治理系统。近几十年来，随着经济全球化的深入发展，全球经济治理体系不断发展演变，逐渐形成如下特点。

1. 以贸易和投资自由化为主流价值观

作为国际贸易的主流理论，自由贸易理论成为全球经济治理的主流价值观。在这一价值观的引导下，第二次世界大战后，全球经济治理体系沿着保障贸易投资自由化、便利化的方向不断演进，有力地促进了经济全球化和世界经济的繁荣发展。

2. 治理规则广泛

规则是全球经济治理体系的核心，随着全球经济治理体系的逐步演进，规则的覆盖面和内容不断充实和完善。同时，经济全球化参与主体的规则意识也不断增强，对国际经贸规则的尊重程度不断提升。

3. 治理机制呈现多层次性

全球经济治理体系包含世界银行、国际货币基金组织、世界贸易组织（WTO）、国际清算银行等多个不同层次的治理机制。各国际组织之间既各司其职又相互联系。2008 年国际金融危机爆发后，G20 在全球经济治理体系中的地位迅速提高，成为各国沟通协调宏观经济政策的重要平台。近年来，以金砖国家合作机制和亚太经济合作组织为代表的区域合作机制快速发展，成为全球经济治理体系演进的一个重要特点。此外，全球区域贸易安排也显著增多，据 WTO 统计，截至 2017 年 11 月，生效的并且向 WTO 报告的区域贸易协定有 302 个，其中 226 个是在 2000 年以后生效或重新签订后生效的。[①]

4. 治理主体多元化

全球经济治理主体具有多元性，政府和政府间国际组织一直居于主导地位，跨国公司、国际性非政府组织也发挥着不可忽视的作用。近年来，国际性非政府组织如雨后春笋般涌现出来，数量急剧增加，影响力迅速上升。

5. 治理行为的强制性较弱

全球经济治理体系主要以沟通、协调、磋商和谈判为运作方式，通过依靠各参与主体的合作与协商来实现治理目标。大多数全球经济治理机制不具备规则执行的强制性，国际声誉受损是参与主体违规的主要代价。

（二）全球经济治理格局演变的动因

纵观第二次世界大战后全球经济治理体系的演进历史，可以发现，开放合作是当今全球经济治理体系的基调，贸易投资自由化、便利化是其基本价值取向，国际规则旨在推动、

---

① http://news.163.com/18/0130/17/D9DR025U00018AOR.html。

维护和规范跨境经贸活动的发展。但是，当今全球经济治理体系也存在诸多不足和面临多重挑战。比如，2008 年国际金融危机后世界经济的长期低迷、全球经济治理体系的碎片化以及现有的全球经济治理体系与全球经济格局的不匹配等，这些不足使得当前变革全球经济治理体系的呼声日益高涨。

1. 全球国际经贸规则的演变

全球国际经贸规则的演变主要经历了三个阶段。第一阶段是从二战结束后 GATT 成立到 1995 年 WTO 成立。这一阶段主要由协商约束型的国际经贸规则向强制约束型的经贸规则演变，从单纯强调货物贸易的多边规则向货物贸易、服务贸易、投资、知识产权等多领域的国际经贸规则演变。第二阶段是从 1995 年 WTO 成立到 2008 年国际金融危机爆发。该阶段经历了从多边国际经贸规则活跃到区域经贸规则活跃的转变。尤其是在 WTO 多哈回合谈判受阻之后，各国纷纷转向区域贸易协定谈判，投资相关议题变得越来越重要，与环境、劳工、政府采购、竞争政策、发展合作、可持续发展等边境后措施有关的议题逐渐被纳入区域贸易协定谈判。第三阶段是 2008 年国际金融危机之后至今。在这一阶段，区域经济合作不断升温，美国、欧盟、日本、韩国、中国、澳大利亚等国家和地区的双边自贸区不断在全球布局，包括跨太平洋伙伴关系协定（TPP）、跨大西洋贸易与投资伙伴关系协定（TTIP）和区域全面经济伙伴关系协定（RCEP）等在内的跨区域巨型自贸区以及国际服务贸易协定（TISA）、政府采购协定（GPA）、双边投资协定（BIT）等多边、诸边、双边谈判持续升温，投资、电子商务、环境、劳工等领域的规则更为具体，其中投资规则谈判成为热点和难点。

国际经贸规则的演变呼吁新的全球治理模式和治理主体的优化调整。亚太地区是全球范围内贸易投资活动最为活跃的地区，围绕国际经贸规则重构而展开的博弈在亚太地区表现得尤为突出。以 TPP 为抓手，美国在区域经贸规则的重构方面占得了先机，继而对多边经贸规则的未来发展也产生了重要影响。作为世界上最大的发展中经济体，中国积极参与国际经贸规则重构和全球治理体系改革，主动寻求和发挥与自身实力相称的建设性作用。国家主席习近平在党的十九大报告中指出，中国秉持共商共建共享的全球治理观，倡导国际关系民主化；呼吁各国人民同心协力，构建人类命运共同体，建设持久和平、普遍安全、共同繁荣、开放包容、清洁美丽的世界；中国将继续发挥负责任大国作用，积极参与全球治理体系改革和建设，不断贡献中国智慧和力量。中国积极参与国际经贸规则重构和全球经济治理，在为国内深化改革提供有益参照体系和目标方向的同时，对全球经济治理格局的变革产生了重大影响。

2. 现有全球经济治理体系问题重重

以往的全球经济治理体系存在碎片化与低效率的问题，已经难以有效应对国际经济面临的新问题。经过数十年的演进，全球经济治理体系中区域贸易安排纵横交错、叠床架屋，加剧了治理体系的碎片化，降低了治理体系的效率和各国经济政策的协调性。2008 年的国际金融危机充分暴露了全球经济治理体系在防范金融风险、培育经济动能等方面的不足。同时，信息技术进步、网络安全、气候变化等新情况、新问题也对全球经济治理体系提出了新要求。

此外，2008 年金融危机以来，全球经济进入缺少有效需求、缺少增长动力、缺少政策协调的低速运行通道，由此也催生了全球贸易保护主义、民粹主义、以邻为壑贸易政策的抬头，严重制约了全球贸易增长。2016 年，"黑天鹅事件"频发，英国公投选择退出欧盟，宣扬"反全球化"政策、抨击"自由贸易"的特朗普当选美国总统，欧洲一些国家右翼政党强势崛起，"反全球化"暗流涌动。2018 年 3 月，特朗普总统签署备忘录，将对价值 600 亿美元的中国进口产品征收关税，2018 年 6 月 15 日，特朗普批准对约 500 亿美元中国产品加征关税，并宣称考虑对额外 2000 亿美元中国商品加税 10%，美国贸易政策的反复无常和其反自由贸易的一系列举措在为全球贸易自由化蒙上阴影的同时，使得构建新的全球经济治理体系迫在眉睫。

二、APEC 在全球经济治理中的地位

APEC 作为世界上最大的区域经济合作组织之一，对建立更加完善的全球经济治理体系有着强烈的诉求，同时也肩负着不可推卸的责任和义务。当前，APEC 在全球经济治理中的角色正处于一个转型阶段：一方面，作为地区性组织的 APEC 在全球经济治理体系中的影响却越来越具有全球性；另一方面，APEC 正在从一个相对松散的区域性经济治理机制向一个更加具有凝聚力和执行力的组织转型。

（一）APEC 在全球经济合作中的影响力

首先，经济规模巨大。APEC 成员中包含了全球最大的三个经济体，APEC 区域内的人口总数占全球的 40%，GDP 约占全球总量的 60%，贸易额约占全球总量的 48%[①]，是世界经济增长的重要引擎。以中国和美国为例，他们在经济规模和经济增长速度方面均处于全球领先地位。同时，在全球经济增速放缓的形势下，中美经济增长速度依然保持了相对强劲的增长，2016 年中国的经济增长率是 6.7%，美国的经济增长率是 1.5%[②]。以中美为代表的亚太地区已经成为全球经济稳健增长的"压舱石"，从而决定了亚太地区在全球经济治理中的地位不断提高。

其次，合作机制广泛。自 1989 年创立以来，APEC 已然成为亚太地区涵盖国家最多、级别最高和议题范围最广的合作机制。成立之初 APEC 只有 12 个成员，包括东盟六国，以及美国、日本、澳大利亚、新西兰、加拿大和韩国。1991 年，中国以主权国家身份加入，

---

① 作者根据 2016 年的数据计算所得，人口、GDP 和贸易数据均来自世界银行数据库。https://data.worldbank.org/。
② 世界银行数据库. https://data.worldbank.org/indicator/NY.GDP.MKTP.KD.ZG。

中国台湾和中国香港以地区经济体身份加入。1993 年墨西哥和巴布亚新几内亚加入，1994 年智利加入，1997 年俄罗斯、越南和秘鲁加入，至此 APEC 成员扩大为 21 个。1993 年 APEC 由部长级会议升级为领导人峰会。目前，APEC 涉及的议题除了贸易、投资、金融、技术合作、发展合作之外，气候变化、反恐、反腐败、地区安全、医疗卫生以及其他热点问题都包罗其中。因此，从成员范围扩大、会议级别提高和议题领域延伸来看，APEC 合作的外溢效应越来越明显，其合作进程对全球经济治理具有越来越广泛的影响。

最后，与全球经济治理机制的互动升级。近年来，伴随地缘政治和经济格局的变迁，APEC 合作机制与议题领域都有了很大的提升和拓展，其与全球经济治理的互动性日益显现。早在 2002 年，APEC 峰会就强调了 APEC 对全球经济的引领作用。APEC 对全球经济的引领不仅限于贸易自由化和投资便利化、经济包容和可持续增长方面，还表现在与全球经济治理议程和机制的对接方面。

2016 年于杭州举办的 G20 峰会的主题是"构建创新、活力、联动、包容的世界经济"，并确立了四个议题——创新增长方式，更高效的全球经济金融治理，强劲的国际贸易和投资，包容和联动式发展。同年的 APEC 峰会在秘鲁召开，本届峰会的主题是"高质量增长和人类发展"，本届峰会在前两届峰会所达成的共识和设定的目标基础上，强调坚定不移提升亚太开放型经济水平，支持多边贸易体制，早日建成亚太自由贸易区的愿望。同时，峰会要求破解区域互联互通瓶颈，深入落实北京会议通过的十年期互联互通蓝图，促进基础设施、规章制度、人员交流互联互通，构建全方位、复合型互联互通网络，加强"一带一路"倡议同有关各方发展战略及合作倡议对接。

从最终的议题确立上可以看出，G20 峰会和 APEC 峰会均把议题重点放在了促进经济包容增长，加强互联互通建设方面。2016 年，APEC 在促进包容性增长和互联互通上的共识和举措，可以为随后举办的德国汉堡 G20 峰会所确定的"塑造联通的世界"的主题起到切实的引领和促进作用。同时，即将在巴布亚新几内亚举行的 2018 年 APEC 峰会将"提升互联互通水平"作为四个优先政策内容的重点，也体现了 APEC 峰会对 G20 峰会核心议题的呼应。如果能够持续地将 APEC 的地区性经济合作议题与 G20 议程进行对接，不仅可以提升 APEC 的全球影响力，也可以为 G20 全球议程的落实找到强有力的地区支点。

表 1　2013—2018 年 APEC 峰会与 G20 峰会议题对比

时间	APCE 峰会地点	APCE 峰会主题	G20 峰会地点	G20 峰会主题
2013 年	印度尼西亚巴厘岛	**主题**：活力亚太，全球引擎 **议题**：实现茂物目标、可持续和公平增长、亚太互联互通等	俄罗斯圣彼得堡	**主题**：增长和就业 **议题**：世界经济增长和金融稳定、就业和投资、发展、贸易等

时间	APCE 峰会地点	APCE 峰会主题	G20 峰会地点	G20 峰会主题
2014 年	中国北京	**主题**：共建面向未来的亚太伙伴关系 **议题**："推动区域经济一体化""促进经济创新发展、改革与增长""加强全方位基础设施与互联互通建设"	澳大利亚布里斯班	**主题**：增长、就业和抗风险 **议题**：世界经济形势、全面增长战略、经济改革、就业、国际贸易、基础设施、能源等
2015 年	菲律宾马尼拉	**主题**：打造包容性经济，建设更美好世界 **议题**：打造包容性经济、促进中小微企业参与区域和全球市场、建设可持续和有活力的大家庭、投资人力资源开发、推动区域经济一体化、加强协作	土耳其安塔利亚	**主题**：共同行动以实现包容和稳健增长 **议题**：加强全球经济复苏与提高潜在增长率、提升弹性力与增进可持续性
2016 年	秘鲁利马	**主题**：高质量增长和人类发展 **议题**：当前全球自由贸易和投资面临的挑战和机遇、迈向实质而有效的区域互联互通、粮食安全、气候变化和获取水资源	中国杭州	**主题**：构建创新、活动、联动、包容的世界经济 **议题**：创新增长方式、更高效的全球经济金融治理、强劲的国际贸易和投资
2017 年	越南岘港	**主题**：打造全新动力，开创共享未来 **议题**：可持续创新和包容性增长、深化区域经济一体化、促进数字时代中小微型企业的竞争力与创新以及促进食品安全和可持续农业	德国汉堡	**主题**：塑造联通的世界 **议题**：确保经济稳定性、改善可持续性、负责任地发展
2018 年	巴布亚新几内亚莫尔兹比港	**主题**：把握包容性机遇，拥抱数字化未来 **议题**：提升互联互通水平，深化区域经济一体化；促进包容性和可持续增长；通过结构性改革增强包容性增长；增加人与人之间互联互通，加快人力资本发展	阿根廷布宜诺斯艾利斯	**主题**：为均衡和可持续发展建设共识 **议题**：未来就业、促进发展的基础设施建设和构建粮食系统的可持续未来

资料来源：作者根据相关资料整理所得。

（二）APEC 的执行力和凝聚力

由于缺乏法律约束力，APCE 的不少议题和倡议在落实和执行方面与期望值往往存在较大差距。不过近年来，APEC 的执行力显著提升，不仅就未来 APEC 的发展设立了建立亚太自由贸易区（FTAAP）的远景目标，而且以促进互联互通为着力点，构建亚太地区长远的战略优势和竞争力。

2013 年 APEC 第二十一次领导人非正式会议在印度尼西亚巴厘岛召开，会议发布了《活力亚太，全球引擎——亚太经合组织第二十一次领导人非正式会议宣言》，致力于实现亚太地区的全方位互联互通和一体化，通过建设区域高质量交通网络、降低交易成本、提升竞争力和凝聚力等方式，加快和鼓励平衡、安全和包容的增长。会上，习近平主席代表中国政府提出建立亚洲基础设施投资银行（AIIB）的倡议。AIIB 致力于亚洲国家基础设施建设，符合本地区发展的现实需要，是促进亚太地区互联互通和推动区域经济发展的切实举措，因此，该倡议在较短的时间内得到了亚太地区国家的广泛响应，21 个意向创始成员在 2014

年10月24日就筹建亚洲基础设施投资银行签署备忘录。2014年北京APEC峰会和布里斯班 G20 峰会均特别强调了基础设施和促进区域互联互通的重要性，并且之后举行的几届APEC峰会和G20峰会也相继强调了互联互通的重要性。在当前全球经济面临重大挑战的形势下，增加基础设施的投资，解决发展中国家发展中遇到的基础设施瓶颈问题，对促进亚太区域和全球经济发展都具有积极意义。

表2　2013—2017 年 APEC 领导人非正式会议成果

时间	APCE 峰会成果
2013 年	发表了《活力亚太，全球引擎——亚太经合组织第二十一次领导人非正式会议宣言》《支持多边贸易体制和世界贸易组织第九届部长级会议声明》，承诺加强政策协调和多边贸易体制，推进区域一体化进程，深化互联互通等领域合作，共同维护和发展开放型世界经济
2014 年	发表了《北京纲领：构建融合、创新、互联的亚太——亚太经合组织领导人宣言》《共建面向未来的亚太伙伴关系——亚太经合组织成立 25 周年声明》，进一步明确了亚太的发展方向、目的、举措，旨在发扬互信、包容、合作、共赢的精神，共同构建面向未来的亚太伙伴关系，打造发展创新、增长联动、利益融合的开放型亚太经济格局，为亚太地区长远发展和共同繁荣勾画新愿景、指引新方向、注入新动力
2015 年	通过《APEC 加强高质量增长战略》和《APEC 服务业合作框架》，各经济体强调，贸易投资自由化和便利化仍是本地区经济增长和发展的核心动力。加强高质量增长并保持其活力，需要 APEC 成员更多协调一致的努力
2016 年	通过了《亚太自贸区利马宣言》《APEC 服务业竞争力路线图》，路线图确定了到 2025 年前的服务业发展目标和一系列行动
2017 年	发表了《亚太经合组织第二十五次领导人非正式会议宣言》。此次会议取得积极成果，维护了亚太开放发展的大方向，巩固了 APEC 合作的势头，推进了 APEC 框架下的务实合作

资料来源：作者根据相关资料整理所得。

三、全球经济治理新格局下 APEC 面临的挑战

作为亚太地区最大的区域合作机制，APEC 在未来的地区合作和全球经济治理中能否发挥更大作用，很大程度上取决于其应对全球经济治理新格局和处理以下挑战的能力和方式。

（一）战略目标的挑战

长期以来，关于 APEC 长远战略目标的争议主要集中在以下两个方面：①建设一个覆盖亚太地区的大型自由贸易区，如 FTAAP，实现亚太地区贸易和投资的自由化；②建设一个合作范围更广的地区性协调组织，主要服务于领导人的沟通和国家间合作，致力于维护地区稳定和发展。

回顾近 30 年的发展历程，APEC 大致经历了三个阶段：第一阶段是建立机制和稳步发展阶段（1989—1996 年）。1991 年汉城（现称首尔）会议通过了《汉城宣言》，明确了 APEC 的宗旨、原则、活动范围、加入标准等。1992 年的曼谷会议决定在新加坡设立 APEC 秘书

处，并确立了 APEC 的组织机制。1993 年，APEC 从部长级会议升级为经济体领导人非正式会议，发展进程加快。1994 年在印度尼西亚茂物召开的亚太经合组织峰会上提出了"茂物目标"，即发达成员在 2010 年前、发展中成员在 2020 年前实现贸易和投资的自由化。随后举行的历届峰会围绕"茂物目标"的实现和落实达成了一系列共识和行动计划，APEC合作进程稳步推进。

第二阶段是调整阶段（1997—2007 年）。1997 年亚洲金融危机从某种程度上拓展了APEC 的议题领域，同时 APEC 内部也因为对危机的处理意见不同而出现了明显的分歧。在此阶段，APEC 成员规模扩大至 21 个经济体，APEC 由此进入了一个相对较长的 10 年稳固和调整阶段。

第三阶段是 2008 年至今。2008 年以来的金融危机促使成员经济体进行对内对外的经济改革和战略转型，APEC 的未来发展方向也面临新的战略定位的挑战。这一战略定位需要长远的战略眼光和智慧，要致力于亚太又不能局限于亚太。就 APEC 的长远发展而言，需要明确每个阶段的战略目标，尤其是核心战略目标。至少在 2020 年"茂物目标"实现的时间节点到来之前，APEC 需要明确其下一个具体的核心战略目标。就未来 10 年而言，APEC 仍应坚持聚焦经济议题，应将 FTAAP 作为下一个 10 年的核心战略目标，并且需要将这一核心目标具体化，分解成可落实和可评估的具体指标，便于督促进程与评估落实情况。APEC 核心战略目标的明确是其保持竞争力的关键所在，关系到 APEC 机制的凝聚力和国际影响力。

（二）议题泛化的挑战

APEC 成立初期，主要致力于贸易自由化、投资便利化和加强经济技术合作这三大支柱性的领域合作。1997 年，亚洲金融危机的爆发促使 APEC 开始关注金融安全议题。1999年奥克兰会议，APEC 以非正式外长会议形式讨论东帝汶局势，开辟了政治问题进入 APEC议题的先河。2001 年，"9·11"事件爆发，反恐问题开始进入 APEC 的议题。随后，气候变化、反腐败、传染性疾病、自然灾害救助等更为广泛的环境、政治和社会议题纳入 APEC议程名单。议题泛化的根源在于全球经济治理与地缘政治和安全问题的相互影响和关联，而且领导人峰会的性质决定了 APEC 无法避开地区和全球热点问题讨论。议题泛化带来的直接影响是对组织能力的要求也随之上升，APEC 面临是否有能力在广泛领域开展有效合作和落实的挑战。更为关键的是，随着议题的扩展，经济领域的合作面临被稀释的挑战，同时会影响到 APEC 核心战略目标的实现。因此，对 APEC 而言，如何处理好议题泛化的问题是未来该机制发展的一个难题。

（三）利益多元化的挑战

APEC 成员方在经济发展水平、人口规模、政治体制、文化传统、宗教文化、民族构成、地理特征等各个方面均存在较大差异。这些差异决定了 APEC 在所有议题上的协调难度和共同行动的难度。2018 年 6 月，特朗普批准对约 500 亿美元中国产品加征关税，中国随即公布对原产于美国的 659 项约 500 亿美元进口商品加征 25%关税的决定，作为亚太地区两个最大的经济体，中美贸易摩擦提高了该地区经济发展和合作的不确定性。面对着复杂、不稳定、不确定的世界经济形势，APEC 成员在深化各自经济结构调整的基础上，加强宏观经济政策协调的难度也在上升。APEC 中期评估结果显示，APEC 成员在贯彻 APEC 基本原则的条件下按确定的时间表实现茂物目标的挑战巨大。因此，如何协调不同利益、凝聚共识是 APEC 合作面临的一个长期性挑战。

（四）整合区域合作机制的挑战

亚太地区有着多层次和多种类的区域和次区域合作机制，需要整合现有地区合作机制，但区域内多层次和多种类的区域和次区域合作机制的"面条碗"现象，经贸规则混乱，整合协调难度高。就亚太地区重叠的合作机制而言，不仅存在相互竞争的问题，也面临加深利益分化和差异性的问题。此外，多重的峰会机制不仅消耗着领导人的精力，也会耗散成员间有限的合作资源。因此，APEC 在多重地区合作机制以及更高层次的全球合作机制中，面临被选择和被边缘化的挑战。比如，东盟、中日韩与东盟分别建立的 3 个"10+1"合作机制、东亚峰会、"跨太平洋伙伴关系协定""区域经济伙伴协定"等，各种规则、标准交叉成为推动 APEC 地区进一步深度一体化的现实性困难。

（五）制度框架的约束

从全球经济治理的现实看，达成共识相对容易，但是落实起来却困难重重。实质性成果不仅仅是写进宣言和共识中，更为重要的是随后的行动计划制定和落实。APEC 组织是基于共识的经济合作论坛，而非具有约束力的国际组织。APEC 最具特色的是其"开放、渐进、自愿、协商"的灵活方式；而实现亚太自贸区的最终目标，需要各成员方进行自由贸易区贸易安排的谈判，接受具有约束力的文本条款，这与 APEC 基本宗旨和原则不相符。APEC 要想实现整合地区合作机制的目标，必须在共同行动和落实能力上有所加强。

此外，如何应对关键大国政策变动对亚太地区一体化前景带来不确定性也是 APEC 未来要面临的重要挑战。美国对亚太地区具有决定性的影响，而特朗普当选后，美国战略收缩和保护主义的对外政策盛行，推动贸易自由化的进程显著放缓。美国宣布退出 TPP 使得之前亚太地区 TPP 与 RCEP"双轨并行"的格局不复存在，严重影响了 APEC 的合作议程。

四、全球经济治理：APEC 前景和中国的作用

回顾近 30 年的发展历程，APEC 不仅经历了东南亚金融危机和全球金融危机的考验，也见证了中国的崛起。展望未来，APEC 将面临一个不同于过去的地区和全球环境，其中最大的一个不同便是来自中国。中国参与亚太经合组织的 20 多年，是中国改革开放持续推进的重要时期，也是亚太地区保持和平稳定、区域经济快速增长、区域合作蓬勃发展的重

要时期。中国通过提高开放型经济水平，深化了同各国的经贸合作，推动了亚太区域经济的一体化进程，也为世界经济做出了重要的贡献。相比过去，中国对全球和地区事务的参与从被动转为主动，对全球贸易投资规则的构建从无奈的接受者转变为积极的参与者，对全球经济治理机制的改革从坚定的支持者变为积极的变革者，对全球公共产品的提供从边缘者走向核心领导者。可以说，中国的崛起与中美互动将成为塑造和影响 APEC 未来发展的关键因素。

（一）APEC 前景

APEC 是符合亚太地区根本发展利益的区域合作组织，贸易和投资是拉动地区经济增长的不竭动力。APEC 提倡包容性发展，兼顾各方利益，在持续发展中焕发着新的生机和吸引力。APEC 的全球属性决定了 APEC 在全球经济治理格局中的角色不能仅仅着眼于地区，APEC 未来的发展只有在立足亚太的基础上，以着眼于全球发展和关切全球福祉的战略胸怀，才能使得该机制具有长久的竞争力和影响力。

1. 亚太梦想

在 2014 年 APEC 北京峰会上，习近平主席提出了"亚太梦想"，并明晰了这个梦想，就是坚持亚太大家庭精神和命运共同体意识，共同致力于亚太繁荣进步；就是继续引领世界发展大势，为人类福祉做出更大贡献；就是让经济更有活力，贸易更加自由，投资更加便利，道路更加通畅，人与人交往更加密切；就是让人民过上更加安宁富足的生活。"亚太梦想"是将地区繁荣、世界发展和人民福祉有机结合的一个战略设想。"亚太梦想"的战略含义不局限于亚太自由贸易区的建设，不局限于亚太经济发展，而是一个立足亚太，服务全球的战略目标。APEC 应该在这一长远战略目标指引下开展切实有效的合作，分阶段明晰具体的核心战略目标，聚焦经济发展和区域一体化建设，这才是对本地区发展和全球经济治理最大的利好。

2. 机制建设和行动能力

机制建设和行动能力决定了 APEC 机制的有效性，一个决策有效和行动力强的国际组织才能在全球事务和国际体系中发挥实质性的影响力。对 APEC 而言，在机制建设和行动能力上要处理好以下三个方面的平衡。首先，议题泛化和议题聚焦的平衡。APEC 要谈安全合作、反腐合作、文化合作和卫生合作等，这些议题与地区的稳定发展和长远利益相吻合，但是 APEC 在未来首先要解决的依然是经济发展问题。因此，聚焦经济合作，着力于 FTAAP 建设是首要。其次，成员扩大和有效合作的平衡。鉴于扩大 APEC 地区影响力的考虑，以及地区非成员国家要求加入的现实诉求，有必要建立有序的扩员进度。但是要在扩员和加强既有成员合作机制建设之间做好协调，否则 APEC 将会陷入大而无当的处境中。最后，开放自愿的合作方式与规制有度的落实机制之间的平衡。APEC 开放、自愿和灵活的合作方式充分照顾到各成员间不同发展阶段和发展模式的差异性，但是非约束性并不意味着薄弱的执行力，茂物目标的落实中面临的一个最大问题是缺乏清晰明确的核查指标。因此，实现目标的进程和要求可以灵活，但是目标本身应该清晰和便于评估。

展望未来，期待 APEC 能以共建亚太伙伴关系为基础，以共筑"亚太梦想"为动力，以建设"亚太自由贸易区"为核心战略目标，在不断提升 APEC 合作的决断力和行动力的基础上，实现亚太地区的持久繁荣与发展。

（二）全球经济治理：中国的作用

改革开放近 40 年来，中国在对内坚持经济、政治和社会体制改革的同时，对外坚持开放并努力融入国际体系和世界市场，在这一过程中，中国不仅实现了自身经济的高速增长，还为世界经济增长注入一股"强心剂"。作为世界第一制造业大国、最大货物出口国、第二大货物进口国、第二大对外直接投资国、最大外汇储备国、最大旅游市场，中国积极参与全球经济治理成为大势所趋、人心所向。尽管 2012 年以来中国经济增速有所放缓，但其对世界经济增长的贡献并没有降低。以制造业为例，2010 年中国制造业产值占全球比重为 19.8%，超过美国，跃居世界第一，2015 年这一比重又上升至 25%；贸易方面，2016 年中国占全球贸易份额超过 13%，已经成为世界 125 个国家和地区的第一大贸易伙伴[1]；投资方面，改革开放以来，中国累计吸引外资超过 1.7 万亿美元，累计对外直接投资超过 1.2 万亿美元[2]。中国已然成为名副其实的世界"贸易投资大国"和世界"制造业大国"。此外，1950—2016 年，中国累计对外提供援助 4000 多亿元人民币，实施各类援外项目 5000 多个。[3]以上数据充分表明，中国维护国际经济秩序稳定与发展的能力不断增强。

党的十八大以来，习近平总书记发出了推动全球经济治理的中国倡议，贡献了变革全球经济治理的中国智慧，展现了完善全球经济治理的中国方案，致力于使全球经济治理朝着更加健康、公正、有效的方向发展。他指出："我们将从世界和平与发展的大义出发，贡献处理当代国际关系的中国智慧，贡献完善全球治理的中国方案，为人类社会应对 21 世纪的各种挑战做出自己的贡献。"[4]可见，面对日益复杂的国际经济事务和全球性问题，中国有意愿在力所能及的范围内为世界经济发展承担更多责任，在全球经济治理中发挥更大作用，做出更大贡献。

1. 积极引导经济全球化，勇于担当亚太区域经济一体化的引领者

当前，亚太地区更紧密地携手合作的紧迫性十分突出。一方面，世界经济缓慢复苏使得全球化进程遇到挫折，尤其是亚太地区，经济合作正处在是一体化、还是碎片化甚至逆

---

① 许家云. 中间品进口贸易与中国制造业企业竞争力[M]. 北京：经济科学出版社，2018：2.

② 习近平. 共担时代责任 共促全球发展——在世界经济论坛 2017 年年会开幕式上的主旨演讲.[2017-01-18]. http://www.xinhuanet.com/2017/01/18/c_1120331545.htm.

③ 习近平. 共同构建人类命运共同体——在瑞士日内瓦万国宫出席"共商共筑人类命运共同体"高级别会议上的演讲.[2017-01-19]. http://www.gov.cn/xinwen/2017/01/19/content_5161087.htm#1.

④ 习近平在德国科尔伯基金会的演讲（全文）[N]. 人民日报，2014-03-30.

全球化的路口，何去何从值得深思；另一方面，亚太地区迫切需要探索新的发展思路，寻求新的增长点。从中长期来看，20 世纪末至今，世界范围内新一轮变革浪潮方兴未艾，从经济发展方式到区域贸易安排，从国际治理体系到地缘政治格局，都处于深刻变革和调整之中。亚太的崛起是其中最重要的内容。亚太地区更紧密地携手合作，正是在亚太战略地位持续提升的大背景下，顺应各经济体相互联系日益紧密、相互依存日益加深的内在需求，也是各方加强合作共赢的务实之举。

近年来，中国在促进亚太区域的经济合作中发挥了关键作用。2014 年 11 月，中国成功举办了亚太经合组织第二十二次峰会，此次峰会为推动亚太区域在经贸、投资等领域的深度融合与发展做出重大贡献，充分彰显了中国作为负责任大国的担当与智慧。2017 年 11 月，亚太经合组织第二十五次领导人非正式会议在越南岘港举行。中国国家主席习近平出席并发表题为《携手谱写亚太合作共赢新篇章》的重要讲话，强调亚太各方应该坚持不懈推动创新，坚定不移扩大开放，积极践行包容性发展，不断丰富伙伴关系内涵，引领全球新一轮发展繁荣。中国一直在努力做亚太地区和平的建设者、发展的贡献者、合作的促进者和构建亚太命运共同体的推动者，并以践行的诚意和现实的效果赢得了国际社会特别是本区域国家的认可。

未来，中国要积极引导经济全球化，勇于担当亚太区域经济一体化的引领者，全面深入落实《亚太经合组织推动实现亚太自由贸易区北京路线图》，支持多边贸易体制，加快亚太自由贸易区进程，携手开辟区域合作新局面，推动建设开放型世界经济。

2. 以人类命运共同体理念引领全球经济治理体系变革

随着世界格局的深刻调整，全球经济治理体系的决策机制正在从美国一国主导演变为"集体领导"。中国作为世界第二大经济体，将更加积极地参与"集体领导"，与各国携手共建人类命运共同体，推动全球经济治理体系变革。一是明确变革目标，即推动全球经济治理体系朝着更加公正合理有效的方向发展。二是贡献新理念和中国倡议。理念方面，中国将坚持共同构建人类命运共同体等主张，弘扬共商共建共享的全球治理理念，推动各国在国际经济合作中权利平等、机会平等、规则平等，努力使全球经济治理体系更加平衡地反映大多数国家的意愿和利益。倡议方面，以"一带一路"建设和亚洲基础设施投资银行的建立为良好开端，继续深入研究各国的共同利益，积极提出国际合作新议题、新倡议。三是分享中国发展经验。中国 40 年开放发展取得巨大成就，在经济体制改革、正确处理政府与市场关系、创新宏观调控、扶贫减贫、基础设施建设等方面积累了丰富经验，可以通过与国际社会共享经验，促进全球经济治理体系变革。

3. 进一步加强区域经济合作机制建设，实现经济可持续的包容性增长

首先，积极推进各类自贸区建设。在完善国内自贸区建设的同时，密切关注和深入推进区域全面经济伙伴关系谈判进程以及亚太自由贸易区谈判进程。其次，重点推进周边区

域经济合作。全面推动"一带一路"倡议的实施，促进与周边国家和地区的互利共赢。最后，深化推进南南合作。充分利用我国在基础设施建设、制造业发展方面的优势，帮助发展中国家进行结构性转型，并可通过南南合作机制展开良性互动，促进"南方国家"在贸易、投资、资源开发与基础设施融资等领域合作，从而消除经济增长瓶颈，实现经济包容性的可持续增长。

4. 进一步加强全球经济治理公共产品的供给

目前，国际经济体系正经历重大的权力转移，这种权力转移的一个突出特征就是欧美发达国家的经济实力不断衰落，而广大新兴市场国家的经济力量正在不断壮大。随着经济权力分布发生的巨大变化，新兴经济体必然要求在国际经济事务中拥有更大、更多的话语权。中国作为推动全球经济秩序变革、重塑经济全球化进程的重要力量，要获得全面的领导力和世界大多数国家和地区的信任，提供更多的全球公共产品是增强影响力和提升制度性话语权的关键路径。

作为经济总量位居世界第二的新兴大国，中国受益于经济全球化进程带来的发展红利。而当全球经济复苏乏力、中国综合国力显著增强之时，中国也应不断增强自信和责任意识，回馈世界，努力承担更多的中国责任。

参考文献

[1] Road Map towards the Implementation of the United Nations Millennium Declaration. Report of the Secretary-General, A/56/326, General Asembly, United Nations, September 6, 2001: 5.

[2] Kim, Sangkyom, Innwon Park, Soonchan Park and Sung-Hoon Park. Trade Facilitation in APEC: Economic Impacts and Policy Options (in Korean) [R]. Policy Analyses 06-05, Korea Institute for International Economic Policy, 2006.

[3] 保护主义抬头阻碍国际贸易增长［N］.人民日报，2016-08-08.

[4] 管传清，陈淇. 领导权的适应性逻辑与国际经济制度变革［J］.世界经济与政治，2017（3）：35-61.

[5] 金中夏. 中国与G20：全球经济治理的高端博弈［M］.北京：中国经济出版社，2014：91.

[6] 康绍邦，宫力. 国际问题二十讲［M］.北京：中共中央党校出版社，2006：103.

[7] 苏宁. 全球经济治理——议题、挑战与中国的选择［M］.上海：上海社会科学院出版社，2014：3.

[8] 陶坚."融入"和"塑造"国际体系是一个长期过程［J］. 外交评论，2015（6）：41-42.

[9] 陶坚. 全球经济治理与中国对外经济关系［M］. 北京：知识产权出版社，2016：2.

[10] 习近平. 共担时代责任 共促全球发展——在世界经济论坛 2017 年年会开幕式上的主旨演讲［EB/OL］.［2017-01-18］. http://www.xinhuanet.com/2017-01/18/c_1120331545.htm.

[11] 习近平. 中国发展新起点 全球增长新蓝图——在 2016 年二十国集团工商峰会开幕式上的讲话［N］.人民日报，2016-09-04.

[12] 习近平. 共同构建人类命运共同体——在瑞士日内瓦万国宫出席"共商共筑人类命运共同体"高级别会议上的演讲［EB/OL］.［2017-01-19］. http: //www.gov.cn/xinwen/2017-01/19/content_5161087.htm#1.

[13] 辛本健. 全球治理的中国贡献［M］.北京：机械工业出版社，2016：61.

[14] 许家云. 中间品进口贸易与中国制造业企业竞争力[M]. 北京:经济科学出版社,2018：2.

[15] 张海冰. 全球经济治理格局中的 APEC：角色、挑战与前景［J］.国际经济合作，2014（11）：13-17.

亚太经合组织第二十五次领导人非正式会议宣言

（2017 年 11 月 11 日，越南岘港）

我们，亚太经合组织（APEC）经济体领导人，在"打造全新动力，开创共享未来"这一主题下相聚在越南岘港，决心采取更加有力和持续的共同行动，为 APEC 合作注入新动力，促进可持续、创新、包容增长，深化区域经济一体化，充分挖掘商业部门，特别是中小微企业的潜力，增进粮食安全和可持续农业。

APEC 第一次领导人非正式会议至今的 25 年里，APEC 成为亚太地区最重要的经济论坛，经济增长和一体化的推动力，未来经济合作设想的孵化器，贸易协定的协调机制，应对紧急问题的全球领导者。近 30 年来，APEC 为推进亚太地区可持续增长和经济一体化作出贡献，创造了数以百万计的就业机会，并帮助上亿人脱贫。

我们此刻相聚，地区和全球形势发生了复杂和深刻的变化，挑战和机遇同时出现，影响深远。地区和全球经济复苏基础更加牢固，但中长期风险依然存在。第四次工业革命和科技进步正改变工作性质、社会形态和人际交往互动模式。贸易和投资为亚太地区带来前所未有的繁荣，但严峻挑战一直存在。

鉴此，我们承诺，共同致力于构建和平、稳定、活力、联动和繁荣的亚太命运共同体。我们重申支持 2030 年可持续发展议程作为包容增长的框架。

我们重申长期以来的承诺，维护 APEC 宗旨，支持亚太地区可持续经济增长和繁荣。认识到当前经济面临的重大挑战，我们承诺共同采取以下行动。

一、促进创新增长、包容和可持续就业

高质量增长、结构性改革和创新

我们重申，将通过采取货币、财政和结构性政策，以及单边和集体行动，在亚太地区实现平衡、包容、可持续、创新和安全增长。我们强调实现高质量增长的重要性。

我们强调，结构性改革，包括竞争性政策、营商便利化、规制改革、强化经济和法律基本框架，加强公司和公共部门治理，以及促进人力资源开发，对于实现平衡、可持续、

创新、包容增长，创造就业机会，提升生产力和竞争力至关重要。我们再次承诺，培育公共和私营部门清正廉明的风气，打击腐败和贿赂，拒绝为腐败官员和非法资产提供避风港。我们指示经济和财政官员合力完成 2018 年《关于结构性改革和基础设施的 APEC 经济政策报告》。

我们强调，科技创新是亚太地区经济增长和国际贸易投资的重要动力。我们认识到持续推进高质量和公平教育的重要性，以便让各年龄段的人群都能应对当今世界迅速变化带来的挑战。我们致力于促进科学、技术、工程、数学教育，并鼓励创业。

我们决心加强能源安全，确保亚太地区经济可持续增长。我们鼓励在能源领域实现贸易投资便利化，让人们更容易获得可靠且可负担的能源，鼓励使用可持续、高效和清洁能源，帮助减少全球温室气体排放。

我们注意到，需要推进以人为本、健康和可持续的城镇化，鼓励各方开展知识分享和政策交流。

全球化世界中的经济、金融和社会包容

我们认识到全球化和数字转型带来的机遇和挑战，决心按照 2030 年可持续发展议程，推进经济、金融和社会包容，在 2030 年前打造包容、人人享有、可持续、健康、坚韧的 APEC 大家庭。我们批准《APEC 促进经济、金融和社会包容行动议程》，并以此指导我们下一步工作。我们致力于推动实现充分、高效、高质量就业和同工同酬，确保民众获得银行、保险和金融服务，提高民众金融素养和融资能力，促进社会所有成员，特别是妇女、青年、残疾人和其他弱势群体的收入持续稳步增长，使其能够分享全球机遇。我们鼓励 APEC 成员加大对卫生系统的投资，提高生产力，促进经济增长。

我们认为，提高妇女经济参与度有助于促进经济增长，鼓励各成员及私营部门落实妇女经济赋权有关倡议，增强妇女获得资本、资产和参与市场的能力，扩大妇女在高成长性和高工资部门的参与度，提高妇女领导力、企业家精神、技能和资质。

数字时代的高质量人力资源开发

我们高度重视帮助民众、劳动者特别是弱势群体更好适应不断变化的工作环境。我们批准《APEC 数字时代人力资源开发框架》。我们致力于加强人力资源开发，包括通过教育和终身学习、职业技术教育培训、技能改造和升级等，提高劳动者就业能力、流动性和对数字时代的适应能力，通过开展技能培训和开发，确保劳动力政策适应市场对技能培训和开发的需求。

二、打造区域经济一体化的新动力

推进自由开放的贸易和投资

我们承诺实现亚太地区自由开放贸易和投资的茂物目标，同意加快努力，解决与世界贸易组织不一致的贸易和投资壁垒，并为在 2020 年前实现茂物目标采取有力行动。我们也注意到非歧视、对等、互利的贸易投资框架的重要性。我们将共同努力，提升贸易包容性，支持改善市场准入机会，应对不公平贸易做法。我们呼吁，取消扭曲市场的补贴以及政府和相关机构的其他各类支持。

我们承诺采取进一步措施，在亚太地区创造更加有利的投资环境。

我们致力于共同挖掘互联网和数字经济潜力，通过适当的监管和政策框架、促进公平竞争等措施，鼓励投资和创新。我们欢迎通过《APEC 互联网和数字经济路线图》和《APEC 跨境电子商务便利化框架》，将考虑采取电子商务、数字贸易等促进互联网和数字经济的行动。

我们承诺进一步采取措施，在 2025 年前提升 APEC 在服务业领域的竞争力，努力消除阻碍商业竞争和服务业贸易的壁垒。

亚太自由贸易区

我们重申，致力于全面系统推进并最终实现亚太自由贸易区，深入推进区域经济一体化进程。我们赞赏各经济体推动实现亚太自由贸易区的努力，包括能力建设倡议和信息共享机制。我们鼓励各经济体制定相关工作规划，推动取得新进展，提升未来参与高质量、全面的自由贸易协定谈判能力。

多边贸易体制

我们欢迎世界贸易组织《贸易便利化协定》生效，呼吁全面落实这一协定。我们认识到这将为各经济体和工商界带来有意义和广泛的利益。我们承诺与其他世界贸易组织成员一道，推动世界贸易组织第十一次部长级会议取得成功。

我们强调，APEC 在支持以规则为基础、自由、开放、公平、透明、包容的多边贸易体制方面的关键作用。我们决心共同努力，改进世界贸易组织功能，包括其谈判、监督和争端解决功能，妥善应对面临的挑战，让全体民众和工商界受益。我们将努力确保世界贸易组织规则得到有效和及时执行。

我们注意到双边、区域和诸边协定的重要性，将致力于确保上述协定补充多边贸易协定。

我们将努力营造有利于投资和创造就业的环境，继续发挥 APEC 在市场开放方面的引领作用，确保公平竞争。我们忆及在 2020 年前不采取新的保护主义措施的承诺，致力于反对包括不公平贸易做法在内的保护主义，同时认识到合法贸易防御工具的作用。

促进区域和次区域全面包容的互联互通

我们重申，致力于在 2025 年前实现亚太无缝、全方位互联互通和一体化的目标。鉴此，我们欢迎各成员努力开展合作，促进政策沟通、贸易畅通、设施联通、资金融通、民心相通。我们重申高质量基础设施对于可持续经济增长的重要性，承诺通过扩大投资、加强政府和社会资本合作，提升基础设施数量和质量。我们鼓励各互联互通倡议加强彼此协调和对接，致力于推动亚太次区域一体化和农村边远地区经济发展，包括采取措施建立安全、坚韧、高效、可负担、可持续的交通运输系统。

我们强调，需要制定政策，充分发挥全球价值链作用。我们鼓励采取进一步措施，鼓励发展中成员和中小微企业更好参与全球价值链，创造更多附加值，并向价值链上游移动。我们赞赏亚太示范电子口岸网络、APEC绿色供应链合作网络等倡议对供应链联通的贡献。

我们致力于推进可持续旅游业，发掘旅游业在边远地区开发中的潜力，以此作为APEC经济增长战略的重要一环，并促进人员互联互通。我们决心2025年前实现亚太地区接待游客人数达8亿人次的目标。

我们对亚太地区日益增多的恐怖主义威胁深表忧虑。这些威胁来自"伊斯兰国""基地"组织和其他恐怖主义组织，并因恐怖分子跨境流动和恐怖主义融资来源扩大而加重。APEC成员决心以《反恐和贸易安全战略》为指引，持续有效地应对本地区面临的恐怖主义挑战及其经济影响。

鉴于亚太地区深受自然灾害影响，我们致力于加强合作，包括同私营部门合作，采取有效的防灾减灾、风险应对和重建措施，提高应对灾害能力。我们将推动政策协调、科技创新、商业延续计划、早期预警系统、搜救等方面合作取得进展。我们强调金融工具和政策在应对自然灾害中的重要性。

三、加强中小微企业的能力和创新

我们承诺通过以下行动，增强中小微企业在国际市场的竞争力，以及参与全球价值链的能力：

· 增强中小微企业、特别是妇女和青年企业家创新能力，包括帮助其获得融资、技术和开展能力建设；

· 帮助中小微企业更多利用互联网和数字基础设施；

· 增强中小微企业数字能力、竞争力和韧性；

· 为中小微企业创造有利环境，包括促进商业伦理；

· 支持初创企业，建立创新创业生态系统和有利的监管框架，营造企业友好型环境，确保初创企业获得资源，打造初创企业网络和伙伴关系。

我们肯定促进辅助产业的努力，鼓励各经济体增强竞争力，帮助这些产业参与全球价值链。

我们欢迎批准《APEC绿色、可持续和创新中小微企业战略》。

四、促进粮食安全和可持续农业、应对气候变化

我们强调，在应对气候变化、城乡快速发展背景下，APEC 可以在确保亚太地区粮食安全和可持续农业、水产业和渔业方面扮演关键角色。我们重申在 2020 年前建立 APEC 可持续粮食系统的承诺。我们欢迎通过《APEC 粮食安全和气候变化 2018－2020 多年期行动计划》。我们敦促各经济体共同努力，发展可持续农业、水产业和渔业，减少粮食损失和浪费，加强食品安全，提高农业生产率和应对气候变化韧性，并视情减少温室气体排放。

我们承诺采取行动，加强区域粮食市场、粮食标准和供应链互联互通，降低粮食贸易成本，提高市场透明度，帮助粮食进出口成员经济体应对粮价波动。我们认为 APEC 可发挥作用，应对粮食安全方面的挑战，包括采取措施，将粮食生产者纳入经济体境内和全球粮食供应链和价值链，解决基础设施不足、繁琐和不必要贸易限制措施造成的瓶颈。我们强调有必要营造有利的政策和监管环境，促进农村基础设施、物流、农产品加工业等投资，加强粮食市场互联互通。我们支持在经济体和地区层面加强公私伙伴关系，促进城乡发展。我们欢迎通过《APEC 关于加强粮食安全和高质量增长的城乡发展行动计划》。

我们重申，促进可持续自然资源管理，推动实现可持续粮食安全，提高农业、水产业、渔业部门产量。我们承诺将通过跨境合作和共同努力，继续推动 APEC 在可持续利用和综合管理土地、森林、海洋和水资源方面的合作。

五、打造共享未来

随着茂物目标时限临近，APEC 将进入第四个十年。我们欢迎 2016 年在秘鲁开始探讨 2020 年后合作愿景，今年在越南继续推进相关讨论。我们期待 APEC 深化努力，在 2020 年前实现本地区自由开放的贸易和投资，并设立战略性、富有雄心、面向行动的未来愿景。

我们重申维护亚太地区的活力、包容和繁荣，打造与时俱进、负责任、以人为本、重视工商业的 APEC，共享未来，积极应对挑战，对工商界、劳动者和民众负责。我们承诺坚持相互尊重、互信、包容、合作、共赢的亚太伙伴关系。我们认识到 APEC 对实现可持续发展的贡献，鼓励各利益相关方参与 APEC 合作，使亚太地区更多人从合作中受益。

我们承诺进一步协调行动，使 APEC 继续成为全球和地区经济增长和一体化的主要驱动力，以及区域经济架构的主要贡献方。我们欢迎各成员促进本地区贸易和投资的倡议。在各方联系日益紧密的今天，我们承诺加强 APEC 与各区域、国际机制和论坛之间的对接，实现优势互补。在此，我们祝贺东盟成立 50 周年，并赞赏东盟对地区发展和繁荣作出的贡献。我们将加强 APEC 在应对全球最紧迫经济挑战方面的领导力。

我们欢迎成立 APEC 愿景小组协助高官制定 2020 年后合作愿景，包括征求各利益相关方的意见。2020 年后合作愿景应在以往成就基础上推进未尽工作，探索合作新领域，更

好应对未来几十年的新挑战和紧迫问题。

我们重视并欢迎各成员为推进能力建设作出的贡献。在此，我们赞赏地注意到一些新倡议，包括设立妇女与经济子基金，并鼓励各成员更多捐款，特别是提供非指定用途捐款。

越南时隔 11 年再次主办 APEC 会议，在前几年工作成就基础上，进一步推进 APEC 合作。我们感谢越南为此发挥的领导作用。

我们期待 2018 年在巴布亚新几内亚再次相聚。